사무엘서와 열왕기는 토라의 관점에서 비평적으로 써 내려간 이스라엘의 신앙 역사다. 특별히 이스라엘 왕권의 태동과 부상, 갈등과 몰락의 과정을 대하드라마처럼 써 내려간 감동적 서사다. 저자는 마치 바리스타처럼 이 대하 서사를 정밀한 신학적 깔때기로 여과시켜 맛깔스럽게 써 내려간다. 사무엘서를 여는 한나의 기도가 이스라엘의 역사를 어떻게 이해해야 하는지를 가리키는 지남(指南) 본문이며, 이어지는 열왕기에 전개되는 이스라엘 왕국의 흥망성쇠가 인간 왕권에 의해서가 아니라 야웨 왕권에 속해 있다는 사실을 저자는 유려한 필치로 써 내려간다. 방대한 참고문헌이 보여주듯 튼실한 학문적 연구 위에 전체를 조망할 수 있는 포괄적 서사체는 이 책이 장인의 손에서 나온 것임을 알려준다. 책 안에 포함된 서사 해석 방법론 및 각종 도표와 지도 등은 독자에게 실제적 도움을 준다. 구약 역사서를 공부하고 설교하려는 목회자, 설교자, 신학도에게 진심으로 이 책을 추천한다.

류호준 백석대학교 신학대학원 구약학 은퇴 교수

출간 20년 만에 개정 증보된 저자의 책을 새롭게 만나니 정말 반갑다. 무엇보다 사무엘서와 열왕기의 신학적 핵심을 잘 짚어낸 탁월한 책이라고 생각한다. 구약을 공부하는 신학생들과 목회자들에게 사무엘서와 열왕기라는 긴 내러티브를 해석하는 데 좋은 관점을 제공하며 전체적인 그림을 그리는 데 많은 도움을 주는 해설서이기도 하다. 또한 성경 본문을 주제별 질문 형식으로 진행하고 있기에 본문의 주제와 이슈들을 쉽게 알 수 있고 학자들의 다양한 견해도 많이 소개하고 있으며, 지도와 표들을 통해 독자들이 편하게 사무엘서와 열왕기를 이해할 수 있게 하였다. 이 책을 통해 많은 사람들이 사무엘서와 열왕기에 더욱 친숙해지길 기대한다.

박유미 안양대학교 구약학 교수

개정 증보판으로 출간되는 이 책은 전작에서 다루지 못했던 부분까지 세심하게 연구 수록함으로 독자의 궁금증을 시원하게 해소해준다. 인간 왕정의 시작과 몰락을 담고 있는 사무엘서와 열왕기의 수많은 내러티브적 기교를 찾아내 보여주며, 이스라엘이라는 고대 왕정 시대 속 복잡한 내러티브의 세계로 독자들을 안내한다. 저자가 오랜 시간 연구해 온 내러티브적 성경 읽기의 진수를 이 책을 통해 확인하게 될 것이다. 이와 같은 방식의 성경 읽기를 시도하고픈 이들의 입문서로 추천하며, 실질적인 예시들을 제시하는 활용서로서도 손색이 없다. 목회자와 신학생은 물론 구약 내러티브에 관심을 갖는 평신도에게도 이 책을 기쁜 마음으로 추천한다.

정대준 광신대학교 신학과 구약학 교수

독자가 사무엘서와 열왕기를 통독하듯 읽을 수 있도록 쉬운 문체로 서술하면서도, 최근 구약 내러티브 연구의 학문적 성과 및 신학적 메시지를 충실히 담아내고 있다. 사무엘서와 열왕기를 읽으면서 자연스럽게 떠오를 법한 궁금한 것들을 본문을 중심으로 흥미롭게 해설해준다. 구약의 이야기를 이야기답게 해석하는 책이다.

정일승 건신대학원대학교 구약학 교수

사무엘서, 열왕기: 내러티브 읽기

사무엘서, 열왕기: 내러티브 읽기

성기문

갈등과 혼돈의 시대 한가운데서

하나님께 소망을 묻다

좋은씨앗

개정판 서문

이 책은 필자가 20세기 말 영국 유학 중 공부했던 구약 선지서의 '회개와 회복' 연구에서 영감을 받았고 귀국 후 일 년 정도 연재했던 글들을 묶어 2003년에 출간했던 『하나님의 정치와 인간의 정치』를 이후 점차적으로 2022년 초까지 수정 보완한 것이다. 그동안 그 내용뿐만 아니라 필자도 많은 변화를 겪었다. 첫 직장이던 기독교 윤리 실천운동을 퇴사했고, 국내외 여러 신학 교육 기관과 교회에서 강의와 설교를 했고, 2018년에 박사 학위를 마무리했고, 그 전후로 여러 책을 출간했고, 성경 해석에 대한 유튜브 계정을 여는 등 개인 사역의 변화가 있었다. 그동안 정치사적으로는 몇몇 지도자들의 등장과 퇴임을 목도했다. 그러한 상황의 변화 속에서 이 개정판은 초판에서의 입장과 방법론은 유지하지만 몇 가지 중요한 변화를 담아내고 있다.

우선, 출간 후 지적되었던 일부 본문의 오류를 수정하고 일부 단락은 생략했으며 다른 부분들은 부연 설명을 첨가했다. 즉, 초판의 방법론 부분(이 내용은 별도로 책을 낼 예정이다)과 초판 3장의 사사기 관련과 신명기의 인간 왕권 내용을 생략했고(후자는 2009년에 출간한 『모세의 고별설교』에 수록했다) 초판 3장에 구약 정치 체계(장로)의 설명을 추가했으며 초판 4장의 인간 왕의 요구와 거절과 대답 관련 논의를 크게 수정했고 사무엘상 8장 '열방과 같은 왕'을 요구하는 부분의 해설을 보완했고 열왕기 해설에 대한 부족한 부분들을 여러 곳에서 조금씩 추가했다. 특히 솔로몬 이야기와 왕들에 대한 평가 공식을 추가했고 히스기야 이야기에서 앗수르 침입과 히스기야 질병 치유 내용을 증보했고 결론을 일부 수정했다.

이번 개정 증보판의 마무리에 도움을 준 손길들을 언급하고자 한다. 우선, 초판 이후 10년 가까이 구약 역사서 강의를 허락해준 여러 학교 담당자 분들의 배려와, 초판을 읽은 수강생들의 건설적인 지적과 제안에 감사한다. 특히 세계 선교 대학원(성남 분교)과 북방 선교 방송(TWRK)에서 필자에게 사무엘서와 열왕기 본문 전체를 꼼꼼히 읽고 강의하고 방송할 수 있는 기회(2004-2005년 어간)를 준 덕분에 이 책의 개정 작업에 박차를 가할 수 있었다. 그리고 세월이 흘러 좋은씨앗 출판사와 기존 책의 재출간 협의를 마친 후 2021-2022년 봄 사이에 개정판 원고의 탈고 작업을 마무리할 수 있었다. 이 작업에 필요한 귀중한 많은 자료를 사용하게 해준 대한성서공회 도서관 관련자들에게도 감사한다. 마지막으로 바쁘신 와중에 흔쾌히 추천사를 써주신 교수님들과 이 책의 개정판 출간을 허락해준 도서출판 좋은씨앗의 호의와 수고에 크게 감사한다.

2022년 11월 20일
경부고속도로가 보이는 서재에서
성기문

초판 서문

이 책은 필자의 구약 내러티브 읽기 프로젝트의 일환으로 『복음과 상황』에서 1년여(2001년 12월호부터 2003년 3월호) 연재되었던 '갈등과 부조화로 읽어내는 하나님의 정치, 인간의 정치: 사무엘서와 열왕기의 문학적-신학적 읽기'의 전면 개정 증보판이며, 곧 출판될 『역대기: 이스라엘 역사와 신학』의 자매편이다. 이 책에서 사용한 내러티브적 읽기라는 접근 방법은 국내에서도 점차 여러 사람들을 통해 다양한 성경 본문과 성경책들에 적용되기 때문에 조만간 성경 내러티브 연구에 대한 보편적인 방법론으로 정착되리라 생각한다.

비록 필자가 복음주의적 입장에서 독자들에게 사무엘서와 열왕기의 내러티브를 적절하게 개괄할 수 있는 통찰력을 제공하려고 노력했지만, 이 책은 '하나님의 정치와 인간의 정치'라는 주제를 중심으로 한 사무엘서와 열왕기의 간단한 해설서일 뿐이다. 그러므로 구약 역사서나 내러티브에 대한 전문적인 입문이나 심도 깊은 본문 해석 상의 논의를 위해서는 이와 관련된 다른 여러 개론서나 주석서를 참조하기를 권한다.

이 기회를 통해 그동안 필자가 받은 많은 도움의 손길들을 언급하고자 한다. 우선 필자에게 구약 연구의 터를 놓아주시고 후원과 격려를 아끼지 않으신 손석태, 정규남, 송제근 교수님에게 감사한다. 박사 학위 논문을 쓰는 동안, 필자에게 구약 역사서에 대한 신학적 통찰력을 갖게 해주신 글로스터 대학교의 논문 지도교수 G. J. 맥컨빌 교수님과, 다양한 방법으로 나의 연구에 친절과 은덕을 끼치신 동 대학교의 J. G. 웨남, 리버풀 대학교의 케네스 키친, 앨런 밀러드 교수님, 그리고 덴마크 루터파 복음주의 신학교의 카스텐 방 교수님 내외에게 감사의 마음을 전한다. 석사 과정 때 구약과 고대 근동의 왕권관에 대한 기초를 제공해주신 황성일 교수님과, 박사 과정 중에 솔로몬 내러티브의 해석에 대해 훌륭한 통찰력을 나눌 수 있었던 강정주 교수님에게도 감사를 드린다.

또한 귀국 후 5년여 시간 동안 필자와 함께 공부하고 대화했던 구약 역사서 강의 수강생들, 필자의 난삽한 원고를 1년여 연재할 수 있도록 배려해주신 『복음과 상황』의 서재석 편집장님, 구약 역사서를 가르칠 수 있는 기회를 수차례 주셨던 전정진, 송제근, 이승구 교수님, 비록 짧은 기간이었지만 내러티브 연구 방법론에 대한 중요한 통찰력을 제공해주신 박철현 교수님, 귀중한 자료를 사용할 수 있도록 배려해준 대한성서공회 성서학 문헌정보자료실 관련자들에게도 감사한다. 또 이 책을 기꺼이 출판하기로 결단하고 수개월을 기다려주며 수고를 마다하지 않은 도서출판 좋은씨앗과 바쁜 와중에도 필자의 초상을 그려준 기진호 선생님에게도 감사한다.

마지막으로 필자를 내조하면서 이 책의 원고 교정까지 살펴준 아내(윤정희)의 수고를 본 지면을 통해 밝힌다. 이 책은 그동안 성경을 연구하는 필자를 위해 애정과 수고를 아끼지 않으신 부모님께 바친다. 수차례 세부적인 개정과 교정 작업을 거쳤지만, 이 책에 있을지도 모르는 오류와 미비점의 책임은 전적으로 필자에게 있다.

2003년 5월 1일

성기문

차례

2부 열왕기 읽기

약어표

AB	Anchor Bible Commentaries
BASOR	*Bulletin of the American Schools of Oriental Research*
Bib	*Biblica*
BZAW	Beihefte zur Zeitschrift für die alttestamentliche Wissenschaf
cf.	비교하라
contra	~의 의견에 반대하는
CBQ	*Catholic Biblical Quarterly*
CTJ	Calvin Theological Journal
FOTL	Forms of Old Testament Literature
HAR	*Hebrew Annual Review*
HSM	Harvard Semitic Monographs
HUCA	*Hebrew Union College Annual*
Int	*Interpretation*
JBL	*Journal of Biblical Literature*
JJS	*Journal of Jewish Studies*
JSOT	*Journal for the Study of the Old Testament*
JSOTSS	Journal for the Study of the Old Testament Supplement Series
OTL	Old Testament Library
OTS	Oudtestamentische Studien
RB	*Revue Biblique*
TynBul	*Tyndale Bulletin*
VT	*Vetus Testamentum*
WBC	World Biblical Commentary
ZAW	*Zeitschrift für die alttestamentliche Wissenschaft*

일러두기

1. 인용한 성경본문 중에 기존 번역본(개역개정판)이 원문과 일치하지 않은 곳은 원문(MT)을 따랐다.
2. 성경 인용 중 MT는 기존의 번역 성경들과 다른 맛소라 본문의 장절을 의미하며 성경 인용 중 LXX는 MT의 독법을 따른 기존의 번역 성경들과 다른 헬라어 번역본의 내용을 의미한다.

1부
사무엘서 읽기

여호와는 가난하게도 하시고 부하게도 하시며
낮추기도 하시고 높이기도 하시는도다.
사무엘상 2:7

필자는 사무엘서의 중심 메시지를 인간 왕정의 서막을 여는 한나의 기도에서 찾는다. 한나의 개인 감사 기도의 핵심은 세 가지로, 1) 하나님께서 자신의 욕구를 반영하는 기도에 응답하사 아들을 주셔서 자신의 영예(한나의 뿔)를 높이신 것을 감사 찬양하고 2) 개인 영역에서 머물지 않고 하나님만이 억눌린 자와 가난한 자와 다양한 계층의 권력자가 섞여 사는 인간역사 속에서 그들 사이의 반전 행위를 통해 정의와 공평의 신적 가치를 구현하실 분이라는 점, 그리고 3) 그러한 가치를 구현할 기름부음 받은 왕에게 힘주시고 그의 영예(하나님의 기름부음 받는 자의 뿔)를 높이실 것에 대한 염원이었다. 이처럼 한나의 기도는 특정 제도 혹은 특정한 개인의 인간 왕권에 대한 호불호보다는 다양한 계층과 제도 하에서 야웨의 왕권을 구현하기 위해 불완전하지만 지향해야 할 인간 리더십이 행할 바를 보여준다.

⊙ 사무엘서의 전체 구조

비록 일부 중첩되는 부분들도 있지만, 사무엘서[1]의 내용은 전통적으로 사무엘상 1-8장(사울로서의 인간 왕권의 서막), 9-31장(사울의 통치), 사무엘하 1-2장(전환적 기능: 사울과 아들들에 대한 애가//아사헬 등에 대한 애가), 3-20장(다윗의 통치), 21-24장(다윗으로서의 인간 왕권의 종막)으로 분류될 수 있다. 그러나 최근에는 그와 같은 인물들의 활동기를 중심으로 한 사무엘서의 내용 구분을 떠나 일부 학자[2]들은 사무엘서의 거시구조 속에서 사무엘서 전체의 구조적, 신학적 통일성을 담보하는 다음과 같은 이중적인 종두병행적 장치(inclusio)를 발견한다. 즉, 사무엘서의 시작과 끝부분에 배치된 제의적 배경(실로 성소에서 벌어진 여러 제의 관련 사건들과 이방인의 타작마당에서의 제사)과 야웨의 공평과 정의의 통치와 기름부음 받은 자에 대한 감사와 탄원 기도들(다양한 원칙들을 개괄적으로 언급하는 한나의 기도와 구체적인 전과와 업적들을 세부적으로 묘사하는 다윗의 기도)이 그것이다.

---

1. 사무엘서에 대한 개론적인 논의는 Howard(1993), Klein(1983), McCarter(1980, 1984), Anderson(1989), Gordon(1988), Miscall(1986) 등을, 내러티브에 대한 연구는 Klement(2000:157-159), Reinhartz(1993), Garsiel(1990), Gunn(1974), Fokkelman(1981-1993), Polzin(1989, 1993)를 참조하라.
2. 예, Childs(1979, 1985), Polzin(1989), Klement(2000) 등.

1장
서곡: 두 여자 이야기

한나와 비느하스의 아내

사무엘서의 서두(삼상 1-4장: 비교. Brueggemann 1990a)는 고통당하는 두 여성의 절규로 시작하며 종결된다. 부연하면, '한나'라는 한 시골 아낙네의 불임 사건을 통해 한 가족의 구성원들은 내부적인 갈등과 반목을 통한 가족 내의 불화에 휩싸이게 된다. 이 불임은 구약의 전형적인 장면으로 자주 등장한다. 이 단락은 한나의 개인적인 고난의 절규와 그녀에 대한 야웨의 응답(출산)으로 시작해 국가적인 재난과 한 개인의 가계의 붕괴에 대한 충격으로 조산하고 죽는, 엘리 제사장의 아들 비느하스의 아내의 외마디 절규로 끝난다.

두 여인의 공통 주제는 '출산'이다. 그러나 두 여인의 반응은 다르다. 고난과 불이익에 대해 수동적으로 묵묵히 한숨과 눈물로 감내하는 여염집 여인네들과는 달리, 한나는 숙명의 피동성을 탈피하고 야웨와 대면해 서원과 감사 기도를 드렸다. 게다가 그녀는 자신의 기도에 대한 '응답'으로 태어난 아들을 하나님께 드리는 적극적인 헌신의 행동을 취했다. 그러나 비느하스의 아내는 격렬하게 다가오는 충격에 속수무책으로 수동적인 입장을 취하다가 결국 희생되고 만다.

우리가 사무엘서의 내러티브 읽기를 두 여성의 이야기로 시작하는 것은 우연한 일이 아니다. 비록 이 두 여인이 주연은 아니지만, 본 내러티브에서 한나는 적극적이고 긍정적인 면에서, 그리고 비느하스의 아내는 소극적이고 부정적인 면에서 이스라엘의 새로운 정치사의 여명을 여는 역할을 수행한다. 두 사람의 활동과 역할은, 종교의 중심지였던 실로 성소에서 행해졌고, 엘리 제사장을 핵심축으로 삼아 전개되었으나 상반된 결과가 나타난다는 점에서 대조된다. 한나의 아들은 결국 엘리 가문을 대체하게 된다는 점에서 두 가문의 비극적 연관성을 강화시킨다. 이러한 이유로 해서 두 여인의 이야기는 정치, 종교적 리더십과 중심 장소의 교체라는 극단적인 상황의 중심에 놓여 있기 때문에, 이 이야기들은 단순히 여인네들의 가정사를 넘어 장차 임할 이스라엘 왕국 정치사의 서곡 역할을 적절하게 수행한다.

실로의 위치와 기능

사사 시대의 종말과 왕정 시작의 배경이 되는 곳이 바로 실로다. 이곳은 현재의 텔 세일룬(*Tell Seilun*)으로 여겨진다(비교. Schley 1989). 본문의 시점에서 실로는 이스라엘의 '잊혀진 성소'였으며 당시에는 '거부된 하나님의 성소'였다. 그와는 반대로 우리가 다윗과 그의 왕조, 그리고 시온 사상이나 예루살렘 성전에 대한 과도한 관심과 강조를 하다보니, 상대적으로 이스라엘 종교제의사 속에서 나타나는 세겜, 벧엘, 그리고 길갈 같은 그 이전 성소(성전)들의 존재와 신학적 중요성에 무관심하게 되었다. 이러한 무관심은 실로와 예루살렘 성전의 파괴로 비롯되는 생생한 신학적 교훈을 깨닫지 못하게 한다(cf. 렘 7:12-15; 26:6-9).

실로는 아론 제사장 계열의 분깃(비느하스와 엘르아살)과 관련된 지역으로, 이미 여호수아 시대부터 이스라엘의 중앙 성소 기능을 시작한 것으로 나타난다(수 14-21장). 그러나 다른 지방 성소들(미스바, 벧엘, 단 등)과 함께 야웨의 중앙 성소로서의 실로의 기능은 사사 시대에 주로 국한되었던 것 같다. 사사 시대 이전에 이미 실로는 장막 성소의 자리(수 18:1-10; 19:51; 22:9-34), 전쟁 캠프의 장소(수 18:9, 12), 그리고 심지어 부족간 갈등의 자리(수 20:1-21:15; 22:9-34)로서, "가나안 땅"의 자리에 존재하며(수 21:2, 9, 19), 아론 제사장의 성소(수 21:1-3; 22:9-34; 삼상 1-4장; 14장)의 역할을 수행했다. 이와 같이 실로의 성소는 여러 곳에서 야웨의 집(삿 18:31), 실로의 (야웨의) 장막, 야웨의 성소(헤칼 야웨)[1]로도 불렸지만, 일부 사람들이 가정하듯이 집과 장막이라는 이 두 가지 개념은 상충되지 않으며 각각의 특징이 부각되는 경우다(Schley 1989:141ff.).

엘리 제사장의 말년과 사무엘 시대 초에 속한 실로 성소는 이스라엘 사사 시대처럼 군사, 종교적 중심지 역할을 수행했던 것 같다. 실로 성소는 하나님의 이름의 거처라는 점과 정치, 제의, 군사의 기능

1. 이 단어는 바벨론 포로 시대 이전에 성소를 의미했지만, 포로 시대 이후에 성전 전체를 지칭하는 단어로 그 의미가 확대되었다.

을 수행한다는 점에서 예루살렘 성전과 유사하다. 그러나 다윗 왕조의 지배 하의 예루살렘 성전과는 다음과 같은 중요한 차이점도 존재한다. 실로 성소는 야웨의 '영원한' 거처로서 여겨진 적이 없었으나 예루살렘 성전은 '영원성'이 약속된(삼하 7장) 다윗 왕권의 지배 하에서 성전 자체의 '영원성'이 약속된 바 있다(왕상 9장). 또한 실로 성소에 대해서는 '영원성'이 약속된 바 없었지만, 죄로 인해 엘리 가문의 '영원성'이 단절되었으며, 실로 성소의 존재 의의도 그것의 파괴로 인해 결과적으로 조건화되었을 수도 있었으며(Schley [1989:181ff.]가 주장하듯이, 물론 그 시기가 정확히 언제였는지는 성경상의 증거로는 발견하기가 어렵다), 예루살렘 성전이 솔로몬 시대에 언약의 준수 여부에 따라 왕조와 성전의 '영원성'이 조건화되었으며(왕상 9장), 결국 유다 왕조 말에 다윗 왕조와 솔로몬 성전이 함께 야웨에게 버림받았다는 점에서 차이점과 유사성이 병존한다고 할 수 있다. 이러한 측면에서 실로 성소와 예루살렘 성전은 상호연관시켜 이해되어야 한다. 실로와 예루살렘 성전(성소)의 대조는 다음과 같다.

	실로 성소(전)	예루살렘 성전
기능	정치, 제의, 군사	정치, 제의, 군사
특징	언급 없음	성전의(조건적) 영속성
정치 지도자들과의 관계	약화된 또는 독립된 영향력을 가진 제사장들	왕권에 종속된 또는 약화된 제사장들
존속 기간	사사 시대-블레셋 족속에 의해 파괴됨	다윗의 왕조 초기-유다 왕조 말 느부갓네살에 의해 파괴됨

한 여인의 불행, 한 가족의 갈등(삼상 1:1-8)

신구약성경은 불임의 난관 속에서 태어난 불세출의 영웅들을 언급하고 있다. 물론 이와 같은 불임의 모티프는 역사적인 측면뿐만 아니라 심판이나 구속에 대한 설명에 있어 자주 사용되는 은유들 중 하나다. 성경에서 일반적으로 불임은 당사자뿐만 아니라, 가족 모두에게 고통과 갈등을 주는 사건으로 자주 비화되었고 뿌리깊고 오래된 '골칫거리'였다(cf. 창세기의 사라와 리브가, 라헬의 예). 종종 우리는 주위의 불임의 문제를 '하나님의 저주'로 여겨 멸시하거나, 시앗(妾)을 보는 쉬운 해결책을 찾거나, 이러한 상황 속에서 여자들의 시기심과 질투, 혹은 남아선호에 질타를 가하기도 한다. 그러나 우리는 실제적인 배후, 즉 일부다처제 속에서 자신을 정당화하는 남편의 책임을 간과하는 잘못을 범한다. 물론 에브라임 사람 엘가나가 브닌나를 두 번째 아내로 받아들였던 것은 한나의 불임 때문이었을 수 있다(Klein 1983:6). 한나의 절규와 서원은 삼손의 출산과 연관지을 때 유사한 점도 있지만, 반면에 한나의 상황은 삼손의 경우와는 달리 직접적인 국가적 혹은 지파적 탄압이나 고난의 징조가 아니다. 오히려 한 개인의 가정사에 나타난 차별과 고난에서 그 동기가 발견된다. 그러나 한나의 기도(2:1-10)가 잘 보여주듯이, 개인적인 문제는 민족적 국가적 차원으로 확장될 가능성이 예견된다.

사무엘상 1-2장의 전체 구조는 다음과 같은 일련의 대화 고리로 연결된다.

A 엘가나-한나 // B 엘리-한나

A' 한나-엘가나 // B' 한나-엘리

경건한 가족의 불경건성

"이 사람이 매년에 자기 성읍에서 나와 실로로 올라가서, 만군의 야웨께 경배하고 희생제사를 지냈다"(1:3a).

엘가나의 '경건한' 신앙심에 따라 종교적 중심지인 실로에서 행해진 매년 반복되는 희생제사와 종교적 축제와는 대조적으로, 엘가나의 집안에서 발생하는 아내들의 갈등과 한나의 불임은 경건한 자들에게 갖는 일상적인 기대와 다르다는 점에서 독자들에게 괴리감을 준다. 그때도 현재의 경우처럼 제의적 경건함과 삶에서의 경건함의 일치가 쉬운 일이 아니었음을 알 수 있다! 게다가 문제는 사무엘상 1:4-8의 본문이 주는 모호성과 사본 전달상의 훼손으로 인한 해석상의 난점에 있다. 이 부분에 대한 이해는 필자 나름의 본문 재구성의 결과에 의존할 수밖에 없다.

희생 제물을 드리는 날에 엘가나는 아내 브닌나와 그녀의 모든 자녀들에게 각각의 제물의 몫을 나눠주었지만, 한나에게는 그가 한 몫만[2] 줄

2. 필자는 이 부분에서 페쉬타역의 전통을 따르는 개역성경의 독법(한나에게는 갑절을 주니, 이는 그를 사랑함이라)을 버리고, 다른 최근의 번역본들과 주석들(RSV, NEB, NJB, WBC, LXX, 공동번역[개정판])과 같이, "하나의 분깃"으로 읽는다. 또한 "사랑한다"는 표현은 현재시제로서 본문이 마치 그가 이전에는 한나를 사랑하지 않았으나, "이제는 사랑한다"고 말하는 것처럼 보인다.

수가 없었으니, 이는 그가 그녀를 사랑하지만, 야웨께서 그녀의 자궁을 닫으셨기 때문이다.[3] 그녀의 대적 브닌나는 야웨께서 그녀의 자궁을 닫으셨던 것 때문에 한나를 심하게 괴롭혔고 속상하게 만들었다. 이 일이 매년 지속되었다. 한나가 야웨의 집에 올라갈 때마다, 그녀의 대적은 그녀를 괴롭혔다. 결국 그녀가 울고 음식을 먹지 않았다. 엘가나가 그녀에게 물었다. "한나여, 왜 울기만 하오? 왜 먹지도 않소? 왜 슬퍼만 하오? 내가 당신한테는 아들 열보다 더 낫지 않소?"

화자는 엘가나가 한나를 사랑했지만, 야웨가 한나의 자궁을 닫으셨기 때문에, 실로에서 제사를 지낼 때, 한나에게 제물의 한 몫만을 줄 수밖에 없었다고 말한다. 그러한 이유로 해서, 실로에서 제물의 몫을 먹을 때 (마치 아브라함의 첩 하갈처럼) 브닌나는 한나를 괴롭혔다. 그런데 문제는 이러한 아내들에 대한 차별, 갈등, 핍박, 그리고 결과적으로 한나가 겪은 울분과 통한의 역사(!)가 매년마다 반복되었다는 점이다. 그렇다면 이에 대한 해결책이 전혀 없었을까? 한나의 불임이 일상적인 고통의 원인이었지만, 한나에게 실로 성소에서 행해진 희생제사와 제물의 나눔 축제는 기쁨과 즐거움이 아닌, 항상 고통과 눈물의 자리였다. 브닌나에게 자녀들도 많으니, 당연히 그들에게 가는 제물의 몫도 많을 수밖에 없었다는 점에서 한나의 몫은 비교적 정당한 것이었지만, 그렇다고 해서, 이것이 브닌나가 한나를 괴롭히고 핍

---

3. 이러한 이해는 화자만의 견해일 수도 있고, 브닌나나 엘가나의 견해 혹은 모든 사람들의 견해를 반영하는 것일 수도 있다. 그것의 정확한 의미는 상황에 따라 정해질 수밖에 없으며, 혹은 이중적이고 모호한 의미의 기능을 갖도록 의도되었을 수도 있다. 이러한 극단적인 모호성은 문학적 효과가 더 크다.

박할 이유는 될 수 없다. 이런 식으로 매년의 종교적 절기 행사는 항상 한나의 분통을 터뜨리는 데서 끝나버렸다. 결국 한나의 한숨과 인내도 고갈되고 말았다. 이제 한나는 금식과 함께 결단을 내릴 수밖에 없었다. 그러자 남편은 "자신이 열 아들보다 더 낫다"고 한나를 위로한다(비교. 룻 4:15; 삼상 2:5). 남편의 말뿐인 '커다란' 사랑이나 하나님에게 드려진 희생제물과 축제의 절기도 한나에게는 소용이 없었다. 그가 한나를 진정 위로하려 했다면 말보다 사랑의 행동이 필요했을 것이다(요셉은 사랑하는 동생 베냐민에게 다섯 배나 음식을 더 주지 않았던가?[창 43:34]). 물론 음식 분배가 이 사건의 핵심은 아니다. 남편과 시앗 사이에서 겪어야 했던 불임여성들의 갈등은 이미 오래된 전통이었던 것 같다(비교. 라헬이 화가 나서 "나를 임신하게 하지 않으면, 난 죽어 버릴거야"라고 말하자, 야곱은 "내가 당신을 불임케 하는 하나님도 아닌데, 어찌하겠소?"라고 응수한다[창 30:1-2]. 이것은 하나님의 역사에 대한 인정일 수도 있고, 남편으로서의 직무 유기를 정당화하는 말일 수도 있다.).

가부장은 가족 내의 약자(즉 한나)를 보호할 의무가 있었으나, 남편은 어리석은 일련의 세 개의 질문들을 제기하며(어찌하여 울며, 어찌하여 먹지 아니하며, 어찌하여 그대의 마음이 슬프오?), 자신이 그녀에게 최상의 애착과 신망의 대상이라는 점을 부각시킴으로 한나의 문제를 자기중심적으로 이해하고 피상적인 해결책을 찾으려고 했던 것 같다(cf. Amit 1994). 여기서 우리는 가부장의 직무 유기(아브라함은 아비멜렉 가문의 불임을 해결하려고 기도했고[창 20:17-18], 이삭은 자기 아내의 출산을 위해 기도했다[창 25:21])를 발견할 수 있다. 그렇기 때문에, 이제 한나는 "열 아들"보다 더 나은 남편보다는, 아들이 더 절실히 필요했다! 물론 한나가 "아들"을 구했던 기도를 우리가 되풀이해야 할 당위성은 없다. 이는 본문에 한국의 남아선호 사상을 정당화할 의도가 없기 때문이다.

여기에서 언급된 종교적 축제란 무엇인가?

비록 논란의 여지는 있지만, 이에 대해 본문에서 언급된 몇 가지 해결의 실마리는 있다. '나눠 먹는 제물'이라는 점에서 일상적으로나 특정한 때에 행해진 화목제물로 볼 수도 있지만, 가족이 함께 실로로 올라가 제물을 나눠 먹었다는 점에서 그 제물의 몫은 십중팔구 그들이 실로로 축제용 십일조(혹은 초태생)를 가져와 나눠 먹었던 것을 말하는 것 같다. 게다가 이러한 가족들의 축제가 남자들만 참여할 수 있었던 이스라엘에서 행해진 매년 세 차례 공적인 축제일 가능성은 적다(출 23:14-17; 34:23; 신 16:16). 또한 이 축제가 '먹고 마시는 것'을 언급하고 있으며, 엘리 제사장이 실로 성소에서 기도하던 한나에게 부여한 만취의 혐의도 축제의 십일조를 상기케 한다(신 12:26; cf. 신 14:22ff.; 삿 21:19-24의 춤과 포도주의 축제). 구약에서는 십일조의 세 가지 국면이 존재한다. 첫째는 레위인들과 제사장들을 위한 십일조이며(레위인의 몫[레 27:30-33]; 레위인과 제사장들의 몫[민 18:21-32]), 둘째는 가족을 위한 십일조이며(종들과 성중에 거하는 레위인들을 포함하여 가족 구성원들과 나눠 먹는 몫[신 12:5-14; 14:22-27]), 셋째는 이웃을 위한 십일조였다(매 3년마다 행해지는 몫[신 14:28-29; 26:12-15]). 그러므로 이 본문은 구약에 나타난, 가족이 야웨 앞에서 행해야 한다던 십일조 축제(십일조의 둘째 국면)의 유일한 예가 아닌가 한다(참조. 성기문 2009).

서원: 주시면 드리겠소이다!

한나는 이스라엘의 공적 종교행사에 참여했던 대다수의 여인들과는 달리 더 이상 주변 인물이 아니다. 그녀는 가족들이 제물의 몫에 대한 식사를 끝내자 야웨의 앞으로, 성소로 달려갔다. 그녀는 남편과 나머지 가족들과 분리된 채 하나님과 직접 담판을 짓기로 작정했다. 이러한 한나의 신앙적 결단은 당시의 사회적 상황과 개인적인 욕구에서 비롯되었다고 볼 수 있다.

성소에서 한나는 야웨께 서원한다. 즉 자신의 자궁의 첫 열매(첫아들)를 주시길 기도하며, 그 기도가 응답된다면, 그를 평생 하나님을 위하여 섬기는 자로 헌신케 하겠다는 것이다. 그러나 이것은 아브라함처럼 하나님의 편에서 행해진 시험을 위한 자식 희생의 요청도 아니었고 입다처럼 '맹목적으로' 딸을 제물로 바치겠다던 우발적 서원도 아니었다는 점에서 한나의 기도는 탁월하다. 그렇다고 해서 삼손의 경우처럼 하나님이 태어날 아이를 먼저 평생 헌신하는 자로 삼는 것이 불임 해소의 조건도 아니었다. 이것은 한나의 '일방적인' 조건이었다. 앞으로 하나님에 대한 전적인 신뢰와 개인의 유익을 구한다는 측면에서 한나의 기도는 양면적이다. 일평생 헌신하는 자로 머리카락을 자르지 않는다는 점은 '블레셋[4]으로부터' 이스라엘을 구원한 삼손 사사의 역할과 관련이 있는 것 같다. 비록 차이점들이 더 많이 나타나지만(Ackerman 1991:2), 삼손은 자랄 때 하나님의 복을 받았다는 표현

---

4. 이스라엘 역사상 가장 오래 적대적인 관계를 유지했던 이웃 나라들 중의 하나인 블레셋은 Bierling(1992)를 참조하라.

(삿 13:24b)이 사무엘의 성장 과정에 대한 묘사에서도 유사하게 발견된다는 점은 사무엘의 출생이 삼손의 일생과 여러 면에서 유사하다는 생각을 더 강화시켜준다. 사실 일반적으로 부모가 하나님께 맏아들에 대한 대속금을 내고 실제 봉사 업무에서 면제시킬 수도 있었지만(레 27장), 한나는 자기 자식을 평생 하나님을 섬기는 특별한 사람으로 삼겠다고 서원한다. 그리고 이 서원이 하나님께 받아들여진다.

또한 우리는 여기서 엘리 제사장의 직무 유기를 발견한다. 엘리 제사장은 늙어 눈과 귀가 흐려졌고 실로 성소에서 기도하는 한나를 주정꾼으로 오해했다. 한나는 "나는 굳은 결심의 아내일 뿐, 불량자의 딸"이 아니라고 항변하며(2:15-16) 화자는 엘리의 아들들이 하나님을 인정하지도 않는 불량자의 아들들이었다고 말한다(2:12). 엘리 제사장은 한나를 오해하고 제사 직무에서 악을 행하는 아들들은 교정할 수 없는 무능력자로 묘사된다. 엘리 가문의 부정과 사악함은 그들의 조상 비느하스가 야웨 제의의 순수성을 보존하려고 행한 열심과 대조된다(민 25:7-13). 결국 한나의 행동에 대한 해명을 들은 엘리 제사장은 그녀의 간구와 서원이 응답받기를 기원한다. 그러한 엘리 제사장의 응답 선언(17절; cf. 민 6:22-27; 신 10:8)은 그녀로 하여금 눈물을 그치고 금식을 중단하게 만들었다.

한 해가 지나 아들을 얻은 한나는 사라(창 21장)가 하갈과 이스마엘에게 행했던 것처럼, 그동안 자신을 괴롭혀온 브닌나와 그녀의 자식들을 추방하라고 남편에게 요청하지도 않았고, 리브가처럼(창 27장) 에서와 야곱 가운데서 야곱을 편애하여 그가 더 복을 받을 수 있도록 권모술수를 쓰지도 않았다. 오직 한나는 이전에 자신이 서원한 바, 즉 자신의 큰 아들이 일평생 하나님을 섬기게 하겠다는 것을 확인할 뿐이었다. 우리는 이와 같이 한나의 위대한 신앙의 국면들을 발견할 수 있다. 이러한 신앙적 결단으로 인해 엘리의 축복과 같이 나중에 하나님으로부터 자녀들을 더 얻을 수 있게 된다(2:18-21).

한나는 평생의 고통과 울분 중에 응답하신 하나님의 섭리로 낳게 된 아들을 "사무엘"이라고 부른다. 비록 사무엘이라는 이름이 "그의 이름은 하나님"을 의미하지만, 본 문맥에서 화자는 사무엘이라는 이름을 한나가 하나님께 자식에 대해 요청하는, 즉 "내가 그를 (하나님께) 요청하였다"라는 표현과 연관시키며(1:20) 나중에 사람들이 하나님께 인간 왕을 요구할 때 등장하는 "사울"이라는 이름과 언어적 유희로 연결시킨다. 이 '요구하다'(사알)라는 표현은 27-28절에 나타난 "그(사무엘)는 야웨께 사울[요구하는 자]이다"라는 문장과의 관련해 주목해야 한다(참조. 클레인 2004:48-49). 아마도 이것은 사무엘이 하나님에 대하여 '사울'의 역할을 한다는 암시일 수도 있다. 즉 애커만(1991:3ff.)의 주장처럼, 이 표현은 사무엘이 하나님께 간구하는 자이며 사울처럼 '결국 실패한 자'라는 의도일 수 있다.

한나는 아이가 젖을 뗀 후에(아마도 태어난 지 3-4년 후) 가족들과 함께하지 아니하고, 오직 맹세의 아들과 함께 서원의 성취를 위한 제물들(민 15:1-16)을 가지고 실로로 올라가 야웨의 얼굴을 뵙고, 엘리(나의 하나님) 제사장을 만나 자신의 서원이 성취되었음을 선언하며 야웨께 제물들과 함께 감사와 찬양의 기도를 드린다.

한나의 기도(삼상 2:1-10, cf. 시 113편[5])

비록 한나가 출산과 자손 번영이라는, 이스라엘의 가부장 체제 하에서의 여성의 중요한 역할을 추구했지만, 그녀는 적극적으로 하나님께 간구하며 서원의 맹세를 한다. 그러나 그녀는 개인의 억울함의 해소에만 머물지 않았다. 게다가 한나는 기도를 통해 "사람의 생사와 화복을, 신분의 귀천을 그 마음대로 바꾸실 수 있는" 야웨와 직면한다. "야웨는 가난하게도 하시고 부유하게도 하시며 낮추기도 하시고 높이기도 하신다"(2:7).

한나는 그동안 자신이 자녀가 없음에 억눌리고 가족 내에서 조롱과 핍박을 당했지만, 이제는 야웨를 통해 기도의 응답을 받아 아들을 얻는다. 그 결과에 대한 한나의 감사기도는 사무엘서 전반뿐만 아니라 구약, 심지어는 신약에까지 중요한 신학적 의미를 가진다. 이 개인적인 경험은 기도 속에서 자신을 모든 억눌린 자와 가난한 자들의 대표로 여기게 했으며, 스스로 경험한 하나님의 반전행위(反轉行爲)는 민족적, 국가적 차원과 영역으로 확대된다. 이 점은 한나가 혼란스러웠던 사사 시대에, 특별히 실로 성소를 중심으로 한 엘리 제사장의 노쇠함과 그의 두 아들의 부정과 간음 사건 등으로 인한 영적인 혼란 시대에 살았다는 점을 확인시켜준다(2:12-17). 즉 그녀는 가정적으로나 모든 사회, 정치, 종교적인 면에서 총체적인 혼란의 시기를 살았다.

---

5. 시 113편의 신학은 Willis(1973); 알렌(2001:180-185)를 참조하라. 물론 Polzin (1989:232, n.16)은 한나의 노래를 시 113편보다는, 삼하 22장(시 18편)과 대조해야 한다고 주장한다.

한나의 기도에는 한나에게 임한 개인적인 영광-권세(뿔)와 왕의 영광-권세(뿔)를 대조하는 종두병행법이 사용되었다("내 원수" vs. "야웨의 대적자"; 2:1, 10). 한나의 기도의 내용과 그 대상은 야웨며, 그가 행하시는 놀라운 일들에 관한 것이다. "야웨께서 땅 끝까지 재판하실 것이며 그가 자기 왕에게 힘을 주실 것이며 자기 메시아의 뿔을 높이실 것이다." 하나님은 온 세상의 재판장이시며 스스로 자신의 왕을 일으켜 세우사 그에게 힘을 주어 영화롭게 하실 것이다! 왕이 나라를 얻고 존귀함을 받는 것이 한나가 하나님에게서 들으심을 받고 아들을 얻는 것과 같았다! 그러한 면에서 한나의 기도는, 백성의 왕에 대한 요구(삼상 8장)와도 연관되지만, 다윗의 기도(삼하 22장)와도 다양한 측면에서 연관된다(참고. Klement 2000:112ff.).

이 두 기도들이 사무엘서의 해석적 열쇠일 뿐만 아니라 사무엘서의 외피로서 일종의 종두병행 기법을 취한다. 두 노래들에서 야웨의 역할은 간과될 수 없을 만큼 중요하며, 다음과 같은 요소들이 공통적으로 발견된다(Carlson 1964:45-48, 226-229, 246-254; 김지찬 1999:281).

한나의 기도	다윗의 노래	공유된 주제들
2:2	22:32	야웨는 반석이시다.
2:8	22:16	땅의 기둥들이 야웨의 것이다.
2:10	22:14-15, 29	야웨께서 우레로 적들을 무찌르신다.
2:3-4	22:28	야웨께서 낮은 자들을 구원하시고 높은 자들을 낮추신다.
2:9	22:37	야웨께서 자신의 종들의 발걸음을 지키신다.
2:4	22:40	야웨께서 자신을 의지하는 자들에게 "능력의 허리띠를 채워주신다."
2:10	22:51	야웨께서 자기 메시아를 높이신다.
2:1	22:3-4	원수로부터의 구원
2:6	22:6	스올

일부 학자들은 이러한 공통점들 때문에 한나의 기도를 다윗 왕조에 대한 축복과 기원에 대한 암시와 확증으로 이해하는 경향이 있다. 그러나 이와 같은 공통점에도 불구하고, 양자간에 명백한 차이점들의 존재도 간과하지 말아야 한다. 게다가 사무엘서의 전체적인 문맥에서 볼 때, 이러한 해석은 기존의 지나친 '다윗 중심적' 해석의 경향성을 경계할 필요가 있다. 그 이유는 다음과 같다.

① 보통 이러한 감사시는 중보기도의 특성을 지니며, 야웨의 우주적 왕권과 국가적 영역에까지 확장되는 경향이 있다. 그러므로 이 시를 무조건 후대의 편집의 결과로만 이해할 수 없다. 비록 한나가 일반적인 감사시의 전형을 차용했을 가능성은 있으나, 그것이 반드시 한나가 노래할 수 없는 내용이라고 단정할 수는 없다. 또한, 다른 경우들처럼, 감사시는 다른 '내러티브//시'의 구조를 가진 선례들과 견주어서 해석되어야 한다(출 14-15장, 삿 4-5장의 경우처럼).[6]

② 한나의 기도에 나타난 인간 왕권과 통치에 대한 언급들은 몇 가지 면에서 그 문맥에 잘 어울린다. 즉 그것들은 야웨와 세상의 정의를 집행할 야웨의 인간 대리자에게 적용되고 있다는 점, 당시에 이미 고대 근동에서 왕권 제도가 보편적인 개념이었다는 점, 그리고 야웨의 왕권 이해가 이스라엘에서도 이미 오래된 개념이었다는 점에서 그렇다. 그러므로 이 기도가 한나의 개인기도 문맥에 잘 어울리지 않는다는 주장은 무시할 수 있다.

③ 한나의 기도에는 인간 왕권의 칭송보다는, 오히려 권력자들에

---

6. 이러한 시와 내러티브의 병치 문제는 Watts(1992)와 Weitzman(1997)를 참조하라.

대한 조롱과 비판이 내포되어 있기 때문에, 기존 왕권의 억압과 권위주의적 상황에서 보면, 그러한 요소들은 상당히 혁명적으로 들릴 수 있다(4-10a절). 그러나 '원수들로부터의 구원'을 말하는 다윗의 기도는 한나의 기도에 비해서 더욱 자기중심적(대부분의 주어가 '일인칭 단수'다)이며 자신의 왕조체제와 권력 옹호적인 상황 속에서 행해지는, 자신과 관련된 인간 왕권의 여러 가지 국면들을 다룬다(cf. Jobling 1998:167).

④ 한나의 요구와 관련된 "야웨가 들으신다"(사알)는 표현은 미래에 있을 다윗 왕권에 대한 옹호보다는, 사무엘의 말년에 있을 왕정제도에 대한 사무엘과 이스라엘 백성 사이의 인간 왕권에 대한 갈등적 요소를 예견해준다(cf. Jobling 1998:111).

위와 같은 여러 가지 고려 사항들은, 비록 한나의 기도를 다윗 왕조와 직접적으로 연결시킬 수도 있겠지만, 한나의 고난, 사무엘의 출생, 그리고 한나의 기도를 사무엘서에서 열왕기까지로 이어지는 이스라엘이라는 국가적인 정치, 종교 드라마의 서두로 삼기에 합당하다. 또한 신약적으로 볼 때, 이러한 한나의 기도의 신학적 의미와 사무엘의 성장에 대한 표현("아이 사무엘은 야웨 앞에서 자랐다"[2:21], "아이 사무엘이 점점 자라니, 야웨와 사람들에게서 사랑을 더욱 받았다"[2:26])은 누가복음에서 마리아 찬가(Magnificat, 눅 1:46-55)와 예수의 유년기의 성장을 묘사("성장할수록, 그 아이가 지혜로 가득하고 하나님의 사랑이 그와 함께 했다"[2:40], "예수에게 지혜와 키와, 하나님과 사람들의 사랑이 더욱 커갔다"[2:52])하는데 재사용된다(참조. Jobling 1998:131-42). 사무엘의 거룩한 소명(3:1-4:1a)에 대한 설명과 블레셋에 의한 이스라엘의 패배와 야웨의 궤의 나포 장면은 다음 장에서 다루어진다.

비느하스 아내의 절규(4:19-22)

엘리의 두 아들 홉니와 비느하스 제사장들의 부정과 독직과 성적 타락으로 촉발된 이스라엘을 향한 야웨의 진노가 엘리(2:23-25a)와 화자(26b절)와 익명의 선지자(27-36절)를 통해 삼중적으로 선언된다. 익명의 선지자는 하나님이 엘리와 그의 아들들처럼 불충실하고 악하지 않은 새 충실한 제사장을 세우사 제사장직을 영원히 행하게 할 것을 선언한다. 결국 이것은 징벌의 측면에서 엘리의 두 아들이 야웨의 궤와 함께 한 이스라엘의 블레셋과의 전쟁터에서 무참히 살해됨으로 멈추지 아니하고, 결과적으로 엘리 자신과 큰 며느리의 사망과 실로 성소의 몰락에까지 이르게 된다. 비느하스의 아내가 임종 때 남긴 유언은 "이스라엘에서 영광이 떠났다!"였다. 이것은 야웨도 이스라엘을 버려 패배케 하신 일과, 이스라엘의 중재자인 제사장들의 가문을 멸망한 일과, 자신의 '영광'이었던 시아버지와 남편의 죽음에 대한 애도의 표현이기도 하다.

한나와 이 여인은 임신과 출산을 통해 엘리 가문의 몰락과 사울의 등장을 예견한다. 또한 이 표현은 이가봇이 엘리 가문의 후계자로서의 영광을 박탈당할 것을 예견하는 것처럼 보인다. 엘리 가문의 몰락으로, 사무엘은 모든 중요한 제의적-정치적-군사적 임무를 떠맡게 되었다. 그 와중에 산모에게 행한 "두려워 마시오! 당신이 아들을 낳았소!"라는 산파들의 위로는 역설적이다. 아들을 소원하던 한나에게는 '아들의 출산'이 가장 기쁘고 즐거운 소식이었을 것이지만, 전쟁의 패배와 가문의 몰락 소식에서 시작되어 조산의 고통과 죽음에 이르는 충격의 과정을 헤쳐나가야 하는 비느하스의 아내에게 '아들'의 소식이 무슨 소용이란 말인가? 마치 엘가나가 한나에게 행한 위로의 말처럼! 한나의 기도에 잘 나타나 있듯이, 야웨는 한나를 신원하시는 분이며 이스라엘을 패하게도 하시고, 엘리와 두 아들과 비느하스의 아내를 꺼꾸러뜨리시는 분이시다. 한나의 기도가 개인적인 갈등과 억압의 문제를 민족적, 국가적 영역에까지 확장시킨다면, 여기서는 국가적 문제가 어떻게 개인적인 문제에 치명적인 영향을 끼치는가를 보여주는 실제 예인 것 같다.

사사 시대 말의 이스라엘 주요 도시들

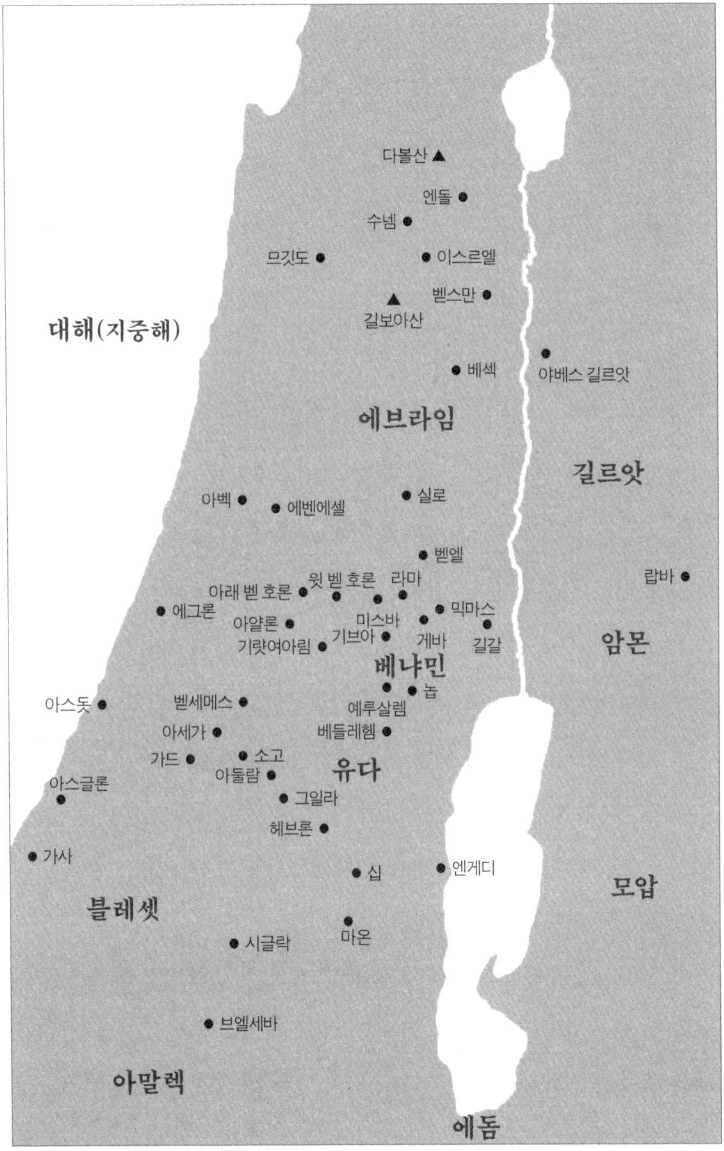

2장

두 가문 이야기

엘리 가문과 사무엘

이제 사무엘상 4-7장에서 행해진 네 차례의 블레셋과의 전투 속에 나타난 하나님의 임재와 전승의 요소들을 함께 살펴보고자 한다. 이 과정 속에서 엘리 가문은 몰락했고 사무엘이 새로운 영적-군사적 지도력을 넘겨받았다. 특히 여기서 우리는 하나님이 인간의 욕구와 조종에 의해 좌우되지 않으시는 분이라는 교훈을 얻을 수 있다.

하나님께서 이스라엘과 함께하지 않으신다면?

이스라엘의 블레셋과의 적대감은 이미 오래된 일이었다. 게다가 블레셋은 사사 시대부터 다윗 왕의 시대까지 이스라엘에게 가장 강력한 적수들 중의 하나였다. 양자 간의 지속적인 군사적 갈등은 이스라엘의 12지파가 하나님이 행하신 약속의 땅을 완전히 정복하기 위한 필연적인 것이었다. 네 번째 전쟁은 다음과 같은 면에서 대조적이다. 첫 두 차례의 전투는 하나님이 함께하지 않으셨기 때문에, 이스라엘의 패배로 끝났고 야웨가 홀로 행하신 세 번째 전투와 사무엘과 함께 한 네 번째 전투는 승리로 끝난다. 이렇게 네 차례의 전투는 상응점이 존재한다.

1, 2차 블레셋과의 전투(4장)	3차 블레셋과의 전투(5-6장)	4차 블레셋과의 전투(7장)
사무엘의 말이 사라짐(4:1)	사무엘의 역할 없음	사무엘의 말이 시작됨(7:3)
엘리의 아들들, 홉니와 비느하스가 궤와 함께 있음(4:4)	제사장들의 역할 없음	아비나답의 아들 엘리아살이 궤를 지킴(7:1)
에벤에셀에서의 두 차례의 전투에서 34,000명의 군사들이 전사함(4:2, 10)	이스라엘의 피해 없음	벧세메스에서의 오만칠십 명의 죽음과 상응함(6:19)
에벤에셀에서의 전투(4:2, 10)	블레셋의 땅, 아스돗, 가드, 에그론에서 야웨의 재앙이 발생함	에벤에셀에서의 기념비(7:12)
야웨의 궤가 전쟁터에 들어올 때 이스라엘 백성이 소리를 크게 지름(4:5-6)	야웨의 궤를 두려워하여 속건제의 제물과 함께 벧세메스로 돌려보냄	야웨께서 블레셋에게 큰 우레를 발하여 그들을 어지럽게 하시니, 그들이 이스라엘 앞에서 패함(7:10)

사무엘상 4장에서 엘리의 말년에 이스라엘은 1차로 블레셋을 '선제'공격하기 위해 나섰고 에벤에셀 근처에서 대접전이 있었으나 알려지지 않은 이유(아마도 하나님의 뜻을 묻지 않았던?)로 블레셋에게 대패해 4천 명 가량의 이스라엘 군사들이 전사한다. 그런데 이스라엘은 하나님이 블레셋의 편에 계셔서 자신들이 패배했다고 보았기에 야웨의 궤를 전쟁터에 가져가 자신들의 승리를 담보하자고 주장한다. 아마

도 사람들은 그룹들 사이에 '앉아 계신' 만군의 야웨(의 언약궤)를 전쟁터로 옮겨옴으로써 억지로 하나님이 백성들과 함께 있게 할 수 있을 것으로 믿었던 것 같다. 그들이 볼 때, 야웨의 궤는 현대적인 의미에서 이스라엘의 블레셋과의 전쟁에서 야웨의 자동 참전을 초래하는 '인계철선'(trip-wire)이었던 것이다. "야웨께서 어째서 우리로 오늘 블레셋 사람 앞에서 패하게 하셨는가? 야웨의 언약궤를 실로에서 우리에게로 가져와서 우리 가운데 있게 하여 그것(즉 궤)으로 우리를 우리 원수들의 손에서 구원케 하자"(3절).

장로들과 백성들은 성소로 들어가 야웨의 언약궤를 전쟁터로 옮겼고, 언약궤 옆에 홉니와 비느하스가 있었다. 이러한 측면에서 본문은 언약궤의 약탈과 엘리 가문의 몰락을 밀접하게 연관시킨다(4:4, 11, 17, 19, 21절). 그러나 이에 대해 몇 가지 의문점들이 떠오른다. 즉, 어째서 백성들은 블레셋과의 전쟁을 앞두고 야웨의 의중을 묻지 않았던가? 야웨의 환상과 말씀이 함께하는 사무엘과는 대화조차도 없었던가? 이것이 홉니와 비느하스의 죄 때문이었다면, 어째서 하나님은 홉니와 비느하스만을 징벌하지 않으시고, 블레셋과의 전쟁을 통해 이스라엘의 수만 명이 죽게 하시고 언약궤가 약탈 당하도록 하셨던가? 어째서 하나님이 그룹들 사이에 계시고 전쟁터에는 계시지 않았던가? 이러한 난해한 질문들이 연속으로 쏟아져 나올 수 있다. 그러나 본문을 통해 확인할 수 있는 확실한 점은 하나님이 이스라엘 편이 아니라, 블레셋의 편에 서 계셨다는 점이다(cf. 수 7:7). 그래서 이스라엘은 블레셋과의 전쟁에서 참패했다.

여호수아의 영도 하에서 이스라엘 사람들이 경험했듯이, 언약궤와 제사장들이 앞서고 이스라엘 군대가 용기백배해 적들 앞에서 큰 소리를 지르기만 해도(4:7ff.), 당연히 대적들이 간담이 녹아내리고 패배하는 것이 정상적인 이스라엘의 전쟁 시나리오겠지만, 현재의 상황은 정반대다. 심지어 블레셋인들은 비록 세부적으로는 오류가 있긴 했지만 이스라엘의 하나님이 이집트인들에게 열 가지 '치명적인' 재앙을 내리셨던 야웨, 출애굽의 신인 것을 잘 알고 있었다.[1] 그러나 그러한 사실들은 블레셋인들을 담대하게 만들고 결사항전하게 만들 뿐이었다. 그 날 "재앙과 질병(독종)의 신" 야웨는 이스라엘을 위해 일하지 않으시고 3만 명이 그 전투에서 전사하고 야웨의 궤가 블레셋인들에게 빼앗기도록 만드셨고 엘리 제사장의 아들들인 홉니와 비느하스를 죽이셨다.

주 캐릭터들에 대한 묘사에서 볼 때, 엘리 가문의 실패(혹은 몰락)에 대한 묘사는 모데라토(보통 빠르기)로, 사무엘 가문의 실패에 대한 묘사는 프레시티시모(아주 빠르게)로 묘사된다. 이러한 속도감은 야웨의 언약궤의 이동에 대해서도 동일하게 나타난다. 블레셋인들과의 전투의 승리를 위하여 언약궤가 실로 성소에서 전쟁터로 옮겨진 일이 매우 간단하게 언급되지만, 야웨의 언약궤가 이스라엘로 돌아와서 또 다른 성소(예루살렘)에 정착하기까지는 너무 오랜 시간이 필요했다(우리는 사무엘서가 끝나고 열왕기가 시작될 때까지 기다려야 한다). 대부분의 독자들은 엘리 가문의 몰락이 사무엘상 1-4장에 걸쳐 점차적으로 정점에 이르기 때문에, 미리 마음의 준비를 할 수 있었다. 그러나

---

1. 삼상 5-6장에 나타난 출애굽 패턴 연구는 Garsiel(1990:51-55)를 보라.

사무엘 가문에 임한 문제점에 대해서는 화자가 단지 3절만을 할당할 뿐이다(8:1-3). 이는 사무엘 가문의 타락이 엘리 가문의 타락의 반복이라는 점을 상기시켜줄 뿐만 아니라, 우리에게 충격적인 효과를 주려는 것이다.

엘리 가문의 문제점들

성경에 나타난 선임자-후계자들과 관련된 문제점은 항상 선임자(들)의 노년기(의 육체적 징후와 함께)에 발생한다는 것이다(이삭, 사무엘, 그리고 다윗도 그렇다[왕상 1장]). 이러한 일은 특별히 족장시대에 유사하게 나타난다(이삭과 야곱의 경우). 문제는 그들이 나이가 들었고 시각과 청각의 장애로 말미암아 판단력이 흐려졌으며, 결국 그것 때문에 개인과 가문, 심지어는 민족과 국가에 커다란 재난을 초래한다는 것이다. 특별히 '보는 것'은 성경에서 중요한 인식의 기능을 감당하는 것으로 묘사되며, 사무엘상 초반부에서도 매우 중요한 역할을 수행한다.

한나는 서원을 통해 하나님이 자기 상황을 보시고 기억하시고 잊지 않으시길 간구하는데, 하나님의 대행자인 엘리 제사장은 그의 연로함과 그의 영적 둔감함으로 인한 시각과 청각의 장애로 인해 한나의 상황을 제대로 이해하지 못했다. 즉 엘리는 눈이 어두워 있었고(3:2; 4:15) 그의 아들들은 야웨를 몰랐다(즉, 인정하지 않았다). 즉 화자는 하나님의 제사법을 멸시하여 위반하고(cf. 레 3:3-5, 7:30-34), 또 그 앞에서 성적인 범죄(2:22)를 일으키는 등 엘리의 아들들의 행실이 나쁘기 때문에, 야웨를 알지 못했다고 말한다. 물론 여기에서의 '앎

(knowing 혹은 understanding)'은 야웨의 존재와 특성에 대한 '지식적인' 무지가 아니라, 그의 존재를 인정하고 그 뜻을 실천하는 측면에서 그들의 부인과 무시를 의미한다.

사무엘의 거룩한 소명(삼상 3:1-4:1a)

사무엘이 어린 나이에 실로 성소에서 엘리의 지도로 야웨를 섬길 당시는 비정상적인 상황이었다("야웨의 말씀이 희귀하여 환상이 흔히 보이지 않았다"). 그러한 상황은 시각 장애를 겪는 엘리와 적절하게 비교된다. 하나님은 늙고 장애를 겪는 엘리가 아니라 어리지만 하나님의 소리에 민감한 야웨의 전 안에 누워 있는 사무엘을 세 번 부르셨다. 사무엘은 엘리(문자적으로는 '나의 하나님')가 자신을 부르는 줄 알았으나 결국 엘리는 야웨께서 사무엘을 부르시는 줄 알았다. 이제 사무엘은 엘리의 종이 아니라 야웨의 종이 된다. 하나님의 등불은 야웨의 전에 아직 켜져 있었고 사무엘을 통해 새 일을 준비하고 계셨던 것이다.

사무엘의 첫 번째 임무는 하나님께로부터 들은, '불손한' 아들들을 제대로 징계하지 못한 엘리와 그의 가문의 멸망신탁을 선언하는 것이었다("엘리 집의 죄악은 제물로나 예물로나 영원히 용서받지 못하리라." 14절). 이것을 들은 엘리는 "이는 야웨이시니 선하신 대로 하실 것이니라"고 반응했다. 이때부터 이스라엘에 하나님의 말씀이 다시 있었으며 사무엘이 말한 모든 것이 실제로 이루어졌다. 이스라엘 온 지역 사람들이 사무엘이 실로에 다시 나타나신 야웨의 선지자라는 것을 알았고 그를 통해 야웨의 말씀이 온 이스라엘에게 전해졌다(4:1).

이 단락은 두 가지를 모두 명확하게 보여준다. 즉, 어린아이요 엘리 제사장의 사환[2]이었던 사무엘에게 하나님이 함께하시고 복을 주셔서, 하나님의 선지자, 사사, 그리고 제사장이 되는 과정을, 유사한 표현의 반복을 통해, 극적으로 묘사하며 엘리의 아이들, 제사장들의 악함과 그들에 대한 신적 저주의 확실성을 대조한다(Howard 1993:164). 야웨의 말씀과 환상이 흔하지 않던 시대(3:1)에 야웨의 말씀이 어린 사무엘에게 연속으로 임했다는 점은 사무엘에 대한 하나님의 관심과 사랑을 명백하게 보여준다. 결국 이러한 구도를 통해, 사무엘은 엘리의 지도하에 있었으나 점점 자라가면서 야웨 하나님과 직접 대면하게 되었고 야웨로부터 직접 계시와 말씀을 받고 전할 때 온 이스라엘이 그가 하나님이 인정하시는 선지자라는 것을 공적으로 확증한다.

사무엘 묘사	엘리 가문 묘사
그 아이는 엘리 제사장의 지도하에 야웨를 섬겼다(2:11b).	엘리 아들들의 악행(2:12-17)
사무엘이 어려서 세마포 에봇을 입고 야웨 앞에서 섬겼다(18절). 하나님의 한나에 대한 축복(18b-21a절) 아이 사무엘은 야웨 앞에서 자라났다(21절).	엘리의 악한 아들들(22-25절)
사무엘이 자라나 야웨와 사람들의 은총을 더욱 받았다(26절).	엘리 가문에 대한 미래적인 저주-미래적인 제사장에 대한 예고(27-36절)
사무엘이 엘리의 지도하에서 야웨 앞에서 섬겼다(3:1a).	엘리 가문에 대한 저주의 말씀(3:2-18)

2. 히브리어에서 '아이', '사환', '소년'이라는 표현은 모두 동일한 단어(나아르)로 사용된다.

불량배 사제 가문과 미래의 충실한 제사장 가문(삼상 2:30-36)

야웨는 하나님의 사람을 통해, 미래에 있을 '영원한' 인간 왕조의 약속과 마찬가지로 엘리 가문 제사장직의 영원성도 보장되어 있었으나, 엘리가 하나님을 멸시하고 그의 아들들을 더 귀중히 여겼기 때문에, 그리고 엘리의 아들들이 제사장의 직분을 남용하고 야웨를 인정하지 않았기 때문에, 엘리 가문에 재앙이 임할 것을 말씀하신다(29절 이하).

비느하스에게 주어진 '영원한 제사장직'	엘리 가문에게서 빼앗은 '영원한 제사장직'
그와 그의 후손이 "영원한 제사장직"의 언약을 소유할 것이다(민 25:13a).	"내가 전에 '네 집과 네 조상의 집이 내 앞에서 영원히 행할 것이다'라고 말했지만, 이제 나 야웨가 말하노니, 결코 그렇게 하지 않을 것이다"(삼상 2:30).

사무엘상 4장에서 블레셋과의 2차 전쟁을 통해 촉발된, 엘리와 그의 두 아들과, 그리고 그의 아들 비느하스의 아내의 죽음은 엘리 자신(2:23-25), 하나님의 사람(27-36절), 그리고 사무엘(3:11-14)을 통해 주어진 징벌의 예고의 즉각적인 성취였다. 이러한 저주는 엘리 가문의 세력 약화와 그 근거지 실로 성소의 파괴 및 그 중심 위치의 박탈을 의미하는 것 같다. 엘리의 직계가족들에게 임한 '하나님의 심판'에도 불구하고, 엘리의 제사장 혈통은 완전히 중단된 것 같지는 않다. 그후에 사울이 블레셋과의 전투 장면에서 엘리의 아들, 비느하스의 아들, 이가봇의 형제(사촌?), 아히둡의 아들 아히야(삼상 14:3)가 여전히 공식적인 제사장으로서의 역할을 수행하는 것으로 등장한다. 그러

나 이가봇이 사무엘서의 세계에서 미미한 존재로 남아 있듯이, 아히야도 사무엘상 14장 이후에 언급되지 않는 점도 하나님의 '철저한' 심판의 성취를 반증하는 것일 수 있다. 그 후에 아히둡의 또 다른 아들, 아히멜렉의 가문은 도엑과 사울에 의해 거의 전멸당한다(삼상 21:2-8; 22:6-19)는 점도 이러한 저주의 실현의 일환이라고 볼 수 있다. 그중에 생존한 아비아달은 다윗에게로 도망하여 나중에 왕실의 공식 대제사장이 되고 그후에 사독도 대제사장으로 임명받는다. 또한 솔로몬은 자신이 엘리의 후손으로 제사장직을 수행하던 아비아달(삼상 22:20)을 귀향 보낸 것을 이전에 엘리 가문에게 행해진 저주의 실현이라고 주장하기까지 한다(왕상 2:27). 이 문맥의 정확한 의미가 무엇이든지 간에 엘리 가문의 '완벽한' 멸망을 의미하는 것은 아니었다. 현재의 독법이 옳다면(삼하 8:17), 솔로몬에 의해 아비아달 대신에 대제사장으로 임명된 아히둡의 아들 사독도 아론의 후손이며 엘리의 후손일 것이다(Miscall 1986:19ff.).

그러므로 이러한 역사적 전개는, 구약의 '모든' 파멸의 미래적 선포가 그렇듯이, 상징적인 언어로 묘사된다는 점을 고려해야 한다. 즉, 저주 선언들은 기근, 불임, 재앙, 살육, 비명횡사 등의 전형적인 요소들을 포함하며, 이러한 파멸 선포는 위협과 포괄적 성취 측면에서 그 내용의 완벽한 문자적 성취를 요구하지 않는다.

또한 많은 학자들이 후대의 제사장 가문들 속에서(예, 사무엘이나 솔로몬 시대의 사독 가문) 미래의 충실한 제사장의 등장을 언급하는 이 말씀의 성취를 발견하려고 노력했지만, 필자가 볼 때, 이것은 본 문맥의 의도를 오해한 결과다. 엘리 가문에 임한 하나님의 '철저한' 심판처럼 약속된 제사장 가문의 도래에 대한 언급도 특정한 시대와 인물을 한정한다는 점에서 완벽한 '문자적인' 성취를 의미하지는 않는다.

혹자는 이러한 언급을 예수의 제사장직 예언으로 보지만, 이러한 해석은 적절하지 않다. 오히려 "신실한 제사장은 '나의 메시아' 앞에서 항상 섬길 것이다"(2:35)의 말씀이 지적하듯이, 본 문맥의 핵심은 현재의 엘리 가문의 구체적인 위반 사항들에 대한 나열과 미래에 있을 이상적인 제사장과의 대조에 있다고 하겠다. 실로 성소의 몰락은 이스라엘 백성뿐만 아니라 엘리 가문에 대한 경고와 심판이었다. 물론 우리는 이러한 교훈을 실로 성소의 몰락에 대한 성경의 침묵 속에서 다만 짐작해볼 수밖에 없다.

언약궤가 돌아오기까지

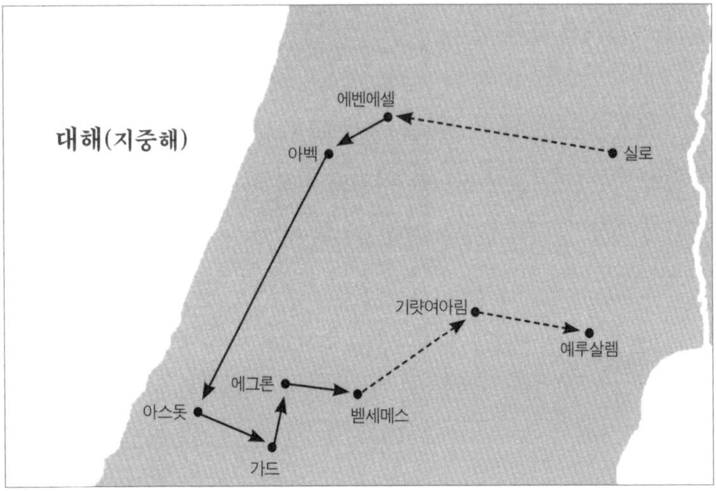

언약궤의 이동 경로

이스라엘에 의해 - - - - - - -▶ 블레셋에 의해 ——▶

"나를 영화롭게 하는 자를 영화롭게 할 것이며

나를 능멸하는 자를 능멸하리라"(삼상 2:30b)

이 말은 문자적으로 번역하면, "나를 무겁게 하는 자를 무겁게 할 것이며 가볍게 여기는 자를 가볍게 하리라"(삼상 2:30)이다. 이 구절은 1924년 파리 올림픽 육상경기 금메달리스트로서 스코틀랜드 육상 선수이자 선교사였던 에릭 리델의 신앙 역경을 〈불의 전차〉라는 이름으로 20세기 폭스사가 1981년에 제작한 영화에서 사용된 감동적인 구절이다. 공교롭게도 이 영화의 제목은 열왕기하 2:11에서 발견된다. 이와 관련된 교훈은 30절 후반부에서 찾아야 할 것이 아닌가 한다.

광야에서 성소가 만들어진 이후로 '하나님의 영광(카보드 야웨)'은 성소에 임했다(출 40:34). 즉 성소에 임하는 하나님의 영광은 그곳에 임하는 하나님의 임재의 상징과 성소의 적절성을 보장하는 것이었다. 그러나 사무엘상 1-7장에서 하나님의 '영광'(카보드)[3]의 신학은 여지없이 조롱당한다. 이미 광야의 성막에서 그 의미가 입증되었듯이, 하나님의 영광은 지상의 장막에 영원히 머물러 있어야 할 의무는 없다. '카보드'라는 표현은 일종의 말장난의 형태로, 엘리 제사장의 가문과 이스라엘에 임한 하나님의 심판 문맥 속에서 그 의미가 극대화된다. 영광 받으실 분은 하나님뿐이시고, 모든 인간은 영적인 다이어트를 해야 한다!

---

3. 주로 '영광'(glory)으로 번역되는 '카보드'라는 히브리어의 동사형은 '뚱뚱해지다', '중하게 여기다', '무겁게 짓누르다', '완악해지다' 등의 의미도 포함한다.

나보다 네 아들들을 더 **중**하게 여겨(삼상 2:29), **존중**히 여기는 자/**존중**히 여김(삼상 2:30), **뚱뚱**한 까닭이었다(삼상 4:18), **영광**이 떠나갔다/**이가봇**(삼상 4:21), **영광**은 어디 있는가?(삼상 4:22), 야웨의 손이 아스돗 사람들에게 **무거웠다**(삼상 5:6), 야웨의 손이 에그론 사람들에게 **무거웠다**(삼상 5:11), 이스라엘 신에게 **영광**을 돌려라(삼상 6:5), 이집트인들과 바로가 마음을 **무겁게** 했듯이, 너희가 어찌하여 너희 마음을 **무겁게** 하랴?(삼상 6:6)

영광은 떠났다! 그러나 도대체 누구의 영광이 떠났다는 말인가? 원수들에게 패배한 것과 하나님의 궤의 약탈로 인해 이스라엘의 영광은 떠났다. 엘리가 영적으로 육체적으로 비만해지고 하나님보다 자기 아들들을 더 중하게 여겼기 때문에, 엘리 가문이 패가망신하게 되었다. 그렇게 해서 엘리 가문의 영광은 떠났다. 역설적으로 하나님의 영광은 7개월간 블레셋 지방을 머물며, 이동하면 할수록 더 드높이 드러나게 된다. 하나님은 블레셋인들의 고통과 절규 속에서 영광을 받으시며, 하나님의 영광은 블레셋인들이 감내하기에는 너무 컸다. 그들이 이스라엘의 하나님께 영광을 돌리면 고난이 가벼워질 것이다(삼상 6:5). 더 재미있는 사실은 '영광'을 받은 하나님의 궤가 이스라엘로 돌아온 후, 기럇여아림에서 20년간 방치된다는 사실이다. 이제 전쟁과 재앙의 하나님은 블레셋 사람들을 포함해 이스라엘 사람들에게도 두려움과 회피의 대상으로 남게 된다.

누가 이 거룩하신 야웨 앞에 서 있으리요?

이러한 질문은 우리에게 양면적인 대답을 요구한다. 즉 '그 누구도 거룩하신 하나님 앞에 설 수는 없다'와 '모든 사람은 야웨 앞에서 거룩하게 서 있어야 한다'. 거룩의 측면에서 야웨 하나님은 기이하다. 그는 이스라엘의 성소를 세우기도 하시고 버리기도 하시며 제사장들을 세우기도 하시고 허물기도 하신다.

이스라엘 역사 속에서 반복되었던 이러한 교훈들은 전능적 성직주의와 거대 성전주의를 꿈꾸는 한국교회에 경종을 울릴 만하다. 즉 하나님은 자기 백성, 자기 지도자, 자기 제사장, 자기 성전이라도 일말의 미련 없이 허무시고 다른 것으로 교체하시는 분이다. 사무엘서의 전체 구도에서 본 단락은 불안한 지도력의 갈등 속에서 나타나는 하나님의 탁월한 지도력과 주권에 대한 한없는 찬양이 나타난다는 점과 종교와 정치의 혼돈과 갈등의 나락 속으로 떨어지기만 하는 이스라엘의 불안한 미래를 예견하게 한다는 점, 결국 이스라엘의 영속적인 구원이 어떠한 제도나 사람들의 행위로 보장될 수 있는 것이 아니라는 점을 암시한다고 하겠다.

미스바 사건(삼상 7:2b-17)

이 단락은 다음과 같은 상황설명으로 시작한다. "이스라엘 온 족속이 통곡하고 야웨를 찾았다"(7:2b). 여기서 "야웨를 찾는다"라는 말은 실제로 그 형상을 보려고 시도했다는 말이 아니라, 이스라엘이 열심

미스바 사건

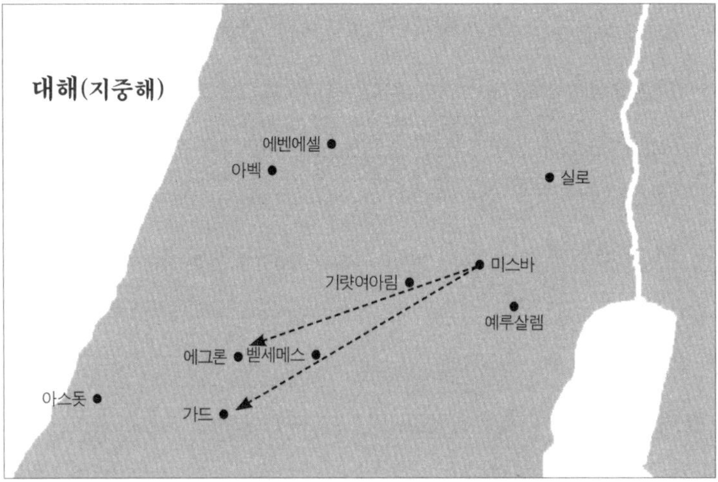

에그론과 가드까지 이스라엘이 회복되다 -------►

히 회개하고 하나님의 뜻을 준행하려고 했다는 의미다. 7:3 이하의 미스바 대각성 사건은 연대기적으로 사무엘상 7장 이전의 장들과 어떤 관계를 갖고 있는지는 모호하다. 블레셋과의 대치상황은 양자 사이의 연속성을 전제하지만, 양자 사이의 우상숭배와 회개, 그리고 블레셋 군대에 대한 이스라엘 백성의 부르짖음은 이전의 경우와는 상당히 다른 상황 전개를 보여준다. 즉 그들은 블레셋을 두려워하지 않았으며, 미스바에서 야웨의 궤를 통해서가 아니라, 사무엘을 통해 야웨께 자신들을 구원해주시도록 요청했다. 이번의 전투들은 어느 정도 블레셋을 이스라엘의 영역에 발붙이지 못하게 하는 중요한 역할을 수행했다. 이전 단락은 블레셋에게서 되돌려 받은 야웨의 궤가 어떻게 되었는가를 설명하는 6:19에서 시작해 7:2a에서 종결된다. 그로 인해 이스라엘은 한동안 야웨의 언약궤 없는 신앙생활을 하게 된다.

이 단락을 시작하는 "백성들이 야웨께 애곡했다"는 7:2b에 사본상 모호함이 있지만, 아마도 그것은 블레셋의 침입으로 인한 것 같다. 사무엘은 이스라엘에게 우상을 버리고 야웨만을 섬기는 것이 바른 회개라고 주장한다. 이스라엘은 미스바에 모여 금식하고 죄를 회개할 때, 이 소식을 들은 블레셋이 침입했으나, 야웨의 초자연적인 임재(우레, cf. 12:17-18)로 인해, 블레셋은 이스라엘에게 패했다. 사무엘은 미스바와 센 사이에 승전 기념비를 세우고 그곳을 에벤에셀이라고 부른다. 이런 과정을 통해 사무엘은 이스라엘의 영토를 확장하게 된다. 본장과 이전의 블레셋과의 전쟁은 다음과 같은 몇 가지 상응점이 존재한다.

1, 2차 블레셋 전투	4차 블레셋 전투
블레셋이 듣고 이스라엘 하나님의 궤를 두려워함	이스라엘이 듣고 블레셋을 두려워함
구원과 부르짖음-야웨의 무응답	구원과 부르짖음-야웨의 응답
블레셋의 제사	사무엘의 제사
이스라엘의 패배	블레셋의 패배
사무엘이 엘리의 지도 아래 야웨를 섬겼다 (삼상 3:1a)	엘리 가문에 대한 저주의 말씀(삼상 3:2-18)

본장이 한나의 기도와 다른 장들과 갖는 연관성은 사람들이 하나님께 무언가를 간구한다는 것이다. 본 단락의 역할은 다음과 같다.

① 이 단락은 사무엘의 이스라엘 백성을 위한 군사적 사역과 평

생 사역의 결과(평화)에 대한 포괄적인 언급(사무엘의 사역의 요약, 13-17절)으로 사무엘 내러티브의 결론 역할을 수행한다. 나중에 이루어진 사울 등의 블레셋 족속과의 지속적인 군사 활동에 대한 세부 언급은 생략한 채, 13-15절은 사무엘을 중심으로 이후에 벌어질 그의 활동을 비롯해, 이스라엘과 블레셋과의 관계를 미리 요약한다. "그러므로 블레셋이 굴복하여 다시는 이스라엘의 영토에 들어오지 못했고, 야웨의 손[능력]이 사무엘이 사는 날 동안 블레셋을 막으셨다…"(13절). 이 시점에서 혹은 사무엘 혼자서 블레셋과 관련된 모든 문제를 해결한 것으로 오해해서는 안 된다. 이제 이후로는 사울과 다윗이 그 내러티브의 주연들로 등장한다.

② 부차적으로, 전술했던 여러 가지 복합 요인들은 기랏-여아림과 언약궤가 결국 이전 여러 성소들이 누렸던 이스라엘의 제의중심적 지위(?)를 회복하지 못했다는 점을 드러낸다. 즉 이것은 나중에 다윗이 예루살렘에서 중앙제의의 복귀를 꾀하기 전까지는 실로 중심의 단일한 제의 시대에서 실로 이전 복수의 지방성소들의 시대로 회귀했음을 의미한다. 이는 사무엘이 실로라는 중앙 성소가 아니라, 미스바(10:17)와 벧엘(10:3)과 길갈(11:14)과 라마(8:4)라는 다양한 성소들에서 여러 차례 종교 행사를 수행했다는 점에서도 간접적인 지지를 받을 수 있다(cf. 7:17). 그와 같은 특정한 지명들은 이후 장들의 지리 배경을 제공한다. 아마도 그러한 인과관계 속에서 본문이 말하지 않는 하나님의 유기의 상징인 실로의 군사적 함락이 있었던 것 같다(cf. 시 78:60; 렘 7:12-14; 26:6, 9).

③ 7장은 대략적으로 사사기의 패턴을 따르지만, 사사기와는 달

리 사무엘-열왕기는 세상만사가 명확하고 즉각적인 인과응보(반역→억압→부르짖음→구출→평화)의 단계 속에서 돌아가는 것으로 묘사하지 않는다는 점도 고려해야 한다. 마지막으로 본 장은 백성들이 전쟁의 위협을 사무엘을 통해 야웨께 간구함으로써 해결했다는 점과, 다음 장이 사무엘과 그의 아들들의 문제점으로 인해 백성들이 사무엘을 통해 야웨께 구함으로써 해결하려고 했다는 점에서 서로 연관된다는 점에서 그 중요성을 찾을 수 있다.

3장

인간 왕권의 기원과 성립

사무엘상 8-12장의 개관

이제 사무엘상 8-12장에 나타난 인간 왕정의 기원 문제를 개괄적으로 살펴보자.[1] 이 부분은 왕권의 기원 문제와 사울 왕권의 전반부가 중첩되는 경향이 있지만, 인간 왕권의 기원과 성립의 측면에서 별도로 다뤄볼 것이다.

사무엘상 8-12장에 묘사된 인간 왕정의 논의에서 극복해야 할 장애요소들이 상당히 많다는 점을 먼저 인정해야 한다(Eslinger 1983, 1985). 그 이유는 주로 본문을 통해 등장하는 캐릭터들의 다양한 목소리(야웨, 백성, 장로, 사무엘 등)가 한꺼번에 들려오기 때문이다. 게다가 우리에게 객관적이고 종합적인 지침과 평가를 제공해야 할 화자는 대부분의 내러티브들이 그렇듯이 인간 왕정에 대한 중립적인 입장을

1. 이 본문의 표준적인 연구는 Langlamet(1970)를 참조하라. cf. Clements(1974)와 Jobling(1986:44-87).

보인다(Eslinger 1983:68). 지금까지의 본문에 등장하는 캐릭터들의 관점 차이에 따르는 혼동의 원인은 주로 다음과 같은 두 가지 이유들로 인한 것이다.

첫째, 인간 왕을 세우는 본문들에 대한 소위 통시적 연구방법론상의 문제에서 비롯된다.[2] 그러한 접근들은 사무엘상 8-12장을 친왕조적, 반왕조적인 입장의 소스들로 나눈다. 이러한 관점에서 본다면, 사무엘서 본문은 저자의 일관된 신학 이념이나 논리 전개라기보다는, 단지 자료들이나 전승들 사이의 갈등과 혼돈의 결과일 뿐이다. 아래의 도표는 마르틴 노트(Martin Noth)의 견해다. 이러한 양단론은 열왕기에서도 왕조에 대한 긍정적인 평가와 부정적인 평가의 병존의 이유를 설명하는 데도 사용된다.

친왕조적 소스들	반왕조적 소스들
삼상 9:1-10:16	삼상 7:2-8:22
삼상 11:1-15	삼상 10:17-27 삼상 12:1-25

둘째, 우리의 본문은, 지금까지 주류를 이루어 온 견해인 자료/전승/편집사비평적 접근을 배제하더라도, 기껏해야 보수적인 입장에서 백성들의 잘못된 요구에 대한 단순한 허용으로 여겨졌다. 이와 유사하게 매카터(1980:157)는 '인간 왕권에 대한 신적 허용은 적극적

2. 이에 대한 분석은 Long(1994:173ff.)과 McConville(1993)를 참조하라.

인 의미에서의 승인은 아니다'라고 주장했다. 게다가 최근에 차일즈(1979:277-78)는 이 본문 내에 왕조에 대한 다양한 견해들의 병치의 존재를 주장하는 정경비평적 입장을 제시했다. 즉, 차일즈는 (a) 8:1-22(반왕조적); (b) 9:1-10:16(친왕조적); (c) 10:17-27(반왕조적); (b') 11:1-15(친왕조적); (a') 12:1-25(반왕조적)로 분석한다. 현재까지 국내에서 발표되는 복음주의 입장도 이러한 견해에서 그리 많이 벗어나지 못한 것 같다.[3]

그러나 필자가 여기서 제기하는 의문점은 '이러한 전제들과 관점들이 얼마나 우리의 본문 해석에 도움이 되었는가?'이다. 첫 번째의 경우 그들의 본문에 대한 관심은 현재 본문에 투영되어 있는 본문 배후의 여전히 '증명 불가능한' 역사 재구성의 탐구에 머물러 있으며, 두 번째의 경우 현재 본문에 대한 포괄적이고 균형 잡힌 탐구를 위해서는 아직도 부족한 면이 많다. 그러한 면에서 필자의 일관되면서도 포괄적인 접근 시도는 그 의의를 찾을 수 있을 것이다.

이 본문이 보여주는 인간 왕권에 대한 사람들의 관점차를 다루는 더 자세한 논의에 앞서서 역사서 본문에 전제되어 있는 이스라엘의 몇 가지 중요한 정치제도에 대해 부연 설명할 필요가 있다. 그동안은 이스라엘 정치사 논의에서 왕의 역할만 지나치게 강조되었던 것 같다. 하지만 구약에서는 일차적으로 가부장제 아래 장로들과 재판장들에 의한 통치 구조가 존재했고 그들을 통한 사법적 정의 구현이

3. 예를 들어 필자는 이 본문이 친왕조 견해와 반왕조 견해라는 소위 '갈등하는 자료들의 혼합의 결과'가 아니라는 성주진의 입장에 동의하지만, 사무엘의 기도가 사적 감정에서 나온 것이 아니며 본문이 인간 왕권에 대한 야웨의 소극적 인정을 말한다는 그의 견해(1998:154, 158)에 동의하지 않는다.

이라는 역할도 존재했다. 이러한 권력구조는 세부적으로 왕정 시대에도 여전히 지방분권적이었다. 시대가 흘러가면서 이러한 권력구조는 점차적으로 분화되고 통합되는 과정을 거치면서 사사들에게, 그리고 나중에는 왕들에게로 상당히 이전되고 집중되는 듯하지만(Boecker 1981:40ff.), 이스라엘의 전체적인 분배적 통치구조는 왕조시대에도 여전히 유지되었던 것 같다. 그러나 이스라엘의 통치 및 사법제도는 현대적 의미에서 삼권분립이 이루어진 발달된 형태는 아니었다. 지면관계상 여기서는 이스라엘 왕정과 장로와 관련된 정치제도만을 개괄하고자 한다(아래의 논의는 성기문[2003]에서 가져왔다.).

① 왕정 제도

여러 가지 우여곡절을 겪고 수립된 이스라엘의 왕정 제도(삼상 8-12장, cf. 신 17:14-20)[4]를 통해 하나님은 여전히 정의의 구현을 원하셨다. 물론 인간 왕권의 기원에 대해 학자들마다 하나님의 수동적 허용이냐, 인간들의 요구에 대한 갈등이냐의 논란이 있는 것이 사실이지만, 필자는 구약의 신정정치는 인간 대리자('왕정'도 포함)를 통해 수행되었다고 생각한다. 비록 그 본문에서 인간 왕정의 부패 가능성과 실제적인

4. 이와 관련해 Gerbrandt(1986:194)의 주장도 귀기울일 만하다. '그러므로 왕은 신명기주의자가 볼 때 이스라엘의 구조 내에서 매우 중요한 역할을 수행했다. 궁극적으로 이와 같은 왕의 역할은 당시의 모든 국가들이 당연시했던 것들과 실제로 매우 유사한 것이었다. 그러나 이와 같은 이스라엘 왕의 복리 보장의 방식은 이스라엘의 야웨와의 독특한 언약 관계에 의존해 있었다. 이스라엘에서 왕은 백성을 야웨에 대한 언약적 복종과 충성으로 인도하는 역할을 맡았다. 왕과 백성은 야웨를 의존할 수 있었고 그들이 젖과 꿀이 흐르는 땅에서 살 때 그가 자신들을 축복하시고 원수들에게서 그들을 구원하실 분이라고 믿을 수 있었다.'

빈번한 반역이 예견되었으며 하나님이 그러한 경향성을 모세의 법(cf. 신 17:19)과 사람들(선지자들과 제사장들과 장로들, 심지어는 이방군대들)과 제도들을 통해 교정하려고 하셨다. 마찬가지로 고대 근동과 이스라엘에서 목자-왕은 하나님의 긍휼과 치유의 존재로 이해되기도 했다(겔 34:2-4, 렘 22:1-5, 23:1-4). 우리는 왕정 시대에도 그 나름의 분화된 중앙 및 지방정치 체계가 존재했다는 점(Priest 1980:43ff.)을 자주 망각한다.

이스라엘의 지방분권적인 구조는 장로 제도에서 발견된다. 하나님은 온 세상과 이스라엘의 통치자였으며 이스라엘에게 왕을 주시는 분이었다. 이스라엘의 사사, 선지자, 혹은 백성들(의 장로들)은 인간 왕을 세우기도 하지만 동시에 왕정의 견제와 비판 역할을 수행했으며 지방자치 체제인 장로 정치가 별도로 존재했다. 왕들은 자주 권력을 남용하며 인간 왕권의 제한점을 넘어섰고 백성들을 죄악으로 인도하고 탄압하며 선지자들을 죽였다. 그들은 종종 우상을 도입하고 이웃 나라들과 조약을 맺는 잘못을 저질렀다. 궁정이나 재야에 거하던 선지자들은 왕들에게 고언과 비난을 아끼지 않았다. 선지자는 국내 정치뿐만 아니라, 국제 정치에도 깊숙이 관여했다. 그들은 국가 존망에 대한 환상과 신탁을 전했다.

② 장로 제도

구약시대의 장로[5]는 구약에서 180회 이상 생물학적 측면(노인, 혹은 연

5. 여기서 언급되는 장로의 기능에 대한 논의는 주로 Weinfeld(1972)를 참조했다.

장자)뿐만 아니라, 정치적인 측면(다양한 기능의 지도자 혹은 지도자 그룹[6])으로도 사용되었다. 즉, 그들은 구약에서 한 민족의(이스라엘, 유다, 모압, 미디안[민 22:4, 7], 이집트[창 50:7]), 한 지역의(길르앗, 삿 11:5-11), 한 부족의(신 31:28), 디아스포라의(렘 29:1), 제사장들의(왕하 19:2, 렘 19:1), 한 도시의(passim), 한 집의(즉 궁전, 창 50:7, 삼하 12:17) 장로들이라는 다양한 형태들로 발견된다. 이스라엘 정치사에서 장로의 존재는 유목민적, 부족적 정치 형태의 유물 정도로 이해하지만 왕조시대에도 지속되었다. 그들의 정치적 기능은 모세시대에도 재확인되었고(출 18:13-27, 신 1:9-18), 사사시대에도 활발히 작동했고(삼상 11:3, 수 9:11, 삿 8:6, 14, 9:46, 11:5), 왕조시대에도 상대적으로 약화된 상태로 존재했고(왕상 21:8, 왕하 10:11), 왕정이 사라진 포로 이후에는 원래 기능을 회복한 것으로 여겨진다. 여기서 우리가 주목해야 할 장로들은 '백성 혹은 국가의 장로들'과 '도시의 장로들'이다.

ⓐ 도시의 장로들

당연한 이야기지만, 이들은 지역적인 문제에 지역민들을 대표한다. 그들의 기능은 신명기에 잘 나타나 있으며, 가족과 관련된 그리고 그 지역의 가부장적인 권리의 보존과 관련된 사건들을 다룬다. 즉 피의 속죄(19:12), 신원미상의 범인이 저지른 살인사건의 해소(21:3, 6), 불순종하는 아들(21:19), 처녀성의 상실에 대한 중상(22:15), 형사취수제(25:9) 등이다. 재판장들과는 달리, 아마도 이들은 실제 사건의 조

6. 물론 이러한 기능은 신약시대에 회당의 장로들과 신앙 공동체 내의 장로의 존재를 통해서도 확인될 수 있다.

사와 모호한 일의 판단보다는 그 절차와 그 일을 명백한 일로 공식화하는 기능을 수행했던 것 같다. 다양한 지역에서 다양한 시기에 행해진 이들에 대한 명확한 역할분담은 규명하기가 어렵지만, 지역방어와 같은 군사적인 임무도 수행했던 것 같다(출 18:21, 신 1:15, 사 3:14, 에 10:8 등).[7] 왕조시대에 장로들은 왕 앞에서 백성들을 대신해 행동했다(왕상 12:12, 왕하 11:17).

ⓑ 백성의 혹은 국가의 장로들(땅의 장로들"[왕상 20:7])

국가적인 사안의 경우는 '백성(혹은 국가)의 장로들'에게 보고되어 논의되었던 것 같다(분열왕조 시에는 이들은 각각 "이스라엘의 장로들"과 "유다의 장로들"로 불렸다). 아마도 이들은 도시의 장로들 중에서 선택되었던 것 같다.

이들의 기능은 주로 여섯 가지로 분류될 수 있다(거룩한 언약과 율법 선포식에서 백성을 대신함[출 19:7, 24:1, 9, 신 27:1, 29:9, 31:9, 수 8:33, 24:1, cf. 왕하 23:1], 지도자나 왕을 지명함[삼상 8:4, 삼하 3:17, 5:3, 삿 11:5-11], 전쟁 선포[수 8:10, 삼하 17:4-15, cf. 왕상 20:7], 정치적 협상과 합의를 함[출 3:16, 18, 4:29, 민 16:25, 삼하 3:17, 5:3], 거룩한 의식들을 수행함[출 12:21, 18:12, 레 9:1, 삼상 4:3, 왕상 8:1, 3, 대상 16:25], 국가적 위기에 행동함[출 17:5-6, 수 7:6, 삼상 4:3, 대상 21:15]). 이러한 일련의 기능들과 분화된 장로 제도는 구약과 고대 근동에서도 발견되는 것으로, 지역총회를 대변하고 왕정 제도에 대한 보완(자문과 대립)의 기능을 하는 일종의 원시 대의제도였

---

7. 또한 Falk 2001:37도 보라.

다(cf. Falk[2001:36]; Wolf[1947:98-108]).

헌 제도(사사직) 줄게 새 제도(왕직) 달라고?

이제 지금까지의 논의와 에스링거의 방법론에 의지해, 우리가 논의할 부분은 사무엘상 8-12장에서 하나님의 통치와 인간의 통치가 '어떠한 상관관계를 갖게 되느냐?'이며, 이러한 논의를 우리의 현실 상황 속에서 '어떻게 적용하고 실천할 수 있느냐?'로 자연스럽게 연결할 수 있을 것이다. 그러한 면에서 사무엘상 8-12장은 우선적으로 사무엘상 2장과의 연관성 속에서 이해되어야 한다(앞에서 삼상 7장과의 관계성은 논의한 바 있다).

배경	엘리가 매우 늙었다(2:22).	사무엘이 늙었다(8:1).
동기	엘리의 아들들, 홉니와 비느하스 제사장들의 악행들(부정한 제사/간음 사건)	사무엘의 아들들, 요엘과 아비야 사사들(직무유기 사건)
	이스라엘 장로들과 백성들의 요구 - 믿을 수 없는 제사장들과 군대보다는 블레셋과의 전쟁에서 확실하게 승리할 수 있는 매개체가 필요했다(4:3).	이스라엘 장로들과 백성들의 요구 - 믿을 수 없는 사무엘과 사무엘의 아들들(사사직)보다는 강력한 군사적, 사법적 통치의 매개체가 필요했다(8:5).
결과	엘리 가문의 몰락과 새 제사장의 등장 예고; 만군의 야웨의 임재의 상징인 언약궤가 블레셋에게 볼모로 잡혀감; 사무엘의 정치적 종교적 위상 격상	사무엘과 백성들 간의 갈등과 불신 심화; 사사제도의 몰락; 새로운 통치제도 요구와 등장

엘리 가문이 몰락하고 야웨의 궤가 포로가 되는 수모와 고난을 겪은 후에 사무엘(사사-제사장-선지자)을 통해 오랫동안 평화를 누리

던 이스라엘 백성들은 사무엘의 노년에 위기에 처하게 된다(8:1-3). 또한 본 단락의 논의는 사무엘의 고별사(12장)뿐만 아니라, 다윗의 기름부음(15장)까지 연장하여 관찰해야 인간 왕권과 관련된 사건의 전모를 제대로 파악하게 될 것이다. 우선적으로 나타나는 인간 왕정에 대한 요구의 동기는 다음과 같다.

> 사무엘이 늙고 그 아들들이 엘리의 아들들처럼 그릇 행하여 아버지의 길을 따르지 않았다.

엘리의 아들들이 제의적인 면과 성적인 면에서 타락했다면, 사무엘의 아들들은 사법적인 면에서 타락했다. 엘리의 두 아들이 야웨를 "모르는" 자들이라고 불린 것처럼 사무엘의 아들들의 이름은 더욱 상황적 역설을 드러낼 뿐이다. 사무엘의 큰 아들 요엘은 '야웨는 하나님이시다'라는 뜻이고, 둘째 아들 아비야는 '내 아비는 야웨다'라는 뜻이다. 이러한 역설은 이스라엘을 대표해 사무엘을 찾아가 "열방과 같은" 왕을 요구한 장로들의 주장(8:4-6)에서도 명확하게 드러난다.[8] 그런데 여기서 그들이 사무엘의 아들들의 문제만을 성토했던 것은 아닌 것 같다. 물론 엘리와 사무엘이 그들의 아들들의 문제에 얼마나 직접적인 책임이 있었는지는 알 수 없지만, 도표가 보여주듯이, 아들들의 잘못에 그들의 아비들에게도 책임이 돌아갔다는 것만은 확실한 것 같다. 사무엘이 이스라엘 백성들과 야웨 사이의 중재자직을 근거

8. 이스라엘에서 왕정의 등장에 대한 사회경제학적 동기를 고고학적인 측면에서 고찰한 Finkelstein(1989)을 참조하라.

로 한 대조가 나타난다.

앞에서도 논의했듯이, '간구'의 개념은 사무엘상 1-12장까지의 핵심개념으로서 한나의 간구와 사무엘의 중재기도 개념을 통해 서로 연관된다. 지금처럼 사무엘의 아들들은 백성의 판단을 왜곡시키고 뇌물을 받을 것이 아니라, 하나님의 공평과 정의로 재판했어야 했고, 이스라엘을 위해 하나님께 중보했어야 했다. 이와 관련해 우리는 인간 왕정의 필요성과 함께 선지자 사무엘의 중재자직을 강조해야 한다. 구약에서 민족을 위한 대표적인 중보자들은 소돔과 고모라를 위해 기도했던 아브라함과 자기 백성을 위해 기도했던 모세와 사무엘이었다(렘 15:1). 이와 같이 기도(혹은 요구)와 응답의 키워드와 구조는 본 단락에서도 여지없이 나타난다. 또한 사무엘상 8-12장은 구조적으로 세 차례 나타난 백성들의 요구와 사무엘의 대응의 반복적 언급이 큰 기둥들로 구성되어 있어 구조적으로 그 통일성과 저자의 의도가 명확하게 드러난다고 하겠다.

사무엘에게 인간 왕정에 대한 동정적인 태도가 전혀 없었다고 말할 수는 없지만, 시종일관 인간 왕정 제도에 대한 사무엘의 두 차례의 적대적인 연설(8:11-18; 12:1-15)은 8-12장의 구조에서 종두병행적 장치역할(외피)을 수행한다. 또한 위의 도표에서 제시했듯이, 사무엘의 중재자직에 관한 대조(특별히, "왕 때문에 부르짖어도 야웨께서는 응답하지 않을 것이다"[8:18]와 "사무엘이 이스라엘을 위한 중보기도를 쉬지 않을 것이다"[12:23])도 본 단락의 상관관계를 예증한다고 하겠다. 그러므로 내피단락에 있는 사울 왕을 세우는 일은 사무엘상 9-11장 내에서 나타난다.

백성들의 요구(7:8)	백성들의 요구(8:5)	백성들의 요구(12:12)
"당신은 우리를 위하여 우리 하나님 야웨께 쉬지 말고 부르짖어 우리를 블레셋 사람들의 손에서 구원하시게 하소서."	"당신은 늙고 당신의 아들들은 당신의 행위를 따르지 아니하니 모든 나라처럼 우리에게 왕을 세워 우리를 다스리게 하소서."	"우리를 다스릴 왕이 있어야 합니다."
▼ ▼	▼ ▼	▼ ▼
사무엘의 행동(7:9)	**사무엘의 행동(8:6-7)**	**사무엘의 행동(12::19, 23)**
사무엘이… 온전한 번제를 드리고 이스라엘을 위하여 야웨께 부르짖으니, 야웨께서 응답하셨다.	사무엘이 그것을 기뻐하지 아니하여 야웨께 기도했다. 야웨께서 사무엘에게 대답하셨다. 왕으로 인해 부르짖더라도 응답을 받지 못할 것이다.	"당신의 종들을 위하여 당신의 하나님 야웨께 기도하여 우리가 죽지 않게 하소서"… "나는 너희를 위하여 기도하기를 쉬는 죄를 야웨 앞에서 결단코 범하지 아니하고 선하고 의로운 길을 너희에게 가르칠 것이다."

위와 같은 논증과 함께, 몇몇 구절들(8:5; 9:16; 12:12)을 근거하여, 본 단락에 대한 다음과 같은 세 가지 결론을 내릴 수 있다. ① 본 단락은 다양한 상충적 전승들의 융합의 결과가 아니라, 한 저자의 정교한 구조와 계획 속에서 저술된 것이라고 볼 수 있다. ② 본 단락은 백성들의 시급한 왕권에 대한 요구는 사무엘의 늙음과 그의 아들들의 실정 등의 내외적 필요성에 근거한 것이다. ③ 본 단락은 더 강력한 군사적 필요성이 대두되었다는 점에서 백성들의 인간 왕권에 대한 요구와 응답에 대한 적절한 이해뿐만 아니라, 후속적으로 사울과 다윗 왕권의 흥망성쇠에 대한 확장적 이해와 연속성을 정당화시키는 역할을 한다.

사사 시대 말의 아스라엘 주변 국가들

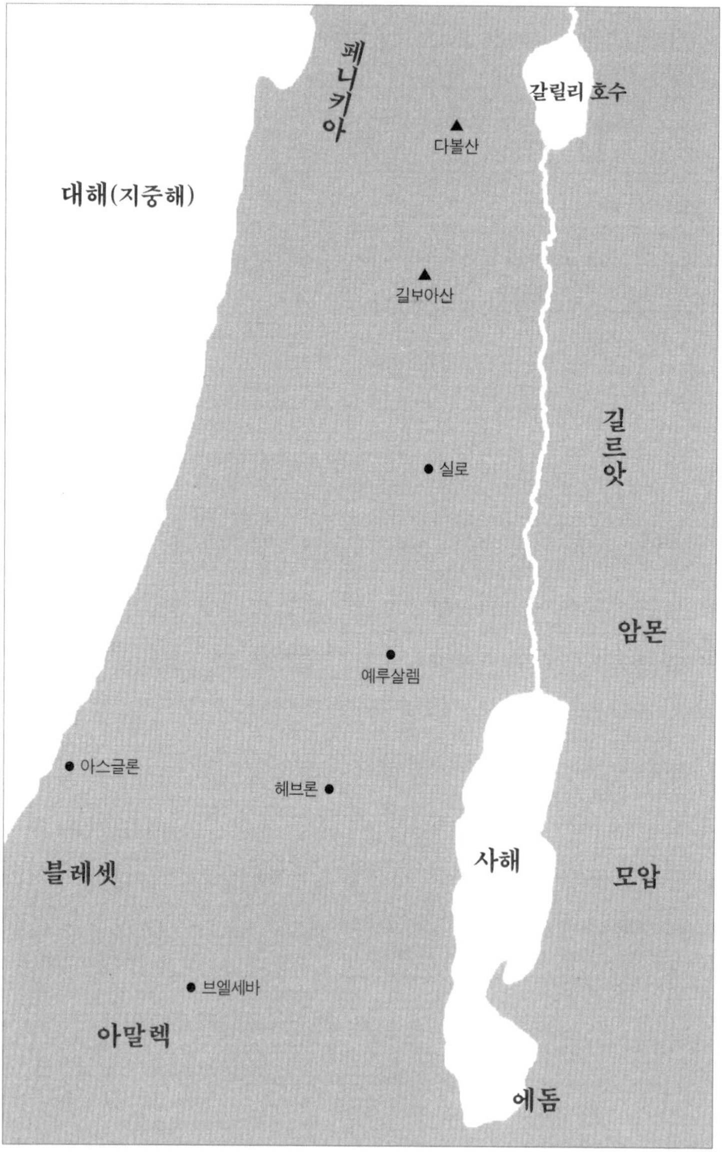

4장

사무엘 탄핵 소추 사건

사무엘상 8장

사무엘상 8장은 백성들의 왕에 대한 요구와 그에 대한 사무엘과 야웨의 반응으로 구성되어 있다. 전술했듯이 이에 대한 전통적인 여러 가지 입장들에는 본문을 일관되게 이해하기 어렵게 만드는 요소들이 존재한다. 그러한 이유 때문에 필자는 사무엘상 8장, 사무엘하 7장, 그리고 열왕기상 8장을 해석하는 데 있어, 에슬링거의 삼부작(1985[1983], 1989, 1994)이 제시한 '전적인 거부와 수정된 수용'의 모델에 근거해 논의하고자 한다. 즉 에슬링거는 이 세 가지 본문들 사이에서 '전적인 거부+수정(제한)된 승인'이라는 공통적인 이야기 패턴을 발견한다.

① 하나님이 "열방과 같은" 왕정에 대한 백성들의 요구를 전적으로 거부하시나, 다른 왕권 개념으로 이스라엘 백성에게 왕정을 허용하신다(수정된 승인); ② 다윗이 당대에 백향목으로 된 야웨가 거할 전

을 지으려던 시도는 전적으로 거부된 반면, 다윗의 집의 영원성과, 그의 후임자가 야웨의 이름이 거하는 성전을 건축할 것을 약속하신다(수정된 승인); ③ 솔로몬이 예루살렘 성전을 기도와 제의의 완벽한 메카로 삼았고 성전 건축으로 다윗 왕조의 영속성을 재확인 받으려고 했지만, 성전과 다윗 왕조는 '언약의 성실한 준수'라는 조건적인 허용 속에서만 그 영속성을 확인받는다(수정된 승인).

필자는 에슬링거의 주장처럼 사무엘상 8장을 '백성들의 열방과 같은 왕의 요구'는 거부되고 '야웨가 원하는 인간 왕정이 수용되는 과정'으로 이해하는 해석의 모델을 채용했다(이러한 해석모델은 이 부분뿐만 아니라, 열왕기에까지 적용될 것이다). 이제 그러한 전제에서 다음과 같은 몇 가지 중요한 문제들(즉, ① 백성이 사무엘에게 왕을 요구한 동기 ② '왕이 못되게 한다'는 의미 ③ 사무엘의 태도)을 중심으로 본문 증거와 논증을 살펴볼 것이다.

구조

탄핵 소추 사건은 4절에서 시작해 22절로 끝난다. "이스라엘의 모든 장로들이 모여 라마에 있는 사무엘에게 나아갔다"(4절)와 이스라엘 사람들에게 "너희는 각자의 성읍으로 돌아가라!"(22절)는 부분이다.

요구의 동기와 내용은 무엇이었을까?

필자는 본문에서 통치 행위나 왕정 제도 자체는 문제가 되지 못한다고 생각한다. 즉, 왕의 통치 행위는 ① 용어상 사사로서의 사무엘의 통치 행위와 동일하다. 즉, 사무엘상 7:15-8:20에 등장하는 키워드 "샤파트"라는 어근은 총 아홉 차례 사용된다(7:15, 16, 17; 8:3[판결, 미슈파트], 5, 6, 9, 11, 20). 이 단어는 사무엘과 그의 아들들의 사사직, 사무엘이 자신의 노년까지 이스라엘 백성들에게 행한 통치 행위, 그리고 백성들이 요구한 왕의 통치 행위를 포괄한다. 당시에 사사와 왕을 포함한 통치 행위는 사사의 직무와 관련한 제의적, 언약적 지도력뿐만 아니라, "열방과 같은" 왕의 본질, 즉 통치(멜렉)와 정의(샤파트)의 분배적 개념들을 모두 포함한 것으로 이해된 것 같다. ② 왕정 제도의 가능성은 사무엘 시대 이전에 이미 전제된 바 있기 때문이다(이 문제는 이미 논의한 바 있다).

사무엘상 8장의 핵심어는 '요청하다(ask)'와 '듣다(hear)'이다. 즉, 장로들의 요구, 사무엘이라는 이름의 함축(원래 '그의 이름은 하나님'이라는 의미이지만, 문맥상 '요청하다'는 의미가 있다), 그리고 백성들의 요구에 대한 응답을 의미하는 히브리어 단어(쉐마)를 통해 '듣다'라는 핵심어가 부각된다. 이스라엘이 전쟁의 위험에 처했을 때마다, 이스라엘은 사무엘을 통해 기도하고 응답으로서 야웨로부터 구원과 평화를 찾았으나, 다음과 같은 몇 가지 이유로 장로들은 "열방과 같은" 왕들을 찾게 되었다.

① 사무엘 말년의 그의 가문의 실정이 요구의 그 첫 번째 원인이었다. 이에 대해 사무엘의 아들들의 잘못을 논하기에 앞서 사무엘이 자기 뜻대로 자기 자식들을 사사로 세웠다는 점에서 사무엘의 잘못이 더 크다는 주장도 있고 이스라엘의 장로들이 브엘세바라는 이스

라엘 영토의 남쪽 끝에서 사사일을 보던 아들들의 죄를 국가적인 차원에서 부풀려서 사무엘에게 전혀 새로운 제도인 왕권을 요구한 장로들의 잘못이 더 크다는 주장도 있다. 물론 엘리와 사무엘이 그들의 아들들의 문제에 대해 얼마나 크고 직접적인 책임이 있었는지는 잘 알 수 없지만, 아들들의 잘못에 대한 책임이 그들의 아비들에게 돌려졌다는 것만은 확실하다. ② 또한 외부로부터의 군사적 위협에 적절하게 대처할 왕을 구하는 것("우리도 열방과 같이 되어 우리 왕이 우리를 다스리며 우리 앞에 나가서 우리의 싸움을 싸워야 할 것입니다")도 그들의 동기였음은 명백히 드러난다(20절, cf. 9:16). 이러한 이유들로 이스라엘의 백성들을 대표하는 "이스라엘의 장로들"은 신명기 17장의 예상처럼 라마에 있는 사무엘에게 와서 왕을 세워줄 것을 요청한다.

삼상 8:5	신 17:14
이제 열방과 같이 우리를 재판할 한 왕을 우리에게 세우십시오.	"내가 열방과 같이 내 위에 왕을 세울 것이다"라고 말한다면…

백성들은 자신들의 대표자들인 장로들을 통해 "열방과 같이 우리에게 우리를 재판할 왕을 세워주십시오"라고 요청한다(6, 20절). '즉각적으로' 사무엘이 백성들의 요구를 악한 것으로 판단하고(사무엘의 관점) 백성들의 "왕을 달라는" 요구에 대한 야웨의 의중을 아뢴다. 사무엘의 태도는 일차적으로 자기 중심적인 사고에서 비롯된 것이라고 할 수 있다. 아마도 자기 자식들의 실정을 매개로 한 자신의 권위에 대한 장로들의 도전이라고 생각했던 것 같다. 이에 대해 하나님은 이

스라엘의 요청이 "자신이 왕이 되는 것에 대한 거부"라고 말씀하신다(7절). 그 실제적인 의미가 무엇이든지 간에, 문맥상 하나님의 말씀(수용, 백성들의 요구의 내면적 의미의 평가, 그리고 즉각적으로 백성들의 요구를 들어줄 것을 명하신다)과 사무엘의 언행(백성의 요구에 대한 진노, 왕에 대한 부정적인 규례만의 언급, 그리고 야웨의 명을 받들어 '즉각적으로' 왕을 세우지 않고 백성들을 해산시킴)은 대조를 이룬다.

왕이 못되지 못하게 한다(7절)

이 부분을 근거로, 많은 사람들은 ① 백성들의 요구에 대한 사무엘의 즉각적인 진노와 사무엘이 알려준 왕의 도리의 '부정적인' 측면과 ② 야웨의 직접적인 입장 표명 때문에, 적어도 이 본문이 반(反)왕조적이라고 이해했다. 그러나 본문 구조는, 전술했듯이, 자료/전승/편집적 입장에서의 갈등보다는 백성, 사무엘, 그리고 야웨라는 캐릭터들 사이의 견해차에서 나오는 갈등으로 보는 것이 더 합당하다. 특히 4-10절의 구조는 다음과 같다.

A 왕을 주어 우리를 다스리라(5절-장로들의 사무엘에 대한 요구)

B 네게 한 말을 다 들어라(7절-야웨의 사무엘에 대한 말씀)

C 너를 버림이 아니라//나를 버림이라

X 내가 그들의 왕이 되지 못하게 함이라(7절)

C' 나를 버리고//너를 버림이라(8절)

B' 그들의 말을 듣고(9절)

A' 왕의 제도를 가르치라(9절)

사무엘의 진노와 야웨의 진노, 그 의미

본문을 통해 볼 때, 우선 사무엘의 진노는, 왕정의 종교적 부적절성보다는, 왕정의 요구에 대한 그의 태도에 근거해 이해할 수 있다. 즉, 백성의 요구가 자신과 자기 자식들의 과오에 즉각적으로 반응한 것으로 자신의 지도력에 대한 도전으로 여겨졌을 수 있다. 그렇다면 어째서 야웨께서 인간 왕권(의 요구)에 부정적인 입장을 보이셨을까? 아마도 그것은 인간 왕정 자체의 거부감이나 반대보다는, '모든 나라들과 같은' 인간 왕권을 원하는 백성의 의도를 반대했던 것 같다.

전술했듯이, 이방의 인간 왕권은 왕을 신의 대리자 혹은 신과 동일시하는 경향이 있었으므로, 야웨의 진노는 이해할 만하다. 또한 이는, 사무엘이 말하듯이, 왕이 가질 수 있는 야웨에 대한 배도와 반역의 매개로 기능할 수 있다는 점이다(호 13:11). 그러나 이 본문은 야웨가 수정된 방식으로 백성의 요구를 수용하시기 때문에, 엄밀하게 말해서, 반(反)왕조적이라고 볼 수 없다. 왕정의 요구에 대한 사무엘의 진노는 그러한 요구에 반영되어 있는 것, 즉 인간 대리자가 없는 하나님의 직접통치에 대한 요구보다는 "열방과 같이" 신격화된 왕권이 내포하는 해악의 문제에 관한 것이었다(cf. Edelman 1991:40). 그러므로 위의 구조 분석과 같이, "나를 버리고 너를 버림이라"(C')라는 말과 함께 야웨의 "너를 버림이 아니라, 나를 버림이라"(C)는 말은 전후 문맥상 역설적이다. 이 문맥뿐만 아니라, 이스라엘의 왕정의 역사를 통해 볼 때, 이 단락의 의미는 하나님이 스스로 이스라엘의 왕이시길 포기하실 목적으로 이스라엘에게 인간 왕의 존재를 승인하신 것으로 볼 수는 없다.

이제 "왕이 되지 못한다"는 표현(삼상 8:7; 15:23; 16:1; 왕하 23:33)[1]의 문맥적 의미를 살펴보자. 여기서 백성들의 인간 왕에 대한 요구가 ① 왕들의 실제의 즉위식(혹은 축제)과 대비되는 야웨의 '실제적인 제왕등극'(die Inthronisation)이거나, ② (시편에서 자주 발견되는) 연례적으로 행해졌다고 주장된 가설적인 '야웨의 등극축제'이거나, ③ 선지서의 종말론적인 야웨의 왕적 통치(예, 미 4:7b)의 개념들 중의 하나를 의미한다고 볼 수는 없다.[2] 오히려 이러한 표현은, 신명기 17장이 인간 왕권의 존재를 부정하지 않는 것처럼, 인간 왕권과 야웨의 왕권의 본질적인 갈등이 아니라, 백성들이 '열방과 동일한 왕'을 요구한다는 점에서 고대 근동의 왕정관을 따르는 이스라엘의 인간 왕권과 야웨의 인간 왕권 사이의 '영원한' 불화를 의미하는 것으로 보아야 한다. 또한 동일한 표현이 이후의 문맥 속에서 사용되는 것을 보면, 오히려 백성의 요구에 따라 인간 왕을 세우고 폐하신 분은 여전히 하나님이시라는 점이 명백해진다. 앞에서 논의한 바처럼, 이것은 신명기의 제왕규례(17:14-20)의 특징과도 일맥상통하는 것이다(참조. 성기문 2009:200-203).

1. 필자의 논의와 관련된 배경설명은 Brettler(1989:125ff.)를 참조하라.

2. 선지서들(특히 사 40장 이후)에서 자주 나타나는, 야웨의 왕권의 주장 공식('야웨가 왕이다', 혹은 '야웨가 왕이 된다')은 이방신들과 통치자들의 무능력과 허무함과의 대조로 등장하는 것으로 본 문맥의 정황과는 전혀 거리가 멀다.

'왕의 도리'란 무엇인가?[3]

우리가 또 하나 주목해야 할 점은 본문에서 두 차례 사용된 "왕(권)의 도리(제도)"(미슈파트 함멜렉[8:9, 10-11]; 미슈파트 함멜루카[10:25][4])의 개념과 기능에 관한 것이다. 이러한 표현은 이미 "제사장의 도리"를 지칭할 때도 유사하게 사용되었다(미슈파트 하코헤님[삼상 2:13; 신 18:3]). 13a절은 독법상 "그들이 야웨나 백성에 대한 제사장들의 도리를 무시했다. 누군가가…"(표준새번역)나, "백성들에 대한 제사장들의 도리는…이었다"(개역)로도 번역될 수 있다.[5] 전자는 엘리의 두 아들이 자신들에게 부여된 도리를 '위반'했다는 측면에서 이해한 것이라면, 후자는 두 사람이 행한 악행이 제사장들의 규범이 되었다는 '비웃음'을 의미하는 것일 수 있다.

이러한 측면에서 볼 때도, '왕정의 도리'가 반드시 악한 것으로만 이해될 수는 없다. 사실 필자가 볼 때, 야웨는 사무엘에게 두 가지 명령을 내리신다. 즉 왕정의 우상숭배적 위험성을 엄중히 경계하고, 왕의 도리('정치 행위')를 가르치라(9절)는 명령이다. 그러나 사무엘은 야웨의 요구와는 달리, 왕권의 '부정적인' 측면만을 백성들에게 "왕(권)

3. 이에 대한 더 자세한 논의는 Talmon(1986:53-67)과 Miscall(1986:48ff.)과 Mitchell (2007)을 참조하라.

4. Halpern(1981:216-25)은 전자를 '왕의 권리들(the rights of the king)'로, 후자를 '왕권을 통제하는 규정(the law governing the kingship)'으로 두 단어의 개념상의 차이를 주장한다. 이것을 왕권의 신적 이상과 실제적 관례냐의 의미적 변이보다는 단순히 단어적 변이를 의미하는 것으로 보아야 한다(cf. Talmon 1986:61 n. 27).

5. 일반적으로 미슈파트는 '정당한 판결'(즉 정의)로 번역될 수 있으나, 본 문맥에서는 '도리'가 더 합당한 번역일 수 있다.

의 도리"로 가르친다(11절).[6] 사무엘이 전한 왕의 도리를 해석하는 데 있어 문맥 전반의 간접적인 증거들과 함께 우리가 제기할 수 있는 의문은 사무엘이 야웨의 말씀을 전달하는 과정 속에서 "야웨께서 다음과 같이 말씀하셨다(코 아마르 야웨)"는 전형적인 신탁의 전언자 공식이 나타나지 않는다는 점이다. 이러한 이유로 많은 학자들이 이것을 사무엘이 행한 '야웨의 말씀의 인용'이라기보다는 사무엘 자신의 말(해석)일 가능성이 높다고 주장한다(Ackerman 1991:11, 15; Eslinger 1985:281-82; Edelman 1991:43; cf. Polzin 1989:82f.).

게다가 사무엘이 말한 그러한 인간 왕권의 도리의 '일면'도 왕들의 일반적인 관행이라는 측면에서 볼 때, 여기서 왕의 행위의 부정적인 면이 강조되는 것은 사실이지만, 학자들의 주장만큼 왕의 행위가 반드시 악한 것으로만 볼 수 없다. 즉 이러한 항목들은 일반적인 왕권의 특징일 뿐이지, '실제적인 왕정'의 부작용에 대한 언급이라고 볼 수는 없다. 나중에 보게 되겠지만, 이스라엘 왕권의 문제점은 왕들이 하나님의 말씀에 불순종하고 우상숭배하는 것에서 비롯된다.

> 백성들의 자녀들이 왕의 군사력을 구성하고 왕실의 음식을 조달하게 할 것이다. 왕은 백성들의 최상의 소산들과 십일조[7]를 거두어 갈 것이다.[8] 그들에게 왕을 위하여 노역을 시킬 것이다. 백성들이 선택한 왕으로 인

---

6. 사무엘의 "왕의 도리"의 고대 근동 배경은 Mendelsohn(1956)을 보라.

7. 혹자는 이 본문이 종교적 십일조가 왕의 십일조로 전환되는 시점이었다는 점을 말해준다고 주장한다. 그러나 이것은 일종의 세금의 "부과" 정도로 이해할 수도 있다.

8. 후대의 백성(분열왕국 초기)의 요구는 조세 폐지가 아니라 부담의 경감이었다(왕상 12:4).

해 야웨께 부르짖게 될 것이지만, 응답받지 못할 것이다.

또한 이 규정 자체가 미래 어느 때엔가 이스라엘 백성에게 올무나 무거운 짐으로 비화할 가능성은 있겠지만, 우상숭배의 가능성과는 거리가 먼 것이었다. 물론 사무엘이 전달한 "왕의 도리"의 일면은 사울(토지수용과 군사력[삼상 22:7]), 다윗(왕의 군대와 행정관들[삼하 8:15ff.]), 압살롬(왕이 백성을 재판하는 것[삼하 15:6]), 므비보셋(토지수용[삼하 19:25ff.])에게서 명백하게 확인될 수 있지만, 원칙상 야웨의 "왕의 도리"가 이런 식으로 구성되었어야 할 필요는 없었다. 결과적으로 동일한 표현의 "왕의 도리"(cf. 신 17:14-20)는 사무엘이 사울을 왕으로 세운 후에 그가 직접 왕의 도리를 백성에게 말하고 책에 기록해 성소에 보관했다는 기록에서 다시 한번 등장한다(10:25; cf. 9:27; 10:8, 16). (비록 12장에서 완화되기는 하지만) 8장에서 나타난 사무엘의 인간 왕권에 대한 부정적인 시각은 다음의 표가 잘 보여주듯이, 끝까지 견지되는 것처럼 보인다.

삼상 10:19	삼상 12:12-13
너희가 너희를 모든 재난과 고통 중에서 친히 구원하신 너희 하나님을 오늘 버리고 '우리 위에 왕을 세워주십시오.'라고 말했다.	너희 하나님 야웨께서 너희의 왕이시더라도, 너희가 내게 "아니요. 우리를 다스릴 왕이 있어야 합니다."라고 말했다. 이제 너희가 요구한 왕, 너희가 택한 왕을 보라. 야웨께서 너희 위에 왕을 세우셨도다.

사무엘은 왕의 도리를 설명하면서, 왕을 "너희가 택할 왕"이라고 부르지만(8:18), 사울을 공적으로 기름부어 왕으로 삼을 때 사무엘은

왕을 "야웨께서 택하신 자"라고 부른다(10:24). 그러나 사무엘의 고별사에서는 왕을 "너희가 택한 왕"이라고 부른다(12:13). 사실 이스라엘의 인간 왕권은 야웨께서 선택하시고 이스라엘이 선택하는 이중적인 특징을 갖고 있다. 그러한 점에서 사무엘에게서 인간 왕의 선택 주체에 대한 혼동이 발견된다. 나중에 세 차례 등장하는 나단의 신뢰성에 대한 문제에서처럼 이 점도 캐릭터로서의 사무엘의 신뢰도를 떨어뜨리는 증거로 사용될 수 있다. 요약하면 백성들은 두 차례에 걸쳐 사무엘에게 왕을 세워줄 것을 요구하고(5, 6절) 야웨는 사무엘에게 백성의 요구를 듣도록 사무엘에게 두 번 말씀하시나(7, 9절), 사무엘은 왕정의 '한쪽 측면'만을 경고해 백성들을 설득하려 했으나, 결국 실패하고 장로들을 해산시킨다(cf. Polzin 1989:84). 혹자의 주장처럼 사무엘이 백성을 해산시킨 것은 하나님이 왕이 될 사람을 선택하실 때까지 기다리라는 의도는 아니었다. 오히려 문맥상 "백성의 요구를 들어주라"는 야웨의 말씀과 "너희는 각기 성읍으로 돌아가라!"(22절)는 이스라엘 국회의 해산을 명한 사무엘의 말은 상충될 뿐이다. 이제 위의 논의에 따라서 사무엘상 8장에 등장하는 세 가지 캐릭터들의 미묘한 왕권관을 도표화해보자.

이스라엘(장로)	사무엘	야웨
이스라엘은 사사 제도를 폐지하고 "열방과 같은" 왕을 요구했다.	사무엘은 "열방과 같은" 왕을 세워 달라는 백성의 요구에 진노했으며 야웨께서 원하시는 왕을 세우라는 야웨의 요구도 거부했다.	야웨는 "열방과 같은" 왕에 대한 백성의 요구를 거부하셨고 야웨께서 원하시는 왕을 사무엘이 세우도록 요구하셨다.

이와 같은 논의를 통해 볼 때, (삼상 12장까지 이어지는) 사무엘상 8장에서 백성들의 요구와 야웨의 반응, 그리고 사무엘의 반응과 야웨의 명령 사이에서 '인간 왕권'은 뜨거운 감자로 부상한다. 이와 같이 백성들의 끈질긴 요구, 야웨의 일련의 행동(해석, 승인, 요구), 그리고 사무엘의 끈질긴 거부는 서로 대조된다. 그러나 백성들의 지속적인 요구와 사무엘의 강력한 반대 사이에서 야웨는 '인간 왕권'을 승인함으로써 백성들의 손을 들어주시지만, 그것이 인간 왕권에 대한 수동적인 허용이나 적극적인 옹호는 아니었다. 오히려 본문은 필자가 차용한 에슬링거의 모델(절대적인 거부+수정된 수용, 즉 백성의 요구의 수정)을 지지해준다.

비록 '정의의 집행과 약자의 보호'라는 고대 근동 왕권의 이상의 측면에서는 이스라엘의 왕권이 "열방과 같은" 것이지만, 비신화화된 측면에서는 "열방과 같은" 왕권은 아니었다. 마찬가지로 사무엘의 주장과 아비멜렉 내러티브에서 배우듯이, 다른 리더십들과 마찬가지로 왕정이 갖는 우상숭배와 불순종의 위험 요소를 간과하지 말아야 한다. 그러나 사무엘의 태도가 반드시 야웨의 입장을 대변한다거나 이스라엘 신앙 공동체의 유익에 근거한 것이라고 말할 수는 없다는 점이 여러 논의를 통해 더 명확해졌다.

마찬가지로 우리가 인간 왕권을 부정적인 것만으로 볼 수 없는 이유는 이러한 경향성이 해석학적으로 더 많은 문제점을 내포한다는 데 있다. 즉 인간 왕정 자체에 대한 불신과 거부의 측면에서 본다면, 하나님이 사울 초기, 심지어 다윗 왕조에게 행하신 신적인 승인의 표로 볼 수 있는 여러 가지 초자연적인 역사(役事)와 은총의 역사(歷史)

가 충돌하게 된다. 그래서 혹자는 이러한 충돌을 피하기 위해 야웨와 사무엘의 반감은 사울 왕권과만 관련된 것이라고 말한다. 즉 하나님이 다윗 왕조는 사랑하셨지만, 사울 왕조는 미워하셨다는 주장이다. 그러나 그와 같은 하나님의 대한 무조건적 편애의 '교리'는 본문에서 찾아보기가 어렵다.

5장
사울 왕 이야기(1)

사울 왕 만들기(사무엘상 9-12장)

전술했듯이, 성경에 나타난 왕정 제도의 찬반 여부는 비록 우리가 사무엘상 8장의 연구를 통해 대략적인 해답을 얻어낸 것이 사실이지만, 사울 왕 내러티브[1]에 포함되어 있는 사무엘상 8-12장이라는 좀 더 넓은 문맥 속에서 더 명확하게 이해될 수 있다. 혹자들이 주장하듯이, 소위 인간 왕권을 대표하는 사울과 야웨의 주권을 대표하는 사무엘은 항상 악인과 선인 혹은 세속적인 자와 영적인 자로서 대립되지는 않는다. 이 두 사람들은 백성들을 각각 대표하며 그들에 대한 정의와 평화를 지켜줄 의무가 있었다. 결과적으로 왕과 선지자는 언약적 중재자로서의 역할을 수행한다.

1. cf. Nicholson(2002). 사울 내러티브의 문학 구조분석에 대한 견해들은 Humphreys (1978); Preston(1982); Edelman (1991) 등을 보라.

구조

본 단락은 외피인 사무엘상 8, 12장과 내피인 사무엘상 9-11장으로 구성된다. 외피는 인간 왕조의 요구와 성취의 문제를 다루며, 내피는 다음과 같이 사울의 3단계로 구성된 즉위식을 묘사한다.[2]

1. 왕이 되는 첫 번째 과정(지명)	2. 왕이 되는 두 번째 과정(실증)	3. 왕이 되는 세 번째 과정(확증)
사무엘에게 하나님으로부터의 계시가 있고(9:15-17); 사무엘과 사울이 만나고(9:17-27); 사울이 기름부음을 받는다(10:1).	사무엘로부터 예언을 받고(10:2-8); 예언의 징조가 성취되고(10:9-13); 사울이 제비뽑기에 당선된다(10:19-21).	하나님을 통해 사울이 알려지고(10:22); 지도자의 자격이 확인되며(10:23-11:13); 대관식(戴冠式)이 거행된다(11:14-15).

위와 같은 세 차례의 공인 과정의 이유는 무엇일까? 어떤 사람은 누가 왕이 될 것인지에 대해 이미 결정해 놓고 형식상의 과정을 거치는 것이 아닌가 의심하기도 한다. 그러나 그것은 피상적인 이해의 결과일 뿐이다. 왕이라는 지도자의 선출에서 하나님의 선택뿐만 아니라 백성들의 선택(제비뽑기)과 검증과정(개인적인 인격과 군사적 리더십)도 중요하다(cf. 신 17:14-15). 다른 이전의 지도자들이나 제사장들과 선지자들처럼 '하나님의 뜻'만을 내세워 미리 결정하고 일방적으로 지명해 파송하는 형식을 취했다면, 그것도 아마 가능했을지 모른다. 왕은 왕의 규례를 준수해야 했으며 하나님의 말씀에 잘 순종해야 했다. 마지막의 검증과정은 우리에게 시사하는 바가 크다. 이러한 수차례의

2. 이 형태는 김영호(1993:206, n. 6)가 Long(1989:190)의 세 가지 분류의 하위구분을 세분화한 것이다. 참조. Edelman(1991:30ff.)과 Long(1989:173-90).

단계를 살핀 백성의 대표자들인 장로들이 검증된 '사울'을 왕으로 삼았다는 점이다. 다윗의 경우에는 더 복잡해 백성들과 왕 사이에 언약을 맺고 왕으로 삼았다는 기록이 나온다(삼하 5:3). 아마도 이러한 언약은 하나님을 잘 섬기고 헌법을 준수하며 정의와 긍휼의 대변인이 되겠다는 취임 서약이 아니었을까?

사울 왕 만들기

앞에서 살펴보았듯이, 사무엘은 인간 왕에 대한 백성들의 요구와 그에 대한 야웨의 승인 모두에 "귀를 기울이지" 않았다(8장). 백성들은 스스로 왕을 '선택'하는 대신에 하나님의 대변자 사무엘에게 요청했으며 야웨는 인간 왕을 백성에게 줄 것을 인간의 대변자 사무엘에게 명령했으나, 사무엘은 야웨와 백성을 위해 이스라엘의 왕을 '선택'해 주지 않았다. 그래서 사무엘 대신 야웨는 백성을 위해 직접 왕을 지명하시고, 사무엘을 왕의 등극 과정의 증인과 후견인으로 삼으신다. 결과적으로 백성들은 하나님이 지명하신 자, 즉 이스라엘 백성의 '한 형제' 사울을 이스라엘의 첫 왕으로 받아들인다. 이것은 "반드시 네 하나님 야웨가 선택하신 자를 네 위에 세울 것이며, 네 위에 왕을 세우려면, 네 형제들 중의 한 사람으로 하라"는 신명기의 말씀(17:15)을 이룬 것이다. 이러한 신적 지명은 다윗에게도 적용된다("내가 그의 아들들 중에서 한 왕을 찾았기 때문이다", 삼상 16:1). 야웨는 우선적으로 사무엘을 통해 사울을 기름부어 이스라엘의 군사적 지도자로 삼게 하신다.

> 내일 이때쯤에 내가 베냐민 출신 한 사람을 네게 보낼 것이다. 너는 그에게 기름을 부어 내 백성 이스라엘의 지도자(나기드)[3]로 삼아라. 그가 내 백성을 블레셋 사람의 손에서 구원할 것이다. 그들의 탄식이 내게 도달하였기 때문에, 내가 내 백성을 돌아보았도다(삼상 9:16).

이와 같이 야웨 자신의 말씀 속에서 사울을 택하신 목적과 동기가 명확하게 제시된다. 이러한 미래의 군사적 지도자, 즉 이스라엘의 구원자는 결국 사무엘의 역할을 대체하게 될 것을 암시하는 것처럼 보인다. 역설적이게도 잃어버린 암나귀를 찾아 나섰던 사울은 결국 그것을 찾지 못했고 자신들을 구원할 지도자를 구하던 사람들은 사울을 발견했다.

하나님이 선택하고 인도하신 사울을 만난 사무엘은 그를 아마도 '산당'의 부속 공간인 객실로 인도해 상석에 앉히고 30여 명의 사람들과 함께 식사를 나눈다(9:18-24). 이러한 식사는 즉위 축제를 예견하는 것이기도 하고 사무엘과 사울간의 교제 식사이기도 하다. 사무엘은 식사와 아울러 자신의 심중에 있는 바를 다 말하겠다고 약속한 바 있었다(9:19). 사무엘은 사울에게 기름을 붓고 야웨께서 그를 하나님의 '분깃'의 지도자로 삼았다는 점을 그에게 말해준다. 사무엘은 사

---

3. 김영호(1993)는 야웨께서 사울을 왕(멜렉)이 아니라, 지도자(나기드)로 삼으라는 말씀이 야웨의 반왕조적 견해의 증거라고 주장하지만, 오히려 이 표현은 포로 시대 이전에는 주로 신적으로 임명받은, 새로운 왕조를 시작하는 왕들에게 주로 적용되었다고 보아야 할 것이다. 즉 사울과 다윗(삼상 13:14; 25:30) 이외에도 솔로몬, 여로보암 1세와 예후, 히스기야에게도 '나기드'라는 칭호를 사용했다. 그러나 포로 이후 시대에는 두로 왕이나, 다양한 종류의 왕실 관리를 지칭하는 용어로 확장되었다(Brettler 1989:33-35).

울을 왕(지도자)으로 세운 후에 그에게 다음과 같은 몇 가지 미래의 일들을 예언한다.

---

1) 라헬의 무덤가에서 두 사람을 만나, 잃었던 암나귀들을 찾았다는 사실을 알게 될 것이다.

2) 벧엘에서 무명의 세 사람을 만나 기력을 되찾을 만한 음식을 받을 것이다.

3) 블레셋의 전초 기지인 기브앗-엘로힘[4]에서 선지자들을 만나 그에게 영이 임할 것이다. 그리고 그는 새 사람이 될 것이다.

4) 이러한 징조들은 "하나님이 그와 함께하신다"라는 것을 확증하느 바이니, 이제 기회를 따라 행하라.

5) 길갈에서 7일간 대기하라.

사무엘이 말한바 "사울이 왕이 되는 와중에 어떠한 일이 있을 것인가"(10:1-8)도 그가 언급한 "하나님의 말씀"("내가 하나님의 말씀[드바르 엘로힘]을 네게 들려줄 것이다", 9:27)에 포함되겠지만, 이 "하나님의 말씀" 속에는 다른 중요한 어떤 것도 포함되었을 것이라고 보아야 한다. 필자가 볼 때, 이것은 "네가 행해야 할 바"(10:8)와 마찬가지로 왕국의 일(드바르 함물카, 16절)에 관한 것이다. 사울이 백성들에 의해 선출[4]된 후에 사무엘이 이것을 백성에게 말하고 기록해 야웨 앞에 보관한 것을 의미한다고 본다("사무엘이 왕권의 도리[미슈파트]를 백성에게 말하고 책에 기록하다", 10:25). 이것은 이전에 사무엘상 8:9, 10에서 두 차례 언급된 "왕(권)의 도리"(미슈파트)와 신명기 17장에 묘사된, 야웨의 "왕(권)의 도리"를 동시에 상기시킨다. 이러한 제비뽑기는 야웨께서 인간 왕을 세우심을 반증한다. 왕을 선출한 후에 사무엘은 "왕국의 도리"를

---

4. 세부적인 논의는 Lindblom(1962)을 보라.

사울 왕이 되기까지

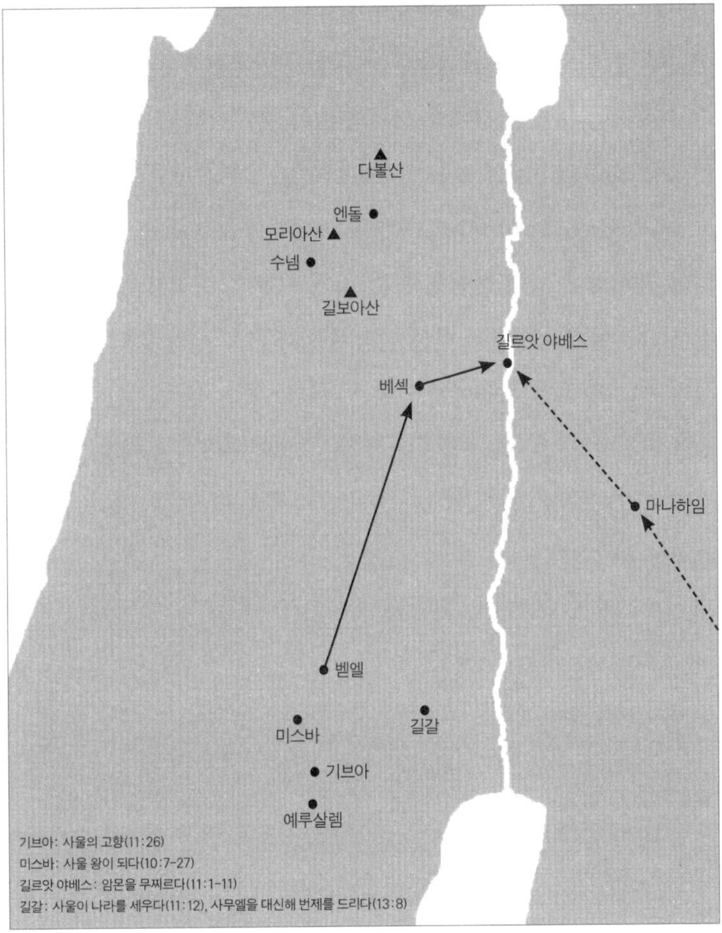

암몬 족속을 대파한 사울(11:1-11)

사울의 경로 ⟶

암몬 사람 나하스의 경로 - - - ->

백성에게 낭독하고 책에 기록한다(10:25). 이것은 신명기 17:18을 상기시킨다.[5] 전후 문맥상[6] 아마도 이번에는 사무엘이 '왕권의 문제점'이 아니라, 후자("왕이 마땅히 지켜야 할 바")를 말해주었을 것이라고 생각한다. 그후에야 비로소 사울은 야웨와 그의 법의 지배를 받는 '왕'이 된다(Ackerman 1991:11ff.)

이제 사무엘의 신탁대로, 사울은 개인적인 측면에서, 야웨의 영을 받아 새사람이 되며 예언을 하는 자가 되었고, 공적인 측면에서, 다른 사역자들처럼 왕직에 대한 신적 승인과 그의 사역의 역동성을 보장받는다. 세 차례 사울에게 임했던 야웨의 영은 사울의 인생에서 중요한 전환점을 제공하는 역할을 한다. 다음의 도표는 김지찬(1996:66)의 분석을 근거로 만든 것으로 그러한 사울과 하나님의 영과의 상관관계를 보여준다.[7]

삼상 10:9-14	삼상 18:10-16	삼상 19:16-24
하나님의 신 강림 - 사울의 예언 - 새마음 - 왕의 권위에 대한 공적 인정(사람들의 반응 - 경이 또는 반대)	하나님의 악신 강림 - 사울의 예언[8] - 다윗을 죽이려는 두 차례 시도(사울이 다윗을 두려워함)	하나님의 신 강림 - 사울의 예언(사울의 사람들도 예언을 함) - 옷을 벗고 누움 - 왕의 권위 추락(사람들의 반응 - 비아냥)

5. 물론 '이 토라'는 신명기 전체를 의미한다고 볼 수도 있지만(McCarter 1980:193), 적어도 왕의 규정을 포함하는 것으로 볼 수 있다.

6. 우리는 본문에서 언급된 '드바르 엘로힘'→'드바르 함멜루카'→'미슈파트 함멜루카'로의 단어 조합과 개념적 전이를 주목해야 한다.

7. 이와 관련된 문학적 특징들은 Campbell(1997)을 참조하라.

8. 개역판에는 사울의 행위(10절)를 '정신없이 떠들어 댄다'는 의미의 "야료(惹鬧)"로 번역

사울에게서의 성령의 역할은 선지자적인 측면과 (다른 사사들의 경우처럼) 군사적인 측면 모두가 있다. 여기서 우리는 하나님의 영이 인간의 능력이나 요구에 따라 획득되거나 조종될 수 없음을 배울 수 있다. 물론 위의 경우 말고도 몇 차례 야웨의 영의 임재에 대한 언급이 있다(삼상 11:6-11[암몬 족과의 전쟁과 관련해 사울이 하나님의 영에 감동됨]; 16:14-23[사울에게 야웨의 신이 떠나고 야웨의 악신이 임해 사울이 번뇌케 되자, 다윗의 수금연주가 악신을 내보내게 된다]; 19:8-17[또 다시 사울에게 악신이 임하자, 사울을 위해 수금을 타는 다윗을 죽이려 함]). 이러한 과정 중에서 사울의 능력을 의심해 그를 따르기를 거부한 자들(어떤 비류[卑類]", 브네 벨리알)도 있었다(10:26-27). 야웨께서 말씀하셨듯이(9:16), 사울은 야웨의 영의 감동으로 암몬의 나하스와의 전쟁에서 백성을 구원하는 자가 된다. 게다가 사울은 첫 번째 전투가 야웨로 말미암아 승리를 얻은 것을 시인한다(11:13). 이제 하나님은 사사 사무엘이 아닌, 사울(그리고 나중에 다윗)을 통해 이스라엘 백성을 전쟁에서 구원하신다.

하나 김지찬(1996:66)의 주장처럼 '예언'의 의미로 보아야 한다.

사울 왕의 첫 번째 전투

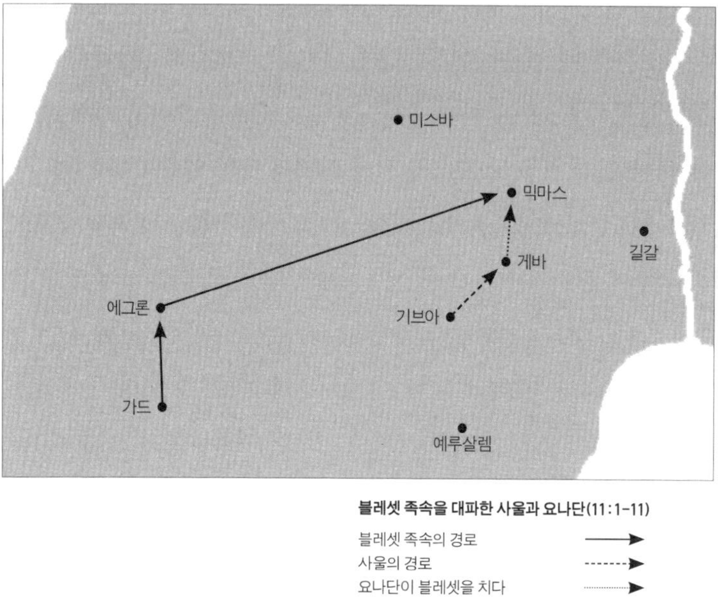

사무엘의 고별사(삼상 11:14-12:25)[9]

사무엘의 고별사는 길갈에서의 사울의 왕권 갱신에서 시작된다. 앞서서 백성들은 미스바에서 투표를 통해 사울을 왕으로 뽑았고 이제 사무엘은 야웨와 백성들 앞에서 사울을 왕으로 세우고[10] 야웨 앞에서 화목제를 드리니 사무엘을 제외한 사울과 온 이스라엘이 거기서

---

9. 자세한 논의는 Edelman(1991:66ff.)를 참조하라. 사무엘의 마지막 연설의 구조는 여호수아의 고별설교(수 24장)와 유사하다. 이에 대한 자세한 분석은 McCarter (1980:220-21)을 보라.

10. 길갈 이야기의 전반적인 논의는 Long(1989:42-66)을 보라.

크게 기뻐했다. 사무엘이 이와 같은 국가의 중요한 일들을 주관하면서도 개인적으로 기뻐하지 않았던 이유는 그의 고별사에서 잘 나타난다.

길갈에서의 사울의 즉위

학자들 사이에서 '왕권 갱신'의 의미에 대한 이견을 보인다. 즉 판노이(Vannoy 1976)는 이것을 야웨의 왕권의 갱신으로 이해하지만 고든(1988:125)은 그의 견해를 반박한다. 필자가 볼 때, 이것은 사울의 왕권에 대한 최종적인 승인 의식을 의미한다. 히브리어로 '새롭게 한다(하다쉬)'는 말은 '교정한다/보완한다/원래 상태로 돌린다' 등의 뜻이다(cf. 사 61:4; 대하 15:8; 24:4, 12; 시 51:12; 104:30; 욥 10:17; 애 5:21). 이 말은 불완전한 왕권을 완벽하게 만들자는 말이 아니다. 즉 인간 왕권은 자체적으로 새롭게 되거나 완전해지는 것이 아니다. 백성들이 길갈에 계시는 야웨 앞에서 사울을 왕으로 삼았으며, 거기서 야웨께 화목제물을 바쳤다는 구절에 주목할 필요가 있다(11:15).

세상과 피조세계가 구속되어야 하듯이 인간 왕권(통치력)도 야웨 안에서 갱신되어야 한다. 백성들과 사무엘은 길갈에서 인간 통치력을 언약적으로 갱신했다. 결국 백성의 요구는 야웨의 뜻대로 관철된다. 길갈에서 행해진 '왕권의 갱신'은 인간 왕권에 대한 인정과 백성들과 야웨 사이의 '타협'이라고 볼 수도 있겠지만, 왕권 자체가 하나님의 재가와 선택의 결과라는 점이 공포됨과 동시에, 인간 왕권이 제한적이며 신명에 절대적으로 복종해야 한다는 점에서 '타협' 이상의 것이다. 결국 인간 왕권은 하나님이 함께하실 뿐만 아니라, 그의 앞에서도 승인되고 집행될 것이다(11:15). 사울 왕 자신에게는, 영으로 거듭나고 예언을 할 정도로 신적 승인과 영적인 대리 기능을 얻기까지 한다. 왕이 하나님의 영에 감동해 전쟁에서 승리했기 때문에(11:6, 13), 그는 야웨만이 전쟁을 수행해 이스라엘에게 승리와 평화를 주시는 분임을 인정하고 그와 그의 규례에만 복종해야했다.

사무엘상 8장과 사무엘의 고별사의 연관성은 이미 언급한 바 있다. 전통적인 관점에서 사무엘상 12장은 이해하기가 쉽지 않으나, 필자의 독법대로라면, 이 본문은 더 이상 난해한 상태로 남아 있지는 않을 것이다. 즉, 본문에서 캐릭터들의 주장의 모호성이 드러나고 문맥의 의미가 밝혀진다.

1-3절의 내용은 다음과 같다. 사무엘은 '자신이' 이스라엘의 요구를 '다' 듣고(cf. "그들의 말을 들고 한 왕을 세워라!"[8:22]) 그들을 다스릴 왕을 세웠다고 선언한다("내가 너희 위에 한 왕을 세웠도다"[1절]/"야웨께서 너희 위에 한 왕을 세우셨도다"[13절]). 그리고 사무엘은 2절에서 이스라엘 백성을 섬기는 일(사사직)에서 은퇴할 것과 이후로 사울 왕이 백성을 섬길 것을 선언한다("이제 왕이 너희를 섬길 것이다").[11] 사무엘은 국가 지도자로서의 군사적 임무를 더 이상 수행하지 않고 사울에게 넘겨주었음을 명백하게 말한다. 사무엘의 고별사는 사무엘상 8장에서의 사무엘의 왕조에 대한 개인적인 정서를 대부분 반영한다. 마찬가지로 백성에 대한 사무엘의 변명(?)은 특히 왕의 규례의 용어(8:10ff.)를 사용해 이스라엘 백성에게 자신이 무죄함(소, 나귀, 속임수, 압제, 뇌물)을

11. 개역개정판의 "출입한다"는 번역은 명백한 오역이다. 다른 곳에서 사용된 "출입한다"는 말은 기력의 존재의 여부나 군사적 지도력의 여부를 지칭할 때 사용되는 표현이다.

주장한다. 그러나 백성들의 말을 모두 듣고 왕을 세웠다는 사무엘의 주장은 반쪽진리일 뿐이다(1절). 마찬가지로 자기 아들의 경우에는 결백을 주장할 수 없는 처지다.

여기서 언급된 사무엘의 과거사에 대한 설명(6절ff.)은 출애굽과 사사기의 신학을 반영한다. 이것은 일종의 야웨의 구속사의 개관이다. 이러한 개관은 사무엘상 7:7-9과 10:18-19에서도 등장하며, 사무엘의 인간 왕권에 대한 부정적인 태도도 포함한다. 사무엘의 논리를 따르면, 자신을 포함한 이전의 지도자들(사사들)은 백성들에게 우상숭배를 버리고 야웨께 돌아와 섬기게 만들었는데, 백성이 암몬 왕 나하스의 침공을 보고(1절), 하나님이 지금까지 이스라엘의 왕되심에도 불구하고, 왕을 요구했다고 규정한다.

사무엘에게 있어, 백성의 왕에 대한 요구는 그 자체가 우상숭배와 유사한 악한 것으로, 중보기도의 중요성이 강조된다. 그때에는 백성이 왕으로 인해 하나님께 간구해도 받지 못할 것이다(cf. 23절). 그러나 화자의 설명에 따르면, 이스라엘의 왕, 사울은 야웨께서 선택한 왕이며 백성이 선택한 왕이다. 비록 사무엘상 8장의 경우와는 달리 이제 사무엘의 왕정에 대한 반감(反感)은 반감(半減)된 상태였고, 백성이 사무엘에게 왕을 세워달라고 구한 것 자체가 절대적인 의미에서 '악'은 아니었지만, 사무엘은 그러한 요구 자체를 여전히 악으로 규정한다. 사무엘의 주장은 이전에 발생한 야웨의 영의 임재와 전쟁의 승리, 그리고 백성들의 선택을 통한 확증과 대립된다(Miscall 1986:75).

주제	삼상 8장	삼상 12장
요구의 원인	사무엘이 늙고 그의 아들들이 악함 (화자)	암몬 왕 나하스의 침공 (사무엘)
요구의 내용	열방과 같이 우리를 위해 우리를 재판할 수 있도록 왕을 세워 달라(백성).	우리에게 왕 노릇할 왕이 있어야 한다 (사무엘).

이러한 명백한 모순은 어떻게 이해해야 할 것인가? 혹자는 이러한 현상을 서로 다른 자료들의 탓으로 보거나 에델만(1991:72ff.)이 주장했듯이, 조화론적으로 보기도 한다. 즉 여기에서의 사무엘의 반(反)왕조적인 태도는, 사울이 길갈에서 왕이 되기 직전, 길르앗 야베스 사람들이 암몬 왕 나하스의 군사적 위협을 받자[12], 자신들의 위기 해소를 위해 야웨께 먼저 구하지 아니하고 백성들이 사무엘에게 '왕을 요구했던 일'에 대한 반응이라고 주장하지만, 필자가 볼 때, 문맥상 그러한 주장은 여전히 모호하다. 화자가 이전에 사무엘의 주장과 동일한 혹은 유사한 설명을 한 적이 없기 때문이며 오히려 암몬 족속과의 전쟁(11:1-11)은 하나님이 사울과 함께하신 전쟁이었다는 점에서 그렇다(11:6, 7, 13). 이미 사울은 야웨의 선택된 왕이었고 암몬과의 전쟁은 사울이 하나님의 신의 감동을 받고 군대를 소집했고 야웨의 공포감으로 어려움이 없이 승리했으며, 화자는 이 전쟁을 야웨로 말미암은 구원이라고 말하고 있다. 게다가 야웨의 신탁은 '블레셋'을 이스라엘의 위협의 주범으로 언급하고 있기 때문에(9:16), 사무엘의 이와 같은 '부

12. 혹은 암몬 왕 나하스가 그 이전에도 지속적으로 이스라엘을 위협했기 때문에, 이스라엘 백성이 야웨께 왕을 요구했다는 것을 사무엘이 비난하고 있다고 보는 사람도 있다.

정확한' 정보는 착각의 결과인지, 의도적인 것인지는 잘 알 수 없다.

또한 우리는 "백성들이 왕을 요구한 것이 악한 것이라는 것을 입증하도록 우레와 비를 내려주십사"고 요청한 사무엘의 기도에 야웨께서 응답하신 것을 어떻게 이해할 것인가? 이때가 밀 추수기(혹은 늦봄)이였기 때문에 자연적인 상태에서 우레와 비는 거의 불가능했으며 그것이 이 시기에 치명적인 재해로 작용할 수 있었다. 그러나 사무엘상 12장을 세밀하게 분석해 보면, 이러한 재앙의 응답이 야웨의 반왕조적인 태도의 증거로 보기는 어렵다. 그 이유는 다음과 같다. 사무엘은 이미 앞에서 사울 왕의 존재와 야웨께서 왕을 세우신 사실을 언급하고 있다. 게다가 사무엘은 왕과 백성이 야웨를 경외하고 순종하지 않을 경우에만 하나님의 징벌이 있을 것을 말한다(13-15절; cf. 20-24절).

이와 같은 두 차례의 징벌의 경고 메시지들 사이에 존재하는 신적 반응은 하나님의 징벌에 대한 예시의 예고편 역할을 한다. 게다가 사무엘의 말은 우선적으로 야웨의 승인과 왕의 선출이라는 후속적인 과정과 결과론적인 측면을 고려하기보다는, 사무엘상 8장의 야웨의 일차적 반응(7-8절)의 인용으로 여길 수 있다. 또한 현재 문맥에서 이러한 요구가 현재의 상황 속에서 백성이 왕조를 구하는 것이 '악'한 것이라는 사무엘의 반(反)왕조적 견해에 대한 확증보다는, 부정적인 측면에서, 과거사로서의 백성들의 요구가 악한 것이었다는 점이라거나, 현재와 미래에 백성과 왕이 야웨의 말씀에 순종해야 할 당위성을 강조하는 것으로 이해할 수 있다(참조. Miscall 1986:72-80).

여기서 강조된 야웨의 말씀에 대한 '순종'이라는 키워드는 사무엘상 13장에서도 중요한 주제가 된다. 사무엘상 12장에서 사무엘의 백성들에 대한 회개와 충성의 요구는 사무엘상 7장에서뿐만 아니라, 왕에 대한 백성의 요구의 한 단면을 강조하며, 나중에 사울의 불순종을 우상숭배와 동일시하는 사무엘의 말(13, 15장)과 간접적으로 연관된다. 이러한 사무엘의 말과 행동은 본 단락에서 역설적이다. 결국 사무엘의 의도와 말은, 부분적으로는 옳지만 부분적으로는 맞지 않기 때문에, 전적으로 신뢰하기보다는 화자의 평가나 문맥에 따라서 신중하게 평가되어야 한다. 그러므로 사무엘이 항상 야웨의 의중을 반영하며, 그의 언행이 윤리적으로나 가치판단에서 무오한 자로 여길 수는 없다. 이러한 모호성은 구약에 등장하는 '모든' 캐릭터의 인간적인 특징이라고 할 수 있을 것이다.

우리가 지금까지 살펴 본, 사무엘상 8-12장은 왕정에 대한 두 가지 관점들이 교차하는 구조로 이루어져 있다.

A 부정적 관점(백성들의 요구-야웨의 승인-사무엘의 부정적인 반응과 경고)

B 긍정적인 반응(사울을 세우심-기름을 부음-성령을 부어줌-전쟁에서 승리함)

A' 부정적인 관점(백성들의 요구-야웨의 승인-사무엘의 부정적인 반응과 경고)

이러한 구조 자체는 우리가 왕정이 갖고 있는 두 가지 양면들을 입체적으로 설명하려는 화자의 의도를 발견하게끔 한다. 사무엘의 아들들의 악함과 이방 민족들의 침입이 인간 왕정에 대한 요구를 정당화하는 것과, 인간 통치자를 통한 구원 요구를 정당화할 수 없다는 사무엘의 주장은 화자의 측면에서 볼 때, 비록 기울어진 것이라 할지라도, 서로 모순이 아니라, 두 가지 요소의 조화로운 병치다. 이것은 이제부터 전개될 인간 왕권에 대한 하나님의 섭리, 즉 왕을 세우는 일에 있어 하나님의 역할과 인간의 역할 사이의 관계성에 대한 균형 잡힌 조망을 갖게 한다. 우리가 주장하고자 하는 이러한 양면성은 다음에 살펴볼 사울과 다윗의 대조를 통해 더욱 명백해질 것이다.

6장

사울 왕 이야기(2)

사울 왕국의 흥망성쇠(사무엘상 13-31장)

"사울이 사십[1] 세에 왕이 되어 X2년[2]을 다스렸다"

사무엘상 8-12장까지는 '사울이 어떻게 이스라엘의 왕이 되었는가?'를 설명하며 사무엘상 13-31장에서는 '사울이 왕이 된 후 어떤 이유와 상황들 속에서 사울의 영원한 왕조를 이루지 못하게 되었는가?'와 '다윗이 어째서 그리고 어떻게 사울 왕권을 대체하게 되었는가?'를 설명한다.

전통적으로 이 부분은 '사울의 유기와 대체'라는 측면에서 사울 왕의 비극으로, 혹은 비평적인 측면에서, 친(親)다윗주의자의 '정치적

1. 맛소라 본문에는 사울 왕의 '나이'가 탈락되어 있으며 70인역의 일부 사본들은 '30살'로 보지만, 대부분의 70인역 사본은 1절 자체를 생략한다.

2. 행 13:21은 사울의 통치 기간을 40년으로 규정한다.

모략' 혹은 '정치적 변명'의 편집으로 여겨졌다. 즉 그들은 이 본문이 다윗의 정권 승계의 정당성을 제공해주려는 프로파간다의 목적을 지녔다고 보았다. 그러나 우리는 사울과 다윗 사이에서 나타나는 갈등과 부조화의 국면을 살펴봄으로써, 이 본문을 다윗의 정권 승계의 정당성을 강조하거나, 단순히 하나님의 선택과 유기의 대조라는 구도에서 보기보다는, 오히려 '새로워져야 할' 인간 왕권의 필요성, 역사와 정치적 영역에서도 주관자 되시는 하나님의 경륜의 심오함, 그리고 인생의 딜레마라는 관점에서 보고자 한다.

사울 왕이 세 차례 버림을 받는다

백성으로부터 세 차례의 공인과정을 거쳐 야웨 앞에서 화목제를 드리고 왕으로 최종 등극한 사울은 몇 가지 징조들과 함께 하나님의 영의 감동을 받고 "하나님의 영이 함께하시니, 기회를 따라 행하라"는 사무엘의 말에 따라, 우선적으로 군대를 개편해 전열을 가다듬는다(13장). 사울은 장차 있을 전쟁을 수행할 3천 명의 군사를 뽑아, 그 가운데 2천 명은 믹마스와 벧엘 산에 주둔시켜 자기 수하에 있게 하고, 나머지 1천 명은 베냐민 기브아에 주둔시켜 자신의 아들 요나단의 수하에 있게 했다. 그러나 이스라엘의 왕으로 등극한 사울은 여러 가지 외침의 위기에 처하게 된다. 사울은 이러한 전쟁의 위기 가운데서 행한 자신의 불순종 때문에 왕직에 대한 세 차례 부적합 판정을 받는다.

역설적으로 이 모든 사건들은 백성들이 원했던 전쟁을 승리로 이

끌 지도자의 실패가 그 원인이었다. 그렇다면, 어째서 다음과 같은 세 차례의 과정이 존재해야 했는가? 이것은 사울이 왕이 되는 세 단계와 상응하는 것으로 아마도 사울에 대한 하나님의 오래 참으심과 신중함과 긍휼 때문이 아닌가 한다.[3]

첫 번째 부적합 판정	두 번째 부적합 판정	세 번째 부적합 판정
하나님의 선지자를 통해 (13:13-14)	하나님 자신의 명령을 통해 (15:22-29)	금지된 시도인 엔돌의 신접한 여인을 찾음을 통해(28:3-25)
전쟁의 승리를 얻기 위해 기다리라는 명령을 어기고 제사를 드림	전쟁의 승리를 누리기 위해 진멸의 명령을 어기고 좋아 보이는 것들을 살려둠	전쟁의 승리를 얻기 위해 신탁을 구하고자 금지된 초혼자를 찾음

이러한 측면에서 볼 때, 사울의 유기(혹은 폐위)의 문제는 사사기 2:11-12에서의 우상숭배와도 연관지을 수 있다(cf. 삼상 8:7-8; 12:14ff.; 15:22ff.). 사무엘을 기다리지 않고 하나님의 명령을 불순종함으로 인한 첫 번째 부적합 판정(사무엘의 개인적인 평가)에 이어서 사울은 아말렉과의 전투를 통한 야웨의 헤렘(진멸)의 명령을 준수치 않고 아각 왕과 우양(牛羊)을 남겨둠으로써 야웨로부터 직접적으로 두 번째 부적합 판정을 받는다. 사울은 모든 것을 진멸해야 하는 '헤렘'과 가장 좋은 것을 남겨야 하는 '제사'의 개념을 혼동했다. 앞의 사건은 불순종의 수단으로 성급하게 행해진, '제사에 대한 것'이며, 뒤의 사건은 불순종에 대한 근거로 제시된, '제사를 위한 것'이라는 변명이 제기되었

3. 사울이 첫 번째와 두 번째 부적합 판정을 받는 본문들의 자세한 연구는 Long(1989: 69-169)를 보라.

다는 점에서도 두 사건은 제사라는 주제적인 연관성을 강하게 내포한다.

이제 야웨는 사무엘을 통해 사울 대신에 다윗을 또 다른 왕으로 삼게 만든다. 다윗이 왕으로써 기름부음을 받은 후, 사무엘상의 나머지는 다윗의 점증하는 행운과 대조되어 사울의 점증하는 불운이 만들어내는 상호작용이 나타난다. 즉 이러한 대조는 사울과 다윗 사이의 대조에서 그치지 않고 다윗의 생애 자체에서도 나타난다. 다윗의 밧세바와의 간음 사건 이후에 다윗은 아들들과의 갈등으로 그 쇠퇴의 길이 강조된다. 밧세바에게서 난 첫째 아들이 죽고(삼하 12장), 다른 아들 암논은 다윗의 딸 다말을 강간하고, 또 다른 아들 압살롬은 암논을 죽이고(13장), 압살롬은 다윗에게 반역을 하고(15-18장), 아도니야는 자신의 동생 솔로몬에게 왕권을 빼앗긴다(왕상 1장). 마지막으로 다윗의 아들 솔로몬이 왕위에 오르지만 그의 말로는 불행했다. 이러한 다윗의 죄에 의한 다윗 왕조의 불운은 여기서 끝나지 않고 유다 왕조의 종말에 이르기까지 계속된다.

길갈에서 생긴 일(삼상 13:8-15)

길갈에서 왕이 되기 전에 사울이 보여주었던 암몬 족속에 대한 태도와 그후에 블레셋 군대에 대해 그가 취한 태도는 상반된다. 즉 그는 전자는 두려워하진 않았으나 후자를 두려워했다. 이스라엘과 히브리 사람들도 가까운 데나 아주 먼 곳으로 도망쳐버리고 사울과 그를 따르는 백성들만 길갈에 있었다. 이런 식으로 백성들이 동요하니, 사울도 마찬가지로 동요해 종교적인 수단으로 자신으로부터 온 백성들의 '마음과 몸'이 흩어짐을 면하려고 노력한다. 비록 12장에서 불특정 시간 상의 간격이 존재하는 것은 사실이지만, 11, 13장과의 관련성은 길갈에서 생긴 일, 7일간의 기다림, 그리고 화목제를 드리는 일로 나타난다. 7일간 기다려도 사무엘이 오지 않자, 사울이 제7일째에 행한 제사는 결과적으로 하나님과 사무엘의 명령을 어긴 것이 되었다(Long 1989:51-66).[4] 결국 이것은 10:8-9와의 연관성 속에서 이해되어야 한다. 7, 8절의 명령은 13:3, 4b, 5, 7b-15a에서 각각 성취된다.

문제는 사무엘상 10, 13장 사이에 담화의 시간 상 상당한 간격이 존재한다는 것이다. "기다리라"는 명령을 통해 야웨의 대리자로서 사무엘은 사울이 가져야 할 왕으로서의 신뢰와 인내를 시험했던 것 같다. 사무엘이 사울에게 약속한 "가르칠 바"란(10:8), 야웨의 명령에 순종했다면(cf. 9:8b) 사울에게 '영원한 왕조'가 약속될 수 있었으리란 것이다. "야웨께서 확실히 이스라엘 위에 당신의 나라를 영원히 세우셨을 것이지만, 이제 왕의 나라가 길지 못할 것입니다"(13:13-14). 결국 사울의 경거망동과 불순종은 '영원한 왕조'의 건설에 대한 실패를 초래한다. 우리는 종종 다윗의 신앙과 의로움이 하나님으로 하여금 그에게만 영원한 왕조를 약속하셨다고 생각하기 쉽지만, 그것은 잘못이다. 왜냐하면, 그러한 조건적인 영속성은 사울뿐만 아니라, 아히야 선지자를 통해 북왕국의 왕 여로보암에게도 동일하게 제시된 바 있기 때문이다(왕상 11:37-38; cf. 14:7-14; 왕하 9:9).

---

4. 이것에 대한 다양한 해석들이 제기되었다. 즉, '야웨의 명령에 대한 불순종'이거나 '제사장이 아닌 사울 왕이 번제를 드린 탓', 혹은 '사무엘의 함정'이다. 그러나 Long(1989:87-88)은 그것이 야웨의 명령(미츠바트)을 위반한 탓(13:13)이라고 본다(cf. Gunn 1989a:33ff.).

블레셋과의 전쟁(삼상 13:16-14:46)

이전에 암몬과 블레셋과의 전쟁을 승리로 이끌던 사울(11:1-11)은 이제 전쟁을 두려워하게 되며 야웨의 버림을 받으며, 전쟁 속에서 천덕꾸러기로 여겨진다. 블레셋과의 전투에서 사울보다는 요나단이 승리의 기회를 잡는다. 요나단의 신앙은 "우리가 그 할례받지 못한 자들의 전초부대로 건너가자. 그 숫자가 많고 적음과는 상관없이 그 누구도 야웨의 승리를 방해할 자가 없으니, 야웨께서 우리에게 승리를 주실 것이다"는 말에서 잘 나타난다(14:6). 이 말은 이와 유사한 사울(11:13)과 다윗의 말(17:47)과 상응한다. 그 와중에 나타나는 요나단의 승승장구는 사울의 영원한 왕조에 대한 약속의 '박탈'과 요나단의 승전보 사이에 역설로 나타난다. 사무엘상 15장의 일은 13장의 일과 제의적으로 연관시키려는 유혹이 있었던 것도 사실이지만, 두 가지는 별개의 사건들로 이해할 필요가 있다.

기브아[5] 근처의 미그론에 있던 사울의 진지에서 600여 군사와 "엘리의 증손자요 비느하스의 손자요 이가봇의 형제 아히둡의 아들인" 아히야 제사장이 에봇을 입고 있었다(14:3). 사울은 전쟁의 승리를 위해 아히야에게 백성 가운데 있던 하나님의 궤(아론[6] 하엘로힘)를 가져올 것을 명하지만(14:18-19), 이미 하나님은 블레셋과 전쟁 중이셨기 때문에, 사울은 그 명령을 중지시킨다(19절). 하마터면 야웨의 궤가

5. 기브아에 대한 논의는 Arnold(1990)을 참조하라.

6. McCarter(1980:233)는 "궤" 대신에 "에봇"이라고 읽는 LXX의 독법을 따른다. 아마도 그는 사울이 에봇에 붙어 있던 우림과 둠밈으로 야웨의 뜻을 물어보려고 했던 것으로 이해했던 것 같다(McCarter 1980:240).

블레셋에게 다시 한번 나포될 뻔하지 않았는가? 이 와중에 이스라엘 백성은 지치고 피곤해졌다. 그런데 사울은 블레셋과의 전쟁에서 승리하기 전까지는 온 군대에게 '음식'을 금하는 맹세를 했다. 이러한 금령으로 이스라엘의 군사들은 더욱 굶주리게 되었다(14:24a, 28b, cf. 29, 31절). 그러나 요나단은 사울의 금식 맹세를 듣지 못한 까닭에 숲속에서 꿀을 맛보고 힘을 얻게 된다. 결국 사울의 맹세는 이스라엘을 더더욱 굶주리게 만들어, 고기를 피째 먹는 죄를 범하도록 만들었다. 그로 인해 사울은 백성들에게 식용 고기의 처리법을 알려주고 야웨의 제단을 쌓는다(35절).[7]

37절에서 사울이 블레셋과의 전쟁에 대해 야웨께 문의하나 응답하지 않으시자, 사울은 그 이유를 밝히고자 제비뽑기를 행한다. 여기에서는 41절의 MT의 독법이 온전치 못해 LXX의 독법을 차용했다.

MT의 독법	LXX의 독법
이에 사울이 이스라엘의 하나님 야웨께 "원하오니, 완전한 것(타밈)을 보이소서"라고 여쭈었다. 그러자 요나단과 사울이 뽑히고 백성은 제외되었다.	이에 사울이 이스라엘의 하나님 야웨께 "오늘 당신은 왜 당신의 종에게 응답치 않으십니까? 만약 그 잘못이 저나 제 아들 요나단에게 있거든 우림으로 응답하시고, 이스라엘 사람들에게 잘못이 있거든 둠밈(툼밈)으로 응답하소서"라고 여쭈었다. 그러자 요나단과 사울(의 우림)이 뽑히고 백성(의 둠밈)은 제외되었다.

7. 개역성경은 MT의 "오토 헤벨 리브노트 미즈베아흐 르야웨"를 "이는 그가 야웨를 위해 처음 쌓은 제단이었다"로 읽지만, 오히려 이것이 훼손된 것으로 보고 "그래서 사울이 야웨를 위해 한 제단을 쌓았으니, (이는) 그가 그것을 건축하기 시작했다-야웨에 대한 제단"이라는 Long의 재구성 독법(1989:122)이 구조적인 측면에서 더 옳아 보인다.

그러자 제비뽑기를 통해 사울의 물음에 대한 무응답의 원인이 요나단에게 있는 것으로 판명된다. 이전의 입다처럼, 사울은 '하나님'께 행한 이전의 성급한 맹세 때문에, 요나단을 명령 위반죄로 사형에 처하고자 했으나, 오히려 백성들은 "요나단은 하나님과 함께 일한 사람"이라고 주장하며 요나단의 무죄 방면을 위해 사울 왕에게 항변한다!(14:45) 하나님은 전쟁을 승리로 이끄셨고 요나단은 승리의 도구였다. 사울이 서원으로 인해 겪은 곤란은 입다의 경우와 유사하다(삿 11:35). 이로 인해 사울은 "백성을 피곤하게 하는 자"며, "이 세상을 피곤하게 만들었던" 자로 묘사된다(삼상 14:28-29). 결국 전쟁과 관련해 더 이상의 신탁이 없자, 사울은 블레셋과의 전쟁을 중단한다. 그후에 사울의 전승 기록 요약(47-48절), 사울의 가족들(49-51절) 그리고 간단한 사울의 전쟁기록이 나온다(52절).

아말렉 족속과의 전쟁(삼상 15:1-33)

이 단락의 키워드는 '진멸(헤렘)', '듣다', 그리고 '회개하다'이다. 야웨는 사무엘을 통해 사울에게 아말렉 족속과의 전쟁을 명령하신다. 아말렉 족속의 멸절 근거는 오래전의 광야 사건들로 거슬러 올라간다(신 25:17-19; cf. 출 17:8-16; 민 14:45). 또한 사울이 지금 행하고 있는 아말렉 족속과의 전쟁은 사울과의 전쟁이 아니라, 야웨와 아말렉 족속 사이의 전쟁인 것이다(2절). 또한 아말렉 족속은 사사 시대에도 자주 이스라엘을 침공했다(삿 6:3-5).

그러한 배경 가운데서 야웨는 사울에게 아말렉 족속의 진멸을 명령했으나, 사울은 그 명령에 불순종해 일부만 진멸하고 "좋은 것"(아각 왕과 우양)은 남겨두었고 그는 전승 기념비를 세웠다. 사무엘이 불순종의 이유를 묻자, 사울은 ① 동물들을 보존한 것은 자신이 아니고 군대였다는 점과, ② 동물들은 이기적인 목적이 아니라, 야웨께 제물로 드리기 위해 가져왔다는 점에서 자기변호를 한다. 하지만, 사울의 첫 번째 변명은 거짓말(9절)이며 두 번째 것은 신학적으로 충돌된다. 즉, 하나님의 진멸 요구와 사울의 의도(제물)는 상치된다.

'남겨둔다'(하말)는 표현과 '탐욕'(하마드)은 발음과 의미상 서로 유사하다. 이미 사울은 이전에 야웨의 명령을 위반했고(13:13), 이제 사울은 야웨와 하나님의 사람 사무엘의 소리를 듣기보다는 백성들과 우양의 소리를 더 좋아했기 때문에 이제 하나님으로부터 버림을 받는다(15:14, 24).[8] 이와 같이 하나님의 명령에 불순종하는 것은 우상숭배의 악과 동일시된다(이것은 8장에서부터 왕정의 위험으로 경고된 바 있었다).

> 야웨께서, 야웨의 목소리를 듣는 것만큼, 번제들과 희생 제사들을 크게 기뻐하셨습니까? 보소서, 복종하는 것이 희생 제사보다 더 낫고, 듣는 것이 숫양의 기름보다 더 낫습니다. 이는 반역이 점술의 죄와 같으며, 완악함이 우상 숭배의 죄와 같기 때문입니다. 당신이 야웨의 말씀을 거부했으니, 그도 당신의 왕의 자격[9]을 거부하셨습니다(삼상 15:22-23).

8. 자세한 논의는 Sternberg(1985:482-492)를 참조하라.

9. 이러한 표현(26절)은 "그들이 너를 버림이 아니라, 나를 버려 자기들의 왕이 되지 못하게 한 것이다"(8:7)를 상기시킨다.

사울 왕은 두 차례 예배의식을 통해 백성과 하나님 앞에서 자기 정권의 정당성을 찾으려고 했으나, 번번히 실패로 드러난다(15:15, 21). 인간이 행하는 종교의식과 제의도 항상 하나님의 뜻과 의지를 바꾸거나 누그러뜨릴 수 있는 것이 아니다.[10] 사울의 사무엘에 대한 요구는 전적으로 거부되며 옷이 찢기는 사건[11]이 발생한다. 이것은 나라와 왕권의 분열을 상징한다(27-28절). 결국 세 차례의 과정을 통해 사울의 왕권이 검증된 바 있지만, 왕으로서의 부적절성은 세 차례의 과정(두 차례는 사무엘과 야웨로부터, 마지막 한번은 블레셋과의 전투에서 보여준 사울의 어리석은 행동)을 통해 입증된다. 사울은 사무엘의 중보(15:11; cf. 12:23)와 사울 자신의 '회개'(15:24-25, 30)에도 불구하고 야웨로부터 왕직의 버림을 받는다. 아래에서 자세하게 논의하겠지만, 사울의 불순종과 그에 따르는 피상적인 회개가 하나님께서 그를 버리신 직접적인 원인이었다. 그러므로 이러한 결과는 야웨의 선택(인간 왕에 대한)의 실패보다는, 야웨의 통제 하에 있는 인간 왕권의 실패로 이해될 수 있다. 즉 하나님께서는 선한 자를 세우시기도 하시고 악한 자를 폐하기도 하신다.

10. 이 주제는 2003년 2월 17일에 11차 성경신학회에서 발표한 필자의 '구약에 나타난 제의와 윤리'를 참조하라.

11. MT는 "그가 그의 옷을 잡으니 그것이 찢겼다"로 읽히는데 문제는 본문이 주어와 목적어가 명확하게 제시하지 않고 있다는 것이다. 이것은 ① "사울이 사무엘의 옷을 잡았다", ② "사울이 자신의 옷을 잡았다", ③ "사무엘이 사무엘의 옷을 잡았다", ④ "사무엘이 사울의 옷을 잡았다" 등으로 해석될 가능성은 있지만, "사울이 사무엘의 옷을 간청의 목적으로 잡았다가 찢어진 것"으로 보는 것이 가장 자연스럽다(Long 1989:157).

그와 같은 일에 대해 사무엘은 근심하고 슬퍼했으며, 야웨는 사울을 선택한 것에 대한 후회를 두 차례 언급한다(15:11, 35). 여기서 우리는 "후회/회개"(슈브와 나함[12])라는 사무엘상 15장의 핵심 키워드를 발견한다. 이 표현 자체는 독자로 하여금 혼동을 불러일으킨다. 후회하지도 않으시는 야웨가 사울로 인해 "후회"했다는 점은 우리에게 의문을 불러일으킨다(Long 1989:163f.).

야웨의 말씀(삼상 15:11)	"내가 사울을 왕으로 세운 것을 후회하노니(나함), 사울이 돌이켜(슈브) 나를 따르지 아니하고 내 명령을 행하지 아니하였기 때문이다."
사무엘의 부연 설명(삼상 15:29)	"이스라엘의 영광(즉 야웨)도 거짓말도 후회하지도(나함) 않을 것이니, 이는 그가 후회해야 하는(나함) 인간이 아니시기 때문이다."
화자의 평가(삼상 15:35)	야웨께서는 사울을 이스라엘 왕으로 삼으신 것을 후회(나함)하셨다.

본문에서는 사울의 반역과 야웨의 후회와 그에 따르는 야웨의 회개 불가능성이 대조된다.[13] 여기에서 야웨의 후회는 야웨에게서 존재하는 '판단 착오'나 '도덕적 결함'과 관련된 '회개'라기보다는 야웨 자신이 어떠한 대상에게 가졌던 기존의 태도와 방향성의 전환(재고)를

12. 기본적으로 이 단어는 "위로하다(혹은 위로받다)"와 "후회하다"의 두 가지 의미를 지닌다. 여기에서와 유사하게 이 단어의 말장난은 노아홍수 내러티브에서 나타난다(창 6:5-8; cf. 8:20-21).

13. Sternberg(1985:482-92)는 화자가 두 차례의 거절 사건들을 통해 사울의 행동이 일회적인 것이 아닌 습관적인 잘못으로 보이게 했다고 주장한다.

의미한다. 야웨의 말씀은 사울이 회개치 않기 때문에, 사울을 왕으로 세우신 것을 후회하신다는 것이며, 사울은 이스라엘의 영광처럼 거짓말도 하지 않고 회개할 필요도 없는 자가 되었어야 했다. 다시 말하자면, 사울을 왕으로 세운 것을 후회하시지만 사울을 왕을 세우신 것을 후회하신 것과 다른 왕을 세울 것에 대한 야웨의 결심은 결코 후회가 없는 것이라는 '말장난'이 제시된 것이다.

화자는 여기서 '사울 왕에 대해 하나님이 그를 세우신 것을 후회하셨던 것에 대한 후회는 더 이상 없을 것이라'는 의미를 반어적으로 강조한다. 게다가 야웨 자신의 사울의 돌이킴에 대한 언급(11절) 이외에도 이 단락에서 사울에게 사용된 여러 가지의 '돌이킴'의 표현은 사울이 자신의 죄의 심각성에 대한 바른 인식조차 없었으며 단지 장로들(대표자들)과 이스라엘 앞에서의 체면을 세우려고 사무엘에게 자신과 함께 야웨를 예배하러 돌아가자고 재촉했고 사무엘도 마지못해 야웨를 예배하러 갔다고 말할 뿐이다. 결국 이러한 측면에서 볼 때, 사울이 어째서 버림을 받을 수밖에 없었는가는 명백해진다(cf. Edelman 1991:108ff.). 즉 다음과 같이 사울과 사무엘과 관련해 사용된 '회개'와 '돌이킴'을 의미하는 슈브와 사바브라는 단어들이 의도적으로 반복되어 사용되었다는 점에서 문맥상의 의미가 더욱 명확해진다.

사울이 "돌이켜"(슈브) 하나님의 명령을 따르지 않았다(11절)

사울이 갈멜에서 길갈로 이동하기 위해 "돌이키는" 행위(사바브)(12절)

사울이 사무엘에게 "나와 함께 돌이켜"(슈브) 야웨를 예배하자는 요구만 반복한다(25절)

사무엘이 단독으로 가려고 "돌이킨다"(사바브)(27절)

사울이 사무엘에게 "나와 함께 돌이켜"(슈브) 야웨를 예배하자는 요구만 반복할 뿐이며(30절)

결국 "돌이키지"(슈브) 않으리라던(26절)

사무엘은 마지못해 사울의 뒤를 따라 "돌이켜"(슈브) 사울과 함께 야웨를 예배하러 갔다(31절)

이와 같이 화자는 이와 같은 '혼란한' 돌이킴의 이유가 야웨의 다윗에 대한 편애라기보다는 사울의 회개치 않음이라는 점을 강조한다. 사울은 진정한 회개 대신 체면치레를 택했을 뿐이다. 이와 함께, '영원한' 왕국에 대한 야웨와의 언약의 존재 여부로 두 사람 사이의 차이가 발생한다. 그러나, 야웨의 사울에 대한 왕권은 사울의 악행에도 불구하고 그의 평생에 유지된다. 이것은 다윗의 악행에도 불구하고, 수십대로 다윗 왕조가 유지되는 것과 비교해볼 필요가 있다. 사울의 왕조의 영속성이 사울의 행위에 의존했고 그가 잘못을 행했다는 점은 즉각적으로 밝혀졌다. 그의 정치적 생명은 점차적으로 죽어가고 있었지만, 그의 왕조는 즉각적으로 해체되거나 몰락하지는 않았다.

"사울이 죽인 자는 수천 명이나 다윗이 죽인 자는 수만 명일세"(삼상 18:7, 21:11)

이와 같은 두 가지 사건들로 인해 야웨는 사무엘에게 사울 대신에 유다 지파 베들레헴 사람 이새의 가문에서 이스라엘의 왕을 찾아 기름을 부을 것을 명령한다(삼상 16장). 사무엘이 이 사실이 알려지면 사울이 자기 목숨을 해칠 것으로 두려워하자 하나님은 암소를 데리고 그곳에 가서 행할 제사에 이새의 가문을 초청하라고 말씀하셨다. 이새의 집에 도착하자, 이새의 여덟 아들이 맏아들부터 차례로 사무엘 앞으로 나선다(엘리압→아비나답→삼마…다윗의 순서). 사무엘의 관점과는 달리, 야웨께서 적절한 사람을 찾으셨다. 비록 외모로 비교해볼 때 엘리압도 사울만큼이나 잘 생겼지만 그보다 내면적으로 '더 나은' 사람은 바로 다윗이었다(15:28; cf. 9:2). 거기서 사울의 대체자로 다윗이 선택되고 야웨는 사무엘에게 다윗에게 기름을 부을 것을 명령하신다. 이번에는 베냐민 사람이 아니고 유다 지파 베들레헴 사람 이새의 집안이었다. 이 말은, 신명기의 왕 규례처럼, 사울의 경우처럼 다윗도 이스라엘의 '형제들 중의 하나'였다는 말이다. 그러나 사울의 경우와는 달리 다윗의 임명에는 백성들 사이에서 행해지는 공적 제비뽑기(선거)의 절차가 없었다.

요나단에게로 전이되고 있었던 사울의 군사 리더십은 또 한 차례의 블레셋과의 전쟁 중에서 얻은 다윗의 혁혁한 전과를 통해 다윗의 군사 리더십과 중첩되기 시작한다(Grottannell 1999:87ff.). 다윗은 이제 여기서 한 미미한 가문의 목동이 아닌 사울과 이스라엘에 대해 탁월한 연주자와 전사 역할을 교대로 수행한다. 야웨의 신에 감동한 다윗은 야웨의 신(문자 그대로는 야웨의 '재앙의 신')에게서 고통을 당하는 사울을 치료하려고 사울의 궁정으로 들어간다. 이 "야웨로부터 온 재앙의 영"은 아비멜렉과 관련해서도 한 번 등장하며(삿 9:23), 사울과 관련해서는 일곱 번 등장한다(삼상 16:14, 15, 16, 23a, 23b; 18:10; 19:9).

여기에서 음악을 통한 다윗의 치료역할은 흥미롭다. 하나님으로부터 버림받은 사울 대신에 다윗이 기름부음을 받아 야웨의 신에 크게 감동되었고 사울에게서 야웨의 '신'이 떠났다는 언급이 있다(16:13-14). 사울이 야웨로부터 온 '재앙'의 영에 시달릴 때 야웨와 함께하는 다윗이 수금으로 그 영을 몰아낸다. 물론 이러한 다윗의 행위는 결국 소기의 목적을 이루지 못하고 오히려 사울로 하여금 다윗을 살해하려고 시도하게 만들 뿐이었다.

다윗과 골리앗

그 와중에 이스라엘과 블레셋은 지속적인 전쟁을 치룬다. 다윗의 장성한 형제들은 이미 사울의 전쟁터에 나가 있었고 다윗은 자기 형제들을 위한 심부름을 하고자 고향과 전쟁터를 오갔다. 이와 같은 대치 상황 속에서 블레셋의 장수 골리앗은 야웨와 이스라엘 군대를 모욕하고 있었다.

> 골리앗을 죽이는 사람은 왕이 많은 재물로 부하게 하고 공주와 결혼시켜주고 그의 가문에게 세금을 면제시켜줄 것이다(17:25, 27, 30절).

사람들이 골리앗을 보고 크게 두려워해 도피할 때, 그리고 다윗이 그 사람들에게 물어볼 때, 마지막으로 다윗이 다른 사람들에게 '살아 계신 하나님의 군대를 모욕하는' 블레셋의 골리앗을 죽이는 대가가 무엇인가를 물을 때에 위의 표현이 세 차례 반복된다(결국 다윗은 많은 재물을 받거나 세금을 면제받지는 못했던 것 같지만, 사울의 요구대로 골리앗을 죽인 후에 블레셋 군사들의 양피를 결혼 대금으로 대신 지불하고 미갈 공주와 결혼해 사울의 사위가 된다). 이와 같은 다윗의 말을 듣고 어떤 사람이 사울에게 골리앗과 싸울 자가 나타났다고 보고했다. 사울에게 불려간 다윗은 그의 연소함으로 인해 골리앗과 싸우기에 부적합하다는 말을 듣자, 자신이 양을 공격하는 사자나 곰의 공격을 받았을 때 행했던 자신의 목축 경험을 언급하면서(34-37절), 하나님이 자기 집의 양떼도 구출해주셨듯이 하나님의 군대를 모욕하는 블레셋 사람의 손에게 건져내실 것이라고 확신 있게 말하면서 사울 왕에게 골리앗을 공격할 수 있도록 그의 재가를 요청한다.

> 야웨의 구원이 칼과 창에 있지 않고… 전쟁이 야웨께 속한 것이다…(47절)

결국 다윗은 블레셋의 장군인 골리앗과 싸워 이긴다. 그동안 다윗을 순수한 신앙과 열정의 소지자로 여겨왔다. 그런데 하나님과 이스라엘을 위해 블레셋과 싸우려 할 때에 그가 사울에게서 큰 보상과 대가를 바라고 전쟁에 임했다는 점에서(삼상 17:25 이하) 다윗에 대한 전통적인 이미지는 잘못된 것이다. 그가 블레셋의 가드 사람 골리앗을 죽였지만, 나중에 사울에게 추적당할 때 '할례 받지 않은 블레셋 사람' 특히 골리앗의 고향 가드로 가서 두 번이나 몸을 피하려고 했고, 두 번째에는 다윗의 망명이 받아들여져 블레셋의 용병이 되었던 사실과 심지어 골리앗을 죽이고 빼앗은 칼을 들고 그곳으로 도망했다는 사실도 역설적일 뿐만 아니라, 다윗에 대한 무조건적인 긍정 평가를 하지 못하게 한다. 그러한 면에서 다윗은 하나님을 위하는 신앙의 사람이었지만, 때로는 자기중심적이기도 하고 정치적인 야망과 그가 이룬 정치적인 입지를 확고히 하기 위해 술수와 타협과 많은 피를 흘리게 한 사람이었다는 점도 발견된다.

앞서 언급한 대로 전쟁에 임한 다윗의 용기와 지혜로운 행동들로 인해 다윗을 꺼리던 사울은 그를 군대장관으로 삼았고 그러한 임명을 백성들과 사울의 신하들마저도 정당한 처우로 여겼다. 이러한 식으로 사울의 몰락기는 다윗의 출세기를 보여준다(삼상 18-31장). 사울은 야웨와 선지자로부터 고립되기 시작해 자신의 자녀들(미갈과 요나단)과 백성들에게서 소외되기 시작했다.

살리느냐 죽이느냐? 그것이 문제로다

사무엘상 18, 19장과 더불어서, 사무엘상 24, 25, 26장은 사울이 다윗을(첫 부분의 경우들), 그리고 다윗이 사울을(나중의 경우들) '죽이려는 시도'와 '목숨을 살려주는 것'이라는 주제의 교체를 통해 서로 잘 연결되어 있다. 첫 부분에서 사울이 악령의 지배를 받아 주변에 있던 창을 갖고 다윗을 제거하려 했던 수차례 시도와, 나중에 등장하는 악령과는 무관하게 다윗을 제거하려는 노력들을 매우 극적으로 묘사하고 있다. 그동안 다윗은 그일라(23:8), 유다의 십 광야(23:24), 엔-게디 광야(24:1), 다시 유다의 십 광야(26:2)로 도피 생활을 했다.

우선 다윗은 개인적으로 그 장소를 모면하거나 도피함으로 자신의 목숨을 살렸고, 미갈과 요나단의 도움으로 도피할 수 있었다. 그

골리앗과 싸운 다윗

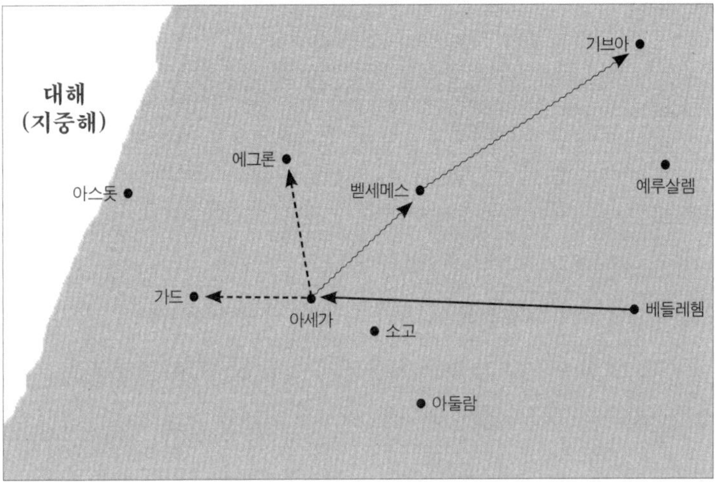

골리앗을 무찌른 다윗

블레셋 도망가다
골리앗을 만나기까지
승리한 다윗, 사울과 함께 기브아로 가다

러나 나중에는 사울의 군사적 위협을 피해 다윗이 두 차례의 도피를 했고(엔게디 광야와 하길라 산 길가) 그 와중에 상황은 역전되어 사울이 오히려 다윗에게 살해될 지경에 이를 만큼 위협적인 상황에 빠지게 된다.

구절	내용	장소
18:6-16	악령의 영향 아래에서 사울이 다윗을 창으로 죽이려고 하나, 다윗이 스스로 그것을 피해 목숨을 구한다.	사울의 궁정
19:8-28	또 다시 악령의 영향 아래서 사울이 다윗을 죽이려고 하지만, 다윗이 회피한다. 이후에는 요나단이 다윗의 목숨을 살려준다. 도피중 다윗이 첫 번째로 사울을 살려준다.	사울의 궁정

23:29-24:22	도피중 다윗이 두 번째로 사울을 살려준다.	엔게디 광야
25장	나중의 살해 시도는 미갈의 도움으로 다윗이 목숨을 구한다.	갈멜 지역
26장	도피 중 다윗을 박대한 나발은 아비가일의 환대 소식을 듣고 충격을 받아 사망한다.	하길라 산 길가

사울의 다윗사냥이 시작되다(삼상 18:6ff.)

어느 날 악령에 시달림을 당하던 사울은 다윗을 죽이려고 하지만 실패한다. 그 일 이후로 다윗은 사울에게서 천부장으로 임명받았고, 이후에 그가 더더욱 '지혜롭게' 행하여 이스라엘과 유다 백성들의 신임까지도 얻게 되었다. 다윗의 지혜의 원천은 야웨였다. 그 와중에 사울은 다윗을 사위(큰딸 메랍) 삼는다는 핑계로 결혼대금(모하르) 대신에 블레셋 사람들의 양피 일백을 요구해 다윗을 블레셋과의 전쟁 중에 살해할 계획을 세우지만, 결국 실패로 끝난다. 이후에 행해진 궁정에서의 사울의 다윗에 대한 지속적인 살해 시도는 요나단의 도움으로 실패로 끝난다. 이 와중에도 사울이 악령에 시달리자, 다윗이 수금을 켜게 되었고 사울은 또 다시 다윗을 죽이려고 노력하지만 실패로 끝난다. 이번에는 다윗의 아내 미갈이 다윗을 무사히 도피시킨다.

다윗의 도피 여행이 시작되다(21장)

다윗을 추적해 라마 나욧에 도달한 사울은 자기 사자들과 마찬가지로 하나님의 영을 받고 예언하기까지 한다. 이곳에서 요나단이 사울의 심중을 알아보려고 노력하나, 사울이 다윗과는 결코 화해될 수 없는 상황이라는 것을 파악하고 다윗이 도피할 수 있도록 노력한다.

사울의 칼을 피해 다급히 도망친 다윗은 자신을 의심하는 놉의 제사장 아히멜렉에게 가서 자기가 이곳을 방문하게 된 까닭을 거짓으로 둘러대고(21:1-2), 먹을 것을 요청해 제단에서 방금 물린 진설병을 먹게 되고 골리앗을 죽이고 빼앗은 칼을 자기 무기로 삼는다. 이와 같은 과정 속에서 우리는 다윗의 이 행동에서 '속임수, 이기심, 하나님에 대한 신뢰의 결여'와 같은 세 가지 문제점들을 발견한다(Payne 1982:111).

역설적으로 다윗은 자신이 예전에 죽인 골리앗의 고향인 가드로 도망하지만(21:10-15), 이미 아기스의 사람들은 다윗을 이스라엘의 왕(즉 "그 땅의 왕", 11절)으로 부르며 그가 오는 것을 경계했다. 그곳의 분위기가 매우 적대적이라고 느낀 다윗은 거기에 머물러 있지 못하고 미친 체해 도망친다. 아마도 당시 사람들이 미친 사람을 악령 들린 자로 여기고 두려워했던 태도를 다윗이 이용했던 것 같다(Payne 1982:113). 이것은 아마도 다윗이 야웨의 재앙의 영에 사로잡혀 있었던 사울의 행동을 흉내 내었던 것이 아닌가 한다.

결국 다윗은 아둘람 동굴에 이른다. 여기서 다윗은 자기 형제들과 동족들과 심지어 여러 가지 일로 부랑하던 사람들을 모아 400여 명의 사람들로 다윗의 첫 군대를 구성한다(22:1-2). 다윗은 (아마도 부친 이새의 조모가 모압인[즉 룻, 혹은 다윗의 모친이 암몬 왕 나하스의 전처 혹은 첩]이었기 때문에) 모압 지역에 도피해 있다가(22:3-4) 선지자 갓의 신탁을 듣고 다시 유다 지역으로 돌아온다. 여러 번 그는 동족들의 위협을 피해 원수들의 집들(블레셋의 땅 아기스, 27-29장)로 도피하려 했으나, 결국 그러한 도피 행각은 실패로 끝난다.

선지자 갓의 말을 듣고 다윗이 고향으로 귀환했다(22장). 사울이 다윗의 귀환 소식을 듣고 신하들에게 자신의 신세를 한탄하던 중(6-8절), 에돔사람 도엑이 다윗을 도운 부역행위자 놉의 제사장 아히멜렉의 행위를 고발한다(9-10절). 화가 난 사울은 놉의 제사장들을 반역자들로 여겨 처단을 명하니, 도엑이 그것을 실행했다. 도엑은 놉의 제사장들뿐만 아니라, 그들의 가족들과 성읍의 거민들과 심지어 가축들까지도 죽이는 만행을 저지른다. 이와 같은 도륙 행위로 인해 사울은 야웨의 제사장들에게서도 소외되었다(삼상 21-22장). 다윗이 진설병을 먹은 행위는 야웨의 승인을 반영하는 것이며, 사울이 야웨의 제사장들을 죽인 행위는 야웨와의 전면전을 선포한 것이나 다름없다! 도엑의 칼을 피한 아히멜렉의 아들 아비아달 제사장이 다윗의 편이 된다(20절). 이러한 식으로 사울은 외부의 적들(특별히 블레셋)과의 전쟁은 등한시한 채, 내부의 적(다윗)을 제거하는데 혈안이 된다.

그와는 반대로, 다윗은 사울의 칼을 피하면서도 블레셋을 치고 그일라 성읍을 구원한다(23:1-14). 여기서 다윗이 블레셋과의 전쟁을 수행할 때 수차례 하나님의 뜻을 묻고 대답을 받을 수 있었던 것은 아히멜렉의 아들 아비아달이 도엑의 칼을 피해 도망칠 때 에봇을 가지고 다윗에게로 왔기 때문이었다. 그 후에 요나단은 십 황무지의 수풀 속에서 다윗을 만나 다윗이 사울을 이어 왕이 될 것을 인정한다. 요나단은 다윗이 사울을 이어 이스라엘의 왕이 될 것을 이미 확신한 바 있고 자신의 왕권을 표면적으로는 체념한 것처럼 보인다(23:17; 24:20; 25:30ff.; 26:25; 28:17ff.). 사실 요나단은 혈연적으로나 정치적으로 아버지와 왕인 사울에게 충성을 다해야 했으나, 친구며 처남이자 아버지의 원수인 다윗에게 충성을 맹세하며 언약을 맺기까지 한다(18:1-3). 요나단의 이러한 견해는 나중에 사울이 다윗에게 행한 고백에서도 확인된다(삼상 24:20). "두려워 말라. 내 부친 사울의 손이 네게 미치지 못할 것이다. 너는 이스라엘의 왕이 될 것이다."

사울의 칼을 피하는 다윗

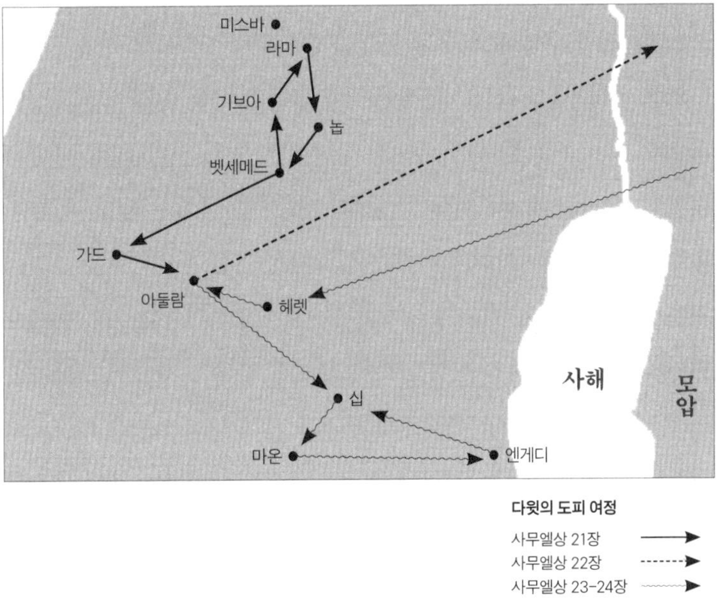

"하나님이 오늘 당신의 원수를 당신의 손에 붙이셨나이다"(삼상 26:8, 삼상 24:4)[14]

편의상 우리는 다윗이 사울을 두 차례 살려준 사건들(24, 26장) 사이에 삽입된 지혜로운 아비가일과 어리석은 나발 이야기를 먼저 살펴보고자 한다(25장). 이 이야기는 다윗의 도피 행각 이야기의 흐름을 중단시키지만, 주제별로는 밀접한 관계가 있다.[15] 여기서 사울로부터 도피중인 다윗은 자신을 "당신의 종과 당신의 아들 다윗"이라고 칭할 정도로 아주 비굴한 태도로(8절) 나발에게 도움을 청할 때, 나발은 교만해져 "최근에 자기 주인들에게서 도망치는 종들이 많다"며 다윗을 모멸한다(10절). 그러나 사태가 심각해질 것을 우려한 아비가일의 기지(18-31절)로 다윗이 나발에게 원수 갚는 것을 막는다. 그러나 이러한 아비가일의 환대의 소식을 들은 나발은 충격을 받아서 심장마비로 죽고 결국 아비가일은 다윗의 아내가 된다. 또한 다윗은 이스르엘 출신의 아히노암도 아내로 삼았다(25:43). 혹자는 아히노암이 사울의 아내의 이름과 같다는 점(14:50)과 나단의 신탁에 나타난 "사울의 아내들을 다윗에게 주었다"는 점(삼하 12:8)과 어리석었던 사울을 상징

14. 삼상 24-26장에 대한 자세한 분석은 Gordon(1980)과 Lowe(1997)를 참조하라.

15. 여기에 사용된 기법을 "문학적 샌드위치"라고 부르는데 신약 마가복음은 샌드위치 기법의 전시장이다(3:20-25[22-30]; 4:1-20[10-13]; 5:21-43[25-34]; 6:7-30[14-29]; 11:12-21[15-19]; 14:1-11[3-9]; 14:17-31[22-26]; 14:53-72[55-65]; 15:20-16:8[15:42-46]. 예를 들어 막 11:12-14; 11:15-19; 11:20; 11:21-26(즉, 무화과나무/상인/무화과나무/결론의 구조)에서 사용된 동일 혹은 유사한 주제들의 반복적 등장은 원래 의도된 의미의 강조뿐만 아니라, 각각의 이야기들을 엮어 결론을 쉽게 도출케 한다. 즉 여기서는 이 기법의 의미가 말라죽은 무화과가 폐지된 이스라엘 성전제의의 상징이라는 점을 깨닫게 하는 것이다(참조. Shepherd 1993).

하는 나발의 아내 아비가일을 취했다는 점 등을 들어 다윗이 사울의 아내를 자신의 아내로 삼았다고 본다. 이것이 사실이라면, 사울이 자신의 딸 미갈을 다윗에게서 빼앗은 이유를 그런 식으로 설명할 수 있을 것이다(Jobling 1998:115). 이러한 측면에서 살인을 피하게 하는 아비가일의 '지혜'와 이전에 백성들의 인기를 얻었던 다윗의 '지혜'는 서로 연관된다. 결국 사무엘상 24-26장의 상관관계는 다윗의 지혜와 다윗에 대한 대처 방법에 있어 나발과 사울 모두가 "어리석은 자들"이라는 점의 강조에서 발견된다(Gordon 1980:43).

다윗이 도피 중에 사울에게 행한 일들

사울의 칼을 피해 필사적으로 도피하던 다윗은 기회와 명분이 뜻하지 않게 주어졌음에도 불구하고 두 차례 사울을 살려준다. 그러나 이와 같은 살려주는 일과 더불어 다윗은 사울에게서 두 가지를 탈취하는 일을 수행한다. 그 까닭은 무엇이었을까?

(1) 다윗이 사울을 살려둔 까닭은?

사무엘상 24, 26장에서 다윗의 부하들은 무기력한 사울과의 은밀한 조우를 "하나님이 주신 절호의 기회"라고 말하지만(24:4; 26:8), 다윗은 자신을 핍박하는 정적 사울을 제거하지 않는다.

다윗이 사울을 죽일 수 있었지만, 죽이지 않았던 표면적인 이유는 사울이 야웨의 '메시아'였기 때문이다. "그가 야웨의 메시아이므로, 야웨께서 내가 그를 대항해 내 손을 들듯이 나의 임금님께 그러한 일을 하지 못하도록 하신다"(삼상 24:6). 히브리어로 메시아는 '기름부음 받는 자'라는 의미다. 다윗은 지속적으로 사울을 '메시아'라고 불렀다(삼상 24:6 등). 이 문맥에서의 '기름부음'은 왕직에 대한 신적 선택을 상징하는 기능적인 의미가 있다. 더 중요한 점은 분열시대에 북왕조의 왕들은 메시아라고 불린 적이 없다는 점에서 그들에 대한 화자의 태도를 이해할 수 있다. 그러나 다윗이 사울을 죽이지 않았던 것은 사울의 메시아직 때문이었지 사울 자체가 신격화되었다거나 절대적인 권위의 소지자였기 때문은 아니었다. 이 말은 하나님의 '메시아'인 사울을 공격하지 말자는 것이다. 비록 신약에서 메시아라는 표현이 예수 그리스도에 대해서만 사용되었지만, 구약에서는 야웨의 "메시아"인 왕은 이스라엘의 왕정사에서 사울과 다윗, 그리고 다윗의 자손들만을 지칭하는데 사용되었다.

게다가 다윗이 사울의 권세와 그를 임명하신 "하나님의 뜻"을 거역하고 싶지 않다고 말한다(24:6; 26:9-10). 그렇다면, 무엇이 정녕 하나님의 뜻이란 말인가? 사울을 살리는 것, 아니면, 사울을 죽이는 것? 그것이 문제였다. 또한 사울을 살려둔 다윗의 행동은 다음과 같은 의도도 내포되어 있던 것 같다.

자신의 무죄를 변호	사울의 어리석음과 그에 대한 원망	하나님께 정의의 판결을 호소
사울에 대해 자신의 무죄를 옹호하려는 일종의 제스처로 보인다(24:11, 26:23-24).	왕은 내 생명을 찾아 해하려 하시나니…(24:11a). 내 주는 어찌하여 당신의 종을 쫓으십니까? 내가 무엇을 하였으며 내 손에 무슨 악이 있습니까?(26:18)… 이곳에서 나의 피로 땅에 흐르지 않게 하소서(20절).	백성의 송사를 판단해야 했던 사울(cf. 삼상 8:5)이 이미 그 임무를 등한시했기 때문에, 다윗이 야웨께서 직접 사울과 다윗 사이에 재판장이 되셔야 한다고 호소한다(야웨께서 재판장이 되시…를 판단하소서", 24:12, 15).[16]

즉 다윗은 야웨의 '메시아'인 사울을 두 번씩이나 해하지 않음은 우선적으로 다윗의 정치적 너그러움과 무죄함을 강조하기 위함이며, 적극적으로는 그것이 사울의 불의와 악과 대조하려는 의도였다. 마치 신약에서 비난받지 않으려거든 비난하지 말라는 말씀이 '비난의 절대 금지'가 아니라, 남을 비난하는 자가 자신에게 행해지는 비난을 두려워하거나 거부하려면 차라리 남에게 비난을 하지 말라는 의미인 것과 마찬가지다.

마지막으로는 다윗은 자신의 무죄함이나 억울함을 자신의 군사적 기회를 사용해 풀려하지 않고 궁극적으로 하나님께 직접적인 신원을 구하고 있었다("야웨께서 각 사람에게 그의 의와 신실함을 갚으실 것입니다. 왜냐하면 야웨께서 오늘 왕을 내 손에 붙이셨으나, 나는 손을 들어 야웨의 메시아 공격하기를 원하지 않았기 때문입니다. 오늘 내가 [사울] 왕의 생명을 소중히 여긴 것처럼, 내 생명을 야웨께서 소중히 여기사, 모든 환난에서 나를 구해 주시길 바랍니다"[26:23-24]; cf. 삼상 24장).

(2) 다윗이 사울의 물건들을 몰래 가져온 까닭은?

다윗이 사울을 직접 해치지 않았지만, 다윗이 몰래 사울의 옷의 일부를 베었던 일(24장)과 사울의 창과 물병을 탈취했던 일(26장)은 다윗의 무의미하거나 즉흥적인 행동으로 볼 수는 없다. 오히려 이것은 다음과 같이 다중적인 의미를 내포하는 일종의 상징 행위로 볼 수 있다.

---

16. 이러한 분별력의 지혜는 후대에 솔로몬이 야웨께 구한 바 있다.

전리품	모욕 행위	왕국의 분열
사울과 다윗과의 전쟁중에서 다윗이 이미 전쟁에서 승리해 전리품을 두 차례나 얻을 수 있었다는 점을 강조한다.	특정한 일부분을 제거함으로써 수치감을 유발하는 행위일 수 있다(cf. 삼하 10:3-4).	고든의 주장(1980:333)처럼 사울 왕국의 분열을 상징할 수 있다(cf. 삼상 15:27f).[17]

그러므로 물리적으로는 다윗이 사울을 살렸으나, 상징적으로는 다윗이 사울의 왕직을 박탈하는 것이다. 또한 다윗이 사울에게 "나의 아버지!"라고 부른 것은 다윗이 이미 왕위 계승의 (부자간의) 적합성을 함축하는 것으로 보아야 한다(Gunn 1989a:94-95). 이와 관련해 사울은 이전에 다윗을 "아들"이라고 불렀으나(24:16; 26:17, 21, 25), 다윗을 추적하는 중에는 "이새의 아들"이라고 부르기도 한다(보라. Rosenberg 1986:174-76). 이러한 관점에서 볼 때, 사울과 다윗이 비록 실제적인 혈육관계는 아니었지만, 사무엘상 24, 26장에서는 호칭상의 부자관계가 생명을 의미하지만(아들[다윗]과 아버지[사울]), 25장에서는 죽음(아들[다윗]과 아버지[나발])을 의미한다. 결국 이러한 사울과의 대치상황 속에서 다윗은 고도의 게릴라전과 심리전에서 이미 사울에게서 승리한 것이다. 이러한 은밀한 행위들은 사울, 아브넬(사울의 숙부), 그리고 이스라엘에게 '충격과 공포'의 역할을 수행했다. 이러한 고도의 전술전략을 통해 다윗이 사울과 그의 군대에게 행한 두 가지의 '자비로운' 행위들과 말은 사울 왕의 '어리석음'을 확인하기에 이른다. 심지어 사울은 다윗이 왕이 될 것을 인정하고 다윗에게 "내 후손을 끊지 아니

17. 또한 이것은 사울과 다윗의 갈등이 나중에 북쪽 지파들과 남쪽 지파들 사이의 지속적인 갈등 관계의 여지를 예견한다고 볼 수 있다(Rosenberg 1987:142).

하고 나를 죽이지 말라"고 요청하기까지 한다(24:20-21; cf. 26:21-25). 이제 이러한 사울 왕의 '항복 선언'을 통해 다윗은 '피흘림' 없이 왕위를 계승할 준비를 마쳤다. 이에 다윗은 그것들을 모두 지킬 것을 맹세하지만(24:21), 결국 그것은 다윗이 사울의 손자 므비보셋(가문)과 딸 미갈만을 살려둔다는 점에서 역설적이다. 게다가 다윗의 인생사 전반을 살펴본다면, 당시에 그가 사울에게 행한 너그러움은 사울 후손들에 대한 그의 이중적인 대우를 생각해 볼 때, 우리가 시종일관 그의 행동을 순수하게 신앙적, 도덕적인 관대함의 범주에 넣지 못할 수도 있다.

사울의 최후(삼상 27-31장)

사울의 맹세와 다윗의 응답에도 불구하고, 사울과 다윗은 각자의 길로 간다(26:25; cf. 삼상 15:34; 24:22). 처음에 사울을 피해 블레셋 땅 가드, 모압 땅에 거하다가 고국으로 돌아왔던 다윗은 사울에 대한 불안감을 버리지 못한 채, 다시 사울을 피해 블레셋 땅으로 도망하기로 결정하고(27:1) 가드의 아기스 왕에게 도피해, 1년 4개월간 머물게 된다. 다윗은 이전에도 그에게 도피했으나, 다윗의 혁혁한 전과를 두려워한 블레셋 사람들의 우려의 말을 듣고 다윗이 침을 흘리며 미친 체하여 도망한 적이 있었다. 이와 같이 블레셋 사람들이 두 차례 인용했던 다윗의 혁혁한 전승에 대한 속담은 이전에 사울에게서는 다윗에 대한 극도의 질투와 두려움의 기폭제 역할을 했다(18:7-8).

다윗의 승전 귀환(18:6-9)	다윗의 가드 왕 아기스에게로의 첫 번째 도피(21:10-15)	다윗의 가드 왕 아기스에게로의 두 번째 도피(29:1-11)
여인들의 말: "사울이 죽인 자는 수천 명이나, 다윗은 수만 명을 죽였네."	블레셋 사람들의 말: "사울이 죽인 자는 수천 명이나, 다윗은 수만 명을 죽였네."	블레셋 사람들의 말: "사울이 죽인 자는 수천 명이나, 다윗은 수만 명을 죽였네."
사울이 다윗을 질투하고 매우 진노했음	블레셋 사람들이 투항한 다윗의 의도를 의심함	블레셋 사람들이 다윗의 반역을 두려워함

사울의 칼을 피해 두 번째로 가드로 도피한 다윗은 그들의 신임을 잃지 말아야 할 뿐만 아니라, 자신의 동족을 공격하지 말아야 하는 위태로운 모순적인 삶을 살아야 했다. 아기스 왕은 다윗에게 스글락 땅을 주고 그를 블레셋 용병으로 삼는다. 아기스 왕은 다윗을 좋게 보았으나, 다른 블레셋인들이 이스라엘을 공격하려 할 때, 다윗의 모반을 두려워해, 그를 전쟁의 대열에 참여시키지 않으니, 다윗의 태도는 본문상 모호한 점이 있다. "나로 가서 내 주 왕[블레셋 가드의 왕 아가스]의 원수[사울]와 싸우지 못하게 하십니까?"(8절) 결국 다윗은 블레셋 땅으로 돌아가고 블레셋 족속은 이스라엘을 치러 올라갔다. 그러는 와중에 다윗은 시글락 지역에 침입한 아말렉 족속을 "하나님의 뜻을 따라서"[18] 치고 그전에 아말렉 족속에게 포로로 잡혔던 두 아내(이스라엘 여인 아히노암, 갈멜 사람 나발의 아내 아비가일)를 포함해 원래의 자기 소유를 되찾고 추가로 얻은 탈취물들을 전투에 직접 참

18. 사울에게는 블레셋과의 전쟁에 직면해 그 어떤 것으로도 응답하지 않으신(28:3-7) 하나님이 다윗이 아말렉과의 전쟁을 앞두고 아히멜렉의 아들 아비아달 제사장의 에봇을 통해, 하나님의 의중을 물을 때 곧바로 응답하셨다(30:7-10).

여했던 군사들뿐만 아니라, 피곤해 함께 전투에 참여하지 못하고 브솔 시냇가에 남아 있던 200명의 추종자들과 자신을 지지하는 유다 장로들 즉, "벧엘, 남방 라못, 얏딜, 아로엘, 십못, 에스드모아, 라갈, 여라므엘 사람의 성읍들, 겐 사람의 성읍들, 홀마, 고라산, 아닥, 헤브론, 그리고 다윗과 그의 사람들이 왕래하던 모든 곳"의 장로들에게도 분배한다(30:26-30). 이것도 다윗의 '지혜로운' 정치적 책략으로 이해할 수 있다(30장).

사울의 죽음

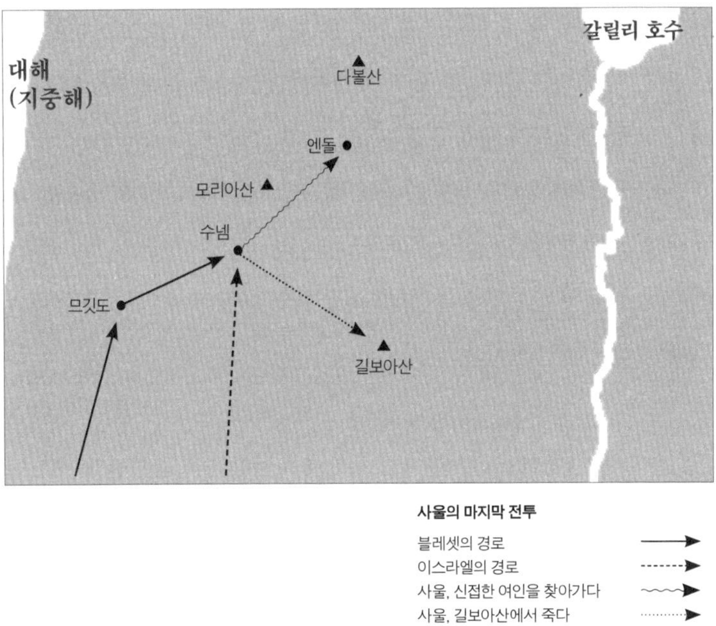

죽은 사무엘이 산 사울을 꾸짖다(삼상 28:3-25)

사울의 블레셋과의 전투는 암중모색과도 같았다. 사무엘이 죽은 후로 이제 더 이상 야웨는 꿈으로도 우림과 둠밈으로도 선지자로도 사울의 물음에 대답하지 않으신다. 전쟁의 전략과 승패에 관련된 신탁을 구하려고 사울은 이전에 자기 손으로 몰아내었던 신접한 자들을 다시 수소문하게 된다. 사울과 하나님의 사람 사무엘의 극적인 첫만남(9:14)은 마지막으로 사무엘의 죽은 영과의 전율 넘치는 만남과 상응한다(28:8, 11ff.). 이 두 사람은 처음에 성과 산당으로 올라가는 도중에 서로 만났으며, 마지막에 엔돌의 무녀가 사무엘의 영혼을 불러내어 두 사람은 서로 만나게 된다. 이러한 초혼 행위는 일종의 강신술이었다. 이 무녀는 찾아온 자가 사울이었다는데 놀라고 자신이 스올에서 불러올린 자가 사무엘이었다는 데 또 한번 놀란다. 죽은 사무엘의 영혼이 살아 있는 사울 왕을 꾸짖는다. 결국 사무엘의 영혼을 불러내어 전쟁과 관련된 신탁을 듣는 데 성공하지만, 사울이 얻은 것은 기브아 전투에서의 사울과 그의 아들들의 죽음과 이스라엘 군대의 패배에 대한 언급뿐이다.

> 야웨께서 이스라엘을 너와 함께 블레셋 사람의 손에 붙이실 것이니, 내일 너와 네 아들들이 나와 함께 있을 것이다. 야웨께서 또 이스라엘 군대를 블레셋 사람의 손에 붙이실 것이다(28:19).

이 말을 들은 사울은 격심한 충격을 받아 기력이 쇠해 쓰러졌다가 간신히 엔돌의 무녀가 준비한 음식을 먹고 기운을 차린다(28:20-

25). 그후에 사울은 블레셋과의 마지막 결전을 준비한다.

사울의 죽음(삼상 31:1-13)

사무엘의 예언과 같이, 결국 사울과 그의 아들들과 이스라엘이 길보아 산 전투에서 블레셋 군대에 의해 패배한다. 사울이 화살에 맞아 중상을 입게 되자, 자신의 무기병에게 자신을 대신 죽여줄 것을 요청하지만 여의치 않자 자신의 칼로 자살하고 만다. 약탈하러 왔던 블레셋 사람들이 사울의 시신을 훼손하자, 그 소식을 들은 길르앗 야베스 거민들이 사울과 그의 아들들(요나단, 아비나답, 말기수아)의 시체를 취해 야베스에서 화장하고 그들의 유골을 야베스 에셀 나무 아래 장사지낸다(31:12-13). 길르앗 야베스 인들이 사울과 그의 아들들의 시체를 화장한 것에 대한 직접적인 비난도 없고 나중에 다윗이 그 행위를 칭찬했다는 점(삼하 2:5-7)은, 비록 구약시대에 화장이 빈번하게 언급되는 것은 아니지만, 반드시 악한 것으로 여길 필요는 없다(cf. 성기문 2002). 아마도 사울이 예전에 그들을 암몬 족속에게서 구원했기 때문에 그러한 호의가 가능했던 것 같다(11:1-11; cf. 삼하 2:4-7; 21:12-14). 이 소식을 듣고 사울의 손자 므비보셋의 유모가 도망치다가 어린 므비보셋이 낙상해 평생 두다리를 저는 불구자가 되었다(삼하 4:4). 사실 다윗의 사울 가문과의 악연은 여기서 종결되지 않고, 사무엘하의 전(前)부분에서 지속적인 불화 관계를 유지한다.

7장

다윗 왕 이야기(1)

다윗 왕 만들기(사무엘하 1-5장)

아래 단락에서 분류되듯이 다윗은 사울처럼 세 번의 등극식을 통해 유다 왕국의 왕이 되었다. 첫 번째 등극식은 베들레헴에서 선지자 사무엘을 통해 그의 부친과 형제들 앞에서 이루어졌다. 두 번째 등극식은 헤브론에서 그의 동족 유다 지파 장로들 앞에서 이루어졌다. 세 번째 등극식은 예루살렘에서 이스라엘 12지파의 장로들 앞에서 이루어졌다.

지금까지 많은 학자들은 다윗 내러티브를 '하나님의 축복 아래의 다윗'(삼하 1-10장)과 '하나님의 저주 아래의 다윗'(삼하 11-24장)으로 구분하는 경향이 있으나, 이는 너무 단순한 구분이다. 이 부분은 오히려 (솔로몬의 경우와 마찬가지로) 다윗 내러티브에 대한 이분법적 이해보다는 다윗의 공생애와 업적에 대한 화자의 다면적인 총체적 분석과 평가로 보는 것이 더 합당한 것처럼 보인다.[1] 물론 사무엘하는 '다윗이 어떻게 왕이 되었는가?', '다윗의 왕국이 하나님으로부터 어떠한 평가를 받았는가?' 그리고 '다윗의 영원한 제국의 꿈이 어떠한 시련을 겪는가?'로도 나눠볼 수 있다. 또한 건(Gunn 1989a:88ff.)의 주장처럼, 본 단락에서의 다윗의 생애는 왕으로서의 다윗(정치 영역; ① 왕국의 획득과 보유, ② 왕조 건설)과 남자로서의 다윗(개인 영역; ①남녀 관계; ② 부성 관계)으로 구분하여 설명되기도 한다. 마지막으로 다윗의 역사적 실체와 신학적 묘사라는 구약신학적인 이중적 측면에서 구약 전반의 다윗 묘사(특별히 다윗 시편)에 대한 철저한 비교연구가 필요하지만, 지면관계상 이 책의 특성상 여기서는 다루지 않을 것이다(사무엘서의 다윗과 시편의 다윗의 관계성은 Goulder[1990], Mays[1986]를 보라.). 이러한 캐릭터 분석과는 별도로 이 단락은 구조적으로 다윗의 아들들과 부하들의 목록(다윗의 아들들[3:1-5; 5:13-16]; 다윗의 부하들[8:15-18; 20:23-26])을 통해 네 부분으로 나눌 수 있다(Klement 2000:78).

다윗은 이미 왕이 되었지만, 아직 왕이 되지 못하다

아말렉 족속과의 전쟁을 끝내고 시글락에 돌아온 다윗은 사울의 자살 사실을 알지 못했다가, 자신이 사울의 자살을 도왔다는 아말렉 사람의 거짓말을 듣고 그를 처형한다. 그러나 사울과 그의 아들들의 죽

---

1. 다윗 내러티브 개괄은 Alter(1999); Polzin(1993); Halpern(2001); Veijola(1990) 등을 참조하라. 화자는 중요한 성경 캐릭터들 중에서 다윗을 가장 다면적이고 복잡한 심리구조의 소유자들 중 하나로 묘사한다(Perdue 1984).

음은, 그 자체가 사울 왕국과 사울가의 종말이지, 다윗이 통일 이스라엘 왕국의 왕으로 등극할 수 있는 자연스러운 여건을 제공해주지는 못한다. 다윗은 명실상부한 이스라엘의 왕이 되기 위해 여러 단계의 과정과 정책들을 시행해야 했다.

사울 사후에 다윗은 자신이 어느 곳으로 갈 것인가를 야웨께 물었더니, '헤브론으로 가라'는 신탁을 받고 거기서 유다 사람들에게 기름부음을 받고 유다 지파의 왕이 된다. 그후에, 다윗은 자신이 사울의 후계자가 되었음도 알리고 길르앗 야베스 족속을 칭찬하고 축복한다. "너희 주 사울이 죽었고 또 유다 족속이 내게 기름을 부어 그들의 왕으로 삼았도다"(삼하 2:7b). 여기서 그는 이 족속에게 자신에게도 충성할 것을 요청하는 듯 보인다. 비로소 다윗은 헤브론에 가서 유다 사람들에게서 기름부음을 받고 유다 왕이 되지만(2:4), 여전히 그는 사울(이스라엘 지파)의 왕권을 접수하지 못한다.

클레멘트(2000:74)는 다윗의 즉위 마지막 과정의 첫 부분(3-5장)을 다음과 같은 구조로 규정한다.

A 3:1-5 목록 헤브론에서 태어난 다윗의 아들들

B 3:6-21 내러티브 이스라엘의 왕 다윗: 장로들/아브넬과의 언약

C 3:22-39 내러티브 아브넬의 죽음: 영예로운 장례식

C′ 4:1-12 내러티브 이스보셋의 죽음: 영예로운 장례식

B′ 5:1-12 내러티브 이스라엘의 왕 다윗: 장로들과의 언약

A′ 5:13-16 목록 예루살렘에서 태어난 다윗의 아들들

이와 관련해 클레멘트(2000:124-26)는 사울의 삼중적인 등극 과정과 견주어 다윗에게도 다음과 같은 삼중적인 등극과정이 있다고 주장한다.

1단계(기름부음)	2단계(즉위)	3단계(제의의 샬롬)
하나님으로부터 새 왕에 대한 계시가 있고 사무엘을 통해 이새의 가문에서 적임자로 발견되고, 사무엘에 의해 그에게 기름부음을 받는다(삼상 16장).	백성들(처음에는 유다 백성, 나중에는 이스라엘 백성)을 통해 기름부음을 받고 언약을 세운다(삼하 5:1-3; 2:4). 이것은 일종의 입헌군주제라고 할 수 있다.	다윗이 예루살렘으로 수도를 옮기고 기럇여아림에서 언약궤도 예루살렘으로 옮기고 야웨 앞에서 화목제물을 드렸다(삼하 6장).[2]

이러한 클레멘트의 분석을 고려해볼 때, 제의적 연관성을 가진 여러 가지 일들, 즉 다윗이 언약궤를 예루살렘으로 옮기고 회막 앞에서 화목제를 드린 일에 이어 예루살렘에 야웨가 거하실 백향목 궁전 건축 시도들의 의도가 좀 더 명확하게 이해될 수 있을 것이다. 그러나 이와 관련된 요소들은 사무엘하 6-7장에 대한 논의를 하면서 다뤄보기로 한다.

사울 가문과 다윗 가문의 갈등

사울의 집과 다윗의 집 사이에 전쟁이 오래되니, 다윗은 점점 강해지고

---

2. 최종적인 즉위 후에 사울의 화목제물은 야웨의 왕권과 관련되며(삼상 12장), 다윗의 화목제물도 야웨의 영원한 거처(삼하 7장)와 관련된다는 점에서도 유사성이 있다. 그러나 사울은 이방나라들과의 전쟁 중에 발생한 자신의 잘못으로 영원한 왕조를 받지 못하지만 대조적으로 다윗은 이방나라들과의 전쟁 중에 계속해서 승리함으로써 영원한 왕조를 약속으로 받는다(참조. Klement 2000:127-34).

> 사울의 집은 점점 약해졌다(삼하 3:1).
>
> 사울의 집과 다윗의 집 사이에 전쟁이 있는 동안, 아브넬이 사울의 집에서 점점 권세를 잡았다(3:6).

이와 같은 표현들로 본문은 다윗과 아브넬 사이의 숙명적인 대결이 있을 것을 암시하는 듯하다. 아브넬의 강권으로 사울의 아들 이스보셋은 마나하임으로 건너가서 길르앗과 아술과 이스르엘과 에브라임과 베냐민과 온 이스라엘의 왕이 된다. 이스보셋은 40세에 즉위해 2년간 왕위에 있었다. 사울가와 다윗 사이의 전쟁은 이스보셋의 장군 아브넬과 다윗의 장군 요압 사이에서 벌어졌지만, 다윗의 조카인 요압 장군은 아브넬을 전쟁으로 이기지 못한다.

어느 날 이스보셋은 아브넬이 사울의 첩 리스바와 통간했다고 비판하자, 아브넬은 자신이 지금까지 사울 가문에 충성했음에도 그러한 누명이 억울한 것이며 이제 하나님의 뜻대로 사울 왕국에 속했던 땅을 포함해 단에서 브엘세바까지 다윗이 통치하게 하실 것이라고 말했다(8-10절). 이 사건으로 아브넬과 이스보셋은 적대적인 관계가 되었고 이러한 사울 진영 내의 갈등은 결국 다윗 진영에게 유리하게 돌아간다.

이스보셋을 '이스라엘의 왕'으로 세웠던 아브넬은 이제 다윗에게 밀사를 파견해, 자신과 조약을 맺으면 온 이스라엘을 다윗이 소유할 수 있도록 해주겠다고 제안한다(삼하 3:12). 교만한 아브넬은 마치 하나님처럼 인간 왕을 세우기도 하고 폐하기도 한다. 다윗은 이 제안을 받아들였고 둘이 직접 만나서 최종협의를 하기 위한 보증으로 사울의 딸이며 자신의 정혼자였던 미갈을 자신에게 보내도록 요구한다(13-16절). 아브넬은 다윗을 만나기 전에 이스라엘 장로들과 비밀회담을 나눈다. 이것은 허수아비 왕을 배제한 채, 국가의 운명을 다윗에게 돌리려고 이스라엘 국민의 대표자들과 타협을 보았다는 것을 의미한다. 결국 다윗은 비밀회담 결과를 가지고 온 아브넬과 직접 대면해 최종적인 협상을 맺고 잔치까지 베풀었다. 그후에 이스라엘 백성과의 최종적인 언약 체결을 맺으려고 이스라엘로 떠난 아브넬을 요압이 돌이켜 헤브론으로 데려와 은밀하게 죽인다. 그런 식으로 요압은 예전의 전투에서 자기 아우 아사헬을 살해한 원수를 갚았으나 다윗과 아브넬, 그리고 이스라엘의 장로들과 맺은 이전의 모든 밀약은 수포로 돌아간다. 이 일에 대해 다윗은 자신의 무죄함을 선언하고 요압에게 저주를 퍼붓는다. 이는 이스라엘 지파를 고려한 정치적인 의도가 숨겨져 있다.

> 넬의 아들 아브넬의 피에 대하여 나와 내 왕국은 야웨 앞에서 영원히 무죄하다. 그것(피)이 요압의 머리와 그의 아비의 온 집으로 돌아갈 것이다. 또 요압의 집에 백탁 병자나 악성 피부질환자나 노약자나 칼에 죽은 자나 양식이 핍절한 자가 끊어지지 않게 하소서(삼하 3:28-29, cf. 39절).

결국 아브넬의 제거는 사울의 집(이스보셋)과 온 이스라엘을 당혹스럽게 했으며, 이스보셋의 수하 장군들, 레갑과 바아나가 이스라엘 왕 이스보셋을 살해하고 다윗에게 투항한다. 다윗은 자신의 원수를 살해한 장수들을 즉각적으로 처형한다. 그러나 그는 이스보셋의 머리를 헤브론의 아브넬의 무덤에 장사지낸다. 결국 아브넬이 세웠던 사울 왕국은 소멸된다.

이처럼 자기 왕국을 견고히 하려는 다윗의 양면작전이 실행되었다. 한편으로 다윗은 사울의 후계자 이스보셋을 제거해 사울 왕조의 부흥을 꾀할 수 있는 여지를 없애려고 노력했고, 다른 한편으로 다윗은 사울의 딸이자 자신의 아내이기도 했던 미갈을 되돌려 받음으로서 자기가 사울의 적법한 후계자라는 점을 재확인해 자신의 '새로운' 왕조의 정통성을 확보하고자 노력했다. 최종적으로 이 두 가문, 혹은 두 왕국의 갈등은 이스보셋이 살해됨으로 "마무리된다." 이제 더 이상의 다윗의 호적수는 없다!

이러한 사울 가문과의 갈등 중에서 다윗이 할 수 있는 일이라곤 두 가지밖에 없었다. 첫째는 죽은 자들을 위한 애가를 짓는 일이다. 그는 사울과 요나단을 위해, 그리고 아브넬을 위해 애가를 지었다. 둘째로는 자신의 경쟁자들을 척결한 해결사들(?)을 대의명분을 통해 제거하는 일과 자신이 이러한 일들에 무죄함을 공표하는 일이었다. 특이한 일은 사울가의 반역자 아브넬 장군이 죽었을 때, 온 이스라엘이 애도하고 심지어 다윗이 애가(Cf. de Ward 1972)를 지어 불렀으나, 정작 다윗의 적대자 사울의 아들 이스보셋이 죽었을 때 다윗을 포함한 그 누구도 그의 죽음에 슬퍼하거나 애가를 부르지 않았다는 점이다. 위에서 논의한 바와 지금의 발견물들을 통해서도 다윗의 정치적으로 '모호한' 태도를 발견할 수 있다. 이제 사울의 손자인 불구자 므비보셋과 사울의 딸 미갈만이 다윗 왕국 내에서 생존한 사울 가문의 정식 후계자들로 남는다.

이스라엘과 유다의 왕이 된 다윗

사무엘하 5장에서 다윗은 백성들의 지지 획득, 다윗가의 권력 통합 및 지지기반 확대, 예루살렘의 함락 및 권력의 핵심화, 이방 민족과의 관계 정립, 그리고 블레셋 격파라는 다섯 가지 과정들을 통해 자기 왕권을 강화한다(Gelander 1991:133-4). 이러한 과정들은 나중에 나올 솔로몬의 왕권 강화 이야기와 유사하다.

이스라엘 족속의 요구로 다윗은 헤브론에서 야웨 앞에서 이스라엘의 모든 장로들과 '언약'을 맺고 기름부음을 받아 온 이스라엘의 왕이 될 수 있었다(삼하 5:1-10; cf. 사울의 경우[삼상 9-11장]). 그러나, 다윗이 자기 왕권을 온전히 세우는 데 아직도 험하고 긴 여정이 남아 있었다. 일단 내부 정적을 제거하고 이스라엘의 왕이 된 다윗은 유다와 이스라엘 지파간의 통합을 위한 여러 가지 계획을 세운다. 다윗은 여부스 족들의 땅인 예루살렘을 정복하고 헤브론에 있던 수도를 옮겨 예루살렘을 '온' 이스라엘 왕국의 수도로 삼는다(삼하 5장). 원래 예루살렘 땅은 베냐민 지파에게 할당된 곳이었다(수 18:11-28). 예루살렘으로 천도한 후에 다윗이 취한 것은 그의 처첩들과 자식들이었고(5:13-15), 두로 왕 히람이 다윗의 왕궁을 건축하고, 거기에 다윗은 많은 처첩들을 두어 살게 했다(이러한 일은 히람이 솔로몬 성전과 궁전을 건축한 후 솔로몬이 많은 처첩들을 자신의 왕국에 살게 한 것과 병행한다). 마지막으로 다윗이 행한 또 다른 업적은 야웨의 궤를 자신의 수도 예루살렘으로 이전시키는 것이었으며, 야웨의 성전 건축 계획을 진행하면서 다윗의 '영원한' 왕조에 대한 약속을 야웨로부터 약속받는다.

8장

다윗 왕 이야기(2)

가까이 하기엔 너무 먼, 멀리하기엔 너무 사랑스러운 당신

지금까지 인간 왕권과 하나님의 왕국(권) 사이에 존재하는 갈등과 부조화를 중점적으로 살펴보았다. 그러나 성경의 이스라엘 역사를 제대로 이해하는 데 있어 '인간 왕국과 하나님의 왕국' 사이의 정치적 영역 속에서의 양립 혹은 상호 협력적 관계에 대한 고찰만으로는 불충분하다. 여기에 또 하나의 중요한 요소인 성소(전)문제가 첨가되어야 우리의 관심사에 대한 더 완벽한 그림을 그릴 수 있다. 우리는 앞에서 실로 성소, 엘리 가문, 언약궤, 그리고 야웨의 전쟁 등의 주제를 다룬바 있다. 그러므로 열왕기에서의 '인간의 정치권력에 의한 성전의 오염과 재건 사이의 순환적 전개'라는 구조적 신학적 주제로 반복된다는 점은 이상한 것이 아니다. 사무엘서에 등장하는 '인간 왕권-다윗의 왕가와 야웨의 전-야웨의 왕권'이라는 주제들은 서로 밀접한 연관성을 갖고 있으며, 이것들은 사무엘서와 열왕기뿐만 아니라, 구약

전반을 이해하는데도 매우 중요한 역할을 수행한다. 우선 우리는 실로 성소 붕괴와 예루살렘 성전 건축과 관련된 본문들(실로 성소[삼상 1-7장]; 다윗의 예루살렘 성전 준비[삼하 6-7장]; 솔로몬의 성전 건축과 봉헌[왕상 5-9장])을 살펴보고자 한다.

구약의 야웨의 성소에 대한 배경적 상황을 먼저 간단히 살펴보자.

성소란 무엇인가?

역사적으로 모세시대에 성막의 중요한 부분인 제단과 야웨의 궤가 중요한 제의적 역할을 수행했지만, 가나안 시대에 요시아 왕 때까지 이스라엘에는 언약궤를 포함한 성막, 여러 가지 산당들, 그리고 복수의 지방 성소들이 병존했다. 이스라엘의 '성소'는 역사적인 측면에서, 초기의 제단(혹은 개방적 예배장소)과 솔로몬 성전 사이의 중간에 놓인다. 광야시대에는 성막 위주로 예배와 제사의식이 수행되었지만, 이미 여호수아때부터 성막과는 별도로 야웨께 제사하기 위한 지방 성소들이 건물이라는 더 견고한 인공물의 형태로 건축되어 사용되기 시작했다. 이러한 변천의 역사 속에서 구약에서 희생제사와 예배용으로 사용되었던 야웨의 성소(모세시대 이후로 이 성소는 대략적으로 가나안의 성소구조를 따라 건축되었던 것 같다.)는 다음과 같이 다섯 가지 개념들로 정의되었다. 그중에서 다섯 번째 개념은 기존 개념들과의 갈등의 요소를 내포하게 된다.

회막	이 개념은 모세 시대에 사용된 하나님과 이스라엘 백성이 '만나는 장소'라는 측면을 강조한다.
장막	이 개념은 말 그대로 천막을 의미하며, 유목민 문화에서 본다면 이동 가능성을 강조한다.
거룩한 곳	이 개념은 '야웨의 거룩함'의 장소라는 측면을 강조한다.
성소 또는 성전	이 말은 '큰 집'이라는 말에서 유래했으며, 나중에 그 의미가 성소의 일부분만 지칭하는 데 사용되다가 나중에 포로 이후 시대에 성전 자체로 확장되었다.
야웨의 전	이것은 다윗 이전에는 야웨의 영광(의 상징)이 임하는 건물을 지칭하는 용어로 사용되었다. 다윗과 솔로몬은 야웨가 영원히 거하는 전당으로 만들려는 시도를 한 적이 있다.

야웨의 이름을 기념하는 또는 이름이 거하는 장소(신 12:1-14 [cf. 출 20:22-26])

전술했듯이, 광야시대에 야웨의 영광이 장막에 머물 때, 그곳이 바로 예배와 제사와 계시의 장소였지만, 가나안 정착 이후에 야웨의 성소가 약속의 땅 내에서 옮겨 다녀야 할 필요가 드물어지자 고정된 건축물인 지역 성소들의 필요성이 대두되었다. 이제 야웨 제의의 장소선택 원리와 그 의미를 간략하게 다뤄보기로 한다.[1]

1. 이에 대한 가장 최근 논의는 Richter(2001)와 Pitkanen(2004)를 보라. 이에 대한 복음주의적 논의는 Wenham(1971); Niehaus(1992), McConville(1979; 1984:21ff.), McConville & Millar(1994:89-139)를 참조하라.

"내가 내 이름을 기념하게 할 곳으로 선택한 곳에서 내가 네게 임하여 복을 줄 것이다"(출 20:24).	"너희는 야웨께서 자기 이름을 두어 거하게 하실 곳 즉 너희 모든 지파들 중에서 한곳을 택하실 곳에서 너희 하나님 야웨를 찾아야 한다. 너희가 요단강을 건너 너희 하나님 야웨께서 너희에게 너희로 너희 사방의 모든 대적을 이기게 하시고 너희에게 안식을 주셔서, 너희로 평안히 거하게 하실 때에 너희 하나님 야웨께서 자기 이름을 두시려고 한곳을 택하실 그곳으로 내가 명하는 것을 모두 가지고 가라… 너는 네게 보이는 아무 곳에서나 번제를 드리지 말고 오직 너희의 한 지파 중에 야웨께서 선택하실 그곳에서…"(신 12:5, 10-11, 13-14).

이러한 구절들 속에서 "야웨가 선택할 장소"라는 점과 "야웨의 이름이 거할 곳"이라는 표현은 흥미롭다. 적극적인 의미에서 이러한 표현은 야웨 제의에 적합한 장소로서, 야웨의 임재의 기념물 혹은 주권이 임하는 곳을 의미한다(de Vaux [1967], McCarter [1980:206]). 즉 그것은 적극적인 의미로 하나님은 자신의 임의대로 제사를 위한 장소를 선택하실 수 있다는 의미며, 소극적인 의미로 이것은 사람이 사사로이 그 장소를 선택하거나 그 의미를 새롭게 규정할 수 없다는 의미다(즉 성소를 일시적으로 야웨의 임재 장소가 아니라, 야웨의 절대적인 영주처로 이해하는 것은 잘못이다). 다시 말하자면, 이것은, 많은 학자들이 가정하듯이, 구약성경 제단법이 예루살렘의 솔로몬 성전이라는 단일한 중앙 성소(single central sanctuary)의 존재를 정당화하기 위한 삽입의 의미보다는, 가나안 정착 후에 야웨의 이름이 거하는 공인된 (다수의) 지방 성소들을 전제로 이스라엘 백성이 반드시 행해야 할 적절한 제사들을 설명하는 일반적인 제사 규정으로 보아야 한다.

노숙자 야웨?!: 실로 성소의 붕괴와 다윗의 성전 건축 시도

이제부터 우리가 다루게 될 두 가지 사건들(삼상 4:1-7:2, 삼하 6-7장)에 대해 에슬링거(1991:41-42)는 아주 흥미로운 분석을 했다. 그에 따르면, 이미 다윗은 이스라엘이 일차로 블레셋 군대에게 패배한 후에 전쟁의 승리를 담보하기 위해 실로 성소에서 언약궤를 끌고 나왔다가 겪은 또 한 차례의 실패의 간접경험과, 나중에 다윗이 언약궤를 예루살렘으로 옮기던 도중에 웃사를 치셨던 하나님의 진노의 경고를 직접 경험한 바 있다. 이 두 가지 사건들은 구조적으로 두 번의 실패, 궤의 나포(삼상 4:1b-11), 그리고 두 번의 승리와 우상들의 상실(삼하 5:17-25)이라는 유사한 사건들의 병렬을 통해 대조된다.

다윗은 야웨의 언약궤를 새로운 도읍지 예루살렘에 안치함으로써 야웨의 임재를 고정시키려고 노력했지만, 다른 경우들처럼 그도 실패했다고 본다. 결국 이러한 노력들은 사람들이 하나님의 임재를 통제하고 관할하려는 시도의 무모함을 밝히 드러낼 뿐이다. 이러한 여러 가지 사건들을 통해 하나님의 뜻과 임재(장소)의 유치는 단지 아름다운 건축물인 성소(전)와 제사장의 존재, 그리고 수많은 희생제물들에 달려있는 것이 아니었다는 점은 명백하다.

실로 성소와 블레셋에 임한 재앙

무엇보다도 이러한 일련의 사건들(즉 이스라엘의 패배, 야웨의 궤의 포로, 엘리 가문의 붕괴와 실로 성소의 붕괴, 야웨의 궤를 통한 블레셋에 대한 직접적인 징벌)은 이스라엘로 하여금 야웨의 독단성을 깨닫게 되는 뼈아픈 경험을 하게 되었다. 그러나 '다윗'이라는 새로운 정치적-영적 리더십의 발흥은 결국 성전을 중심으로 한 이스라엘의 제의 체계를 왕의 통제하에 놓이게 만들었다.

> 너희는 내가 처음으로 내 이름을 둔 처소 실로에 가서 내가 내 백성 이스라엘의 죄악으로 인해서 거기에 행한 바를 보라(렘 7:12).

야웨의 블레셋과의 실제적인 전투에서 이스라엘 백성은 전적으로 배제된다. 고대 근동의 모든 전쟁은 각 지역의 신들과 그의 백성들 사이에 행해지는 이중적인 전쟁으로 여겼다. 고대 근동사람들에게 전쟁의 패배는 전쟁의 당사자들 중에서 더 연약한 신들이 더 강력한 신(들)을 두려워해 그들의 땅을 버리고 도피하거나, 더 강한 신들(의 땅)에게 포로로 잡혀갔다는 것을 의미한다고 믿었다. 블레셋 족속의 신 다곤(물고기 모양을 한 곡식신)은 이스라엘과의 전쟁에 몸소 행차하지 않았는데도, 블레셋 군대는 쉽게 이스라엘을 대파시켰고 그들과 전쟁을 하러 몸소 임한 이스라엘의 '신'을 포로로 잡았다. 그러나 역설적이게도 전승기념물로 다곤 신전에 가져다 놓은 야웨의 언약궤는 오히려 수백수천의 이스라엘 백성들이 두 차례의 전투를 통해 얻을 수 없었던 혁혁한 전과를 얻는다. 즉 블레셋의 신인 다곤은 상징적으로 야웨께 엎드리어 굴복했고, 심지어 신체가 잘리는 수모를 당하게 된다. 이것은 다곤 신이 생각뿐만 아니라, 의지적인 행동도 못하게 되었다는 점을 상징한다.

이러한 허를 찌르는 야웨의 블레셋에 대한 공격은 다곤 신의 상징적 패배로만 끝나지 않고 블레셋 전역에 종기 재앙을 통한 고난을 주었다. 블레셋은 결국 야웨의 궤를 이스라엘 백성에게로 돌려보내기로 결정한다. 이집트에서 임한 10개의 재앙(종기재앙포함)이 출애굽의 원인이 되었듯이, 포로로 잡혀간 야웨의 궤가 블레셋의 진중에서 자체적인 탈출 요인이 된다. 야웨(의 임재 상징물)에 대한 경망스러운 취급은 이스라엘이나 블레셋 모두에게 재앙으로 귀결된다.

물고기 머리를 한 다곤 신

야웨의 궤의 승리의 귀환

블레셋인들이 야웨의 궤를 이스라엘로 송환하려할 때, 이들은 이러한 재앙이 야웨로 말미암았다는 사실을 100퍼센트 확신하지는 못했던 것 같다. 그들은 혹시나 하는 마음에 그들에게 임한 재앙과 질병이 우연이었는지, 이스라엘의 신의 능력에 의한 것이었는지를 시험해

보고자 했다. 희귀하게도 멍에를 메어본 적이 없고 심지어 새끼가 있는 두 마리의 암소를 야웨의 궤를 올려놓은 수레 앞에 한데 묶은 채 몰이꾼도 없이 블레셋 지역 밖으로 내몰았다. 그러자 그 소들이 알아서 수레를 끌고 "좌로나 우로나 치우치지 아니하고"[2] 언덕길을 올라 이스라엘의 벧-세메스로 가는 긴 여정을 곧바로 행한다. 이것은 사실상 불가능한 것이다. 이것을 통해 블레셋 사람들은 불가능한 일을 행하시는 야웨의 권능을 다시 한번 확인할 수 있었다. 수레가 벧-세메스 사람 여호수아의 밭 큰 바위 곁에 이르러 사람들은 그것을 제단으로 삼았고 우선 수레를 제단의 땔감 삼고 두 마리의 암소를 번제물로 드리고 레위인들이 수레에서 궤와 속건제물용 금쥐들을 내려 큰 돌위에 두자 사람들이 번제물과 다른 제물들을 드렸다(삼상 6:14-15).

그러나 이와 같이 실로에서 시작한 야웨의 궤의 여정은 쉽게 종결되지 않는다. 심지어 벧세메스 사람들은 야웨의 궤 속을 들여다본 것만으로 (오만)칠십 명[3]이 죽는 하나님의 진노의 두려움을 경험하기까지 한다(cf. 민 4:20). 결국 야웨의 궤는 "에벤에셀⇒아스돗⇒가드⇒에그론⇒벧세메스⇒기럇여아림"의 아비나답의 집에까지 이르게 된다.

이러한 과정 중에서 야웨의 거룩하심과 독단성의 자증(自證)은 모든 사람들이 '우리가 야웨의 궤를 어찌할 것인가?'라고 탄식하게 만

---

2. 율법에 대한 실행태도에 대한 표현과 유사하다.

3. 일부 맛소라 사본들과 요세푸스(『상고사』, VI, 1.4 [§16])는 70명을 선호하지만, 대부분의 MT와 70인역(LXX)의 대부분, 루시아 사본(Lucian), 시리아어역(Syriac), 라틴어역(Vulgate)은 "50,070명"의 독법을 따른다. 그런데 일부 학자들 사이에서 다수 독법인 "70명, 50,000명"이라는 표현의 부자연스러움을 후대의 삽입 증거로 보기도 한다.

들었다. 사실 하나님은 가까이 하기에 너무나 먼 당신이며 자의로 조종하기엔 너무나 위험한 분이다. 사무엘서 초반부에 야웨는 백성의 기도를 들으시고 그들을 부르시는 하나님으로 등장하지만, 이제는 이방인들과 자기 백성에게 자신의 거룩하심과 진노를 표출하는 신으로 드러난다. 이것이 이러한 일련의 사건들을 통해 이스라엘이 얻은 값비싼 교훈이었다. 이제 다윗 시대의 언약궤 사건을 살펴보자. 우리는 여기서도 유사한 교훈을 얻을 수 있을 것이다.

다윗 왕의 장막 안에 놓인 야웨의 언약궤(삼하 6-7장)

다윗언약(7장)을 제대로 이해하려면, 사무엘하 6장을 함께 보아야 한다. 다윗과 솔로몬이 하나님의 궤를 다룬다는 점에서도 이전의 야웨의 궤와 관련된 여러 가지 사건들과 유사성이 많다. 그러므로 하나님의 궤의 유치와 성전 건축의 시도가 한 개인의 경건한 의도의 발현보다는 솔로몬의 경우처럼 다윗이 자기 정적들을 완전히 제거한 후에 자신의 정치적 정통성을 종교적으로 정당화하려는 시도의 하나로 행해졌다는 의혹을 받는다. 내가 벤츠를 타면 야웨도 벤츠를 타야한다! 고대 근동의 여러 왕들처럼(McCarter 1980:239), 인간 왕정과 권력의 핵심 세력인 다윗과 솔로몬이 취한 그러한 정치적-군사적-종교적 책략은 당연한 것이다.

사무엘의 시대에 블레셋과의 전투에서 승리하려고 야웨의 궤를 움직이려던 첫 번째 시도에서 이스라엘의 패배가 야웨의 궤가 포로로 잡히는 등의 재앙을 초래하고, 다윗의 시대에 블레셋과의 전투에서 승리한 후에 다윗은 야웨의 궤를 예루살렘으로 이동시키려고 했고 그 와중에 언약궤에 손을 댄 웃사가 죽는 일이 벌어진다. 그후에 다윗은 야웨의 궤를 안전하게 이동시켜서 예루살렘에 있던 자신의 장막 아래 두었고, 결국 그곳에서 야웨께서 거하실 집에 대한 건축을 시도했다. 다윗도, 고대 근동 왕국들의 선례들처럼, 왕궁과 성전을 연이어서 건축하고자 했을 것이다. 이제 이스라엘에서도 정치의 수도와 종교의 본산지가 동거에 들어가게 된다.

최근에 프린스턴신학교의 시야오 교수는 다윗이 야웨의 궤를 새 수도 예루살렘에 옮기는 과정을 신적인 전사로서의 야웨의 승리와 그 결과로 나타나는 왕권 등극을 축하하는 종교-정치적 드라마로 이해한다(Seow 1989). 대략적인 측면에서 이러한 야웨의 '등극 축제 가설'은 야웨의 궤가 이스라엘의 수도나 특정한 장소로 이동된 후에 행해진 신전 건축이라는 고대 근동의 일반적인 예들에 잘 부합하는 것처럼 보인다. 그러나 이 상황은 다윗이 비록 제의적인 주도권을 구사하지만, 본문에 야웨의 전사직이나 제왕적 등극과 관련된 신화 모티프나 축제 요소가 등장하지 않기에 본문의 사상이 등극 축제와 관련되었다는 그의 주장은 설득력을 잃는다. 그러나 필자는 그와 같은 고대 근동과 이 본문의 정황적인 증거로 볼 때 화자가 이 상황을 다윗의 등극 이후에 발생한 왕권 강화를 목적으로 한 사건들 중의 하나로 이해했다는 점만은 부인할 수 없다고 본다. 그러므로 이 단락이 이 사건을 다윗의 인간 왕권에 대한 최종적인 신적재가(神的裁可)의 가시적 (혹은 인위적) 과정의 일환이라고 보는 것이 더 합당하다고 생각한다.

클레멘트(2000:78)는 이 단락의 구조를 다음과 같이 분석한다.

A 5:17-25 블레셋에 대한 승리들

B 6:1-23 예루살렘으로 옮겨진 만군의 야웨의 궤

B′ 7:1-29 다윗의 집과 야웨의 집에 대한 신탁과 기도

A′ 8:1-14 모든 이웃 국가들에 대한 승리들

여기서 우리는 저주의 대상(웃사)→축복의 대상(오벳에돔)→축복의 주체(다윗)→저주의 대상(미갈)의 패턴을 찾아볼 수 있다. 다윗은 선택된 자들인 "삼만 명"과 자신의 지지자들을 동원해 야웨의 궤를 예루살렘으로 옮기려 시도했다. 살아 계신 야웨를 호위하는 천상의 군대들처럼, 다윗은 수많은 군사들을 동원해 야웨의 궤를 자신의 도성으로 이동시킬[4] 만반의 준비를 한다. 그러나 소들이 끄는 수레에 싣고 예루살렘까지 야웨의 궤를 이동시키는 일은 처음부터 불길하게 묘사된다. 이러한 방식은 블레셋 사람들이 이스라엘 땅으로 하나님의 궤를 내보낼 때 하던 것이었다. 궤를 운반하는 도중에 나곤의 타작마당에 이르러 알 수 없는 이유로 소들이 날뛰고 수레가 흔들리자 웃사는 법궤를 보호하려고 손으로 만지는 바람에 죽게 된다(6:7). 이러한 재앙은 소들이 끄는 수레의 불안정성[5]으로 인해 이미 예견된 것

4. 개역개정판은 "매어 오려 하니"[삼하 6:2]라고 오역했고 "가져 오려 하니"가 바른 번역이다. 이 문맥에서 다윗이 어떤 방식으로 야웨의 궤를 가져오려 했는가는 모호하다.

5. 오경 제의규례는 궤의 사면 고리에 두 개의 긴 막대기를 끼어 레위인들이 어깨에 메어 옮기라고 규정한다(비교. 출 25:14; 민 4:15; 대상 15:2).

이었다(cf. 특히 벧세메스 사람들의 죽음[삼상 6:19]). 심지어 폴진(1993:64)은 웃사의 행동을 '웃사라는 대리인을 통해 다윗이 성궤를 소유하려는 시도'로 보고 결국 다윗이 야웨의 궤를 이동시키려고 했던 첫 번째 시도는 실패한 것으로 이해한다.

어떻게 야웨의 궤가 내게로 올 수 있을까?(삼하 6:9)

예상치 못했던 재앙에 직면한 다윗의 야웨의 궤에 대한 한탄은 이전에 블레셋인들이나 이스라엘 사람들의 한탄과 유사하다(삼상 5:8, 6:2, 19-20). 이 점은 야웨의 임재를 인간이 조종할 수 없다는 것을 다시금 확인시켜준다. 웃사에게 임한 야웨의 진노로 인해, 분노와 두려움에 빠진 다윗은 궤를 이방인인 가드사람 오벳에돔의 집에 두니, 그곳에 3개월 동안 있었고 거기에서 야웨의 복이 임한다. 그러자 야웨의 진노가 그쳤다고 생각한 다윗은 제사장의 상징인 에봇을 입고 춤을 추었으며 궤 앞에서 제사를 지내고 백성들을 축복하면서, 그 궤를 예루살렘에 있는 자기 장막으로 성공적으로 이동시킬 수 있었다. 우리는 이러한 과정들 속에서 다윗의 의도와 태도를 단적으로 잘 이해할 수 있다. 클레멘트(2000)가 다윗의 즉위에 대한 3단계를 주장하듯이, 다윗의 등극 과정은 다윗이 예루살렘의 언약궤 앞에서 드린 화목제물로 성공적으로 종료되었다. 물론 다윗이 야웨의 궤를 옮긴 데 대한 동기가 본문에 명확하게 언급되고 있지는 않지만, 과거에 야웨의 주권에 따라서 수차례 제왕 리더십이 전환되고 심지어 전왕 사울도 폐위되었던 선례를 아는 다윗으로서는 성전 건립을 통해서라도 자신의 왕권이 보장되기를 소원했던 것 같다.

다윗은 모든 일(마지막으로 '야웨의 이름'으로 만백성을 축복하고 기념품을 하사한다)을 마치고 자기 가족을 축복하러 돌아온다. 그동안 다윗의 경망스러운 행동을 지켜본 미갈은 대뜸 다윗을 비난하니, 다윗은 화가 나서 미갈의 가족들의 불행을 말하고 야웨가 자신을 왕으로 삼으신 분이기에 뛰놀 수밖에 없었다고 대답해 버린다. 이와 같이 미갈이 다윗을 업신 여기게 된 배경(16, 20절)에는 지금까지 다윗이 미갈에게 취했던 행동과 태도에서 비롯된 것일 수 있으며, 그러한 이유와 아울러서 현재의 사건은 다윗이 미갈을 멸시하기에 충분했다(21-23절). 이것은 웃사에게 재앙이 임했을 때 다윗이 취한 태도와 유사하다(8-9절). 다윗은 미갈의 비난에 속이 상해서 자신의 원래 목적(축복)을 잊고 미갈의 가족들에 대한 저주의 말만을 행한 것으로 나타나며, 결과적으로, 본 장은 미갈의 불임을 언급하며 마무리한다.

미갈의 불임의 원인이 무엇일까? 혹자는 이 부분을 단순히 미갈의 불임과 다른 후계자의 등극을 설명하기 위함이라고 본다. 또한 다윗이 하나님의 '신실한 종'이라는 측면에서 볼 때, 미갈이 하나님의 종을 대항한 것이라고 여길 수 있다면, 그 불임의 원인이 하나님의 저주로 여겨질 수도 있다. 그러나 문맥은 그렇지 않다. 우선은 여기서 일반적인 불임의 공식이 나타나지 않고 있다. 그렇다면, 다른 해결책들은 무엇일까? 우연의 일치인가, 아니면 다윗이 동침하기를 거부했기 때문인가, 아니면 미갈이 그것을 거부했을까? 본문 자체는 그 어떤 것을 선택하도록 하지 않지만, 사무엘하 6:22과 견주어 볼 때, 다윗이 미갈과의 동침을 거부한 것으로 보는 것이 더 그럴듯하다. 물론 사울 가문은 다윗에게 그리고 다윗은 사울 가문에 애증의 대상이었다.

이것(내가 야웨 앞에서 빙빙 돌면서 춤을 춘 것, 14, 16절)은 야웨를 위해서(혹은…앞에서) 한 것이다. 그가 당신의 아버지와 그의 온 집을 버리시고, 나를 택하셔서 나를 야웨의 백성 이스라엘의 지도자(나기드)로 삼으셨으니, 내가 야웨 앞에서 뛰어 놀아야 한다.

이 말은 미갈에게 씻을 수 없는 상처를 주는 말로 들린다. 하지만, 다윗은 과거에 미갈이 자신을 사랑했고 자신의 목숨을 건져줬던 사람이었다는 사실을 망각한 것 같다(물론 다윗이 미갈을 사랑했다는 증거는 없다). 게다가 다윗은 사울의 아들 요나단이 다윗을 사랑했고 살려주려고 노력했던 그의 우정을 잊었던 것 같다(삼상 18-20장). 이러한 전후상황은 미갈의 불임이 단지 그녀의 잔소리에 대한 '하나님의 심판' 때문이었다기보다는, 그녀의 경솔한 발언에 대한 다윗의 경솔한 반응이 문제였던 것 같다. 결국 사울가와 다윗의 평화적인 통합의 기회는 영영 사라지게 된다.

영원한 다윗 왕조와 야웨의 이름을 위한 전의 건설에 대한 약속(삼하 7장)[6]

전술했듯이, 다윗도 사울처럼, 여러 절차를 거쳐서 명실상부하게 왕

6. 이에 대한 고전적인 견해는 Levenson(1979)와 McCarter(1980:190ff.)를 보라. 최근 견해는 Schniedewind(1999), McKenzie(2000)와 Gakuru(2000)를 보라. 삼하 7장의 내

위에 등극했다. 그런데, 문제는 여전히 남아 있었다. 사울이 왕위에 등극한 후에 몇 차례의 시험을 통과하지 못했기에 야웨로부터 '영원한' 왕조에 대한 약속을 받지 못했다. 그렇다면, 다윗은 어떻게 될 것인가? 그 마지막 과정을 살펴보도록 하자.

우선 사무엘하 7장에 대한 고고학적인 배경들을 간략하게 살펴보자. 앞에서 말한 것처럼 다윗의 이러한 행동은 고대 근동의 전례들과 비교해 볼 때 지극히 자연스럽다. 그러나 고대 근동의 왕들이 자신들의 왕권을 강화하려는 목적에서 신전을 건축하거나 혹은 신들이 왕들에게 아름다운 신전 건축을 요구한 적이 있었다는 고대 근동 문헌들의 증거를 통해 볼 때, 오히려 신전을 짓고자 하는 다윗의 제안에 대한 하나님의 거부 반응은 이해하기 어렵다. 이와 같은 고고학적 논증도 본문에 대한 새로운 시각을 요구한다.

또한 이 본문에 나타난 몇 가지 신학 주제들을 살펴보자. 일부 학자들은 전후 문맥상 7장은 연대기적으로 어울리지 않는다고 주장하지만 본 장이 사무엘서의 논리적 흐름 속에서 적절하게 배치되었다는 점은 의심의 여지가 없다. 게다가 이 문맥에 사용된 기교들 중에 몇 가지 단어들을 사용한 여러 가지 대조들(야웨의 집[성전]과 다윗의 집[가문과 왕조]; 야웨의 이름과 다윗의 이름, 야웨의 씨와 다윗의 씨, 등)을 통해 본문의 신학적 의도가 잘 드러난다고 하겠다.[7]

러티브 연구는 Craig(1993)를 보라. 본 단락과 시 89편과의 관계는 테이트(2002:685)와 Veijola(1983)를 참조하라.

7. 야웨의 집과 다윗의 집에 관한 다양한 대조점들은 George(2002)를 보라. 또한 '베트'라는 단어가 사용된 세부적인 기교는 Gelander(1991:105-7)를 참조하라.

본문은 크게 다윗의 언약(7:1-17)과 감사의 기도(7:18-29)로 나뉜다. 세부적으로는 몇 개의 대화들, 우선 다윗 왕과 나단 선지자의 짧은 대화로 시작해 그후에 두 개의 긴 독백이 등장한다. 즉 야웨의 긴 독백(즉 선지자 나단을 통해 전달된 일련의 야웨의 신탁들[5-7, 8-11b, 11c-16절])와 야웨의 은총에 대한 다윗의 긴 독백(18-29절).

다윗 언약(삼하 7:1-17).
이 단락은 신탁 공식의 반복("내 종 다윗에게 말하라", "야웨의 말씀에…" 혹은 "내 종 다윗에게 다음과 같이 말하라")에 의한 구분인, 다윗의 요구와 그 배경(1-4절), 선지자 나단을 통해 전달된 과거사의 회고(5-7절), 현재 상태(8-11b절), 그리고 미래의 예고(11c-16절)에 관한 야웨의 말씀과 환상으로 구성되어 있다.

다윗은 야웨의 인도하심으로 이미 평화와 승리의 시기를 구가하고 있었다. 그러나 다윗은 백향목 궁전에 거하지만, 야웨는 그렇지 못하다고 생각해서 다윗은 야웨가 거하실 '백향목 궁궐'을 건축할 것을 계획하고 이점을 궁정 선지자 나단에게 문의한다. 심지어 나단(cf. Jones 1990)도 '하나님과 일치한다'며 다윗의 생각에 동조하지만, 그날 밤에 나단에게 나타나신 야웨는 자신의 '노숙자'론을 공표함으로써 다윗이 생각했던 '야웨가 거하실 집'은 세워지지 않을 것임을 명백하게 천명하신다. 대신에 야웨는 다윗의 집을 영원케 할 것과 그의 후손이 야웨의 이름이 거할 집을 건축할 것을 약속하신다.

여기에서의 우리의 관심사는, 화자의 관심사처럼, "다윗의 제안이 어떻게 전적으로 거부되었으며 수정 제시되었는가?" 즉 그것들은, 에슬링거(1994)가 제시했듯이, 다음과 같은 질문들이어야 한다. ① 다윗이 야웨의 성전을 지으려고 했던 이유, ② 하나님이 그것을 반대했던 이유, ③ 하나님이 그러한 시도를 거절했던 방법은 무엇인가? 이어야 한다.

시대적 상황과 다윗의 의도

사무엘하 7:1의 "야웨께서 사방의 모든 대적을 격파해 다윗 왕이 왕궁에 평안히[8] 거하게 하신 때에"라는 표현을 먼저 살펴보자. 이러한 화자의 정황 설명은 다윗이 이룬 정치사회적 안정화 자체가 밧세바 간음 사건의 정황과의 연관성을 보여주고, 암시적으로는 그 시기가 다윗의 말년을 암시하지만, 역대기와는 달리 예루살렘 성전 건축과 직접 관련된 어떤 특별한 신학적 의미를 함축하려는 입장을 내비치지는 않는 것 같다. 그러나 일부 학자들(cf. McCarter 1984:202ff.)은 앞부분에서 수차례 반복적인 '평안'의 용어에 착안해, 제단법들 중에서 신명기 12:9-10 (혹은 25:19)의 "너희로 너희 사방의 모든 대적을 이기게 하시고 너희에게 안식을 주사 너희로 평안히 거하게 하실 때에… 너희 하나님 야웨께서 자기 이름을 두시려고 한 곳을 택하실 그곳"이라는 표현과의 연관성을 발견한다.

이러한 안식-공식은 다윗 혹은 솔로몬뿐만 아니라, 여호수아 시대에 이미 대략적으로 성취된 것으로도 볼 수 있다(수 21:43-45, cf. 22:4, 23:1). 여호수아의 입장에서 '안식'은 일종의 분깃으로서, 땅 자체

---

8. 대상 17:1에서는 "평안히"라는 표현이 없다.

(1:13)와 분쟁의 종식(21:44, 23:1)과 밀접하게 연관된다. 물론 그후부터 이스라엘에 적법한 장소들에 대한 신명기의 제단법이 적용되었다. 그러므로 이 표현을 '절대적인' 평화가 이룩된 시기, 즉 다윗(혹은 솔로몬)이 이룩한 태평성대만을 지적하는 것으로 볼 필요는 없다. 즉 이것은 특정한 개인(들)이 특정한 시기에 특정한 장소에서 특정한 건축을 수행했던 것과는 무관한 것이다. 이와 같은 제단법은 시기적으로 가나안 점령과 분배와 관련해 야웨께 제물드리기에 합당한 장소(들)에 대한 일반 규정으로 보아야 할 것이다(수 21:43-45, 신 12:10-11). 그렇지 않다면, 지금까지 존재해 온 제의들과 제의 성소의 정당성을 부인하는 결과가 된다. 게다가 이러한 잘못된 해석은 솔로몬의 주장에서도 찾을 수 있다. 우리가 이 본문에서 이미 살펴보듯이, 다윗이 전쟁 때문에 야웨의 전을 건축하지 못했다는 솔로몬의 말(왕상 5:4, cf. 8:56)은 솔로몬 자신이 야웨의 전 건축의 정당성을 찾고자 하는 시도의 일환으로 언급된 것뿐이지, 실제로 다윗 시대가 전쟁 시대였기 때문에 야웨의 전 건축이 불가능했던 것은 아니다(cf. 삼하 7:1). 오히려 하나님의 거절 이유가 되었던 다윗의 야웨의 전 건축에 대한 이해는 "나는 백향목 궁에 거하는데(요쉐브), 하나님의 궤는 천막의 휘장 가운데 거하고 있도다(요쉐브)"(7:2)라는 표현에서 명확하게 발견된다. 야웨의 신탁은 위에서 언급했듯이, 다음과 같이 세 가지로 구분된다.

과거사의 확인(5-7절)

본 단락은 "네가 나를 위하여 나의 거처를 건축하겠느냐?"는 질문(5c절)으로 시작해 "너희가 어찌하여 나를 위하여 백향목 궁전을 건축하지 아니하였느냐?"라는 질문(7c절)으로 종결된다. 야웨께서 "오늘까지 내가 집에 거하지 않고 장막, 즉 회막 안에 있으면서 이동하였다"(6절)는 말과 함께 이스라엘의 12지파를 다스리게 한 그 어느 지파[9]에게도 요구한 적이 없었다고 말씀하시고 그 어느 때도 그 누구에게도 요청한 적이 없다고 말씀하심으로, 다윗의 제안을 거부하신 이유들을 설명하신다.

여기서 강하게 거부되는 '집에 거한다'는 말이 거주처의 고정(혹은 영주)을 의미하는데 반해, 야웨께서 인정하시는 '이스라엘 가운데서 천막을 치고 살았다'는 말은 일시적 거주를 의미하는 것으로 양자 사이에 결코 조화될 수 없는 야웨의 임재에 대한 신학적 갈등을 표출하는 것으로 이해할 수 있다(Hertzberg 1964:285). 이러한 임시적 거주의 개념은 요한복음 1:14에서도 확연하게 발견된다. 즉 "말씀이 육신이 되어 우리 가운데 거하셨다(즉, 장막을 치고 계셨다)."

현재에 대한 약속(8-11b절)

이 단락은 "다윗을 목동에서 이스라엘의 지도자(나기드)로 삼으신 것"과 다윗과 이스라엘의 "모든 대적들을 멸한 사건"(8c-9b절)에 대한 언급들로 시작해, "백성들이 약속의 땅에 요동치 않고 거할 수 있음"[10]

---

9. 대상 17:6에서는 이것이 "사사(judge)"로 되어 있다.

10. 10절의 '그것'의 정체는 논쟁거리다. 즉 그것은 예루살렘 성전 건축을 예견하는 "예배 장소의 고정"을 말하는가?(McCarter 1980:202ff.), 아니면 이스라엘 백성이 가나안에 정착해 요동치 않을 것을 말하는가?(Gordon 1988:238, Eslinger 1994:33). 그러나 위에서 논의한 바와 마찬가지로 12절과의 균형을 고려해볼 때, 그것을 "성소라는 장소의 고정"에만 국한하지 말고 "이스라엘 백성의 가나안 거주"도 지칭하는 것으로 보는 것이 더 자연스럽다.

과 “사사 시대와는 다른 평화로운 (왕권통치의) 시대에 대한 약속”(10c절-11b절)의 언급들로 끝난다. 본 단락의 핵심은 “다윗이 존귀케 된다”는 것이다(9c절). 다윗의 제안에 대해 야웨는 다음과 같이 다윗에 관해 현재와 미래에 대한 일곱 가지의 약속을 제시하신다.

① 내가 네 이름을 크게 하리라, ② 내가 네 백성 이스라엘을 위한 장소를 준비해 그들을 심으리라, ③ 내가 네게 모든 네 원수들로부터 쉼을 주리라, ④ 내가 너를 이을 네 씨[11]를 세우리라, ⑤ 다윗의 씨가 하나님의 이름을 위한 집을 지을 것이다, ⑥ 내가 그의 아비가 되고 그가 내 아들이 되리라(왕을 임명할 때 사용되는 제왕 입양공식[12]), ⑦ 다윗의 왕조에는 사울과는 달리(삼상 13:7b-15a, cf. 삼상 15:22-28, 35) 하나님의 헷세드를 거두지 않고 영원할 것이다. 이것은 다윗에 대한 왕조의 약속이 사울과는 달리 순종의 행위가 아니라, 하나님의 헷세드에 근거한다는 점도 의미한다.

이것들 중의 첫 세 가지는 미래적인 것만으로 해석할 수는 없다(contra McCarter 1980:202ff.). 구조적으로 8-11a절의 내용(사방의 모든 적들을 대파해 ‘평화로운 거주’가 이미 완성된 상태)은 7:1의 내용과 대략적으

---

11. 대다수의 견해와는 달리, 여기서의 ‘씨’는 솔로몬이 아니라(결과론적인 해석), 불특정 다수의 ‘다윗의 자손들’을 말한다.

12. 이 부분은 Ishida(1977:108-109)와 McCarter(1980:207)를 참조하라. 이러한 입양공식은 고대 바벨론과 우가릿의 경우뿐만 아니라, 시 2:7-8; 89:27-28과 히 1:5에서도 나타나며, 복음서에서 예수의 수세 장면에서 메시아의 임명 혹은 파송의 측면에서 유사하게 사용된다.

로 상응하기 때문에(inclusio), 이 두 단락의 실제적인 의미가 무엇이든지, 이 상황들은 현재진행적이며 재확인의 기능을 수행했다고 보아야 할 것이다.[13] 또한 여기에서 등장하는 미래적 시제와 현재적 내용의 구조(적 부조화)는 다음에 나타나는 다윗의 기도에서도 동일하게 나타난다는 점(cf. McCarter 1980:240)에서 특이한 현상은 아닌 것 같다(다윗의 기도의 '미래적' 간구는 이미 '현재에' 야웨로부터 받은 바 있는 약속이다).

미래에 대한 약속(11c-16절)

야웨는 미래의 다윗의 집(과 후손)에 대한 말씀을 하신다. 야웨는 다윗의 성전 건축의 제안을 거부하는 대신에 그에게 '영원한' 왕가를 허락하신다. 비록 두로 왕 히람이 다윗 왕궁 건물을 건축했지만, 다윗의 집(베트)도 야웨께서 다윗을 위해 정하고 세우실 것이다. 김지찬(1999:334)은 야웨의 다윗 왕조와 성전 약속을 야웨가 다윗 왕조에게 영원한 거처를 유지할 것에 대한 약속으로 이해하지만, 이것은 잘못된 해석이다. 오히려 본문은 야웨의 물리적 '거처'가 이스라엘 안에서 제한적으로 이루어진다고 말하는 것 같다.

우리는 다윗의 후손 중에서 야웨의 이름이 거할 집(내 이름을 위한[14] 집)을 건축할 것이라는 말씀에 주목할 필요가 있다. '야웨가 거하시는

13. 마찬가지로 삼하 7장에서 나타난 "평화"에 대한 표현들과 과거와 미래적 시제의 병존은 구조적으로 삼하 8장에서 나타난 "사방의 대적들과의 싸움 및 그 결과로서의 평화 획득과 연관된다. 시제에 대한 해석 논쟁은 Gelston(1972)를 보라.

14. 대상 17:11에서 "내 이름을 위하여"가 생략되어 있다.

집'과 '그의 이름이 거하는 집' 사이에는 큰 신학적 차이가 있다. 이 부분은 앞에서 간략하게 논의한 바 있다. '집'과 함께 '네 이름'과 '내 이름'의 대조(9, 13절)는 야웨의 생각과 다윗의 생각이 어떻게 극명하게 다른가를 드러내는 핵심단어다. 야웨는 다윗의 가문, 왕위, 그리고 나라의 '영원한' 통치를 약속하신다(16절, cf. 왕상 11:38).

우리는 이와 함께 두 가지 사항들을 고려해봐야 한다(즉 ① 야웨의 이름이 거할 집의 '영속성'은 약속되지 않는다는 점과 ② 다윗의 후손이 원래의 성전관[이름이 거하는 곳]을 구현할 것이라는 점). 이러한 강조와 대조점은 11-12, 13절의 병행과 대조를 통해 극명하게 잘 나타난다.

> 야웨가 다윗을 위하여 집을 짓고/후계자의 통치권을 견고히 하리라(11, 12절).
>
> 후계자가 나를 위하여 집을 짓고/후계자의 통치권의 보좌를 견고하게 하리라"(13절).

사울은 하나님께 제사를 지내고도 하나님의 버림을 받지만, 다윗은 성전을 건축하겠다는 요청이 받아들여지지 않고서도, 하나님께로부터 '영원한' 왕조에 대한 약속을 얻는다. 그러나 이것은 하나님이 다윗의 요청에 대한 거절을 무마시키려고 하신 말씀이라고 볼 수는 없다. 백향목 성전 건축에 대한 다윗의 제안은 그렇게 야웨에 의해 전적으로 '거부'되지만, 역설적으로 결국 솔로몬은 야웨'의 이름'이 거할 백향목 궁전을 건축했다(왕상 6:18).

하나님은 다윗의 후손에게 어떤 야웨의 집을 건축하기를 원하셨던가? 하나님은 자신이 거하실 집을 거부하셨지만, 자신의 이름이 거할 집, 즉 신명기 12장의 제단법이 허용하고 있는 범위 내에서 자기 거처가 나중에 건축될 것을 승인하신 것으로 보아야 할 것이다. 그렇다면 어째서 다윗 자신이 아니라, 그의 후손이 그 일을 수행하게 하셨는가? 앞서 언급했듯이, 이것은 과거에 실로에 있었던 야웨의 전처럼 현재나 미래에 있을 건축물로서의 하나님의 거주처의 문제점을 논하고 있는 것이 아니다. 오히려 이 말씀은 후대의 예루살렘 성전 건축의 당위성[15]보다는, 제안의 당사자(다윗)가 아닌, 후대의 인물이 야웨의 성전을 건축할 수 있는 가능성을 말하는 것으로 보아야 할 것이다. 이것은 다윗의 '원래'의 구상은 완전히 거절되었고, 대신에 지금이 아닌 나중에 '영원한' 다윗 왕가와 야웨의 전의 건축에 대한 약속이 제시되었다는 점에서 그 이유를 발견할 수 있다.

야웨의 집	다윗의 집
야웨가 거할 집을 만든다(다윗의 생각)/ 야웨는 장막에 거하며 이스라엘 중에 다니신다(야웨의 생각).	네(다윗의) 이름을 위한 집(가문)을 세울 것이다(야웨의 약속).
후손이 내 이름을 위하여 집을 세울 것이다(야웨의 약속).	네 집과 네 나라가 내 앞에서 '영원히' 보존되고 네 왕위가 '영원히' 견고할 것이다.
다윗의 자손에 의한 야웨의 이름을 위한 집에 대한 약속은 있으나, 그것의 영원성에 대한 약속은 없다. 이 개념은 이동장막 성소에 대한 원래의 개념과 상응한다. 야웨의 자유함은 인간이 만든 집에 국한되지 않는다.	야웨의 집에 대한 다윗의 시도에 대한 반응으로 주어진 다윗의 영원한 왕가에 대한 야웨의 약속(이 약속은 사울의 경우처럼 단명하지는 않을 것이라고 언급되었다).

15. 혹자(예, McCarter 1980:196f.)는 야웨께서 다윗의 성전 건축 의사에 원칙적으로 동의하지만, 단지 다윗의 때가 시기상조였다고 말씀하셨다고 주장하지만 본문은 그렇게 말하지 않는다.

많은 학자들이 화자가 이 본문을 다윗 왕조와 솔로몬 성전에 대한 합리화의 하나로 저술했다고 여기지만, 앞에서 논의했듯이, 다윗의 '원래' 구상은 거절되었고, 대신에 '영원한' 다윗 왕가와 야웨의 전의 건축에 대한 약속이 제시된다. 이와 같은 면밀한 독법(close reading)에 따르면, 이것은 다윗의 수용 불가능한 요구에 대한 야웨의 단호하며 적절한 대처로 이해할 수 있다. 즉 이러한 과정은 다른 여러 가지 해석들보다는 에슬링거의 견해처럼, 다윗의 요구에 대한 제한된 혹은 수정된 긍정으로 보아야 하겠다.

다윗의 기도(삼하 7:18-29).

부르그만(1990:259-61)은 다윗의 기도의 삼분 구조를 제시한다. 즉 경의(자신의 무가치함과 하나님의 위대성의 대조[18-21절]), 송영(야웨의 탁월성에 대한 대조에 따른 찬양[22-24절]), 그리고 요청(야웨의 약속의 준수를 위한 요청[25-29절]).

다윗은 백향목궁에 "거"하고 있었으나(7:1), 이제는 야웨 앞에 "머물고"(바예쉐브)[16] 있었다(18절). "집"이라는 표현과 함께 "거한다"는 표현(야샤브)이 사무엘하 7:2에서도 사용되었다는 점은 사무엘하 7장의 두 단락의 통일성의 증거로 사용될 수 있다. 다윗언약의 근거는 하나님의 무조건적인 사랑의 결과였다. 하나님께서 그 집에 영원히 거하실 것이 아니라 다윗이 야웨 앞에 머물러 있는 것이 중요하다.

---

16. '앉아 있다'의 개념에 대해, Gordon(1988:241)이 "다윗이 야웨 앞에서 앉아 있는 것"(구약에서 나타나는 유일한 표현)을 다윗 왕조의 특권으로 이해하지만(cf. 시 110:1), 더 자연스러운 해석은 '무릎을 꿇고 있다'(McCarter[1980:236])거나 '머물러 있다'(Anderson[1989:126])고 보는 것이 더 타당해 보인다.

다윗의 기도는 다음과 같은 내용상의 특징들이 있다. 다윗은 야웨 앞에서 이미 약속된 바, 즉 자신과 자신의 집(영원한 왕조)에 대한 하나님의 약속의 실제 성취를 기도한다(25절). 다윗은 이전에 행해진 야웨의 말씀을 자신의 '영원한' 왕조에 대한 나름대로의 이해로 재구성해 호소한다. 여기서 묘사된 야웨의 특성은 탁월성과 유일신 사상과 출애굽을 통한 구속자이시다. 또한 이스라엘에 대한 것과 다윗에 대한 야웨의 두 가지 선택이 강조된다. 그러나 다윗의 기도에서 가장 강조되는 개념은 '영원성'이다(24, 25, 26, 29절[X2]). 즉 다윗은 "영원히 견고해지며", "영원히 복받게 되며", "영원히 주 앞에 있을 수 있도록" 기도한다. 다윗 왕조의 영원성의 문제는 이전에 아비가일이 이미 언급한 바 있다(삼상 25:28). 이러한 영원성의 강조는 그가 얼마나 자신의 왕조의 '영속성'에 집착했는지를 단적으로 잘 반영한다고 볼 수 있다. 그러나 다윗은 기도 중에 성전이나 성전의 '영원성'을 전혀 언급하지 않았고 다윗의 기도에 대한 야웨의 즉각적인 응답도 없다. 이는 본문을 예루살렘 성전의 입장에서 해석하지 못하게 하는 증거일 수 있다. 아마도 이에 대한 대답은 솔로몬의 성전 건축 이후에 찾아야 할 것이다.

9장
다윗 왕 이야기(3)

다윗의 '영원한' 왕국 건설(사무엘하 8-24장)

사무엘하의 구조 상 몇 년 정도를 제외한 다윗의 나머지 인생 여정은 갈등과 투쟁의 나날들이었다. 여기에는 야웨의 집과 왕의 집(가문)의 약속의 결과로서 다윗이 얻은 외부의 지속적인 전쟁과 그에 대한 승전보가 언급된다(8:1-14). 다윗은 인접 국가들과의 전쟁에서 승리를 했으며(서쪽의 적 블레셋[1절], 동쪽의 적들 암몬[2절]과 모압[12절], 북쪽의 적 아람[3-8절], 남쪽의 적들 에돔[14절]과 아말렉[12절]), 두로(5:11)와 하맛(8:9ff.)과는 평화 조약을 맺었다. 다윗이 어디를 가든지 야웨께서 승리를 주셨다.

"바름과 공평의 구현"(8:15)이라는 다윗 왕조의 목표는 다윗 내러티브의 전체 구조상 역설적이다. 다윗은 이제 명실상부한 '온' 이스라엘의 통치자가 되고 요압, 여호사밧[1], 사독과 아히멜렉, 스라야, 브나야 등의 인재들을 등용했으며, 이방 민족들과의 전쟁에서 취한 전리품들을 야웨께 바쳤고 자신의 아들들을 제사장들(코헤님)[2]로 임명한다(8:18). 아들들을 제사장으로 임명한 것에 대해 여러가지 견해가 있을 수 있다. 필자가 볼 때, 비록 다윗의 아들들 중에 누가 실제로 제사장들로 복무했는가는 알 수 없지만, 아마도 이러한 포석은 다윗이 정치뿐만 아니라, 종교적인 영역에서도 직접적인 포괄 통치를 구상했던 것이 아닌가 한다.

결국 이 단락에서 화자는 국내외의 대적들을 제거하고 자신에 대한 국민의 지지와 통일을 이루고 야웨로부터 '영원한 왕조'에 대한 약속까지도 받아낸 다윗에게 불행하게도 그의 승리와 영광의 기쁨은 잠깐뿐이고, 이제 다윗을 기다리고 있는 것은 내부 갈등과 살육 사건들의 연속이었다는 점을 독자들에게 말하려고 한다.[3] 이와 같은 비극적인 요소를 갖게 되는 다윗 왕의 공생애는 다음과 같은 교차대구적 구조로 구성된 것처럼 보인다(Klement 2000:76).

---

1. 그는 다윗과 솔로몬 시대에도 사관직을 수행했다(왕상 4:3). 그 외에도 히스기야 시대 아삽의 아들 요아가 사관으로 언급된다. 이러한 사관직에 대한 언급과 열왕기 등에서의 문서화된 단편적인 사초 혹은 역사자료에 대한 언급은 이스라엘 나름대로의 독특한 역사기록의 전통을 우리에게 상기시켜주기에 충분하다.

2. 다른 번역본은 대상 18:17을 따라, "제사장들"이라는 표현 대신에 "대신들"로 본문을 교정하지만, 반드시 그럴 필요는 없다.

3. Keys(1996:123ff.)는 삼하 10-20장의 주제를 "죄와 벌"로 보고, 밧세바 사건(죄)에 대한 죄의 결과로 이후에 내부적 혼란들(징벌의 결과)이 초래되었다고 본다. 그에 따르면, 솔로몬에 대한 언급은 일종의 부연적 삽입이며, 야웨의 징계의 즉각적인 종결을 의미하는 것이 아니라고 본다. 또한 추가적인 키워드는 "예루살렘"이다. 즉 '예루살렘에 거한다'(9:13, 14:28), '예루살렘을 떠난다'(15:14), '예루살렘에 돌아온다'(10:14, 12:31).

A 8:15-18 목록 다윗의 심복들

B 9:1-13 내러티브 사울의 아들 므비보셋에 대한 헷세드

C 10:1-12:31 내러티브 암몬 사람들과의 전쟁들: 밧세바/우리아/나단

C′ 13:1-19:44 내러티브 내전: 다말/암논-압살롬/아히도벨

B′ 20:1-22 내러티브 베냐민 지파의 시바의 반역

A′ 20:23-26 목록 다윗의 심복들

요나단의 아들 므비보셋에 대한 다윗의 처우(삼하 9장)

명실상부하게 이스라엘 통일왕국의 주권자가 된 다윗은 자신의 새 수도 예루살렘에 야웨의 궤뿐만 아니라, 사울의 마지막 자손 불구자 므비보셋도 예루살렘으로 데리고 온다. 다윗은 자신이 이전에 요나단과 맺은 언약(cf. 삼상 20:14-16, 24:21-22) 때문에 사울 가문의 남은 자에게 은총을 베풀 것이라고 말한다.

삼상 20:14	삼상 24:22
너는 내가 사는 날 동안에 야웨의 헷세드를 내게 베풀어서 나를 죽지 않게 할 뿐 아니라 야웨께서 너 다윗의 대적들을 지면에서 다 끊어 버리신 때에도 너는 네 인자함을 내 집에서 영원히 끊어 버리지 말라.	너는 내 후손을 끊지 아니하며 내 아버지의 집에서 내 이름을 멸하지 아니할 것을 이제 야웨의 이름으로 내게 맹세하라.

때마침 사울 가문의 관료(종)였던 시바가 요나단의 아들 므비보셋의 생존 소식을 보고한다. 그러자 다윗은 사울의 손자 므비보셋을 예

루살렘으로 불러들여 그에게 사울 가문의 재산을 돌려주고 왕의 식탁에서 평생 먹을 수 있도록 은혜를 베풀고 시바와 그의 가족들이 므비보셋을 섬기도록 명령한다. 다윗은 사울의 남은 자손 므비보셋에게 일종의 사면복권을 시행한 것이다.

다윗의 므비보셋에 대한 '은총'의 행동은 여러 면에서 논란의 여지가 있다. 이러한 다윗의 행위에 진의를 파악하려면 이러한 행위가 연대기적으로 어느 시점에서 행해졌느냐를 먼저 파악해볼 필요가 있다. 예를 들면, 건(Gunn 1989a:68ff.)은 이 일이 사무엘하 21장에 나오는 또 한번의 사울 가문의 몰락이 있은 후에 발생했을 것이라고 주장한다. 그에 따르면, 결과적으로 다윗이 사울 가문의 철저한 멸망에 직간접적으로 관여했다는 것이다. 이러한 연관성과 함께, 다윗 왕조에 대한 일련의 긍정적인 징조들(즉 사울의 아들 이스보셋과 군대장관 아브넬의 죽음[4장], 야웨의 '영원한' 왕조에 대한 약속, 이웃민족들과의 전쟁의 승리)끝에 나타난 다윗의 사울 가문에 대한 '호의'를 생각해봐야 한다.

과거에 다윗은 사울 가문에 대한 호의에 대해 요나단과 사울과 각각 언약을 맺었다. 그런데 문제는 다윗이 선별적으로 그 약속들을 지킨다는 점이다. 즉 다윗은 신앙인이면서 또한 정치가였다! 다시 말하자면, 이러한 행위는 다윗의 통치 행위의 일환으로 이해해야 한다는 것이다. 표면상 다윗은 사울 가문의 종 시바에게 '하나님의 신실함(헷세드)'[4]을 사울 집안에 베풀고자 하여 사울의 남은 후손이 있는가를 묻는다. 그가 '하나님의 헷세드'를 베풀고자 한다는 말은 부적절

4. 이 말은 요나단과 맺은 언약의 내용을 상기시켜주기에 충분하다.

해 보인다. 그는 므비보셋에게 요나단의 호의와 사랑을 상기해 '신실함(헷세드)'을 베풀 것을 약속한다(3,7절). 다윗의 '야웨' 같은 헷세드는 사울의 재산을 므비보셋에게 돌려주는 것이었다. 이것은 사울 가문의 재산이 이미 다윗의 소유가 되었다는 것을 의미한다.[5] 즉 그는 자기에게 귀속된 사울의 재산을 그에게 하사해 므비보셋의 가족의 생계를 유지할 수 있도록 하고 므비보셋은 '다윗의 식탁'에서 먹을 수 있도록 했다. 사실 다윗이 사울 가문에게 살의를 갖는 것보다는 호의를 갖게 되었다는 것이 백번 나은 일이고, 두 다리를 모두 저는 므비보셋과 그의 가족의 입장에서 더 이상 자신들의 생계를 걱정할 필요가 없게 되었다는 것은 좋은 일이다.

하지만 퍼듀(1984:75)는 이러한 일련의 행위의 숨은 의도가 결국 므비보셋의 거처가 예루살렘으로 제한되고 통제되었다는 점에서도 암시된다고 주장한다. 또한 이것은 고대 근동의 정치적 관습을 따라 '악한' 유다왕 여호야긴이 바벨론에 포로로 잡혀갔다가 에윌므로닥에 의해 사면 복권되어 왕의 식탁에서 식사를 할 수 있게 되었던 사건(왕하 25:29와 렘 52:33)을 예견하는 역할을 한다. 이러한 예들보다 더 노골적인 정책은 솔로몬에게서 발견된다(왕상 2:36-46). 이것은 도망을

---

5. 다윗은 자신에게 귀속되었던 사울가의 재산을 므비보셋에게 주지만, 나중에 시바의 모함을 듣고 그 재산을 시바에게 주었다가(16장) 나중에 므비보셋이 시바의 모함을 아뢰자, 그 재산의 절반만 므비보셋에게 돌려주었다(19장). 이러한 다윗의 행동들은 그가 사울 가문에게 행하고자 했던 헷세드의 행위가 얼마나 모호한 것이었나를 반증해 준다. 혹자는 이러한 모호한 행위가 다윗이 사울의 왕권에 대한 적법한 승계의 의미로 사울의 재산을 소유했고, 므비보셋에게 주었던 토지는 원소유주에게 회복시키는 의미보다는, 일종의 왕의 하사품으로 볼 수 있기 때문에, 왕의 하사품의 경우에 왕의 의사에 따라 하사할 수도 있고 그 결정을 취소하고 되찾을 수도 있는 독점적인 권리가 있다고 주장한다(cf. Ben-Barak 1981).

못하게 하는 가시울타리만 없을 뿐이지, 귀향살이의 일종인 위리안치(圍籬安置)와 비슷한 역할을 했던 것 같다.

이러한 정치적 '자비'행위는 시혜자가 피시혜자에게 더 이상의 반역을 미연에 방지하기 위한 정치적 볼모로 삼으면서도, 왕의 시혜를 베푸는 이중성을 드러낸다는 점에서, 폴진(1989:104)은 다윗의 숨겨진 정치 책략을 발견할 수 있다고 주장한다. 나중에도 관찰될 수 있겠지만, 우리가 그동안 지켜본 바로도 다윗이 사울 가문에게 행한 일련의 시혜 정책들은 상당히 그리고 여전히 모호하다. 이전에 다윗이 사울 가문에게 행한 태도는 그래도 순수하고 동정적이었던데 반해 이제 그가 왕위에 오른 후로는 정권유지의 차원에서 이중적이고 냉정한 모습들을 자주 보여주기 때문이다. 더 나아가 므비보셋에게 행해진 다윗의 모호한 환대는 이후에 임하게 될, 므비보셋을 포함한 사울 가문의 비극과 밀접한 연관이 있다.

다윗의 전승 기록들(블레셋과 암몬과의 전쟁들)

다윗은 유다 왕이 된 후에, 사울 가문과 이스라엘 지파와의 전쟁에 몰두했고, 유다와 이스라엘의 통일 왕이 된 후에, 블레셋(5:17-25)과 암몬(10-11장, 12:26-31)과의 전쟁에 몰두했다(Cf. Bailey 1990:51-81.). 게다가 암몬 족속과의 전쟁에 대한 언급은 구조적으로 밧세바 사건의 과정 및 결과에 대한 언급과 병행적으로 나열된다(cf. Keys[1996:131]).

A 암몬족과의 전쟁(10장)

B 밧세바 사건의 원인과 과정(11장)

B′ 밧세바 사건의 결과(12:1-25)

A′ 암몬 족속과의 전쟁(12:26-31)

이러한 구조적인 대조를 통해 우리가 주목할 바는 암몬족과의 전쟁이나 밧세바와의 통정 사건의 시작이 다윗의 '우연한 일들'을 근거로 시작해 복잡해졌지만, 밧세바 사건의 종결과 암몬 족속과의 전쟁 결과는 제3자(나단과 요압)가 주도했다는 점이다. 즉 사무엘하 10장에서 암몬 족속과의 전쟁은 '그의 아비가 내게 은총을 베풀었던 것처럼 내가 나하스의 아들 하눈에게 은총을 베풀 것'이라는 의도로 다윗이 죽은 암몬 왕에 대한 조문사절을 보낸 행위로 시작된다. 다윗은 암몬의 하눈 왕의 등극과 관련해서도 축하사절들을 보낸다. 이 일은 이전에 요압이 아브넬과 관련해 다윗에게 말한 바와 대조를 이룬다(3:24-25). 다윗의 '숨은' 의도를 안 암몬 왕은 다윗의 사절들을 모욕해 돌려보낸다. 그러나 암몬의 연합군은 요압의 제지로 전의를 상실하고 더 이상 반역을 하지 못하게 된다. 물론 그 와중에 다윗이 밧세바를 간음하는 사건과 우리아를 희생자로 만드는 사건이 발생했다. 요압은 진두지휘하고 있던 암몬과의 전쟁이 종결될 무렵(12:26-31) 다윗으로 하여금 직접 승리를 완성할 수 있도록 기회를 준다. 아마도 이것은 우리아의 아내를 손쉽게 빼앗았던 사건과 요압이 힘들여 싸운 전쟁에서 손쉽게 최종적인 승리를 얻게 한 것과 대조된다. 또 다시 암몬과의 승전 소식이 밧세바 사건과 압살롬 내러티브 사이에 존재하며,

이것은 내부적인 패배(간음과 살인)와 외부적인 승리(암몬 족속을 정벌함)를 강력하게 대조한다.

다윗은 우리야의 아내에게서 솔로몬을 낳고(마 1:6).

밧세바 사건[6]은 우리아의 죽음에서 그치지 않고 나단의 우화와 솔로몬의 출생이 언급되는 단락에까지 연결된다. 이것은 암몬족과의 치열한 전쟁, 특별히 암몬 족속의 수도 랍바를 공격하던 와중에 발생한 사건이다. 즉 이스라엘의 암몬 족속과의 전쟁은 밧세바 사건의 배경을 구성한다. 다윗 왕국의 내적 혼란의 시작은 다윗의 '성전' 프로젝트의 경우와 마찬가지로 다윗이 예루살렘의 '백향목' 궁전에서 한가로이 거할 때 발생했다.

> 저녁 때에 다윗이 그 침상에서 일어나 왕궁 지붕 위에서 거닐다가 그곳에서 보니 한 여인이 목욕을 하는데, 매우 아름다워 보였다.

시에스타(낮잠)를 즐기고 저녁 무렵에 깨어나 한가로이 궁전의 지붕 위에서 거닐던 다윗은 다른 곳에서 목욕 중인 우리아의 아내 밧세바를 발견한다. 결국 그는 남의 아내를 탐내어 성적으로 범하고 밧세바는 임신하게 된다. 결국 다윗은 그의 일방적인 성적 탐욕에서 이 일을 시작해 밧세바의 임신 사실을 통보받음으로 우리아를 죽이려는

6. 자세한 논의는 Bar-Efrat(1989:126-27)와 Bailey(1990:83ff.)을 보라.

자신의 완전 범죄를 위한 후속 행동에까지 이르렀다. 다윗은 격전지에 나가 있던 우리아를 예루살렘으로 불러들여 밧세바와 동침케 하려했던 자신의 완전 범죄 구상이 그의 충직함으로 인해 실패로 끝나자, 요압에게 그녀의 남편을 가장 위험한 전쟁터로 보내 살해하도록 명령을 내리고[7] 그 계획은 결국 다윗의 구상대로 실행된다.

이러한 계략은 이전에 사울이 다윗을 제거하려고 할 때 사용했던 수법이다. 다윗의 충복은 자기 아내와 자기 목숨까지 자신의 주인에게 바치게 되고, 다윗은 우리아의 아내를 자신의 아내로 만들게 된다. 다윗과 밧세바 사이에 큰 아들이 태어난 시점에 나단이 나타나 다윗에게 부자의 양떼와 가난한 자의 양 한 마리 우화를 통해 다윗의 탐욕과 성적 범죄를 비판한다. 나단을 통해 다윗은 하나님으로부터 다윗 집안에 칼이 떠나지 않게 되리라는 저주의 신탁을 받는다. 이것은 다윗의 아들 압살롬의 행동을 예언하는 것이다(삼하 20:3).

> "너는 이렇게 나를 무시하여 헷 사람 우리아의 아내를 빼앗아 네 아내로 삼았으니, 이제부터는 영영 네 집안에서 칼이 떠나지 않을 것이다."

---

7. 물론 이러한 표면적인 이해는 본문의 유일한 해석은 아니다. Sternberg(1985:199-213)가 다윗과 우리아의 관계성에 나타나는 간격 혹은 모호성을 자세하게 논의했다. 즉, 첫째로, 아내와의 동침을 권하는 다윗에게 한 우리아의 말은 헌신된 전사로서의 동료애와 충직함(혹은 상황 파악을 제대로 하지 못한 결과)인지, 지혜롭게 다윗의 계략을 간파해 위기상황을 모면하며 다윗의 잘못에 대한 우회적 비판으로 볼 수도 있다(내가 어찌 내 집으로 가서 먹고 마시고 내 처와 같이 자겠습니까? 내가 이 일을 행치 아니하기로 왕의 사심과 왕의 혼의 사심을 가리켜 맹세합니다"[11:11]). 둘째로 다윗은 요압에게 우리아를 홀로 격전지에 두어 전사하도록 명령하나, 요압은 (다윗의) 용사들이 있는 곳에 우리아를 보내니, 전쟁이 격렬해 우리아가 동료들과 함께 전사한다(11:16-17). 즉 본문 자체가 지니는 모호성은 독자에게 양면적으로 이해할 수 있도록 만든다(cf. Sternberg 1985:213-14).

야웨께서 또한 "내가 너의 집안에 재앙을 일으키고, 네가 보는 앞에서, 내가 너의 아내들도 빼앗아, 너와 가까운 사람에게 주어서, 그가 대낮에 너의 아내들을 욕보이게 하겠다. 너는 그 일을 비밀리에 했지만, 나는 대낮에 온 이스라엘이 바라보는 앞에서 이 일을 하겠다"라고 말씀하십니다(삼하 12:10-12).

나단의 우화가 주는 교훈은 다윗에게 왕국과 재물을 주신 분이 야웨시기 때문에, 그것에 욕심을 부려서 강제 탈취하는 것은 잘못이라는 점이다. 다윗이 밧세바에게서 얻은 첫째 아들의 깊은 질병을 위해 기도하고 금식하며 야웨의 은총을 얻으려 했지만, 그것을 얻지 못한 채 큰 아들은 죽는다. 그러나 밧세바의 둘째 아들 솔로몬은 죽지 않고 야웨의 사랑을 받아 여디디야(야웨로부터 사랑을 받음)라는 별칭까지 얻는다. 일부 사람들의 오해와는 반대로, 둘째 아들이 하나님으로부터 사랑받는 행위는 첫째 아들이 하나님의 징벌로 사망한 것에 대한 대조(역전은 아니다)의 상황에서 이해되어야 하며, 이 시점에서 다윗의 범죄에 대한 하나님의 진노가 그의 회개로 말미암아 완전히 종결된 것으로 이해해서는 안 된다(cf. 11:27b). 즉, 우리는 이 문맥에서 나단 신탁에 나타난 하나님의 저주의 말씀이 다윗의 사죄와 회개를 통해 철회된 것이 아니라, 나중에 등장하는 아합(왕상 21:27-29)이나 요시야(왕하 22:19-20, cf. 23:25-26)의 경우처럼, 죄의 용서와 징벌(책임)의 연기 패턴의 한 예로 이해해야 한다.[8] 그러므로 이러한 배경 가운데

8. 이에 대한 더 자세한 논의는 필자의 "죄의 삯은 사망이다: 다윗의 범죄와 처벌"라는 제목의 기사(https://www.newsnjoy.or.kr/news/articleView.html?idxno=192937)

우리는 다윗 및 이후 왕정에서 나타나는 하나님의 용서와 보응의 영속적인 갈등관계를 주목해야 한다(Gunn 1989a:98). 오죽하면, 사람들이 이 부분 이후를 '하나님의 저주 하에 있는 다윗'이라고 명명했을까! 그러한 측면에서 보면, 나단의 저주 사건은 밧세바 사건 이후의 다윗 가문의 사건들이나 솔로몬과 그 이후의 사건들을 일목요연하게 해석할 수 있는 여건을 제공해 준다고 보아야 한다.[9]

내 아들, 압살롬아, 내 아들, 압살롬아!

압살롬 내러티브(삼하 13:1-20:22)[10]는 세 가지 중요한 내용들로 구성된다. 즉 ① 암논이 다말[11]을 강간하자, 압살롬이 기회를 보아서 암논을 제거하고 다윗을 피해 도망한다(13장), ② 요압이 압살롬을 예루살렘으로 복귀시킴(14장), 그리고 ③ 압살롬의 반역(15:1-19:8).

① 암논이 다말을 강간한 것과 관련된 사건들(삼하 13장)

나단의 저주 신탁 실현의 일환으로 임한 다윗 집안에서 연속적으로 벌어진 근친상간(암논과 다말)[12]과 근친살해(압살롬과 암논)로 다윗은 고통과 좌절 가운데 거하지만, 다윗이 그 상황 속에서 할 수 있는 일은

와 "다윗의 성범죄, 용서보다 '대가'에 주목하자"라는 제목의 기사(https://www.newsnjoy.or.kr/news/articleView.html?idxno=193006)를 참조하라.

9. 자세한 논증은 Keys(1996:123f.)를 참조하라.

10. 자세한 논의는 Conroy(1978)를 보라.

11. 압살롬의 친누이 다말처럼 압살롬의 딸도 다말이다(14:27).

12. 자세한 논의는 Bar-Efrat(1989:245-50)을 보라.

아무것도 없었다. 다윗이 암논을 어쩌지 못한 것은 '암논이 장자라서 다윗이 사랑했기 때문이었다.'[13] 다윗은 압살롬이 모든 왕자들을 죽였다는 소문을 듣고 크게 통곡했으나 암논만이 죽었고 나머지 왕자들이 흩어졌다가 다시 돌아온 것으로 위로를 받는다. 다윗은 암논에 대한 애정과 미련으로 인해 압살롬을 용서하지 못했으며 세월이 흘러서도 압살롬에 대한 다윗의 진노는 완전히 해소될 줄을 몰랐다.

② 압살롬의 귀환(삼하 14장)

다윗의 친척이며 유다의 군대 장관인 요압은 다윗의 마음까지도 '경호'하는 자였다.[14] 요압은 다윗이 여전히 압살롬을 미워하는 마음이 남아 있다는 것[15]을 알고 압살롬이 예루살렘으로 돌아올 수 있도록 명분을 제공한다. 즉 요압은 드고아의 한 여인의 말을 통해 다윗의 마음이 돌이키도록 노력한다. 이는 마치 나단이 다윗에게 우화를 제공했던 것과 유사하다. 다윗은 요압의 도움으로 압살롬이 망명지에서 돌아와 예루살렘에 있게 했지만, 압살롬을 자기의 처소로 머물러서 자기와 마주치지 않게 하라는 명령을 내린다. 그와 같이 압살롬과 다윗의 면담이 오랫동안 성사되지 않자, 압살롬은 분노해 요압의 밭에 불을 놓기까지 한다. 결과적으로 압살롬과 다윗은 화해하지만, 그것이 오래가지 못한다.

13. LXX의 독법을 따랐다.

14. 다윗과 요압과의 상호관계는 Schley(1993)와 Eschelbach(1999)를 보라.

15. 이에 대해서는 전통적인 견해를 제시하는 사람들도 있다.

③ 압살롬의 반역(삼하 15:1-19:8)

결국 압살롬과 다윗이 형식상 서로 화해했지만, 압살롬은 다윗의 왕위를 빼앗으려는 다른 마음을 품고 있었다. 드고아 여인의 경우에서도 알 수 있었듯이, 왕에게 아뢰어 해결코자 하는 백성들의 송사를 중간에 가로채어 미리 해결해주는 등 압살롬은 유다의 수도 예루살렘에서 다윗에 대한 반역을 획책했고 예전에 다윗이 처음으로 유다 왕이 되었던 이전의 수도 헤브론으로 가서 왕위에 오른다. 사무엘하 15-20장은 '온' 이스라엘이라는 표현을 반복적으로 사용함으로서(예, "온 이스라엘이 다윗에게서 돌아섰다"), 압살롬의 반역이 '온' 이스라엘에게 미친 영향을 상세하게 설명한다(Polzin 1993:180f.). 이러한 면에서 압살롬의 반역(삼하 18장)과 이스보셋과의 전투(2장)는 유사점이 많다. 즉 온 이스라엘이라는 표현(2:8-9)과 마하나임-헤브론, 압살롬-헤브론, 아브넬과 다윗, 압살롬과 다윗(참조. Polzin 1993:182ff.) 등의 대조를 통해 알 수 있다.

자기 아들 압살롬의 반역 소식을 듣자마자, 다윗은 민심이 이미 자신에게서 떠났음을 깨닫고 예루살렘을 쉽게 내어주고 도망친다(15:13ff.). 다윗은 이상하게도 10명의 후궁들로 궁궐을 지키게 하고 예루살렘에서 도망쳤으며 사독 등의 제사장들과 레위인들이 하나님의 궤를 가지고 따라 나왔다. 아마도 다윗의 안녕(혹은 장차 있는 전쟁의 승리)을 보장받으려는 목적으로 하나님의 궤를 갖고 왔던 것처럼 보인다. 이러한 행동은 이미 우리가 살펴보았듯이 모두에게 위험천만한 행동이었다. 비록 다윗은 야웨의 궤에 의존하지 않을 것이라고 말하며, 다윗은 도피 중에 사독과 아비아달 제사장들뿐만 아니라, "산 마루턱에서 하나님을 예배하던 곳"에서 만난 후새를 포함한 자기 심복들을 차례로 예루살렘으로 돌려보내 압살롬의 계획을 미리 파악하고 무력화시킬 계획을 지시한다.

그곳을 얼마 지나지 않아 다윗은 사울의 손자 므비보셋의 종 시바와 만난다. 시바는 자기 주인 므비보셋이 예루살렘에 남아 있는 이유를 "이스라엘 집이 오늘 내게 내 아비의 나라를 되돌려 주었다."라는 말에서 찾는다(16:3). 이는 명백히 므비보셋의 반역의 말로 들린다. 그러나 이전에 다윗이 결정한 사항은 그렇지 않았다. 결정의 주체도 이스라엘 집이 아니라 다윗이었으며, 돌려주기로 한 약속도 '사울 가문의 재산'에 관한 것뿐이었다(9장). 이러한 모반(謀反)의 말을 듣고, 다윗은 자신과 부하들을 환대하고 므비보셋의 반역의 정보를 알려준 시바에게 자신이 이전에 므비보셋에게 돌려주었던 사울 왕가의 재산을 귀속시켜준다. 다윗이 바후림에 이르자 사울 가문의 게라의 아들 시므이가 도피하는 다윗과 그의 군대를 저주하고 돌을 던졌다. 그는 사울 가문을 피흘리게 한 정당한 대가를 다윗이 받아 자신의 아들 압살롬에게 왕위 찬탈이 일어났다고 조롱했다.

> 살인자야, 쓸모없는 자(히. 이쉬 벨리알)[16]야, 가라, 가라. 야웨께서 네가 왕위를 찬탈했던 사울 가문의 모든 피를 네게 갚아주셨다. 야웨께서 그 나라를 네 아들 압살롬의 손에 넘겨주셨구나. 보라, 재앙이 너를 사로잡고 있도다. 이는 네가 살인자이기 때문이다(7-8절).

16. 이와 유사한 표현은 이전에 한나와 엘리의 아들들을 지칭할 때 사용되었다.

아마도 이것은 다윗이 이전에 사울과 사울 가문에게 행했던 과거의 정치적 책략들의 과오(혹은 자신이 이전에 사울 가문을 멸절시키려고 시도한 것)에 대한 비난처럼 보인다(16:9-13, cf. 21-23). 이 말을 듣고 다윗의 장수 스루야의 아들 아비새가 시므이를 처단할 것을 종용하자, 다윗은 그러한 조롱이 야웨께로부터 온 것이라고 한탄하며 아비새의 행동을 막는다. 이것은 이전에 다윗이 사울에게 쫓길 때, 아비새가 행한 말에 대한 다윗의 대응과 유사하다. 다윗은 일절 대응하지 말라고 말하고 자신의 무죄함은 야웨의 직접적인 신원으로 해결될 것이라고 말한다. 여기서 사울의 아들(즉 손자들)의 종 시바가 다윗을 환대한 일과 시므이의 저주와 다윗에 대한 사람들의 멸시가 극명한 대조를 이룬다.

다윗이 예루살렘에서 도망하자, 압살롬과 그의 지지자들은 예루살렘으로 입성한다(16장). 압살롬의 책사가 된 아히도벨은 압살롬에게 다윗의 후궁들을 강간하도록 조언한다(cf. 20:3). 이것은 밧세바 사건에 대한 하나님의 징계의 또 다른 실현처럼 보인다. 그후에 아히도벨은 다윗과 그의 부하들을 몰래 치자고 조언한다. 또 다른 책사 후새는 압살롬에게 다른 책략을 제안하고, 사독과 아비아달 제사장들에게는 다윗을 구할 방법을 비밀리에 알린다. 야웨께서는 압살롬에게 '나쁜 것/화/재앙'을 내리려 하사, 아히도벨의 '선한' 모략을 무효화시키기로 결정하셨다. 본문은 압살롬이 후새의 모략을 택한 것이 야웨의 계획이라고 말한다(삼하 17:14). 한 차례의 위기에 직면하지만, 에느로겔의 한 여인의 재치로 요나단과 아히마아스는 무사히 다윗에게 후새의 책략을 전달할 수 있었다. 사울에게서 여러 번 도망한 다윗이 블레셋과 모압에서 환대를 받았듯이 압살롬에게서 도피 중인 다윗은 역설적으로 이전에 전쟁을 벌였던 암몬 지역에서 온 여러 사람들의 환대를 받는다.

자기 부친 다윗 군대와의 전쟁에서 패배한 압살롬은, 노새를 탄 채 지나가다가, 상수리 나무 가지에 머리카락이 걸려 공중에 매달리게 되었다. 그때에 요압과 그의 병거병들이 압살롬을 찔러 죽였다. 요압은 다윗이 압살롬을 죽이지 말라는 명령을 알고 압살롬이 죽은 소식을 당일이 아니고 다음날 전하도록 했다. 다윗의 죽은 압살롬에 대한 애착은 독자로 하여금 동정적인 마음을 갖게 하지만, 이전에 밧세바에게서 난 큰 아들의 죽음에 대한 다윗의 태도와 마찬가지로 대조된다. 다윗이 압살롬의 죽음에 대해 심히 통곡한다는 소식을 듣고 요압 장군은 다윗에게 승전한 자들을 칭찬하고 위로할 것과 압살롬의 죽음에 대한 과도한 감정의 표출의 자제를 요청한다. 이처럼 요압은 냉혈한으로 묘사된다(19:1-8).

다윗의 복귀(19:9-43)

다윗이 도피할 때 시바(므비보셋), 시므이, 바르실래 순으로의 대면은 다윗이 복귀할 때의 그들과의 일련의 만남들과 구조적으로 상응한다.

	다윗이 도피할 때	다윗이 귀환할 때
시바와 므비보셋	16:1-4	19:24-30
시므이	16:5-14	19:16-23
바르실래	17:27-29	19:31-39

우리가 여기서 주목해야 할 것은 다윗과 므비보셋의 관계성이다. 다윗이 도망할 때, 그를 맞은 시바의 말만 믿고 므비보셋에게 돌려주었던 사울의 재산을 환수해 시바에게 주었는데 나중에 다윗이 귀환할 때, 므비보셋이 그에게 진실을 하소연했다. 사실은 므비보셋이 왕과 동행하려고 했으나, 몸이 불편한 관계로 자신의 종이 다윗을 만났는데, 자신의 의도를 왜곡해 다윗에게 거짓으로 고발했다는 것이다. 앤더슨(1989:238)는 이와 같은 므비보셋의 말의 진실성을 전적으로 신뢰하지 못하지만, 화자의 설명에 따르면, 므비보셋의 말은 진실한 것이다.

내 아비의 온 집이 내 주 왕 앞에서는 죽은 자만도 못합니다(28절).

물론 이 말은 왕 앞에서 신하가 사용하는 겸손의 표현이라고 볼 수 있겠지만(cf. 삼상 24:14, 삼하 9:8, 16:9), 므비보셋이 자신의 현실에 대한 깊은 인식에서 나온 고백적인 탄식이라고 보아야 할 것이다. 그러자 오해가 풀린, 다윗이 이전에 므비보셋에게 주었다가 시바에게 다시 주었던 땅의 절반을 다시 가지라고 말한다. 그러자 므비보셋은 다윗이 살아서 귀환한 것만으로 족하니, "그가 그 전부를 갖게 하소서"라고 대답한다(30절).

이전에 압살롬과 함께 다윗을 대적했던 이스라엘 지파는 압살롬 사후에 누구를 왕으로 추대할 것인가를 논의한다. 그들은 압살롬이 죽었으니, 다시 다윗을 왕으로 세우자고 결의한다(19:9-10). 이러한 전갈을 받은 다윗은 자신과의 친척 관계인 유다 지파가 오히려 자신의 복귀에 침묵하는 것에 의문을 표한다. 결국 유다(11-15절)와 베냐민(16-23절), 그리고 사울의 집(24-30절)도 다윗을 왕으로 수용하고 심지어 요단 동편 이스라엘도 그를 왕으로 삼는다(19:31-39). 그는 압살롬 군대의 장관인 아마사(요압의 사촌)를 요압 대신 자신의 군대 사령관에 임명해 왕국의 분산된 민심을 포섭하고 압살롬 군대를 수용할 수 있었지만, 이것은 반역의 주동자를 다윗의 군대장관으로 삼았다는 의미이므로 당시에 다윗이 민심을 얻는 것이 얼마나 시급한 문제였는가를 알게 해준다.

> 너는 내 혈육이 아닌가? 네가 요압을 대신하여 항상 내 앞에서 군장이 되지 아니하면, 하나님이 내게 벌 위에 벌을 내리시기를 원한다(삼하 19:13)

이러한 위기 상황 속에서 다윗의 친척이며 군대장관이자, 보호자이며 책사였던 요압(다윗의 조카)은 다윗과 소원해진다. 아마사를 군대장관으로 임명하는 정치적 제스처를 수행한 후 다윗은 재차 유다 지파의 승인을 요청한다. 다윗이 왕으로 복귀할 것을 요구하고 다윗이 요단강을 건너자, 사울의 자손 시므이가 사죄하고 다윗을 맞으니, 아비새가 다윗에게 이전과 동일한 질문을 한다(19:21-23절, cf. 16:9-13). 여기서 우리가 주목해야 할 것은 다윗이 사울의 아들 시므이에게 행한 말과 행동과 태도가 이전에 다윗이 사울을 두 번씩 살려주며 행한 말과 행동과 태도를 상기시킨다는 점이다.

	사울의 추적을 받는 다윗	사울의 아들 시므이와 접한 다윗
첫 번째 반응	다윗이 사울의 겉옷 자락을 몰래 벤 일에 자책하고 야웨의 메시아를 해하지 않을 것을 말함(삼상 24:4-7)	스루야의 아들 아비새가, 시므이가 자기 왕에게 도전함을 간과하지 말 것을 다윗에게 요청하자 다윗이 거부함(삼하 16:9-14)
두 번째 반응	다윗이 사울을 죽이자는 스루야의 아들 아비새의 요구를 거부하고 야웨의 메시아를 해하지 않을 것을 말함(삼상 26:8-12)	스루야의 아들 아비새가, 다윗에게 시므이가 야웨의 메시아에게 도전함을 간과하지 말 것을 다윗에게 요청하자 다윗이 거부함(삼하 19:21-23)

시므이는 나중에 다윗의 유언(왕상 2:9)에 따라 솔로몬에 의해 살해된다(왕상 2:46).

세바의 반역(20:1-22)

유다와 이스라엘 족속이 누가 먼저 다윗을 예루살렘으로 복귀시킬 것인가에 대한 논쟁을 하고 유다가 승리한다. 그러나 이러한 사건은 여전히 두 지파간의 분쟁의 불씨를 남긴다. 그러한 와중에 베냐민 지파의 비그리의 아들 세바가 이스라엘 지파에게 다윗을 추종하지 말

것을 요구하니, 예전에 압살롬을 따랐듯이, 이제는 그들이 세바를 따랐다(삼하 20:2).

크리스텐센(2001:455)의 제안을 근거로 필자가 수정한 세바의 반역 내러티브의 구조는 다음과 같다(이 단락의 시작[1절]과 끝[22절]에는 시바와 요압의 '나팔의 붊'이 각각 등장한다).

A 이스라엘의 반역의 시작(시바의 제안을 따라)(1-2절)

B 시바를 추적함(다윗의 명령으로 아마사와 아비새가)(4-6절)

X 요압이 아마사를 살해함(7-13절)

B' 시바를 추적함(다윗의 명령으로 요압과 아비새가)(14-21절)

A' 이스라엘의 반역의 종결(아벨의 지혜로운 여인의 제안을 따라)(22절)

다윗은 아마사를 세바의 무리에 대한 토벌대장으로 임명하고 작전을 수행하도록 한다. 그러나 아마사가 지체하자, 그 대신에 다윗의 명장 요압의 군대는 세바와 그의 무리들을 처단하게 되지만, 요압은 먼저 유다 사람들을 모으러 갔던 아마사를 제거했다. 이는 다윗이 압살롬의 군대장관이었던 아마사를 다윗의 군대장관으로 임명했기 때문이다. 결국 세바의 반역은 제압되고 요압이 다시 이스라엘의 군대장관이 된다(cf. 8:16-18). 요압이 질투로 인해 아마사에게 행한 보복은 나중에 다윗의 솔로몬에 대한 유언 가운데서 요압 제거의 근거로 사용된다(왕상 2:5). 이후에 나오는 간단한 다윗의 장관들의 명단(삼하 20:23-26)은 요압을 반복 주제로 근거해 사무엘하 8:15-18의 다윗의 부하들의 명단과 함께 거대한 문학적 단위를 형성한다.

사무엘서의 부록? 결론?(21-24장)

일부 학자들은 사무엘하 21-24장이 다윗의 즉위(삼하 9장)로부터 다윗의 죽음과 솔로몬의 승계(왕상 1-2장)로 이어지는 소위 '왕위계승 내러티브'(Succession Narrative)의 흐름을 방해하는 후대의 첨가 단락이라고 주장해왔다. 그러나 최근에 행해진 사무엘서의 이전 단락들과 본 단락 사이(특히, 한나의 기도와 다윗의 노래들)의 깊은 연관성 연구가 사무엘서 전반의 통일성을 입증하는 데 사용될 수 있다(Klement 2000:69ff.).[17] 이 단락[18]이 다음과 같이 기근과 재앙(21:1-14, 24장), 군사적 정벌(21:15-22, 23:8-39), 다윗의 찬양(22장, 23:1-7)이라는 중앙 집중적 구조(concentric structure)로 구성되어 있다는 점에서 본 단락 자체의 통일성도 쉽게 지지될 수 있다.[19]

A 야웨의 진노와 용서(21:1-14)

B 다윗의 엘리트 전사들(21:15-22)

C 다윗의 노래(22:1-51, cf. 시 18편)

C′ 다윗의 노래(23:1-7)

B′ 다윗의 엘리트 전사들(23:8-39, 대상 11:10-47)

A′′ 야웨의 진노와 용서(24장)

---

17. Klement(2000:80ff.)은 특히 삼상 3:22-4:22(삼하 21:1-14)과 10-19장(삼하 24장)과의 밀접한 관계성을 발견한다.

18. 삼하 21-24장의 연구사와 세부분석은 Klement (2000:17ff., 161ff.)를 참조하라.

19. 이러한 구조는 Budde로부터 인식되었다고 한다(Noth 1981:124-25).

또한 이러한 주제 배치는 다른 성경 문헌들에서도 그 유사성이 발견된다. 즉 사사기가 초기 사건들을 후반부에 배치하는 것과 일맥상통한다. 하워드(1993:101-2)에 따르면, 사사기 19-21장은 연대기적으로 사사기 내에서 정상적인 위치에 놓여 있지 않은 것처럼 보인다. 왜냐하면 (1) 사사기 20:28에 따르면(cf. 민 25:1-15, 31:6, 수 22:9-24), 아론의 손자 비느하스가 여전히 살아 있었으며 (2) 비느하스 때나 여호수아 때처럼(수22:9-34), 본문에는 부족 간의 공동체 의식이 여전히 기능을 하여 복합적인 행동을 취할 수 있었으며(20장), (3) 본문에는 블레셋의 군사 위협이 언급되지 않고, 사사기 20-21장에서 취해진 행동은 후대, 즉 블레셋 족속이 압도적으로 우세했을 때에는 거의 불가능했을 것이며 (4) 본문에는 블레셋 시대에 더 탁월했을 것으로 여겨지는 실로 성소보다는 벧엘이나 미스바가 더 중요한 성소로 등장하기(삿 20:1, 18, 21:1) 때문이다. 이러한 비(非)연대기적 배치는 사사기 시대에 만사가 영적으로 '악화일로'로 치닫고 있었음을 보여주는 데 적합한 것처럼 보인다. 이러한 더러운 사건들은, 비록 사사 시대 초에 일어났을 가능성은 높지만, 이스라엘의 타락의 시기적 극치라는 점에서 사사기 종결부에 더 잘 어울리는 것 같다.

마찬가지로 창세기 끝부분의 야곱의 노래(49:1-27)와 마찬가지로, 매카터(1980:19)는 신명기와 연관지어, 본 단락에 나타난, 다윗의 두 개의 시를 야웨께서 다윗을 옹호하심에 대한 찬양(cf. 신 32:1-43)과 간증(cf. 신 33장)과 동일한 역할을 하는 것으로 본다. 물론 다윗의 노래들이 사무엘서의 한나의 노래와 직접적으로 연관되어 있는 것도 사실이다. 또한 이 단락의 배경은 다윗의 전승 기록뿐만 아니라, (특히

A와 C 단락에서) 이전의 다윗과 사울의 갈등적 대조의 역사를 상기시킨다(Klement 2000:161ff.). 그러므로 사무엘서의 상당 부분은 사울과 다윗의 갈등관계 혹은 대조의 형태를 취하고 있다고 할 때, 여기서도 예외는 아니다. 위와 같은 최근 학계에서의 그 통일성에 대한 '일치된' 논증과는 달리, 다윗의 행위에 대한 평가에 따라 이 단락의 신학적 의도는 일반적으로 삼분되는 경향이 있다.[20]

다윗의 불완전성 강조	하나님 찬양	다윗에 대한 정죄와 하나님 찬양
브루그만(1988)은, 기존의 주장과는 달리, 본문의 의도가 다윗 왕정의 정당성 확보가 아니라, 다윗의 권력 남용과 가문의 내적 갈등을 묘사하는 이전의 장들의 연속의 측면에서 다윗 왕조의 '불완전성'을 강조했다고 주장한다.[21]	차일즈(1979:272f.; 1985:114-15, 118)는 본 단락을 세우시기도 하시며 무너뜨리기도 하시는 '하나님의 역사'로서 다윗의 경력에 대한 신학적 회고이며 인간 왕의 영광에서 하나님의 영광으로의 전이라고 이해한다.	필자가 볼 때, 사무엘서의 결론은 다윗의 이중적인 행위에 대한 정죄뿐만 아니라, 다윗의 회개와 야웨의 통치에 대한 찬양도 존재한다는 점에서 브루그만처럼 지나치게 비관적일 필요는 없고 차일즈처럼 지나치게 낙관적일 필요도 없다고 본다.[22]

이전에는 이 단락이 다윗 왕조의 정당성을 의도한 것이라는 주장

20. 이에 대한 세부적인 분석은 Klement(2000:61ff.)를 보라.

21. 즉 Brueggemann은 "야웨께서 내 의를 따라 상 주시며 내 손의 정결함을 따라 보상하였으니, 이는 내가 야웨의 도를 지켰고, 악을 행함으로 내 하나님을 떠나지 아니하였다…"는 다윗의 주장은 잘못이라고 주장한다(특별히 22:21ff.).

22. 이 점에 대해 Klement(2000:166)는 본 단락의 의도 중 하나가 거부된 왕 사울과 선택된 왕 다윗의 대조에 있지만, 그렇다고 다윗을 지나치게 미화할 필요는 없고 오히려 다윗의 왕국을 선택하고 세우신 것이 야웨와 그의 신실성이라는 점이 강조되며, 다윗의 실패에도 불구하고 구원과 정의의 집행은 야웨만으로 가능하다는 점이 강조된다고 주장한다(229ff.). 또한 McConville(1993:116-19)은 이 부분의 목적을 다윗 왕을 정죄하는 것으로만 보기는 어렵고, 삼하 24장이 다윗의 자책과 회개로 종결된다는 점에서 사무엘서의 마지막을 매우 비관적인 결론으로 여길 필요는 없어 보인다고 주장한다.

도 있었지만, 우리가 간략하게 살펴본 바와 같이, 본 단락은 사무엘서의 최종 형태뿐만 아니라, 신학적 메시지를 결정하는 중요한 요소이자 그러한 부분이었다는 점이 확인되었고, 이 단락에 대해 이 두 가지 갈등적인 주제들에 대한 균형잡힌 평가의 필요성이 강조된다. 이제 우리가 여기서 선택해야 할 해석학의 방향은 본 단락의 전체적인 경향이 어떠한 가와 사무엘서 전체에서의 경향이 어떠한가를 비교 분석해야 더 명확한 결론이 제시될 수 있을 것이다.

야웨가 다윗과 이스라엘에게 진노하심(A와 A′)

A와 A′는 다음과 같은 여러 가지 유사성들이 존재한다. 즉, ① 하나님의 진노와 용서; ② 개인과 집단의 문제(해결)에 대한 상호관계(즉 사울의 개인적인 과오가 이스라엘에게 미친다는 점[21장]과 이스라엘의 범죄가 다윗에게 미친다[24장]); ③ 피의 복수나 희생 제사와는 직접적으로는 관련이 없는 (다윗의 기도에 대한?) 땅에 대한 하나님의 응답을 통한 해소 방법의 제시(물론 24장의 경우에는 야웨의 "뉘우침"이 우선한다[16절]); ④ 추수 시기와의 관련(21장은 보리추수, 24장은 밀추수); 그리고 ⑤ 다음과 같은 거의 동일한 결론적 표현들의 등장이다.

21장	24장
"나중에 하나님이 그 땅에게 응답하셨다"(14b절).	"이에 야웨께서 그 땅에게 응답하셨다"(25절).
다윗은 기브온 족속이 야웨의 본깃을 축복하기를 원했다(3절).	아라우나(이방인)는 야웨께서 희생 제사를 지내는 다윗을 기뻐 받으시길 기원한다(23절).

A 야웨의 진노와 용서: 사울의 죄와 그 결과(삼하 21:1-14)

사무엘하 21:1-14을 먼저 살펴보자.[23] 연대기적으로 볼 때, 다윗과 이스라엘에게 임한 재앙들(21장과 24장)의 위치는 모호하다. 물론 이것이 다윗의 말년의 일보다는, 다윗 왕정의 초기의 일로 볼 수 있다. 혹자는 이것이 시므이의 저주가 있기 전에 발생한 일이라고 생각한다(삼하 16:5-8).

이 부분의 의미도 언뜻 이해하기가 쉬운 부분이 아니다. 여기서 제기되는 문제는 '어째서 사울 시대의 문제가 다윗 시대에 구체화되었느냐?'는 것이다. 물론 사울과 다윗은 인간 왕권의 시작과 마무리라는 점에서 깊은 연관이 있었다. 다윗 시대에 3년 간의 기근이 있어, 다윗이 야웨께 그 이유를 묻자,[24] 다윗은 그것이 "사울과 그의 가문이 기드온 족속을 죽인 탓"이라는 신탁을 얻는다.[25] 기근의 이유는 오래 전에 여호수아가 속아 평화조약을 맺었던 적이 있던 기브온 족속을 사울이 이전에 이스라엘 족속과 유다 족속을 위한 (알려지지 않은) 열심으로 그들을 멸절시켰던 탓이다(일부 학자들은 이것이 놉 땅에서의 대학살과 관련된 사건이라고 믿는다[삼상 22:16-19, 28:3, cf. 수 9장].[26] 그러나 이 행위 자체가 악한 것인가의 여부도 논쟁거리지만, 결국 그들이 가나안 정복의 완수에 장애요소가 되었던 것도 사실이다). 그런데 문제는 야웨께서 기근의 원

23. 이 부분에 대한 새로운 해석은 Cohen(1997)을 주로 참조했다.

24. 여기서 다윗은 단순히 간구하는 것이 아니라, 기근의 원인을 야웨께 문의하고 있다(1절).

25. 오히려 이 말은 시므이가 다윗이 도피할 때 한 말을 상기시킨다. 즉 "사울의 족속의 모든 피[사울 가문 일곱 명의 죽음]를 야웨께서 네게로 돌리셨도다"는 의미가 아니었을까?(16:8)

26. 이와 같은 여호수아서에 기록된 사건들은 엘리야 이야기에서도 언급된다.

인을 말씀하셨지, 기근의 해결책을 다윗에게 제시하신 것은 아니라는 점이다. 게다가 다윗은 기근의 해결책을 야웨가 아닌 기브온 족속에게 묻는다.

> 내가 어떻게 너희에게 속죄금을 지불해야 너희가 야웨의 분깃(즉, 이스라엘)을 위하여 축복하겠는가?(3절).

이것은 명백한 모순이다. 속죄금과 축복의 문제는 야웨께 전적으로 달려있다. 그러자 기브온 사람들은 다윗에게 "이 문제는 속죄금으로 해결될 것도 아니고, 우리가 피의 복수를 할 수 있는 처지도 아닙니다"라고 대답한다. 오히려 기브온 사람들은 사울의 자손들 중의 일부(7명, 이는 아마도 완벽한 보복의 상징적 숫자일 것이다)를 "사울의 기브아 땅의 야웨의 앞에서" (아마도 기브온의 제단에서) 교수형에 처함으로 해결될 수 있다고 주장한다. 그러자 다윗은 므비보셋은 요나단과의 언약 때문에 살려둘 수밖에 없다고 말하고(삼상 18:3; 20:8-17, 41; 23:16-18, 삼하 9:3; 19:29f.; 21:7, cf. 삼상 24:22f.), 그 대신에 사울의 첩 아야의 자식들과 메랍(cf. 삼상 18:19)[27]의 자식들을 기브온 사람들에게 내어주어 이전의 언약의 파기의 책임을 해결한다. 이러한 과정 속에서 "사람을 죽이는 일은 우리에게 있지 않습니다"라고 말한 기브온 사람들의 말과 다윗이 자신의 권한으로 사울의 자손들을 그들에게 교수형을

27. '미갈'로 읽는 맛소라 사본의 독법이 옳다면, (좀 더 잔인하지만) 이것은 다윗이 미갈의 이전의 남편들에게서 낳은 자식들을 제거한 것으로 볼 수 있다. 자세한 논의는 Glück(1965)를 참조하라.

처하도록 넘겨준 행위는 살인의 책임이 기브온 사람들이 아닌, 다윗에게 전적으로 달려있다는 것을 보여준다(4절).

다윗의 태도, 기브아 사람들과 길르앗 야베스 사람들의 태도

다윗이 기브온 사람들의 요구를 들어주자, 이전에 사울과 기브온 사람들과의 악연 때문에 사울의 자손들의 일부가 멸문지화를 당하게 되었다. 사울의 첩 아야의 딸 리스바는 그 시체들이 새들과 들짐승의 밥이 되지 못하도록 노력했다. 보리추수 때에 내리는 비는 기근에 내리는 비나 곡식의 파종기나 생장기에 내리는 바가 아니라는 점에서 하나님의 축복이 아닌 진노를 의미하는 것이며, 기브온 사람이 기도했다는 증거도 없고 그와 관련된 그 어떠한 상관관계도 나타나지 않는다(Gordon 1988:301).[28] 리스바의 행동에 관한 이야기를 듣자 비로소 다윗은 행동을 취한다. 리스바는 이전에 므비보셋과 아브넬의 갈등의 원인으로 사무엘하 3:7에 한번 언급된 적이 있다. 다윗은 7명의 시신을 이전에 화장된 사울과 요나단의 뼈와 함께 베냐민의 땅, 그들의 아비의 무덤에 매장한다(여기서 우리는 사울에게서 받았던 악연을 후대에서 앙갚음하려는 기브온 사람들의 행위와 사울이 끼친 은덕을 갚았던 길르앗 야베스 사람들의 행위가 대조된다는 점을 주목해야 한다). 혹자는 이것에 대해 다윗이 사울 가문에게 무자비한 행위를 했다는 원성을 백성들로부터 살 수도 있었기 때문에 그에 대한 무마 차원에서 사울과 요나단의 화장된 뼈를 재차 이장한 것으로 말하지만(McCarter 1980:445), 이는 바

28. McCarter(1980:442)는 이것이 우기 때 내린 비라고 주장한다.

른 해석은 아니다. 코헨(1997:139)에 따르면, 왕의 무덤을 조성해 사울의 뼈를 매장하는 것이 정상적인 예우인데, 오히려 다윗이 나무에 달려죽은 자들, 즉 저주받은 자들의 뼈와 함께 사울의 아비 기스의 무덤에 함께 매장한 것은 일종의 모독 행위에 가깝다는 것이다. 다윗도 아비 이새의 묘에 합장되지 않고 다윗의 도시(즉, 왕들의 묘역)에 매장되었다. 게다가 "나중에 하나님이 그 땅에게 응답하셨다"(21:14)는 표현은 시간적으로나 이전의 행위들(피의 복수와 자비의 매장)과 인과관계 없이 하나님이 그 땅에 긍휼을 베푸셨다는 것을 의미한다. 결국, 이해 당사자인 사울이 이미 전사했으며 야웨의 진노를 해소할 만한 다른 제의적 해결책들을 외면한 채, 다윗은 이해 당사자들인 기브온 사람들에게 해결책을 물었으며, 사울의 자손인 므비보셋은 살려주고 사울의 다른 자손들을 '피의 복수자들'에게 내어주었다는 점[29]은 지금 다윗의 교묘한 정적 제거술의 한 가지 본보기를 보는 것이 아닌가 하는 의심이 들게 만든다(cf. McCarter 1980:446). 이것은 다윗이 사울 가문에 대해 병 주고 약 주는 행위라고 볼 수 있지 않은가! 그러므로 이 단락은 기껏해야 다윗이 사울 가문에 취한 모호한 태도를 예증하는 하나의 실례일 것이다. 사실 사울과 그의 가문은 다윗에게 원한과 은덕을 모두 갖춘 집안이었다. 그의 사울 가문에 대한 태도는 한편으로는 기브온 족속의 피의 복수의 요구와 같고, 또 한편으로는 길르앗 야베스 족속의 보응의 행동과 같다. 다시 말하자면, 다윗은 사울 가문의 멸족을 촉진시켰고, 므비보셋을 살려두는 은총을 베풀었다.

---

29. 물론 Klement(2000:173)는 다윗의 "정의 집행"이라고 본다.

A′ 야웨의 진노와 용서 – 다윗의 죄와 그 결과(삼하 24장)

므비보셋에 대한 다윗의 관심(9장)이, 사무엘하 21장과 연대기적으로 관련되었던 것 같이, 사무엘하 24장과 다윗의 성전 건축 시도(7장)와의 유사한 관련성도 고려할 필요가 있다. 아마도 성전 건축(의 시도)의 측면에서 다윗의 인구조사는 '태평한' 시대에 다윗의 성전 건축 시도보다 시간적으로 선행할 수 있다. 그러나 사무엘서 자체는 두 본문들의 연대기적 상관관계를 명확하게 드러내지 않는다(cf. 대상 21장).[30] 또한 이 본문은 다윗이 점령한 예루살렘에 아직도 여부스 족속이 정상적인 활동을 한다는 점에서 다윗의 완전한 통치가 이루어지지 않았음을 반증한다고 볼 수도 있다.

사무엘하 24장은 크게 야웨의 인구조사의 요구(1절), 다윗의 인구조사의 실행(2-9절), 다윗의 회개와 선지자 갓의 신탁과 하나님의 징벌(10-17절), 아라우나의 타작마당에서의 희생 제사와 하나님의 용서(18-25절)의 네 부분으로 나뉜다.

> 이스라엘에 대한 야웨의 진노가 다시 불타올랐고 그것이 다윗으로 하여금 그들을 대적하도록 만드셨다. 야웨께서 '가서 이스라엘과 유다의 인구를 조사하라'고 말씀하셨다(24:1).

다윗은 '금지된' 인구조사를 계획한다(24:1). 구약에서는 종종 인구조사가 행해졌지만(출 30:12, 38:25-26, 민 1:2, 수 8:10, 삿 7:3, 삼상

30. 삼하 24장의 연대와 관련된 논란은 Keys(1996:84)를 보라.

13:15, 15:4, 왕하 3:6) 모든 인구조사가 하나님의 진노의 대상이 된 것은 아니다. 아마도 군사적 목적으로 수행된 인구조사만이 허용되었던 것 같은데(9절), 다윗은 아마도 '자신의' 정치적인 목적으로 인구조사를 명했던 것 같다(Gelander 1991:58). 게다가 야웨께서 이스라엘에 대해 진노하셨던 원인은 본문만으로는 잘 알 수 없지만,[31] '다시'라는 표현은 두 단락에서 동일하게 사용된 7, 3 등의 숫자[32]와 함께 사울과 관련된 재앙의 후속편이라는 점을 암시하는 것처럼 보인다(Polzin 1993:210f.). 그동안 제시되었던 여러 가지 이유들 가운데서 본문상 명확한 것은 이스라엘에 대한 범죄가 다윗의 인구조사를 통해 구체화되었고 나중에 다윗의 제사를 통해 그 해결책이 모색된다는 것이다(McCarter 1980:512ff.). 물론 이러한 제사 행위는 비록 번제와 화목제의 목적과는 거리가 있지만(25절), 인구조사와 관련된 급성 전염병과 속전[33]의 연관성을 추측해볼 수 있을 뿐이다. 이전에 야웨의 (악한) 신이 사울을 괴롭게 했듯이, 다윗에게도 그러한 신적 감동의 영향이 있었다고 볼 수 있겠으나, 그와 같은 영감의 과정도 현재의 본문에는 명확치 않다.

---

31. Gelander(1991:65ff.)는 다윗의 인구조사와 웃사의 죽음(6장)과의 관련성을 다음과 같이 요약한다. ① 알려지지 않은 이유, ② 하나님의 진노, ③ 다윗의 분노(24:17, cf. 민 16:22), ④ 과시적 동기에서 발생함, ⑤ 종교적-정치적 계획, ⑥ 다윗과 사울 가문의 대조.

32. 3의 경우(3일의 급성 전염병, 7년의 기근, 세달의 도피, 이스비브놉의 300세겔의 놋창[21:16]), 7의 경우(사울 가문에서는 사울의 죄로 인해 일곱 명이 죽으며 이스라엘 사람은 다윗의 죄로 인해 7천 명이 죽는다).

33. 출 30:12-16의 "네가 이스라엘 자손의 수효를 조사할 때에 조사 받은 각 사람은 그들을 계수할 때에 자기를 대신해 속전을 야웨께 드릴지니"(12절).

"왕의 하나님 야웨께서 이 백성을 백배나 더하게 하소서. 그것을 내 주 왕의 눈으로 보실 수 있도록 하소서. 그런데 내 주 왕은 어찌하여 이런 일(인구조사)을 기뻐하십니까?"(3절).

요압은 다윗에게 인구조사의 취소를 요청하지만(24:3), 다윗에게서 거부당한다. 결국 인구조사를 강행하도록 다윗이 명령하자, 요압과 군대장관들은 야셀 맞은 편-길르앗-닷딤홋시 땅-다냐안-시돈-두로의 성-히위와 가나안 사람들의 모든 성읍-유다 남쪽-브엘세바를 거쳐 예루살렘으로 돌아왔다. 다윗은 요압 등에게서 9개월 20일 만에 온 이스라엘의 인구조사가 완료되었음을 보고받는다(총 130만 명). 그 일이 끝난 후에야 비로소 다윗이 자신의 일을 자책해 회개한다(10절). 그러자 선지자 갓이 그에게 나타나 야웨 신탁을 전하고, 인구조사에 관련된 세 가지의 징벌들 중 하나를 선택하라고 말한다. 즉 ① 7년[34]의 기근, ② 대적들로부터의 3개월 간의 도피생활, ③ 3일간의 급성 전염병. 이 세 가지 항목들은 모두 고대 근동과 성경에서 신적인 심판의 상징으로 등장한다는 점에서 그 재앙들의 경중을 논하기가 쉬운 것은 아니다. 이 세 가지 재앙들도 나중의 다윗의 세 가지 반성과 서로 상응한다(10, 14, 17절).

34. MT는 7년으로, LXX와 대상 21:12은 3년으로 되어 있다.

다윗은 어째서 세 번째의 재앙을 선택했을까?

다른 여러 가지 재앙들과 마찬가지로, 다윗은 세 가지 재앙들 중에서 앞의 두 가지 재앙들을 이미 체험한 바 있다. 즉, 다윗은 이미 사울 가문의 잘못으로 인한 3년의 기근을 경험했고 사울과 자기 자식으로 인해 오랜 도피생활을 체험한 바 있다. 선지자 갓의 이야기를 들었을 때, 아마도 다윗의 눈앞에 두 가지 재앙들을 통해 겪었던 공포와 고통이 주마등처럼 지나갔을 것이다. 다윗은 표면적으로 "하나님의 긍휼을 믿고 야웨의 손에서 고통을 당할 것"을 선택했다고 말한다. 아마도 이러한 결정은, 다윗이 보기에, 과거에 자신이 이미 쓰라리게 경험했던, 땅의 기근으로 인한 굶주림의 '고통'과 대적들로부터의 도피와 고난을 통한 '고통'의 공포보다는, 아직 실제로 경험해보지 못했던, 하나님이 직접 주시는 급성 전염병으로부터의 '고난'을 택했다. 아마도 이러한 결정은 가장 짧은 기간 때문에 선택되었던 것일 수도 있다. 그러나 세 가지 재앙들 중에서 그 어떤 것도 다윗이 선호할만한 절대적인 이유는 없었다. 그는 하나님의 직접적인 은총만을 구할 수밖에 없었다.

다윗이 정한 사흘간의 급성 전염병은 '정해진 기간'에 단에서 브엘세바까지에 거주하는 '온 이스라엘의' 7만 명을 죽였다. 그 재앙이 임했던 장소들은 인구조사가 행해진 지역이었다(2, 15절). 사울이 자신의 이스라엘을 위한 '열심'으로 인해 자기 자식 일곱이 처형되어야 했지만, 다윗의 경우 만배의 희생을 보아야 했다. 야웨의 천사가 마지막으로 예루살렘마저도 급성 전염병으로 치려 하자, 야웨는 자신의 결정을 뉘우치시고 더 이상의 재앙을 철회하신다. 그에 대해 다윗은 "내가 죄를 지었고 악을 행하였는데, 이 양무리가 무슨 죄를 지었습니까? 당신의 손으로 나와 내 아비의 집을 치시길 요청합니다"라고 항변한다(17절). 다윗은 자신이 행한 인구조사의 과오를 인정하지만, 그는 징계의 궁극적인 원인이 백성에게 있음은 발견하지 못한다(1절).

다윗은 갓 선지자의 말대로 이방 사람 여부스 사람 아라우나의 타작마당에서 번제와 화목제를 드렸다. 그러자 야웨께서 다윗의 기도를 들으시고 이스라엘 백성에게 내리셨던 재앙이 예루살렘의 아라우나의 타작마당에서 멈춘다. 물론 이러한 중단의 표현은 사무엘하 21:14(하나님이 그 땅을 위한 기도를 들으시니라)에서도 나오지만, 양자 간에 원인과 전개와 해결의 방향들은 전혀 다르다. 본문은 하나님의 진노의 해소의 삼중성을 말한다. 즉, 다윗이 선택한 하나님의 온 이스라엘에 대한 격렬한 심판과 후회(여호와께서 이 재앙 내리심을 뉘우치사[나함]), 다윗의 기도 그리고 타작마당에서의 번제물과 화목제물이다. 이와 관련해 다윗은 제사의 의도가 "여호와께 제단을 쌓아 백성에게 내리는 재앙을 그치게 하려 함"(21절)이라고 말하지만, 화자는 타작마당에서 하나님의 재앙이 멈춘 것을 말하고 선지자는 거기에서 다윗에게 제사드릴 것을 말했을 뿐이며 화자는 "이에 여호와께서 그 땅을 위한 기도를 들으시매 이스라엘에게 내리는 재앙이 그쳤더라"(25절)라고 말한다.[35]

35. Klement(2000:175)는 이 단락을 이해하는 데 있어 고대 근동에서 군사력의 점검, 세금 부과, 혹은 왕실 노역을 위한 노동력의 점검 등의 목적으로 하는 인구조사와 제의와의 관련성을 언급한다.

이 단락의 의미는 요압의 주장(나중에 다윗의 양심의 소리와 갓 선지자의 메시지)처럼, 하나님에 대한 신뢰로부터 인간의 수와 능력에 대한 신뢰로의 전환은 부정적인 결과를 보여주며, 야웨의 주권의 탁월성과 주도권과 더불어 다윗의 희생과 적절한 반응도 필요했다는 것이다. 즉, 다윗의 이러한 일이 돈을 주고 구입한 이방인의 타작마당에서 그에게서 구입한 제물들로 번제와 화목제를 드렸다는 점, 원래 이 땅이 이스라엘의 소유, 즉 야웨의 분깃이었어야 했다는 점, 마찬가지로 제사가 언약궤 앞이나 산당도 아닌, 아라우나의 타작마당 앞에서 행해졌다는 점[36]도 역설적이다.

다윗의 용사들의 이야기와 목록들(B와 B′)

사무엘서의 결말에서 블레셋과의 전승이 언급된 것은 다윗과 관련해 블레셋과의 전투가 가장 성공적이고 인상적이었던 까닭이다. 또한 중요한 것으로 육체적 한계를 가진 승리한 전사-왕 다윗에 대한 언급과 함께 다윗의 전쟁의 승리가 다윗의 용사들과 야웨로부터 왔다는 점이 강조된다.

B 블레셋과의 전쟁에서 승리를 이끈 용사들의 무용담(삼하 21:15-22)

사실 백성들이 요구한 왕은 "우리 앞에 나아가 전쟁을 싸우는" 왕이었으나(삼상 8:20), 그간 전투의 능력자였던 다윗 왕은 이제 "피곤해했

36. 후대 전통(cf. 대상 22:1)은 이 장소가 "예루살렘 성전터"라고 이해하지만, 현재 본문의 관심사는 아니다.

다." 이에 다윗의 용사들은 그가 후방으로 물러나 있을 것을 요청한다(삼하 21:17). 그 생명과 왕위를 보존하며 다윗의 용사들이 다윗 대신에 블레셋 군대를 무찔렀다(Polzin 1993:214). 이 부분(21:15)의 "다윗이 피곤하여"(비교. 삼하 11:1; 18:3; 23:18)라는 말은, 다윗의 말년을 지적하는 것처럼 보이지만, 그것은 단순하고 일시적인 피곤함을 의미할 수도 있다.[37] 다윗의 공생애 중에 행해진 네 차례의 블레셋과의 전쟁(15, 18, 19, 20절)이 언급될 때, 다윗의 용사들의 승리가 언급된다. 이 전쟁에서 네 명의 다윗의 용사들이 네 명의 블레셋의 용사들을 죽인 무용담이 언급된다. 즉, 아비새-이스비브놉//십브개-삽//엘하난-골리앗의 동생 라흐미[38]//요나단-무명의 용사의 순서로 나타난다. 물론 여기에서의 이스라엘의 등불은 다윗을 의미하지만, 다윗의 노래에서 다윗의 '등불'은 야웨를 의미한다(Klement 2000:188).

B′ 다윗의 용사들(삼하 23:8-39)

37명의 다윗의 용사들의 목록 중에 나타난 다윗의 우물물 사건(13-17절)은 다윗의 초기의 공생애에 속하는 것처럼 보인다. 이와 같은 다윗의 용사들의 목록은 사무엘하 8:16-18, 20:23-26에서도 발견된다. 4명의 블레셋 용사들의 이름과 다윗의 수많은 용사들의 이름이 대조

---

37. McCarter(1980:451)는 그것을 삼하 5:17-25의 사건과 연관시킨다.

38. 엄원식(2000)은 사무엘서가 한편으로 골리앗을 다윗이 죽였다고 말하지만(삼상 17:4, 23, 41-51), 다른 한편으로 엘하난이 그를 죽였다는 설명(삼하 21:19)의 상충점의 해결책들을 다음과 같이 제시한다. 즉 ① 다윗과 엘하난이 동일 인물일 경우(즉 본명과 별칭), ② 다윗과 엘하난이 다른 사람일 경우, ③ 엘하난과 다윗이 동명이인을 죽였을 경우 등.

되고 있다. 이 목록의 특징들은 다음과 같다.

요압의 부재

특이하게도 그의 이름과 관련된 사람들의 명단(즉, "요압의 아우 아비새", "요압의 아우 아사헬", "요압의 병기지기 브에롯 사람 나하래)은 발견되지만, 다윗의 군대장관 요압 자신은 목록에 직접 계수되지 않는다. 비록 37인의 용사의 수에 포함되어야 37명의 숫자가 명확해지지만(Gordon 1988:316), 여기서 요압의 이름이 사용되는 방식은 우리의 주목을 끌 만큼 이상하다. 다윗의 입장에서 볼 때, 다윗 왕국을 건설하고 유지하는 데 있어 요압의 영향력이나 역할은 간과될 수 없다. 사무엘서의 다른 부분들에서 요압은 전쟁에서뿐만 아니라, 다윗 개인과 왕권에 대한 탁월함을 발휘해 용감하고 무자비하고, 교활한 맹장으로 묘사되었다. 그러나 본 목록은 요압의 영향력을 극도로 축소시키는 효과를 보여준다. 이것은 우연이 아닌, 의도적인 배제처럼 보인다.

우리아의 존재

사무엘서에서 우리아는 다윗의 충성스런 부하였을 뿐만 아니라, 다윗의 개인적인 욕망에 의해 배신당하고 살해당하는 존재로 묘사된다. 밧세바와의 간음 사건은 다윗의 공생애에서 가장 어두운 면을 반영하며 다윗 시대의 쇠퇴 원인을 제공한다.

야웨의 역할

10, 12절에서 야웨가 전승의 주역이란 점은 다음에서와 같이 일종의

후렴구처럼 강조된다.

10b절	12b절
야웨께서 그날에 크게 승리하셨다.	야웨께서 크게 승리하셨다.

이와 같이 다윗의 용사들의 목록은 단순히 다윗의 탁월한 군사력의 상징과 전승을 과시하기 위한 목적 이외에 여러 가지 함축을 포함하고 있다.

다윗의 노래들(C와 C′)

다윗의 노래들은 다윗과 다윗 왕조 중심적인 입장을 지향하지만, 그럼에도 다윗의 통치 기간에 나타난 야웨의 주권의 실행에 많은 관심을 표명한다.

C 다윗의 승전가(삼하 22장, cf. 시 18편[39])
다윗의 용사들의 목록에 나타난 블레셋과의 전쟁의 정황과는 달리, 본 다윗의 시의 표제는 "야웨께서 다윗을 모든 대적의 손과 사울의 손에서 구원하신 때"(1절)를 말한다. 이 노래는 아마도 예루살렘에 언약궤를 옮기고 성전 건축을 시도하던 때(Klement 2000:84), 다윗이 온

39. 내러티브 내에서의 시의 역할은 Watts(1992)를 보라. 또한 삼하 22장과 시 18편 사이의 비교연구를 통한 연대와 본문분석은 Cross & Freedman(1953), 크레이기(2000:222-238)를 보라.

이스라엘로부터 왕권을 얻게 된 직후에 이 노래를 부른 것처럼 보인다. 물론 다윗의 말년도 초기와 유사한 도피, 내외적인 전쟁들이 있었다는 점(McCarter 1980:474)에서 그 시기를 확정하는 것이 쉬운 것은 아니다.

다윗은 자기 승전가에서 이스라엘의 왕정 역사를 야웨의 주권 이야기로 이해한다. 야웨는 다윗 왕조를 지키는 분이다(삼하 7장). 사무엘하 22장의 표제("야웨께서 다윗을 모든 원수의 손과 사울의 손에서 구원하신 때에")는 사무엘하 21장의 요약("사울의 손과 모든 원수들의 손에서 건지신 일")처럼 들리며 마찬가지로 다윗의 신앙과 전쟁 여정에 대한 적절한 요약이기도 하다.

본 승전가는 크게 2-20절(원수로부터의 구원), 21-28절(전환의 기능), 29-51절(강한 전사의 시)로 구성되어 있으며 다윗은 간구자(7절), 의인, 그리고 승리자(43절)로 묘사된다.

① 하나님으로 인한 다윗의 구원(2[40]-20절)

고난 중에 받은 구원(1-7절): 다윗을 구원하신 하나님(즉 "나의 반석, 나의 요새, 나의 구원자, 나의 도피처, 나의 방패, 나의 구원의 뿔", 2-3절)은 찬양받으시기에 합당하시다. 다윗의 원수들에 대한 묘사는 특정적이기보다는 다소 추상적이다(즉 '흉악, 불의의 창수, 스올의 줄, 사망의 올무' 등). 그중에서 "사망의 물결"이라는 고난에 대한 묘사가 독특하다(5절; cf. 삼상 25:17, 25, 30:22, 삼하 20:1). 다윗이 이 고난을 하나님께 기도했더니

40. 시 18편에는 "나의 힘이신 야웨님, 내가 당신을 사랑합니다"라는 표현이 추가되어 있다.

하나님이 하늘의 성전(Gordon 1988:305)에서 들으셨고 다윗을 구원하셨다(5-7절).

신현(神顯, theophany)의 모티프(8-20절): 이 단락(cf. 출 15장, 시 114장)은 '강력하고 변형적이고, 구원적인 하나님의 도래'를 묘사한다. 하나님은 구름을 타시고 혼돈의 물들을 꾸짖으시며 고난받는 자의 구원을 이루신다.[41] 하나님은 자신을 신뢰하는 다윗을 기뻐하시기 때문에 그를 구원하신다(20절).

② 다윗의 의로 인한 하나님의 구원(21-28절)

충실하고 완벽하고 의로운 자는 야웨로부터 정당한 보상을 받는다(21-25절). 보응하시는 하나님의 의에 대한 묘사가 있다(26-28절). 야웨의 우주적 왕권은 지상의 선택된 지배자의 왕권과 상응하는 것으로 묘사된다. 다윗은 야웨의 길, 정의, 그리고 법규를 지켰다고 말한다(Klement 2000:208). 그러나 "자신의 의를 따라"라는 다윗의 자평은 학자들 사이에 논란이 많다. 예를 들면, 헤르츠베르크(Hertzberg 1964:396)는 이것을 긍정적으로 보아, 인간의 행위에 따른 의의 '취득'보다는 신적인 은혜의 '결과'라고 보아야 한다고 주장한다. 이러한 논의에도 불구하고, 이러한 표현이 다윗의 생애에서 의의 행위와 전혀 무관한 시적 표현은 아니다. 즉 이것은 특정한 사건에 대한 언급(cf. 삼상 26:23)을 암시하는 일종의 과장된 이상화로 볼 수도 있다. 이것은 자신의 국정관이기도 했다(삼하 8:15-18). 물론 이것은 다윗 왕권에 대

41. 본 시의 신현 모티프를 중심으로 한 교차대조적 구조는 Klement(2000:202)를 보라.

한 이상(소망)과 현실과의 차이를 반영해야 그것의 바른 이해가 될 수 있다(cf. 삼상 8:11, 10:25). 이 노래에 나타나는 이러한 이상화(혹은 일반화)의 현상은 이 노래에 특정한 정황에 대한 언급이 부재하다는 점에서도 지지될 수 있다. 그러나 야웨의 구원이 "곤고한 백성을 구원하시고 교만한 자를 낮추시는 행위로 나타난다"는 표현은 다윗의 의에 대한 불필요한 오해를 제거해준다고 볼 수 있다(Brueggemann 1990:342-43).

③ 다윗의 영광은 하나님으로부터 온다(29-51절):

이 부분은 하나님을 전적으로 의뢰하는 다윗이 다양한 면에서 권력, 재능, 그리고 성과를 얻었다는 점을 강조한다(Brueggemann 1990:343-45). 하나님이 행하신 다윗과 관련된, 특히 전쟁 중에서의 구원 행위가 묘사된다(29-46절). 특별히 내외적인 공격들(백성과 이방민족들)에서의 승리("열방", "알지 못하는 백성", "이방인들", 44-46절)가 묘사된다. 이것은 아마도 다윗이 전쟁을 치뤘던 이방 국가들을 암시하는 것 같다(모압, 에돔, 암몬, 다메섹, 그리고 다양한 아람 도시들, cf. 8:2, 6, 14, 10:19, 12:29-31). 전쟁의 승리는 야웨께서 주시는 것이다(47-51절). 노래의 화자를 구원하신 하나님에 대한 언급이 50-51절에서 나타난다(구원의 결과로서의 찬양). 다른 권력자들은 그 권세, 권위, 신뢰성을 상실할 것이며, 야웨는 다윗에게 승리의 권세를 주시며 그가 세우신 자(왕-메시아, 다윗)에게 인애(헷세드)를 주시는 분이시다.

C′ 다윗의 마지막 말(삼하 23:1-7)[42]

이 부분은 '메시아직은 하나님의 작품이다[왕에 대한 신적 정당성 vs. 하나님에 대한 왕의 종속성]', '왕의 도리는 정의다[의로운 왕 vs. 무가치한 자들]', '하나님의 영원한 언약[cf. 삼하 7장, 시 89:28-37][43]'이라는 세 가지 모티프들로 다윗의 권력의 세 가지 기둥들을 구성한다(Brueggemann 1990:347).

이 부분의 구조는 세부적으로 도입(1절), 지혜의 말씀(2-4절), 하나님과 다윗의 집(5abα절), 다윗에게 불충실한 자(5bβ-7절)로 구성되어 있다.

그 내용은 다윗이 이방 민족들을 복속시켰던 혁혁한 전과들을 언급하는 용사들의 목록과 대조시킨다. "다윗의 마지막 말"이라는 표현으로 볼 때, 이것이 다윗의 말년에 나온 것처럼 보인다. 물론 다윗 신탁의 진정성에 대한 의심이 있을 수 있지만, 사무엘서에서 신탁의 등장은 다윗의 경우가 유일한 것은 아니다. 사무엘서에 등장하는 '첫' 신탁은 무명의 선지자가 행한 엘리 가문 붕괴의 언급에서 등장한다. 사무엘서는 선지자들뿐만 아니라, 왕들에게도 하나님의 영이 임하고 예언도 했다는 점을 강조하기 때문에, 여기서 말하듯이 다윗이 신탁을 전했다는 것을 의심할 이유는 없다.

다윗의 노래는 '다윗의 신탁'이라는 선지자적 공식을 취한다(cf. 민 24:3, 15, 잠 30:1). 즉 여기에서는 다윗이 선지자-왕으로 묘사된다. 1

---

42. 이 시에서의 야웨의 영의 역할은 Harrelson(1979)을 보고, 본문구조 분석은 Del Olmo Lete(1984), Rosenberg(1987:140), 그리고 Klement(2000:201)를 보라.

43. 성경 언약들, 즉 홍수언약, 창조의 보증 모두 하나님의 오랜 신실성의 증거로 여겨진다.

절에서 언급된 '메시아'의 칭호는 사무엘하 22:51에서도 동일하게 등장한다. 이 시는 다윗 왕권을 야웨의 주권적인 능력의 역사로 이해한다. 야웨의 영의 임재의 언급은 다윗의 선지자 기능을 의심할 필요가 없게 만든다(2절). 구체적으로 하나님의 영을 받은 선지자인 다윗은 미래적으로 자신의 왕권을 하나님의 "말씀과 성령에 의한 통치로"(2절), "백성의 복지를 위해 섬기는 일로"(3절), 그리고 "야웨가 다윗과 맺은 언약에 근거한 영원한 실재"(5절)라고 묘사하며, 특히 5-7절은 의로운 왕과 악한 왕(벨리알)[44]의 행사와 대조한다(cf. 22:5). 이 시는 이스라엘 왕권의 요소들(즉 지정, 카리스마, 왕의 직분을 수행하도록 하기 위한 기름부음)이 모두 반영되어 있다는 점에서 사무엘하 7장의 대응부라고 할 수 있다(Lete 1984:436).[45] 이 시의 핵심은 '야웨의 전쟁을 수행하는 것'과 '정의의 집행'이라는 인간 왕권의 두 가지 의무를 다룬다는 점이다(Klement 2000:219f.). 정의와 '떠오르는 태양', 그리고 '비추이는 광선'과의 연관성도 고대 근동의 인간 왕권에 대한 일반적인 표현이었다(Hertzberg 1964:401).

다른 부분들과 마찬가지로 본 단락에서도 하나님이 다윗을 세우시고 왕권을 유지시키시며 전쟁을 승리케 하신 분이시라는 점과 아울러, 다윗 왕에 대한 부정적인 측면과 긍정적인 측면이 병치되거나 혼재되어 있음을 발견하는 것이 가장 적절한 것 같다. 우리는 주로 다윗의 행위가 얼마나 정당화되고 의로울 수 있는가를 논의했지만,

---

44. 이 표현은 여기 말고도 삼상 1:16, 2:12, 10:27에 사용된다.

45. Harrelson(1979)은 이 부분을 삼하 7장(다윗 왕조)과 삿 9장(악한 왕", "가시나무", "불)과 연관지어 이해해야 한다고 주장한다.

화자는 여기에 나타나는 역사적 비극의 경중과는 상관없이, 다윗이 갖는 사울 왕가와의 악연, 이방 민족들과의 전쟁 그리고 다윗 왕조의 모순들을 모두 적나라하게 보여주려는 목적이 우선적으로 있는 것 같다. '인간' 왕조에 대한 원리와 실제가 보여주는 차이점은 여기에서도 발견된다. 특히 b-b', c-c'는 사무엘상 7장과의 관련 속에서 읽어야 한다. 본문은 모순적인 사울과 모순적인 다윗의 모습을 설명함으로서 전정한 인간 왕권의 의미와 의무를 설명해준다.

다윗 통치 기간의 전쟁들

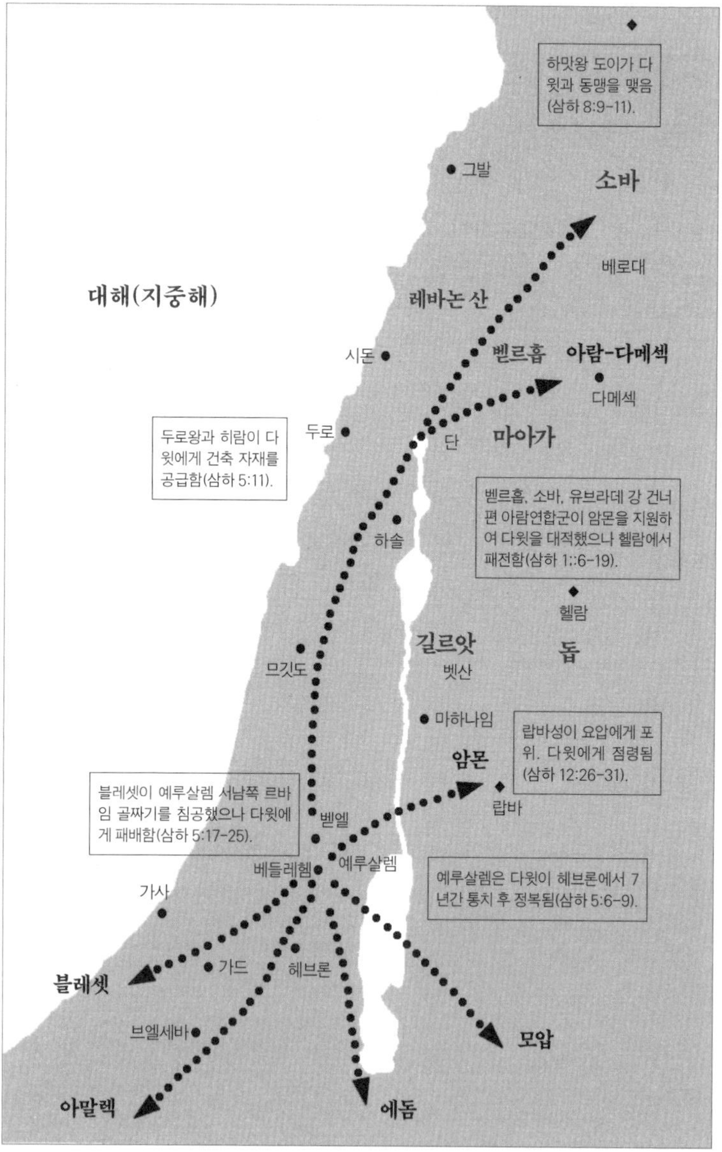

하맛왕 도이가 다윗과 동맹을 맺음(삼하 8:9-11).
그발
소바
베로대
대해(지중해)
레바논 산
시돈
벧르홉
아람-다메섹
다메섹
두로왕과 히람이 다윗에게 건축 자재를 공급함(삼하 5:11).
두로
단
마아가
벧르홉, 소바, 유브라데 강 건너편 아람연합군이 암몬을 지원하여 다윗을 대적했으나 헬람에서 패전함(삼하 1::6-19).
하솔
헬람
길르앗
돕
므깃도
벳산
마하나임
랍바성이 요압에게 포위. 다윗에게 점령됨(삼하 12:26-31).
암몬
블레셋이 예루살렘 서남쪽 르바임 골짜기를 침공했으나 다윗에게 패배함(삼하 5:17-25).
벧엘
랍바
예루살렘
베들레헴
예루살렘은 다윗이 헤브론에서 7년간 통치 후 정복됨(삼하 5:6-9).
가사
가드
헤브론
블레셋
브엘세바
모압
아말렉
에돔

10장

다윗 왕 이야기(4)

다윗 일병 구하기?

지금까지 살펴보았듯이, 이스라엘 왕조사에서 사무엘을 포함해 사울과 다윗만큼 비난과 극찬의 명암이 교차되는 인물들도 드물 것이다. 이스라엘에 우여곡절을 겪고 도입된 왕정 제도는 초기부터 어려움이 많았다. 초대왕 사울은 불명예 퇴진(?)했고 하나님의 "마음에 합한 자" 다윗이 등극하게 되었다. 사무엘이 실로 성소에서 엘리의 종복(사환)으로 시작해 엘리 가문의 리더십을 대신했듯이, 다윗은 사울의 종복으로 시작해 사울의 왕권을 대체했다. 상대적으로 자료가 빈약한 사울과는 달리 성경에서의 너무 많은 언급들로 인해 역사적 다윗에 대한 재구성과 평가에는 어려움이 많다.[1]

1. 성경상의 다윗에 대한 평가는 사무엘서와 열왕기, 역대기, 선지서, 시편(3, 7, 18, 34, 51, 52, 54, 56, 57, 59, 60, 63, 142편)과, 신구약 중간기와 신약의 문헌들에서도 다양하게 나타난다. Cf. Petersen(1986).

2천여 년의 기독교 교회사에서, 다윗이 혈통상 그리스도의 조상이며 모형론적으로 그리스도와 동일시되었기 때문에, 다윗을 핍박했던 사울은 그리스도를 핍박한 자로서, 교회를 대적하는 사탄의 세력으로까지 여겨진다. 비록 그렇게까지 극단적 해석에 이르지 않더라도, 사울은 육의 사람으로 여겨지며 단순히 민중의 지지를 받았던 자이거나, 실패한 신앙인의 모습으로 비춰질 뿐이다. 아니면, 건(1989a:129)과 같은 사람들은 사무엘서의 저자가 사울을 다윗을 위한 신학적인 희생양으로 삼았다고 주장한다.[2] 건(1989a:131)은 하나님에게는 긍정적인 면(오래참고 사랑하고 은혜를 베푸는 것)과 부정적인 면(쉽게 진노하고 질투하며 저주를 베푸는 것)이 있는데, 다윗에게 하나님의 긍정적인 속성만을 적용하고, 사울에게 하나님의 부정적인 속성만을 적용했다고 생각한다. 즉 그는 다윗의 선택과 사울의 유기의 문제를 이데올로기적 왜곡의 산물로 본다는 의미다. 물론 캐릭터들과 본문 해석에 있어 이와 같은 전통적인 입장과 비판적인 입장 모두에 동의할 수는 없지만, 2천여 년간 기독교가 아브라함, 요셉, 다윗과 같은 특정한 개인들을 해석학적으로 '구원'하려고 그들이 속한 문맥들과 다른 캐릭터들을 해석학적으로 '희생'시켜왔다는 비난은 사실이다.

이러한 특정한 인물, 제도, 혹은 사건(들)을 옹호하는 '보수적인' 전통은 이념적으로 편향성을 주장하는 다양한 '비평적인' 성경해석 방법론에서도 비록 다른 방법이기는 하지만 유사하게 나타난다. 결국 이러한 방법론들은 본문의 적절한 이해보다는, 본문에 대한 오해와

---

2. 이러한 Gunn의 견해에 대한 Long(1989:235ff.)의 반박을 보라.

혼동을 초래할 뿐이다.

사무엘, 사울 그리고 다윗의 대조

많은 사람들이 갖는 선입견과는 달리, 오히려 본문은, 다소간의 차이는 있지만, 사울을 격하시키거나 다윗을 격상시킬 하등의 이유가 없음을 말해준다. 사실 사울과 다윗 내러티브들에서 나타난 왕의 선택과 유기의 원인에 대한 신적 국면과 인간적 국면은 서로 대립되지 않고 다음과 같이 병행적으로 나타난다.

① 실패한 사울 왕과 성공한 다윗 왕의 정권 설립은 다음과 같이 (거의) 동일한 과정으로 진행되어 그들의 리더십이 야웨와 백성에게서 승인되며, 왕권은 설립되고 발전되는 과정을 보여준다.

사울	다윗
하나님에 의해 미리 선택됨(9:16)	하나님에 의해 미리 선택됨(16:1)
선지자를 통해 기름부음을 받음(10:1)	선지자를 통해 기름부음을 받음(16:13)
야웨의 신으로 감동함(10:6-13)	야웨의 신으로 감동함(16:13)
전쟁(암몬)을 통해 백성에게 인정을 받음(11장)	전쟁(블레셋=골리앗)을 통해 백성에게 인정을 받음(17장)

② 이와 같이 백성들이 요구하고 야웨가 승인한 인간 왕권은, 위에서 언급했듯이, 그 본질상 제한적이며, 인간 왕권에 대한 위협과 파멸의 가능성은 두 왕 모두에게 동일하게 적용될 수 있다. 두 왕에 대

한 하나님의 공통적인 경고는 "너희가 여전히 악을 행하면, 너희와 너희 왕이 다 멸망할 것"(삼상 12:25)이라는 사무엘의 마지막 교훈에서 극명하게 드러난다. 이러한 왕정을 포함한 이스라엘의 완악함과 지속적인 악의 동일시는 우상숭배와 관련지어서 지속적으로 신적 심판의 대상으로 존재했다.

삼상 12:20-21	삼상 15:22-23
야웨를 따르는 데서 돌이키지 말고 오직 너희 마음을 다하여 야웨를 섬기라. 돌이켜 유익하게도 못하며 구원하지도 못하는 헛된 것들을 따르지 말라. 그것들은 헛되다.	야웨께서 번제와 다른 제사를 그 목소리 순종하는 것을 좋아하심같이 좋아하시겠니이까? 순종이 제사보다 낫고 듣는 것이 수양의 기름보다 나으니, 이는 거역하는 것이 점술의 죄와 같고 완고한 것은 죄악과 우상숭배의 죄와 같습니다.

③ 다윗의 행위에 대한 정치적-신학적 이해는 사울과 대조되어 행해져야 한다. 앞에서 다루었듯이, 다윗의 정권에 대한 정치적 종교적 정당화의 시도들은, (비록 사울이 대규모의 건축 사업, 천도와 같은 일들을 벌이지는 않았지만), 사울이 행한, 종교적으로나 정치적으로 정권의 정당성(혹은 정치적 과오를 무마해보려는)을 가지려는 시도는 사울이 야웨로부터 거부되는 일련의 사건들에 대한 언급 속에서도 발견된다. 사무엘이 자신과의 약조를 준수하지 않는다고 생각한 사울은 스스로 번제와 희생제사를 취해 거행하지만(삼상 13장), 그로 인해 사울은 야웨로부터 '영원한 왕권'을 약속받지 못했다. 그 이유는 몇 가지로 제시됐지만,[3] 필자가 볼 때, 이는 내러티브의 단락 속에서 자연스럽게

3. 혹자들은 그 이유가 제사장만이 할 수 있는 제사를 사울이 경거망동하게 수행했기 때문이라고 주장하지만, 왕들의 제사집전의 정당성에 대한 구약본문과 고대 근동의 예들

그리고 우선적으로 그 의미가 파악되어야 한다. 문맥상 사무엘을 대신해서 사울이 번제와 화목제물을 드렸기 때문에 하나님이 사울 및 그의 왕위를 버리셨다는 주장은 없다. 우리가 주목할 것은 길갈에 사무엘이 없었을 때(삼상 13장), 혹은 그가 있었을 때(삼상 15장) 공통적으로 빚어진 일들은 야웨께 대한 제사와 관련된다는 점이다. 그러나, 여기에서의 핵심문제는 제사가 아니다. 군사적으로, 혹은 백성들의 마음을 헤아리고 자신의 전승을 알리고 종교적으로 경건한 모습을 취하는 것이 고대 근동의 제왕 법도 혹은 일상사였을지는 몰라도 이스라엘에서는 통할 수 없는 신적 원칙의 위반이었다. 이러한 종교적 겉치레는 이미 실로에서 이스라엘 백성이 고귀한 희생을 치르고 배운 교훈이었으나, 사울에게서 재연되고 다윗과 솔로몬에게서도 재차 반복된 잘못이었다. 사울과 다윗 왕가에게 '영원한' 왕조의 정당성은 야웨에 대한 제사가 아니라, 그의 말씀에 대한 순종의 문제였다. 마찬가지로 사울이 하나님으로부터 버림을 받았어도 그가 즉각적으로 왕직이 박탈되지 않았다는 점과 다윗이 자신의 죄악에도 불구하고 하나님이 오랫동안 그의 왕가를 보존해주셨다는 점을 이해할 필요가 있다. 물론 다윗의 경우에는 단순한 연기 혹은 연장이라기보다는 다윗에 대한 야웨의 맹세의 준수의 결과라고 보는 것이 더 명확한 이유일 것이지만, 그 영속적 약속은 솔로몬 대에서 이미 조건화되었다는

은 부인될 수 없다. 또한 나중에 다윗이나 솔로몬이 제사를 집전했지만 정죄받지 않았다는 점에서도 그에 대한 간접적인 증거를 삼을 수 있을 것이다. 또 어떤 사람들은 사울의 폐위 원인을 제사의 적법성의 여부의 문제보다는, 사울의 정권에 대한 하나님의 선택과 유기의 차원에서 이해하려 한다. 그러나 이러한 해석은 너무 쉽게 본문의 문맥을 정당하게 고려할 수 없게 한다는 점에서 추천할 만하지 못하다.

점도 명시되어야 한다고 본다.

"어찌하여 서기관들이 그리스도를 다윗의 아들이라 하느냐?"(막 12:35, cf. 시 110:1)

이러한 예수의 질문은 예수 자신이 하나님의 아들 됨을 강조하려는 의도를 갖고 있다(de Jonge 1989:95-104). 물론 신약에서 예수는 다윗의 자손으로 묘사되며(마 1-2장, 눅 1-2장, 3:23-38, 행 2:30, 13:23, 롬 1:3-4, 딤전 2:8, 계 5:5, 22:16), 이 다윗의 자손은 구약에서 예언된 종말론적 다윗 계열의 대리 통치자(암 9:11-15, 미 5:1-8, 호 3:4-5, 사 11:1-10, 렘 23:1-8, 겔 37:24-28 등)로 이해된다. 하지만 예수와 신약의 저자들이 이해한 '다윗의 아들'의 개념이 예수 당시에 유대인들이 고대했던 이방인 억압자들을 무력으로 추방하고 이스라엘의 왕국을 회복할 것이라고 여겨졌던 '다윗의 아들'은 아니었다. 이러한 신약의 다윗에 대한 이중적 이해는 역사적 다윗과 종말론적 다윗과의 차이에 근거하며 신약의 기독론은 구약의 종말론의 다양한 국면을 포함하고 있기 때문에, 다윗의 '영원한' 왕조에 대한 문자적 연속성의 이해만으로 신약의 기독론과 종말론을 제대로 파악하기는 어렵다.

교회사적 전통 속에서 볼 때, 요셉의 경우처럼 다윗의 인생에 대한 '구속사적' 접근도, 역사 내러티브에 기록된 다윗이 예수 그리스도의 조상이자 구속사적인 삶의 예표였다는 점에서 해석자들 사이에 다윗의 일부 삶과 언행까지도 지나치게 미화하거나 탈역사화, 혹은 탈문맥화하는 경향이 많았다. 특히 다윗의 고난과 방랑 생활은 예수 그리스도의 고난과 아픔과 '억지로' 동일시된다. 알레고리, 예표론, 구속사적 해석의 이름으로 행해지는 이러한 선택적, 탈문맥적 동일시는 보편화되었고, 다윗에게 부여된, 편만한 해석상의 우월적 지위는 다윗 개인에 대한 더 적절한 해석의 노력을 억압하기까지 한다. 이러한 예언과 예표의 혼동은 마치 수천 년 전의 다윗의 생애 속에서 성육신 이전의 예수 그리스도를 찾고자 하는 마구잡이식 '발굴'로 보일뿐이다. 오히려 고든(1988:49-53)은 그러한 모형론적 방법 대신에 ① 부활의 여부, ② 예루살렘의 입성 방법, ③ 왕권의 실현과 같은 대조적 방법으로 신약에서 다윗의 생애가 사용되고 있다고 주장한다. 그러므로 우리가 당면한 본문의 해석학 과제는 다윗의 역사적 실존의 확인 및 저자가 전달하려는 본문의 표면과 심층부에 있는 신학적 의미를 찾는 것이 급선무다.

"네 왕위가 영원히 견고할 것이다"(삼하 7:16). 영원한 왕조? 장구한 왕조?

기존의 다윗의 생애에 대한 전통적인 예표론 해석과는 별도로, 일부 보수적인 구약학자들(예, Robertson[1984:229ff.], Kaiser[1995:65-83])은 다윗이 메시아의 조상이라는 이유만으로 그의 왕권과 성전에 대한 약속(삼하 7장)을 역사적-문학적 맥락 속에서 읽기보다는 기독론적으로 읽는 것을 고집한다. 이러한 이해는 유다 왕국의 종결로 인한 다윗의 언약적 파기를 예수 그리스도의 왕국에 대한 약속으로의 이해, 즉 '왕국은 망했으나 결국 다윗을 위한 영원한 언약은 파기되지 않은 것'

으로 본다. 그러나 화자는 사울과는 달리 다윗의 언약을 통해 다윗에게 왕권의 영원성이 약속되었지만, 결국 다윗의 후손들이 '다윗의 길'을 따르지 않자, 역사적으로 볼 때, 유다 왕국과 예루살렘 성전의 멸망으로 다윗에 대한 하나님의 약속 자체는 철회되었다고 보았던 것 같다. '영원히(올람)'라는 표현은 이러한 이스라엘 역사를 통해 볼 때도 용례적인 측면에서 '조건적 장구성'의 의미로 사용된 적이 많다(cf. 창 13:15; 수 14:9; 삼상 1:22; 엘리 가문의 영속성[2:30]; 3:13-14; 사울 가문의 영속성[13:13]; 20:15, 23; 20:42; 삼하 3:28; 12:10; 왕상 9:3; 여로보암 가문의 영속성[왕상 11:37-38]). 게다가 다윗언약과 관련지어서, 솔로몬의 성전 건축 내러티브에서 이러한 '영원성'은 이스라엘 백성의 언약 준수라는 조건성과 밀접하게 연관되어 그 조건적인 측면이 더욱 강조된다. 한 가지 더 고려할 것은 "등불"에 대한 언급들이다.[4] "그의 아들에게는 내가 한 지파를 주어 내가 내 이름을 두고자 하여 택한 성 예루살렘에서 내 종 다윗에게 한 등불이 항상 내 앞에 있게 하리라"(왕상 11:36, cf. 39절)는 말씀은 아직 야웨가 다윗과 맺은 언약이 하나님의 신실성 덕분에 유효하다는 것을 말해준다. 이러한 언급은 여로보암(왕상 15:4)과 여호사밧(왕하 8:19)에서 유다가 겪고 있는 시련이 오래지 않을 것임을 설명하는데 적용되지만, 이러한 하나님의 시혜는 여호아하스의 시대에 하나님의 심판 지연 이유를 설명하는 측면에서 좀 더 다른 형태를 취하게 된다(13:23). 또한 이스라엘의 멸망 지연 역시 이와 유사한 표현으로 설명되기도 한다는 점 또한 유다 왕국에 대한 하나님의

4. 등불의 정치적(상징적) 의미는 Brettler(1989:45-46)을 참조하라.

태도 변화를 발견할 수 있도록 만들어준다. 이후에 나타나는 유다 왕국에 대한 언급들 속에서 영원히 있을 등불에 대한 언급도 사라지고 하나님의 은총도 무한한 것이 아님을 보여준다는 점에서 야웨가 약속하신 "등불"의 영원성을 문맥과는 상관없이 무한히 적용하는 것은 위험하다.

사무엘서와 열왕기에 묘사된 다윗(과 그의 후손들)은 사무엘과 사울처럼 야웨의 통치 이상에 훨씬 못 미치는 불완전한 왕들 중 하나였다. 이러한 분석은 역대기의 경우와는 달리, 사무엘서와 열왕기의 저자들의 실제 의도가 다윗의 이상화보다는 야웨의 신적 통치의 이상과 인간 통치의 현실에 대한 극명한 대조를 독자에게 제시하려는 것이었음을 더 명확히 해준다.[5]

5. 이에 대한 복음주의적이고 더 건전한 해석은 Satterthwaite(1995)를 보라.

2부
열왕기 읽기

야웨님, 내게 응답하소서! 내게 응답하소서!
이 백성이 당신이 야웨 하나님이신 것과
당신이 그들의 마음을 돌이키신다는 것을 알도록.

열왕기상 18:37

열왕기의 중심 메시지는 아합 정권 하에서 바알 제사장들과의 투쟁의 자리에서 행한 엘리야의 절규에서 찾을 수 있다. 엘리야는 야웨께서 야웨의 제단에 있는 제물을 불태우심으로 '야웨가 이스라엘 가운데서 하나님이 되심'과 '자신이 야웨의 종'이라는 점과 '자신이 야웨의 말씀대로 행하고 있다'는 것을 백성이 알게 해달라고 간구했다. 이 요구는 엘리야의 자기 선지자 직분의 입증이라는 개인적인 요구뿐만 아니라, 하나님의 이스라엘에 대한 정체성을 입증해달라는 것이며 이 사건으로 "당신이 그들의 마음들을 돌이키시는 것"(18:37)을 확인시켜 달라고 기도했다. 이 기적 사건 속에서 이스라엘이 야웨의 살아 계심을 알며(20:13, 28) 그를 섬겨야 한다는 것이 본 단락의 중심 메시지였으며(왕상 17:1, 18:15, 왕하 3:14, 5:16) 이것은 단지 엘리야 사건 당시뿐만 아니라, 이후 이스라엘과 유다 왕조 모두에게 주는 중대한 메시지였다.

열왕기[1]의 구조와 내용은 일반적으로 다른 구약 역사서들과 유사하게 특정 인물의 생애를 중심으로 하거나 특정 왕조를 중심으로 한, 즉 다윗의 죽음과 솔로몬의 등극에서 시작해 솔로몬의 통일왕국(왕상 1-11[12]장), 분열왕국(왕상 12-왕하 17장), 그리고 유다왕국 시대(왕하 18-25장)로 구분되었다. 최근 일부 학자들은 다음과 같이 열왕기 구조를 문학적 배열의 측면에서 세부적으로 배열된 교차대구 구조를 주장했다. 아래의 열왕기 구조는 월쉬(Walsh 1996:373)가 사르반(Sarvan 1987:148)의 것을 일부 수정한 것을 필자가 한번 더 수정한 것이다.

1. 열왕기의 개괄적인 정보는 de Vries(1985), Hobbs(1985), Howard(1993) 등을 참조하고 열왕기의 내러티브적 연구는 McConville(1989), Nelson(1988), Walsh(1996), Cohn(2000), Long(1984, 1991), Knoppers(1994, 1993)을 참조하라.

A 예루살렘을 수도로 삼은 솔로몬 왕국(왕상 1-11장)

B 북왕국의 분리(왕상 12장)

C 이스라엘과 유다 왕들(왕상 13-16장)

X 오므리 왕조(왕상 17-왕하 11장)

C′ 이스라엘과 유다 왕들(왕하 12-16장)

B′ 북왕국의 멸망(왕하 17장)

A′ 예루살렘을 수도로 삼은 유다 왕국(왕하 18-25장)

또한 열왕기가 갖고 있는 여러개의 미시 구조들(micro-structures)도 발견되었다. 즉, 솔로몬 이후로 왕들의 생애를 나름대로의 연대기적 뼈대와 함께 전형적인 요소들(즉위공식과 사망고지 등)을 반복적으로 규칙화하며, 그 외에도 '예언과 성취'의 구도, 전조와 플래쉬백, 그리고 대화 등과 같은 다양한 내러티브적 기법을 주로 사용한다. 담화 시간은 느리고 자세한 솔로몬 시대의 언급을 지나 분열왕국 시대에 보통의 속도로 진전되며, 다시 엘리야-엘리사, 그리고 히스기야-요시야에 대한 언급에서 상대적으로 느려진다. 그러나 그 사이와 마지막 부분에서는 또 다시 빨라져서 여호야긴의 사면 복권 부분에서 피날레를 장식한다.

1장

솔로몬 이야기(1)

왕위 계승 프로젝트

전술했듯이 등극 과정과 치세에 드러난 다윗의 일련의 사건들과 행동들은 솔로몬에게서도 여러 가지 면에서 반복 내지는 유사하게 행해지는 것처럼 보인다. 물론 이것은 다윗과 솔로몬의 즉위와 왕권 유지, 성전 건축 등에 대한 공통적인 정치 활동의 탓이기도 했지만, 화자가 두 사람의 공생애의 정치활동 중에서 유사한 내용을 패턴화해 서로 대조하고 병치하려는 의도적인 경향성에 기인한 것이기도 하다. 이러한 경향성은 독자들에게 다윗과 솔로몬 내러티브를 밀접한 연관 속에서 읽게 하는 일종의 해석 지침을 제공하는 것이다. 이와 같이 다른 유사성들(특별히 정치와 종교정책)도 많이 나타나지만, 다윗의 경우 이미 사무엘로부터 기름부음을 받았고 사울과 요나단이 사망했음에도 불구하고, 백성들에게 왕으로 인정받고 왕위를 견고히 하는 데 오랜 기간이 소요되었는데 비록 짧아지긴 했지만, 이와 유사한 어려움은 솔로몬의 즉위와 치세 기간에도 나타난다.

솔로몬은 초청받지 못했다(왕상 1:10, 19)

월쉬(1996:3)는 솔로몬의 즉위 단락(1:1-2:12a)[1]에서 다음과 같은 균형 잡힌 동심원적 패턴(concentric pattern)을 발견한다.

A. 다윗 왕이 죽어가고 있다 (1:1-4)
 B. 아도니야가 스스로를 높히다 (1:5-8)
  C. 아도니야가 연회(宴會)를 열다 (1:9-10)
   D. 나단이 솔로몬을 왕으로 만들려는데 동조하다(1:11-14)
    E. 다윗의 침실에서 일어난 네 가지 장면들 (1:15-37)
   D' 나단과 다른 사람들이 솔로몬을 왕으로 만들다 (1:38-40)
  C' 아도니야의 연회가 중단되다 (1:41-50)
 B' 아도니야가 스스로를 실추시키다 (1:51-53)
A' 다윗 왕이 죽는다 (2:1-12a)

다윗이 늙었다(1:1). 엘리와 사무엘과 같은 이스라엘 지도자의 노화는 거의 비슷한 패턴을 취한다. 화자는 열왕기를 열면서 다윗이 기력이 극도로 약해진 상태에 이르렀음을 독자들에게 확인시켜준다.

---

1. 이 부분의 비판적 분석은 특별히 Porten(1967), Parker(1988), Brettler(1991), Frisch(1991)을 보라. 이 단락의 사무엘서와의 관련성은 강정주(2006:130-140)를 보라. 필자의 본 내러티브 분석은 Walsh(1996)와 Bar-Efrat(1989:218-37)을 참조했다.

우리는 멀리는 이삭에게서 그리고 가까이는 엘리와 사무엘에게서 그들의 노년에 발생한 일들을 잘 알고 있다. 그들의 노년기는 위기의 시기로 묘사된다.

다윗의 노년기(약 70살)에 다윗의 아내 학깃의 아들 아도니야(압살롬의 동생)가 셀프 즉위 시도를 했지만, 이상하게도 다윗은 그것에 이의를 제기하지 않고 침묵한다(1:6). 이는 아도니야의 왕권에 대한 다윗의 암묵적인 동의로 비칠 수도 있고, 혹은 이러한 침묵이 이미 다윗의 통치력이 상실되고 왕이 거동을 자유롭게 하지 못하게 된 상태의 결과로도 생각해볼 수 있다. 이처럼 다윗의 정신적, 정치적 무기력에 대한 암시와 아울러서 수넴 여인 아비삭에 대한 화자의 언급은 다윗의 성적인 무능력도 함축하는 듯하다.

이와 같은 다윗의 모호한 태도와 함께 아도니야가 행한 즉위 시도의 일련의 과정들은 압살롬의 왕권 찬탈을 위한 반역과 유사한 형태를 취한다. 아도니야가 요압 장군과 아비아달 제사장과 자신의 즉위를 모의했고 사독 제사장과 여호야다의 아들 브나야, 나단 선지자, 시므이, 레이, 다윗의 용사들은 그 모의에 가담하지 않았다. 아도니야는 즉위를 위한 잔치를 벌이고 솔로몬을 제외한 자신의 모든 동생들과 왕의 부하 유다 사람들을 모두 초청했고 그를 반대했던 나단과 브나야와 다윗의 용사들과 솔로몬을 초청하지 않았다. 이 말은 지속적으로 반복된다(10, 19, 26절).

나단은 다윗의 또 다른 아내이자 솔로몬의 모친 밧세바에게 아도니야의 즉위 시도를 말한다(11절). 여기서 우리는 아래 도표가 잘 보여주듯이, 화자의 첫 번째 아도니야의 잔치 묘사(1:7-10)가 아도니야의 즉위와 과거에 행한 다윗의 솔로몬에 대한 양위 약속에 대한 나단의 언급("내 주 왕이여 전에 왕이 여종에게 맹세하여 이르시기를 네 아들 솔로몬이 반드시 나를 이어 왕이 되어 내 왕위에 앉으리라 하지 아니하셨나이까" 1:13)을 거쳐 마지막으로 다윗 왕 앞에서 밧세바가 묘사한 아도니야의 즉위 잔치까지 어떻게 변화되는가에 주목해야 한다(1:17-21). 화자는 아도니야가 왕이 되고자 했다는 사실만을 묘사하지만, 나머지 사람들은 아도니야가 이미 왕이 되었음을 기정사실화한다. 밧세바는 현재 아도니야가 왕이 되었다는 사실과 과거에 다윗 왕이 솔로몬을 후계자로 삼았다는 점을 대조하고 있으며, 마지막으로 등장한 나단은 왕에게 아도니야의 즉위가 진정 다윗의 뜻이냐고 반문한다. 이러한 일련의 대화를 통해 나단과 밧세바는 솔로몬이 진정한 다윗의 후계자라고 공표해줄 것을 요청한다.

화자의 묘사(1:5)	나단의 묘사(1:11)	밧세바의 묘사(1:17-18)	나단의 묘사(1:24)
아도니야가 말했다. "내가 왕이 되리라."	A "학깃의 아들 아도니야가 왕이 되었다는 소식을 듣지 못하셨습니까?" B "당신의 아들 솔로몬이 정녕 나를 이어 왕이 되어 내 위에 앉을 것이라 하시지 않으셨습니까?" A′ "그런데 아도니야가 어떻게 왕이 되었습니까?"	"네 아들 솔로몬이 정녕 나를 이어 왕이 되어 내 위에 앉을 것이다." "이제 아도니야가 왕이 되었어도 내 주 왕은 알지 못하십니까?"	"아도니야가 나를 이어 왕이 되어 내 위에 앉으리라 하셨습니까?… 왕께서 내 주 왕을 이어 그 위에 앉을 자를 종에게 알게 하지 아니하셨나이다."

다윗 왕을 알현한 밧세바는 일종의 말장난으로 "아도니야가 왕이

되었다"(말라크 아도니야후)고 말하고, 다윗을 "내 주 왕"(아도니 함멜레크)이라고 부르면서 기존의 다윗 왕과 스스로 등극한 아도니야 두 사람을 반복적으로 대조시킨다(11, 13, 18, 24절).[2] 이것은 현재까지 다윗이 아직 살아서 왕직을 수행하고 있는데, 다윗의 재가도 없이 행해진 아도니야의 즉위는 분명히 모반죄라는 암시인 것 같다. 이러한 와중에 나단이 들어와 지금까지 언급된 아도니야의 잔치를 확장해 언급한다(1:24-27). 이 모든 계략은 나단이 만든 것이다(내가 당신의 생명과 당신의 아들 솔로몬의 생명을 구원할 충고를 하게 해주소서).

자기 아내 밧세바와 선지자 나단 이 두 사람의 일치된 증거는 노쇠한 다윗 앞에서 어떠한 허구도 기정사실화할 수 있었다. 그러나 솔로몬의 즉위와 관련된 그 어느 구절에서도 솔로몬이 다윗의 유일한 후계자로 선포되었던 적은 없었다. 이 말이 사실이었다면, 이와 같은 중요한 사건을 화자가 언급하지 않았을 리가 없다. 이와 같이 다윗 앞에서 행한 밧세바와 나단의 반복적인 증언은 이전에 '나이먹고 신체적 장애가 있는' 야곱이 자신의 부친 이삭과 형 에서를 속여서 장자권과 축복권을 빼앗았던 것과 유사하다. 두 차례 반복적으로 다윗이 나이가 많아 늙었다는 언급(1:1, 15)도 다윗의 판단에 결함이 있음을 암시하는 듯 하다. 결국 나단의 계략에 따라, 밧세바는 다윗 왕이 이전에 자신에게 솔로몬의 왕위를 약속하지 않았느냐는 점을 상기(혹은 주입)시키고 나단은 다윗에게 그러한 '개인적인 약속'에 대한 교묘한 확증을 요구한다.

---

2. 이와 같은 유사한 표현들의 말장난은 Walsh(1996:11, 13)을 보라.

"이 일(아도니야의 즉위축제)이 전하(다윗 왕)께서 윤허하신 바입니까? 전하께서 전하의 종들에게 이미 누가 후계자로 전하의 보좌를 계승할 것을 알게 하지 않으셨나이까?"

나단은 다윗의 적법한 승계자가 누구인지를 명확하게 언급하지 않지만, 아도니야의 교만하고 자의적인 행위를 언급하면서, 이전에 다윗이 이미 개인적으로뿐만 아니라, 신하들에게도 솔로몬이 자신의 후계자임을 알게 했다는 인상을 갖게 한다. 이 말을 들은 다윗 왕은 자신이 과거에 야웨의 이름으로 솔로몬이 자신의 후계자가 될 것을 맹세했다는 점을 확인하고 자신의 '원래'의 계획대로 이제 실천하도록 명령한다(1:30). 전통적으로 이 본문을 솔로몬의 정당한 승계를 보여주는 것으로 믿었다는 점에서도 두 사람의 계략은 성공했다.

결국 밧세바와 함께한 나단의 계략은 결국 다윗 왕이 아도니야가 아니라, 솔로몬을 공식 후계자로 선포하게하는데 성공했다. 다윗은 사독 제사장과 나단 선지자, 그리고 여호야다의 아들 브나야에게 우선 자신의 노새에 솔로몬을 태워 기혼으로 데리고 가서 그의 머리에 기름을 붓고 다윗의 공식 후계자로 임명할 것을 명령하니, 다윗의 대신들과 다른 사람들, 즉 사독 제사장, 나단 선지자, 여호야다의 아들 브나야가 다윗이 명한 대로 행해 솔로몬을 기혼으로 데리고 가서 온 백성 앞에서 솔로몬에게 기름을 부어 이스라엘의 왕으로 세운다(28-40절). 솔로몬이 왕이 된 후의 축하의 소음이 아도니야의 축제의 소음을 압도하니 아도니야의 축하객들이 모두 혼비백산 흩어지고, 두려움에 떠는 아도니야는 제단뿔을 잡고 솔로몬에게 자신의 목숨을 보장해줄 것을 요구한다(1:50ff.). 그 말을 듣고 솔로몬은 아도니야를 살려둔다.

이 부분에서 우리는 이 일에서 주도적인 역할을 수행하는 나단 선지자의 캐릭터상의 신뢰성의 문제를 다루어야 한다. 나단은 이스라엘 왕조사에서 세 차례 등장한다. 그런데 매 상황마다 그의 언행에 대한 신뢰도는 균일하지 않다. 특히 이전의 경우들과는 달리 이번에 행한 나단의 언행은 그 신뢰도를 쉽게 평가하기가 어렵다.

다윗이 백향목 성전을 건축하려 했을 때(삼하 7장)	다윗이 밧세바와 간음을 했을 때(삼하 12장)	밧세바와 함께 다윗에게 솔로몬의 승계를 정당화시킬 때(왕상 1장)
야웨의 비난을 받았기 때문에 나단의 언행은 신뢰성이 낮음	야웨의 뜻을 따라 다윗을 비판했으므로 그의 언행은 신뢰성이 높음	그의 언행에 대한 야웨의 뜻이나 재가 혹은 다윗이나 화자에 의한 명백한 확증이 없기 때문에 그의 언행은 신뢰성이 모호함

다윗의 유언(왕상 2:1-9)

다윗은 죽기 직전에 솔로몬에게, "야웨의 명령을 지켜 바르게 행하면 형통할 것이며 왕위가 끊이지 않을 것이다"며 마지막 훈계를 한다(3-4절). 이 말은 긍정적인 훈계이긴 하지만, 그 반대의 경우를 암시한다는 점에서 중요하다. 과연 다윗의 나머지 교훈과 야웨의 명령을 따르는 것과는 무슨 상관이 있을까? 그후에 다윗은 솔로몬에게 요압과 바실래의 아들들과 베냐민 사람 시므이에게 그들의 이전 행위에 적합한 처우를 수행할 것을 유언한다.

첫째로 다윗은 요압을 개인의 감정(아브넬을 죽임)과 이익(아마사를 죽임)의 유혹을 통제하지 못하는 자로 규정하면서, '솔로몬 자신의 지혜대로' 그의 제거를 명령한다(5-6절). 물론 여기서 다윗은 요압이 가담한 아도니야의 옹위 시도를 언급하지 않는다. 마찬가지로 요압이 다윗의 주장과는 달리 '태평 시대에 전쟁의 피를 흘리고 전쟁의 피를 자기의 허리띠와 신발에 묻혔다'고 볼 수는 없다. 둘째로 다윗은 이전에 자기에게 호의를 베풀었던 바실래의 아들들(삼하 19:31-39)에게 은총을 베풀 것을 요구한다(7절). 마지막으로 다윗이 베냐민 사람 시므이의 경우 이전에 그의 과거 행적을 인해 그를 죽이지 않기로 약속했으나(삼하 16:5-14, 19:16-23), 이제 다윗은 솔로몬에게 '솔로몬의 지혜대로' 그를 제거할 것을 명령한다(8-9절). 다윗은 이러한 계산된 유언을 통해 그가 이전에 행했던, 특별히 시므이에게 약속했던 자비와 은총의 행위들을 무효화한다. 이러한 다윗의 유언은 우선적인 정적 아도니야를 처형한 후, 솔로몬이 순차적으로 집행한다.

열왕기의 초두에 나타난 다윗의 죽음 이야기에서 그 누구도 심지어 그의 후계자 솔로몬도 그를 위해 슬퍼하지 않았다는 점은 의외다. 그는 원수들을 살려주고 원수들을 죽인 자들을 처단하는 정책을 사용했던 눈물과 따뜻한 가슴의 명장이었다! 그러나, 물론 자기 정적 이스보셋이 죽었을 때를 제외하고,[3] 다윗은 수많은 자신의 정적들과 동지들의 죽음을 앞두고 자신의 무죄함을 천하에 공표하는 데 서슴지 않았고 수많은 애가와 조사를 토해낸 장본인이었다. 그러나 정작

3. 다윗은 이스보셋을 제거하려 했던 아브넬이 죽자, 그를 위해 애가를 지어 불렀다. 또한 그는 이스보셋을 죽인 자들을 죽여 헤브론 못가에 매어달았는데 이상하게도 다윗은 이스보셋의 머리를 아브넬의 무덤에 매장했고 그 이유가 무엇이었는지는 여전히 의문으로 남는다.

그가 죽은 후에, 그 누구도 그의 죽음을 슬퍼하지도, 심지어 애가도 불러줄 자가 없었다는 것은 역설적이다.

다윗은 왕정 초기 정적과의 대결과 전쟁을 치르면서도 조심스럽고 관대하며 평화를 갈망하는 왕으로 묘사되지만, 그의 말년에는 자기 후계자 솔로몬에게 피비린내 나는 숙청과 갈등을 유언하는 노쇠한 왕으로 묘사된다. 이제 다윗의 죽음이 임박했다는 언급으로 시작된 열왕기는 다윗의 죽음과 함께 솔로몬의 내부 정적들의 제거하는 것으로 솔로몬 등극에 대한 언급을 종결한다.

마지막으로 열왕기상 2:10-11은 의도적으로 사무엘하 5:4과 종두병행법을 이용해 다윗의 치세의 종말을 묘사하며 솔로몬 왕정의 시작을 예견한다.

시작 부분(삼하 5:4)	결론 부분(왕상 2:10-11)
다윗이 30세에 왕위에 올라 40년을 다스렸다. 헤브론에서 7년 6개월간 유다를 다스렸고 예루살렘에서 33년간 온 이스라엘과 유다를 다스렸다.	다윗이 그 열조와 함께 누워자니, 다윗 성에 장사되었다. 다윗이 이스라엘 왕이 된 지 40년이 흘렀다. 헤브론에서 7년을 다스리고 예루살렘에서 33년을 다스렸다.

솔로몬은 어떻게 다윗의 유언을 집행했는가?

열왕기상 1-2장은, 사울과 다윗의 경우처럼, '솔로몬이 어떻게 왕이 될 수 있었는가?'에 대한 장황한 설명을 제공한다. 그 후에 언급된 솔로몬의 실제적인 등극 묘사는 솔로몬 왕국이 어떻게 '매우 견고해질 수 있었는가'로 시작된다(2:12, 46에서 종두병행법이 사용된다). 물론 이것은 솔로몬이 내부 정적들을 제거한 후에만 가능한 것이었다. 솔로몬은 정적들을 제거하라는 다윗의 유언을 다윗의 충고처럼 '자신의 지혜대로' 철저하게 집행했고 그 내용을 추가하기도 한다.

솔로몬의 정적 제거의 과정

이 과정은 거시적으로 솔로몬 내러티브의 구조를 이해하는데 도움을 줄 수 있다. 즉 솔로몬 내러티브에서 솔로몬의 인생 전반부에 내부의 적들을 제거하는 시도가 나타나며(요압, 시므이, 아도니야), 그의 후반부에는 외부의 적들을 제거하는 시도가 나타난다(하닷, 르손, 여로보암).

아도니야의 제거

솔로몬에게 자기 왕위를 빼앗긴 아도니야는 또 한번 어리석은 행동을 한다(2:13ff.). '평화를 구하기 위해서' 밧세바에게 찾아온 아도니야는 그녀에게서 '평화'를 확인받는다. 그러나 아도니야의 평화 추구는 결과적으로 그의 권력욕에 가득 찬 요구로서 그를 죽음에 이르게 하는 요인이 된다. 왕권 창출에 실패한 아도니야는 밧세바에게 '민심은 자신에게 있었으나, 야웨의 뜻 때문에 솔로몬이 왕이 되었다'고 주장한다. 그러나 이러한 주장은 모순된 말이다. 이 상황에서 민심과 야웨의 뜻이 상충적으로 작용했다는 말인가? 실제적으로는 그것은 야웨의 뜻이 아니라, 나단과 밧세바의 계략에 의한 것이었다. 아도니야는 밧세바 앞에서 자신의 실패를 야웨의 탓으로 돌리고 있을뿐이다.

그는 밧세바에게 다윗의 말년에 그를 수종들던 수넴 여인 아비삭을 자신의 아내로 삼을 수 있게 솔로몬에게 말해주도록 간청한다. 그 이유는 비록 아비삭이 다윗의 첩의 반열에 있었는가는 모호하지만, 고대 근동의 관습상 왕의 첩들은 왕의 모친이 관할했기 때문이었다. 수넴 여인은 죽은 '다윗' 왕에게만 필요했던 여인이었지만, 이제 다윗이 죽었기 때문에, 고대 근동의 관습상 선왕의 후계자가 그의 첩들을 승계하는 것이 상식이었다(예, 삼하 3:6-8, 12:8, 16:20-22). 그러므로 살아 있는 왕의 첩들을 넘본다는 것은 왕과 왕위에 대한 도전으로 여겨질 수밖에 없다. 그러므로 아도니야의 아비삭에 대한 요구는 다윗의 왕권에 대한 대체물로서, 그가 여전히 다윗 왕권에 대한 미련을 갖고 있다는 사실을 보여준다(Walsh 1996:50-51). 별 생각없이 이러한 요구를 약속한 밧세바가 솔로몬의 윤허를 구하자, 그는 진노해 말했다. '차라리 짐에게 아도니야의 왕위를 구하고, 자신을 대적한 자들(아비아달과 요압)을 위해서도 요구하라'고 반문한다.

이에 솔로몬은 아도니야를 죽이기로 작정하고 그러한 요구를 근거로 여호야다의 아들 브나야를 시켜 그를 죽였다. 솔로몬은 "야웨께서 나를 세우사 내 부친 다윗의 보좌에 두시고, 그[야웨]가 약속하신 대로, 내게 왕가를 만들어 주셨다"[4]고 규정한다(2:24). 이제 솔로몬은 아도니야의 말을 확장해 자신의 즉위를 신적인 계획과 섭리의 결과라고 주장한다. 이후로 이제 솔로몬은 그러한 섭리와 계획을 실제 자신의 왕권과 왕조와 국가를 확고히 하는 데 사용하게 된다.

4. 번역본상 목적어를 솔로몬이 아닌, 다윗으로 수정하는 경우가 있다(Jerusalem Bible).

아비아달의 제거

솔로몬은 아비아달 제사장의 경우 야웨의 궤를 담당했던 점과 다윗의 충복이었다는 이유(삼상 22-23, 30장, 삼하 15장)로 다른 사람들처럼 사형에 처하지는 않고, 그의 제사장직을 박탈하고 고향인 아나돗으로 귀향 보낸다. 이 경우는 다윗의 유언에 포함되어 있지 않았다. 이것은 일종의 자비 행위로 그의 죽음만은 면하게 한다. 사울의 경우 놋의 제사장들마저도 살해한 것에 비하면 솔로몬의 행위는 나은 편이었다. 화자는 여기서 솔로몬이 실로의 엘리 가문에 대한 말씀을 성취하려고 행한 바라고 규정한다(삼상 3:12-14). 아마도 이것은 화자가 '솔로몬의 행위의 평가'를 보여준다기보다는, 오히려 화자가 '솔로몬이 아비아달을 파면한 이유를 그러한 예언에서 찾았다고 말해주는 것' 처럼 보인다. 즉 '솔로몬은 실로에서 행하신 엘리의 집에 관한 야웨의 말씀을 성취하려고 아비아달을 쫓아내 야웨의 제사장 직분을 파면하였다.' 그러나 이러한 시도에도 불구하고, 역설적으로 수세기 후에 야웨는 아나돗 출신인 예레미야 선지자를 세워 다윗 왕조와 성전에 대한 하나님의 심판을 선언하게 하셨다(렘 1:1). 솔로몬은 쫓겨난 아비아달 대신에 사독을 대제사장으로 임명한다.

요압의 제거

아도니야와 그의 지지자들의 제거 소식을 듣고 요압 장군은 아도니야처럼 야웨의 제단뿔을 잡고 자기 목숨을 구걸한다. 그러나 솔로몬은 요압이 죽어야 할 이유를 아도니야의 옹위에서 찾지 않고, 그가 죄없는 자들(이스라엘의 군대장관 아브넬[삼하 3:6-39]과 유다의 군대장관 아마사[삼하 20:1-22])를 죽였기 때문이라고 규정함으로 다윗의 유언을 집행한다. 요압도 아도니야처럼 브나야가 처형한다. 브나야는 요압 대신에 군대장관에 임명된다.

시므이의 제거

그후에 솔로몬은 시므이의 거주지를 예루살렘으로 제한한다. 다윗이 므비보셋에게 행했듯이, 솔로몬은 말 그대로 시므이에게 그와 같은 터무니없는 명령을 준수하도록 명령한다. 그로부터 3년 후에 시므이의 두 종이 가드로 도주하자, 시므이가 예루살렘을 떠나 가드로 가서 그들을 되찾은 사건이 보고되어, 시므이는 왕의 명령을 어겼다는 죄목으로 솔로몬이 보낸 브나야에 의해 살해된다.

솔로몬의 지혜와 제국의 평화

여기서 우리는 "차라리 짐에게 아도니야의 왕위를 구하고, 자신을 대적한 자들(아비아달과 요압)을 위해서도 요구하라"라고 한 솔로몬의 말에 주목할 필요가 있다. 표면적으로 다윗이나 솔로몬 그 누구도 아도니야와 일부 추종자들의 반역 행위가 유언과 그에 대한 집행의 근거라고 말하지 않는다. 그러나, 화자는 이러한 일련의 사건들로 솔로몬의 왕국은 "견고해졌다"(2:12, 46b)고 말한다. 이러한 두 차례의 표현과 아울러 본문에서 언급되는 피의 숙청 사건들을 행한 솔로몬의 의도에 대한 의심은 다음과 같은 몇 가지 내부적인 표현들로 인해 강화된다. 즉, "야웨께로 말미암는다"(2:15, 32, 33)와 "야웨(의 살아 계심)를 가리켜 맹세하다"(23, 24, 42, 43절)이다. 이러한 표현들은 솔로몬이 행한 상당히 과격하며 폭력을 수반하는 일들을 언급할 때, 야웨의 이름(혹은 사심)을 통한 맹세로 정당화되거나, 혹은 야웨가 행하신 바로 묘사되며, 그러한 일들 후에 발생하는 '평화'를 언급하는 데 사용된다.

솔로몬의 행위들이 야웨의 이름으로 행한 맹세로, 혹은 그의 도우심으로 행해졌다는 주장은 발설된 언사들의 표면 가치만으로 평가할 수는 없다. 야웨가 진정 피의 살육을 솔로몬에게 요청하고 그것을 승인하셨던가? 만약에 그렇지 않다면, 하나님은 어째서 솔로몬의 난동(?)에 침묵하고 계셨던가? 문맥상으로 하나님의 인내 이유를 발견하기는 어렵지만, 그렇다고 해서 하나님의 침묵을 가지고 솔로몬 왕정의 온갖 만행을 정당화시킬 수는 없다. 심지어 화자의 침묵 혹은 과묵함도 솔로몬의 행위의 모순성에 사족을 달 필요가 없을 만큼 명확하다는 점을 반증한다. 그러므로 솔로몬은 다윗의 '무죄'의 표명의 전략과는 달리, 다윗의 정략적 유언과 묵인, 그리고 자기 친위 세력들과의 공모를 통해 정적들을 명백히 적극적으로 제거해 자신의 왕권을 획득하고 유지하고 확장하는데 사용했다.

'솔로몬의 피의 숙청을 통한 국가적 견고함'이 '야웨의 뜻과 도우심과 인정하심으로 인한 것'이라는 주장들 사이의 모순점은 다윗의 유언의 내적 모순과 연관지어야만 바르게 이해할 수 있다. 다윗이 솔로몬에게 요청한 두 가지, 즉 하나님의 명령을 전적으로 순종하는 것과 대적들을 숙청하기 위해 자신의 '지혜대로' 행하는 것은 전혀 다른 것이 아닌가? 이러한 점에서 다윗의 유언과 솔로몬의 행동들은 비록 모순되지만 서로 상응한다.

솔로몬의 캐릭터를 어떻게 읽을 것인가?

비록 세부적인 분류상의 차이가 존재하지만, 대부분의 학자들[5]은, 독일 학자 마르틴 노트(Martin Noth, 1981)의 견해처럼, 솔로몬 내러티브의 배열 혹은 구조를 세월의 흐름에 따라 '경건한 솔로몬'(혹은 친[親]솔로몬적 묘사, 3:1-8:66)과 '불순종의 솔로몬'(혹은 반[反]솔로몬적 묘사, 9:1-11:43)으로 구분했다. 그러나 비록 솔로몬 내러티브가 전체적으로 연대기적으로 배열된 건 사실이지만, 그러한 구조가 세부적이거나 엄밀하게 그런 것은 아니다. 오히려 그것의 교차대구적 배열로 볼 때, 앞서 말한 전통적인 이분법적 이해는 부적절하다.[6] 비록 솔로몬의 실정이 뒷부분에 배치된 것처럼 보이지만, 우리가 이미 논의했듯이, 솔로몬의 인생의 전반부가 긍정적으로만 언급된 것은 아니다(cf. Walsh 1996:152-53). 그러므로 화자의 묘사 의도와 사건들의 배치와 설명에 주목할 필요가 있다. 앞서 다루었던 즉위 과정 중에 '솔로몬의 지혜대로 행한' 피의 숙청 말고도 솔로몬의 실제 치세를 다룰 때 그것의 내러티브의 시간에 따른 선악 이분법이라는 주장을 의심케 하는 근거들은 다음과 같이 여러 가지다.

---

5. 예, 파커(Parker 1988)는 솔로몬 내러티브를 이상적인 왕(3:1-8:66)과 배도한 왕(9:1-11:43)으로 나눈다.

6. 솔로몬 내러티브의 전후 단락의 연관성에 대한 자세한 논의는 Walsh(1996:69-156)와 강정주(2006:140-68, 184-240)를 참조했다.

(1) 이방인과의 결혼

솔로몬의 인생 전체를 부정적으로 평가하게 만드는 모티프들 중의 하나인 '바로의 딸과의 결혼'을 우선 고려해보자(왕상 3:1, 7:8, 9:16, 24, 11:1). 표면적으로 솔로몬의 말년에 다른 수많은 여인들과 결혼한 솔로몬을 하나님이 심판하신 것처럼 보이나, 그것은 본문의 피상적 읽기의 결과이자 화자의 의도적 배열을 오해한 결과다. 이것은 솔로몬이 이미 왕궁과 성전 건축 이전에 이집트 공주와의 결혼을 간과한 것이며, 심지어 그의 지혜에 대한 언급은 두 차례 이집트 왕국의 부마 신분의 언급과 함께 등장한다(3:1, 11:1). 그러므로 솔로몬의 타락과 징벌 원인을 말년(수많은 처첩들이 솔로몬을 우상숭배하게 하였다)으로만 국한할 수 없다. 게다가 솔로몬은 자신의 지혜를 이방신들을 잘 섬기는 처첩(결혼정책)을 두는 일에도 사용했으며 그들은 결국 그와 그의 왕국을 우상숭배로 이끌었다.[7] 그러나 다윗은 하나님을 버리고 우상숭배를 하지 않는 식으로 하나님 앞에서 두 가지 마음을 품지 않았기에 화자는 다윗을 하나님 앞에서 온전했다고 말하지만 우상숭배를 한 솔로몬은 자기 아버지 다윗보다 낫지 못하다고 평가했다. 이것은 다윗의 유언을 상기시킨다.

(2) 성전 건축

솔로몬의 성전 건축 과정 중에 임한 계시에서 언급된 성전에 대한 하

7. 솔로몬 성전 건축 이전과 이후의 조건적 임재를 의미하는 야웨의 말씀들, 그리고 솔로몬 이야기의 앞뒤에 등장하는 이집트 바로의 딸 및 여러 이방인 아내들과 우상숭배에 대한 논의는 Walsh(1996:70-71, 133-38)를 보라.

나님의 조건적 임재(네가 내 법도를 따르며 내 율례를 행하며 내 모든 계명을 지켜 그대로 행하면)의 말씀(6:11-13)은 솔로몬의 성전 건축 후에 꿈에 솔로몬에게 하신 '계명의 준수라는 왕위 지속 조건과 불충실할 경우에 임할 왕위 단절, 약속의 땅에서의 추방과 성전의 폐기'에 대한 하나님의 말씀의 조건과 동일하다(9:3-9). 이것은 성전 건축에 대한 하나님의 약속도 솔로몬이 하나님의 조건을 실행하는 한에서만 유효하다는 말이다. 즉, 이것은 솔로몬이 건축한 성전을 포함한 다양한 건축물의 위대함과 화려함보다는 하나님의 말씀에 순종하고 바르게 행하는 것이 더 중요하다는 의미다. 결국 하나님은 우상숭배를 초래하는 이방인들과의 통혼 금지에 대한 솔로몬의 불순종의 결과인 통일왕국의 분열을 말씀하셨다(왕상 11:11-13, 29-39).

(3) 지혜의 통치

화자는 왕의 치세를 과장하는 고대 근동 문학 양식을 따라 솔로몬의 국내외적인 평화 추구와 그의 제왕적 지혜의 사용이 하나님께서 주시는 국내외의 평화와 안정과 풍요와 존경을 받게 만들었다고 말한다. 이러한 배열이 주는 의도와 효과가 무엇인가를 고려해야 하고 이러한 설명과 결과들을 문자 그대로 받아야 할지는 고민해봐야 한다. 솔로몬이 기브온 산당에서 일천번제물을 드린 후에 꿈속에서 나타나신 하나님께 구했던, 백성을 정의롭게 통치하기 위한(즉 선악을 분별하기 위한) '백성들의 말을 듣고 분별하는' 지혜의 마음은 솔로몬의 재위기간에 나타나지 않는다. 물론 솔로몬의 명성과 '말하는' 지혜에 탄복한 천하 모든 왕들이 보낸 자들의 방문과 선물들에 이어 시바 여왕의 방문까지 받기도 하지만 말이다(4:34, 10:8, 24).[8] 그러므로 솔로몬이 하나님께 구했던 정의로운 통치를 위한 지혜와 실제 그가 통치 중에 실천했던 지혜가 상이했다는 점에서 그가 하나님께 구했던 지혜는 그의 치세와 백성에게 사용되지 못했던 것 같다.

솔로몬의 치세에서 '일개' 창녀들의 자식 재판이 왕의 지혜로운 판결의 유일한 예로 등장하지만, 이 본문 자체도 해석상의 모호함을 내포한다(3:16-28. 참조. Walsh 1996:84의 분석). 솔로몬의 지혜를 증거하는 본문(26-27절)은 여전히 모호하다. 즉, 한 창기가 솔로몬에게 "내 주님, 청컨대, 그녀에게 '살아 있는 신생아'를 주사, 그를 죽이지 마소서!"라고 말하자, 솔로몬은 그 말을 그대로 따라했을 뿐이다["그녀에게 '살아 있는 신생아'를 주어 그를 죽이지 말라! 그녀가 그의 어미다"]). 즉 이 말이 신생아를 죽이지 말고 (가짜) 어머니에게 주라는 의미인지, 솔로몬이 신생아를 죽이지 말고 (진짜) 어머니에게 주라고 명령한 것인지는 모호하다. 그러한 점에서 이 본문은 단순히 솔로몬이 행했다고 여겨지는 정의로운 판결 속에서 하나님의 지혜가 있었다고 백성들이 생각했다는 말만 있을 뿐이다(3:28).[9] 그럼에도 이와 같이 창녀들의 아들 송사 사건을 넘어 하나님이 솔로몬에게 주신 매우 큰 지혜와 '바닷가의 모래와 같이' 넓은 지식(마음)을 통해 솔로몬은 수많은 노래(잠언 3000개, 1005편의 노래)를 짓고 자연에 대한 방대한 지식(초목, 즉 레바논의 백향목으로부터 담에 나는 우슬초까지, 짐승과 새와 기어다니는 것과 물고기)을 소유했다. 이는 이웃나라 왕들에게도 인정받았던 것이

8. 시바 여왕의 방문에 대한 더 자세한 논의는 Walsh(1996:126-28)를 보라.

9. 이 송사에 대한 더 자세한 논의는 Walsh(1996:78-85)를 보라.

었다.[10]

(4) 평화롭고 호화로운 통치

초기 대적들을 제거한 후에 시작된 솔로몬의 본격적인 치세는 일차적으로 평화롭고 번영했던 것처럼 묘사된다. 즉, 그러한 증거로 화자는 왕국의 내부 상태를 언급한다. 즉 온 이스라엘(유다와 이스라엘, 즉 단에서 브엘세바까지)[11]에 대한 체계적인 통치(제사장, 서기관, 사관, 군사령관, 지방장관의 두령, 노동감독관 등으로 구성되었던 솔로몬의 궁내 대신들[2-6절];[12] 유다가 아닌 이스라엘 각 지역에서 솔로몬과 왕실에 음식을 공급하는 12방백들[13]의 명단[8-19절])와 군사력의 증가(솔로몬의 병거의 말 외양간이 사만이요 마병이 만 이천 명)와 방백과 솔로몬 자신이 즐겼던 풍요로운 음식(솔로몬과 궁정에서 하루식사의 메뉴와 소비된 항목들은 가는 밀가루 삼십 고르, 굵은 밀가루 육십 고르[14], 살진 소 10마리, 초장의 소 20마리, 양 100마리, 수사슴과 노루와 암사슴과 살진 새들이었다)으로 대표되는 물질적인 번영, 백성의 수

---

10. 이 지혜로움에 대한 더 자세한 논의는 Walsh(1996:90-92)를 보라.

11. "온 이스라엘"이라는 표현의 모호성 혹은 역설에 대한 논의는 Walsh(1996:86)를 보라.

12. Walsh(1996:86-87)는 이 목록이 다윗의 신하들 목록("[15]다윗이 온 이스라엘을 다스려 다윗이 모든 백성에게 정의와 공의를 행할새 [16]스루야의 아들 요압은 군사령관이 되고 아힐룻의 아들 여호사밧은 사관이 되고 [17]아히둡의 아들 사독과 아비아달의 아들 아히멜렉은 제사장이 되고 스라야는 서기관이 되고 [18]여호야다의 아들 브나야는 그렛 사람과 블렛 사람을 관할하고 다윗의 아들들은 대신들이 되니라"[삼하 8:15-18])을 상기시킨다고 주장한다.

13. 이것은 사사기가 증거하듯이 이스라엘 초기역사의 고질적인 갈등요소로서 북 이스라엘 지역에만 부여된 과도한 부역과 과세로 인한 착취의 불만을 예상할 수 있는 증거다(Walsh 1996:87; 강정주 2006:258).

14. 솔로몬은 히람에게 음식을 지급했다(해마다 밀 이만 고르와 맑은 기름 이십 고르"[5:11]). 강정주(2006:260)는 이것도 솔로몬의 지혜의 문제점이라고 이해한다.

적인 번영("유다와 이스라엘의 인구가 바닷가의 모래처럼 많았으며") 그리고 백성의 만족과 태평함(4:20, 25) 등이 그것이다. 외부적으로 솔로몬은 여러 나라들과 국제 교역과 맹약을 통해(4:21) 평화 정책을 구사했고 그것으로 인해 최전성기를 이루었다("딥사에서 가사까지 유브라데스 강 건너편의 왕을 모두 다스렸고 사방의 민족들과 평화를 누렸으니").[15]

솔로몬의 평화와 번영의 치세의 묘사[16]에 이어 등장하는 솔로몬 왕국의 내적 위험 요소들(여러 외국인 아내들로 인한 우상숭배)과 내재적이며 현재적인 위험 요소들인 외부와 내부 대적들은 초기 내부 대적들(의 제거)에 대한 언급과 상응한다. 다윗과의 악연에서 비롯된 외부 대적인 에돔 사람 하닷과 다메섹 왕 엘리아다의 아들 르손은 다윗 시대에 이미 원한이 있었고 솔로몬 시대에 갈등을 빚었던 존재들이다. 솔로몬 통일왕국의 분열의 요인인 내부의 대적들은 솔로몬의 지역 차별과 무리한 성전과 궁궐 등의 건축 결과이기도 했던, 에브라임 사람들에게만 부여된 일방적이고 과도한 부역과 세금으로 깊어진 갈등이었고 결국 그러한 불만들은 솔로몬 사후 솔로몬의 아들 르호보암과의 타협 실패로 인해 느밧의 아들 여로보암을 중심으로 집결했다(참조. 12:4 등). 여로보암은 원래 밀로와 다윗의 성읍을 재건축의 감독관이었는데, 예루살렘으로 가다가 새 겉옷을 입고 있던 실로 사람 선지자 아히야를 만났고 그에게 자신이 이스라엘 북쪽 10지파의 왕이 될

---

15. 이 평화롭고 부유한 통치에 대한 내용은 Walsh(1996:85-90, 노역에 대해서는 122-25)을 보라.

16. 솔로몬의 치세 시작과 끝 모두에 등장하는 부정적인 요소와 평가와 마찬가지로 솔로몬의 치세의 시작(3:16-4:34)과 끝(9:26-10:29) 모두에 등장하는 긍정적인 묘사들(듣는 마음, 부유함[국내, 국외, 병거와 병마들], 그리고 존귀)은 Walsh(1996:130-32)를 보라.

것이라는 예언을 듣게 된다. 솔로몬의 나라는, 그가 이집트 공주를 포함한 많은 이방 여인들(후궁은 700명, 첩이 300명)을 사랑했고 그 결과로 초래된 우상숭배(시돈의 아스다롯, 모압의 그모스과 밀곰 등)에 대한 하나님의 징벌이자 다윗에 대한 은혜의 표시로, 결국 두 토막 났다(11:29-39).

구약 성경 내의 솔로몬에 대한 긍정 평가는 전무한 상태며 포로 이후 시대에서도 솔로몬은 이방 처첩을 많이 두어 우상숭배한 죄인으로 묘사될 뿐이다("옛날 이스라엘 왕 솔로몬이 이와 같은 여인들로 인해 범죄하지 아니하였는가? 그는 여러 나라 중에 으뜸가는 왕으로 하나님의 사랑을 받은 자였다. 하나님이 그를 왕으로 삼아 온 이스라엘을 다스리게 하셨으나, 이방 여인들이 그를 범죄케 하였다", 느 13:26). 이것이 솔로몬에 대한 구약의 냉정한 평가이다.

지금과 같은 구조와 내적 갈등 요소들의 병치를 발견하는 일은, 지금까지 구약 위인들(사무엘, 사울과 다윗 등)의 생애를 이분법적으로 이해했던 관행을 재고하고 재해석하게 해 독자들이 현재의 솔로몬 내러티브를 적절하게 이해할 수 있게 할 것이다.

솔로몬 통치 기간의 이스라엘

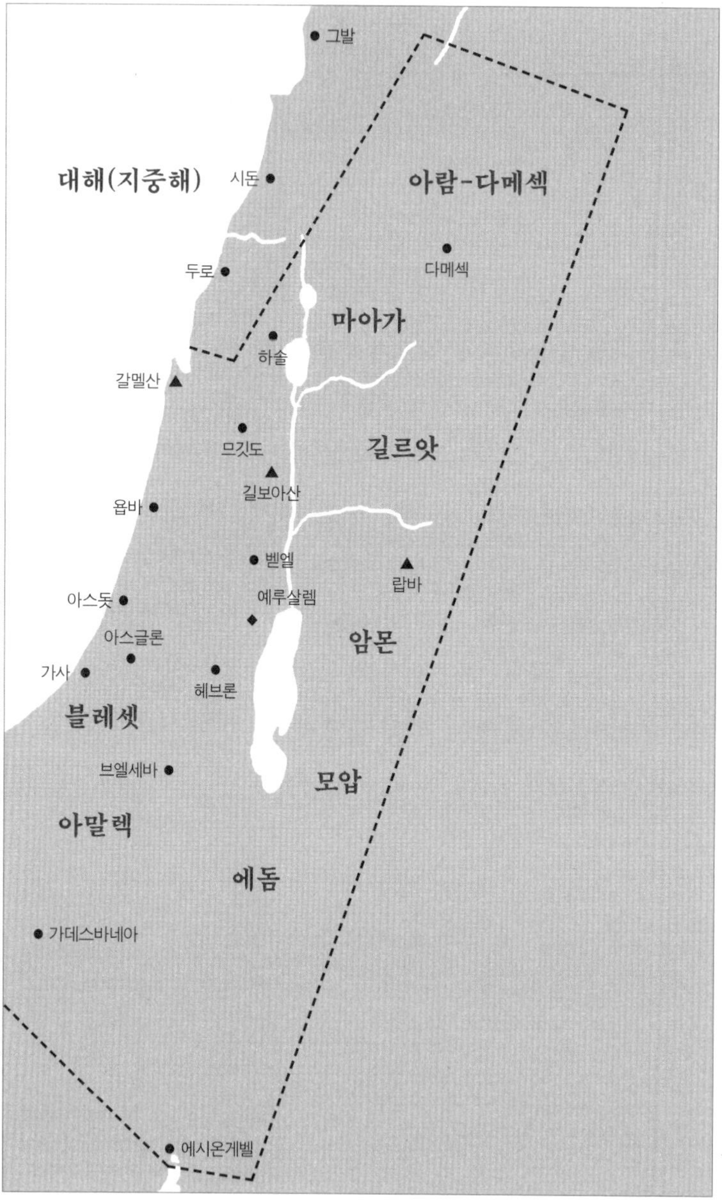

2장
솔로몬 이야기(2)

‡

성전 건축 프로젝트: '성전에서의 간구★는 반드시 성취된다'

일부는 앞에서 간략하게 언급했듯이, 솔로몬의 정치는 ① 외국과의 결혼 정책 등을 중심으로 한 국제 맹약과 교역정책과, ② (아울러 이제부터 우리가 다루려고 하는) 예루살렘 왕궁과 성전 건축, 전국적인 요새 건축을 아우르는 솔로몬의 건축 프로젝트의 맥락 속에서 이해될 수 있다(cf. Younger 1990; Handy 1997). 특별히 솔로몬의 예루살렘 성전은 다윗의 성전 건축 프로젝트의 완결이자 이후의 이스라엘의 종교사의 중요한 이정표를 구축할 뿐만 아니라, 성전 건축과 관련된 솔로몬의 내러티브는 열왕기 전체를 바르게 해석하는 핵심 요소가 된다.

구조

성전 건축을 중심으로 펼쳐지는 솔로몬 내러티브는 월쉬(1996:12)의 연구를 통해 다음과 같은 X자형 구조를 이루는 것으로 나타난다.

A 약속을 포함하는 시작(3:1-15)

B 솔로몬에 대한 야웨의 선물(3:16-5:14)

C 성전 건축 이전(5:15-32)

D 성전 건축(6:1-7:51)

D′ 성전 봉헌(8:1-9:10)

C′ 성전 건축 이후(9:11-25)

B′ 솔로몬에 대한 야웨의 선물(9:26-10:29)

A′ 비극적인 종말(11:1-23)

솔로몬의 성전 및 궁전 등의 건축 이야기는 고대 근동 건축 이야기의 형식과 구조상 유사점이 많으며 특별히 솔로몬의 연설과 기도는 고대 근동 건축 이야기들의 왕의 축복(기도)과 미래 세대를 위한 축복과 저주들과 유사하다. 특별히 후로비츠(1992:64)는 고대 근동 건축 이야기들(수메르와 구 바벨론의 경우를 포함해)의 여러 요소들이 솔로몬의 성전 건축 내러티브에서도 유사하다는 사실을 발견했다:

1) 건축 계획의 상황들과 건축 결정

2) 일꾼들을 모으고 건축 재료를 모으는 등의 준비들

3) 건축물에 대한 묘사

4) 봉헌 예식들과 축제들

5) 왕들의 축복 또는 기도 등

6) 미래의 세대들을 위한 축복과 저주들

[+] 첨가적인 요소들

성전 건축의 과정(왕상 5-6장, 7:40-51, 8:1-11)

다윗이 예루살렘에서 성전을 건축하려고 했을 때처럼, 솔로몬 왕국에도 상대적인 평화와 번영의 때가 다시 찾아왔다. 기브온에서의 솔로몬의 일천번제를 통해 솔로몬의 성전 건축 프로젝트는 구체화되기 시작한다. 솔로몬이 기브온의 산당에서 야웨께 일천번제를 드렸더니 밤에 야웨께서 현몽하셨다. 그때 야웨의 '구하라'는 요구에 따라서 솔로몬은 이스라엘 왕정의 본래의 목적이었던(삼상 8:5-6), 야웨께 백성들을 '판단할' 지혜의 마음을 구했고 야웨는 그러한 요구를 칭찬하시고 그에게 부와 영광도 주실 것을 약속하셨다.[1] 이러한 하나님의 약속은 다윗의 유언과 대비된다.

다윗의 유언	기브온에서의 계시
솔로몬이 하나님의 뜻을 따르면 무엇을 하든지 어디로 가든지 형통할 것이며, 솔로몬의 후손이 하나님의 뜻을 따르면 후손이 왕위에 오를 것이다.	하나님께 지혜를 구함
솔로몬의 지혜대로 행하기를 권면함	하나님의 법도와 명령을 지키면 왕위가 길어질 것임

1. 솔로몬의 일천번제의 현대 의미의 논의는 성기문(2003b:168-175)를 참조하라.

솔로몬의 요구사항은 일종의 '왕의 도리'의 기능을 한다. 여기에서 월쉬(1996:72)는 솔로몬이 하나님을 사랑한 것과 기브온의 산당에서 제사지낸 것(그때까지 야웨의 이름을 위하여 성전을 아직 건축하지 아니하였으므로 백성들이 산당에서 제사하며 솔로몬이 야웨를 사랑하고 그의 아버지 다윗의 법도를 행하였으나 산당에서 제사하며 분향하더라, 3:2-3)이 서로 모순된다고 주장하지만, 아직까지는 성전이 완성된 상태가 아니라서 산당의 제사 행위를 정죄할 근거는 없다. 만약 그랬다면, 야웨께서 현몽하지 않으셨을 것이다. 마찬가지로 사무엘도 아무런 거리낌 없이 성소와 산당에서 제사를 지냈다. 솔로몬 이후의 산당에 대한 정죄는 지역의 야웨의 성소들이 아니라, 비(非)야웨적 산당들의 제의 행사에 관한 것이었다. 그러한 면에서 솔로몬이 기브온에서 제물을 바치고 분향(焚香)한 것(3:4)과 예루살렘의 언약궤 앞에서 솔로몬이 번제와 감사 예물을 드린 것(3:15b) 사이에 상응점이 존재한다(cf. 8:5, 62-65, 9:25). 한동안 이스라엘 사람들은 언약궤 앞에서가 아니라, 다른 제단들에서도 하나님을 예배했던 것이다. 그렇다면, 어째서 야웨께 기도하고 제물을 바칠 곳이 정녕 없어서 솔로몬이 예루살렘 성전을 건축해야 했던가?

성전 건축의 이유 또는 근거들

솔로몬 건축 프로젝트의 일부인 성전 건축 계획은, 선왕 다윗이 건축했던 작은 규모의 '다윗의 도시'를 예루살렘 성으로 확대해 왕궁 및 다양한 건축 계획과 연계시켜서 이스라엘의 종교와 정치의 중심과 복합체(complex)를 구성하려는 것이었다. 이러한 의도하에서 야웨의 전은 나중에 바벨론에 의해 파괴될 때까지 제의 업무들뿐만 아니라, 하나님의 정치와 인간의 정치가 서로 격돌하며 소용돌이치는 중심 무대가 된다. 성전 창고는 종교 기물들 및 국가의 군사력과 재력의 보고 기능을 수행했다. 그로 인한 성전의 유린 혹은 개방은 종교적인 것 말고도 정치적, 군사적, 재정적 폭로(혹은 탕진)나 약화를 의미했다.

야웨의 전의 건축 동기

이것은 솔로몬 내러티브의 전체 의도와 일맥상통하는 것이며 열왕기 전체의 신학 주제들과도 밀접한 관련이 있다. 사브란(1987:158ff.)은 솔로몬 내러티브에 ① 다윗과의 언약의 구체화(이 주제는 나중에 유다 왕들에 대한 평가기준으로 작용한다), ② 성전(성전개축, 성전오염, 성전약탈, 비야웨적 성소의 허용 등의 항목들로 나중에 이스라엘 왕들에 대한 평가 기준으로 작용한다), ③ 선지자들의 신탁과 성취(수차례 조만간 혹은 오랜 기간이 흘러 선지자의 예언이 성취된다)라는 세 가지 중요한 주제들의 존재를 주장한다. 전술했듯이, 성전 건축과 관련된 솔로몬의 의도와 기도 가운데서의 요구, 그리고 하나님의 응답(삼하 7-8장)에 관한 논의에도 백성들의 인간 왕권에 대한 요구(삼상 8장)와 다윗의 성전 건축의 시도(삼하 7장)의 경우처럼 에슬링거의 '절대적인 거부와 수정된 응답'이라는 해석 원칙(1989)을 다시 적용할 수 있다. 아울러, 솔로몬의 성전관은 솔로몬이 다음과 같은 몇 가지 말씀들에 근거해 자신의 세 가지 신학적 기둥들을 세우고 있는 것처럼 보인다. 즉 솔로몬은 자신이야말로 야웨의 말씀들, 특별히 다윗 언약을 성취하는 자로 보이도록 노력했다.

첫째, 솔로몬의 일곱 개의 기도를 구성하는 조건들은 신명기(혹은 레위기)의 언약적 저주의 말씀과 상응한다(레 26장, 신 28장). 이러한 재앙의 가능성들은 선왕 다윗이 과거에 경험한 일들에 대한 신학적 반영일 수도 있다. 솔로몬은 성전 준공식 때 자신의 일련의 기도들 속에서 백성들의 죄악에 따른 재앙과 저주가 성전(혹은 향해)에서의 기도로 상쇄될 수 있는 능력이 부여될 수 있기를 기원한다.

둘째, 신명기(혹은 출애굽기)의 성소법과의 상응성이 존재한다. 이에 대해 혹자는 이것이 신 12:2-7(중앙 성소화)의 성취라고 주장한다(김지찬, 1999:389). 그러나 중앙 성소 규정(출 20장, 신 12장)의 원래 의도가, 이전에 논의했듯이, 특정한 시기와 장소, 그리고 사람에 의해 성취되도록 의도되었던 것이 아니었다. 솔로몬은 가나안 진입 후에, 야웨께서 선택하실 예배의 장소(출 20장, 신 12장)를 자신이 건축한 예루살렘 성전으로 국한시킨다(8:16-21). 명확하게 천명된 바는 아니지만, 이와 같은 시도는, 우리가 논의한 바 있듯이, 이미 다윗에게도 발견된다.

셋째, 솔로몬이 주장하는 시기적 적절성은 재고되어야 한다. 솔로몬은 다윗이 성전을 건축하지 못함의 이유를 '전쟁의 탓'으로 돌리는데(5:3-4, cf. 8:56),[2] 이것은 솔로몬 자신이 야웨의 전 건축의 정당성을 찾으려는 시도의 일환으로 언급된 것뿐이지 실제로 다윗의 시대가 전쟁의 시대였기 때문에 야웨의 전의 건축이 불가능했던 것은 아니다(cf. 삼하 7:1). 오히려 하나님의 거절 이유였던 야웨의 전 건축에 대한 다윗의 이해는 "나는 백향목 궁에 거하는데, 하나님의 궤는 천막의

2. cf. 대상 22:8은 솔로몬 대신에 성전 건축 실패 이유의 언급을 "다윗 자신의 말"로 묘사한다.

휘장 가운데 거하고 있도다"(7:2)라는 표현에서 명확하게 발견된다.

5:3-5	8:15-21
"나의 아버지 다윗이 사방의 전쟁으로 인하여 그 하나님 야웨의 이름을 위한 전을 건축하지 못하고 야웨께서 그 원수들을 그 발바닥 밑에 두시기를 기다렸습니다. 이제 내 하나님 야웨께서 내게 사방에 평화를 주셔서 대적도 없고 재앙도 없습니다. '내가 너를 이어 네 위에 오르게 할 네 아들 그가 내 이름을 위한 전을 건축할 것이다'라고 하신 대로 내가 내 하나님 야웨의 이름을 위한 전을 건축하려 합니다."	이스라엘의 하나님 야웨를 송축할지로다. "내가 내 백성 이스라엘을 이집트에서 인도하여 낸 날부터 내 이름을 둘 만한 집을 건축하기 위하여 이스라엘 모든 지파 가운데에서 아무 성읍도 택하지 아니하고 다만 다윗을 택하여 내 백성 이스라엘을 다스리게 하였노라"고 야웨께서 그의 입으로 내 아버지 다윗에게 말씀하신 것을 이제 그의 손으로 이루셨도다. 내 아버지 다윗이 이스라엘의 하나님 야웨와의 이름을 위한 전을 건축할 마음이 있었으나, 야웨께서 내 아버지 다윗에게 다음과 같이 말씀하셨다. "네가 내 이름을 위한 전을 건축할 마음이 있으니 이 마음이 네게 있는 것이 좋도다. 그러나 너는 그 전을 건축할 자가 아니고, 네 몸에서 태어날 네 아들이 내 이름을 위한 전을 건축할 것이다." 이제 야웨께서 말씀하신 대로 이루신다. 내가 야웨께서 말씀하신 대로 내 아버지 다윗을 이어서 일어나 이스라엘의 왕위에 앉고 이스라엘의 하나님 야웨의 이름을 위한 전을 건축하고 내가 또 그곳에 우리 조상들을 이집트 땅에서 인도하며 내실 때에 그들과 세우신 바 야웨의 언약을 넣은 궤를 위한 한 처소를 만들었다.

또한 솔로몬은 성전 건축의 적절한 시기로서 이스라엘에게 임한 안식을 꼽는데, 이 안식의 시기는 그 정도의 차이는 있지만, 다윗 혹은 솔로몬과만 관련된 것으로 보기보다는, 여호수아 시대 때에 이미 대략적으로 성취된 것으로 보아야 한다(수 21:43-45, cf. 22:4, 23:1). 여호수아에게 '안식'은 하나님이 이스라엘에게 주신 일종의 분깃(유산)으로서, 약속의 땅 자체(1:13)와 대적들과의 분쟁 종식(21:44, 23:1)과 밀접하게 연관된다. 물론 그후부터 약속의 땅 내에서 하나님을 예배

하기에 적법한 장소들에 제단법이 적용되었다. 이와 같은 제단법은 시기적으로 가나안 점령과 분배와 관련해 야웨께 제물드리기에 합당한 장소(들)에 대한 일반 규정으로 보아야 할 것이다(수 21:43-45, 신 12:10-11). 그렇지 않다면, 지금까지 이스라엘 역사 속에 존재해 온 제의들과 제의 성소의 정당성을 부인하는 결과가 된다. 게다가 이러한 잘못된 해석은 솔로몬의 주장에서도 찾을 수 있다.

넷째, 솔로몬의 다윗언약 이해(8장)와 열왕기상 9장의 내용은 원래의 다윗 언약의 '수정판'으로 이해할 필요가 있다. 솔로몬은 자신의 '성전 건축' 프로젝트가 야웨께서 이전에 다윗에게 하신 약속에 근거한 것이라고 주장한다(5:5). 즉 그는 야웨의 이름이 거할 집을 건축하리라던 다윗언약에서 나타나는 '불특정'의 다윗의 씨를 자신이라고 해석한다.

결국 이와 같은 논리를 통해 성전 건축을 하는 솔로몬은 영원한 왕권에 대한 신적인 확인 혹은 성취를 입증하려고 한다. 솔로몬은 다윗에게 약속하신 바를 자신이 성취했으며, 또한 야웨께서 성취하실 것을 반복적으로 요구한다(21, 24, 25, 26절 등).

솔로몬의 성전 건축의 이념적 혼란

솔로몬의 성전 건축은 자체적으로 대립 혹은 모순 요소들을 포함한다. 앞서 언급된 솔로몬의 성전관과 함께 다음과 같은 네 가지 요소들은 오히려 솔로몬의 의도와 그의 성전의 존재 의의에 대한 지속적인 의심과 혼돈을 초래케 한다.

① 솔로몬의 기도에 나타나는 신적인 내재성(야웨의 이름이 성전에 영원히 거하시는 것)과 초월성(하나님께서 하늘에서 백성이 성전에서 행하는 기도를 들으신다는 강조적인 묘사[7번 반복된다])의 대립: 그는 자신이 건설하는 성전이 야웨께서 영원히 거하시기에 합당하지 않다는 점을 인정하면서도(12, 27절) 솔로몬이 건축한 야웨의 전을 야웨께서 "영원히 거하실 집"이라고 선언한다(13절). 이것은 다윗 시대에 이미 야웨께서 명백하게 거부하신 개념이다.

두로의 히람 왕에게 전한 메시지	야웨의 이름을 위한 전의 건축(3회)
솔로몬의 첫 번째 연설	당신을 위한 탁월한 전… 당신이 영원히 거하실 처소(13절)
솔로몬의 첫 번째 기도	내 이름을 둘 만한 집, 야웨의 이름을 위하여 전, 내 이름을 위하여 전, 내 이름을 위하여 전, 야웨의 이름을 위하여 전을, 하물며 내가 건축한 전이오리까, 내 이름이 거기 있으리라, 하늘에서 들으시고(자주 반복됨), 이름을 알고, 이름을 인정하여, 주의 이름을 위하여 건축한 전(자주 반복됨)
야웨의 응답	네가 건축한 전, 내 이름을 위하여 내가 거룩하게 구별한 이 전

② 야웨의 왕조의 약속에 나타난, 인간 왕조의 조건적 영원성 vs. 무조건적 영원성의 대립. ③ 다양한 제의 장소들의 존재와 보편성 vs. 솔로몬 성전의 독점적 정당성의 대립. ④ 성전과 성소들에서 행해지는 여러 가지 희생 제의와 제사장들의 중보 행위들 vs. 솔로몬 성전에서의 회개 기도의 충분성의 대립. 이러한 문맥에서도 회개가 하나님과의 관계성을 회복시키는 전제조건이 나타나며 죄의 용서를 구하는 왕의 언약 중보자직도 강조된다.

성전 건축의 실행

이제 솔로몬은 두로 왕 히람에게 '야웨의 이름'을 찬양할 성전 재료와 건설 인력을 구한다. 예루살렘 성전은 전적으로 이방인 히람의 협력 및 두로의 건축 전문가 혼혈인 후람[3]의 지휘 하에서 '온 이스라엘'에서 징집한 수많은 일꾼들(5:27)과 함께 가나안 성전 디자인과 유사하게 건축되었다. 솔로몬의 성전 건축은 총 7년이 걸렸으며(왕상 6:38), 왕궁 건축은 13년이 걸렸다. 건축에 필요한 모든 목재와 석재는 산림과 채석장에서 미리 자르고 완성된 상태로 다듬어져 실제 성전 건축 현장에서는 정과 망치 소리가 들리지 않았고, 현지에서 미리 만든 부속품들을 가져와 성전 건축 현장에서 조립해 완성하는 공법을 사용했다(왕상 6:7). 또한 이들이 건축했던 '레바논의 숲속 궁전'이라고 불린 솔로몬 왕궁은 13년이 걸렸고 바로의 딸을 위한 궁전도 만들었다.

예루살렘 성전 건축 준비(왕상 5장)는 솔로몬이 자신의 즉위를 축하했던 두로 왕 히람에게, 다윗의 전쟁 시대를 넘어 태평성대가 이르러 아들이 건축할 것이라는 하나님의 약속을 이룰 예루살렘 성전 건축에 필요한 재료들(레바논의 백향목과 잣나무)을 해로로 보내줄 것과 성전을 건축할 전문 장인들을 보내줄 것을 요청하고 그에 합당한 대가("내가 원하는 대로 나의 궁정을 위하여 음식물을 주소서")를 줄 것을 약속하자 이에 '평생에 다윗과의 조약에 충실[4]했던' 두로 왕의 긍정적인

3. 그는 놋쇠 대장장이였던 두로인 아버지와 납달리 사람 어머니 사이에서 태어난 놋쇠 전문가이며 건축 전문가였다

4. 우리말 성경의 "사랑했다"는 번역은 부적절하며 국가간에 맺어진 조약에 충실했다는 것을 의미한다.

화답을 받는다. 히람은 이미 다윗 궁전 건축을 도왔고(삼하 5:11) 솔로몬 즉위식에 축하 사절을 보냈을 정도 각별한 친분 관계를 유지했다. 그러나 히람이 아무런 조건 없이 다윗 궁전을 지었지만, 솔로몬의 경우는 달랐다. 오히려 그는 히람이 요구하는 모든 비용을 대줄 것을 제안했다. 그는 히람에게 매년 밀 2만 고르(4,400킬로리터)와 맑은 올리브 기름 20고르(440킬로리터)를 주었다. 이것은 솔로몬과 히람의 관계가 다윗과 히람의 관계와는 달라졌다는 의미다. 심지어 건축비용과 관련된 솔로몬과 히람의 계약은 나중에 솔로몬이 준 비용과 토지와 관련해 갈등을 일으킨다(왕상 9:10-14). 그러한 점에서 "야웨께서 이미 솔로몬에게 약속하신 대로 솔로몬에게 지혜를 주셨다"는 표현은 역설적일 수밖에 없다. 솔로몬이 정말로 지혜롭게 행동했다면 그와 같은 종속적인 계약을 맺지는 않았을 것이다.

이제 예루살렘 성전 건축 과정은 다음과 같이 진행되었다. 열왕기상 6장은 성전 골방과 지성소의 구조를 설명하고 7장은 솔로몬의 궁전 건축을 언급한 후에 다시 성전 건축과 기물 제작을 설명한다.

성전 골방과 지성소의 건축(6장)

구조

열왕기상 6장은 솔로몬의 예루살렘 성전의 규모("성전은 길이가 육십 규빗이요 너비가 이십 규빗이요 높이가 삼십 규빗이며 성전의 성소 앞 주랑의 길이는 성전의 너비와 같이 이십 규빗이요 그 너비는 성전 앞에서부터 십 규빗" 2-3절)와 세부적인 내용을 언급하며 그 한가운데 솔로몬의 성전 건축과 관련된 하나님의 계시 말씀을 삽입한다.

열왕기상 6:1, 37-38은 솔로몬이 성전을 건축한 시기(1절, 출애굽 후 480년째, 즉 솔로몬이 즉위한 지 4년 2월[5])와 기간(37-38절, 즉위 4년 시브 월에서 즉위 11년 8월(불 월)[6]에 완성, 즉 7년간)을 말한다는 점에서 또한 14절과 38절에서 반복되는 "솔로몬의 전 건축이 종결되었다"라는 유사한 표현을 통해 6장을 완벽한 문학적 단위로 만든다. 그 세부 구조는 다음과 같다.

구분	개괄	세부 내용
외부구조	성전 외부 규모와 다양한 구조물들의 건축에 대한 묘사	성전과 입구(2, 3절) 창문 제작(4절) 다락방 건축(5절) 층들의 건축(5절) 성전과 기타 건물의 건축 완료(9절)
내부구조	성전 내부 규모와 다양한 구조물들의 건축에 대한 묘사	벽들과 바닥 건축(15절) 지성소 제작(16-17, 19절) 제단 제작(20-21절) 그룹 제작(23-24, 28절) 지성소 출입문 건축(31절) 성소 출입문 건축(33절)
별도 공간	구성 요소와 재료들	안뜰(36절)

솔로몬의 궁전건축(7:2-12)

이 단락은 솔로몬이 고용한 히람이 30년간 건축한 솔로몬의 왕궁의

5. 우리 달력의 4-5월 사이를 의미한다.

6. 우리 달력의 10-11월 사이를 말한다.

세부사항을 묘사한다.

구분	개괄	세부 내용
왕궁 복합체	레바논 백향목으로 만든 집(2-5절)	치수, 기둥과 재목들, 지붕이 있는 방들, 창문
	기둥이 있는 낭실(6절)	치수, 건축
	보좌가 있는 낭실(7절)	기능과 구성 요소들
	왕의 거주지(8절)	솔로몬의 처소
	왕비 거주지(8절)	바로의 딸의 처소
건축 방법	석재의 준비(9절) 석재사용(10-11절) 궁궐 벽의 건축(12절)	치수, 구성 요소, 건축 석재와 백향목 판자 석재와 백향목 판자

이처럼 레바논 백향목으로 만든 왕궁 건축 이야기(7:1-12)로 중단되었던 성전 건축 이야기는 두로에서 불러온 히람이 만든 성소 밖의 두 기둥들과 기타 재료들에 대한 언급으로 재개된다(7:13-22).

단락	내용
기술자의 소환	솔로몬이 놋쇠 대장장이 히람을 예루살렘으로 불러옴(13-14절)
성전앞 두 기둥들의 제작	보아스와 야긴이라고 불린 두 기둥(15절) 장식들을 위한 정교한 작업(16-20절) 기둥을 세우고 봉헌함(21-22절)
놋쇠로 만든 열 개의 받침 수레와 물두멍의 제작	황소모양의 그릇 받침 수레와 물두멍(23-26절) 그릇 받침 수레: 그 구조와 장식(27-28, 36-37절) 물두멍(38절) 배치 장소(39절): 받침 수레는 각 5개씩 성전 오른쪽과 왼쪽에 배치하고 물두멍은 성전 오른쪽의 동남쪽 모퉁이에 두었다.

여러 가지 기타 기구들의 제작	히람의 기타 놋쇠 기구들(40-45절)
다른 기구들의 제작	다른 기구들의 제작과정(45-47절) 금 기구들(48-50절): 지성소 문 및 성전 외문의 돌쩌귀들
요약	"솔로몬 왕이 여호와의 성전을 위하여 만드는 모든 일을 마친지라"(51절)

이러한 과정을 거쳐서 솔로몬은 예루살렘 성전 건축을 마치고 다윗이 미리 준비했던 은과 금과 기구들을 성전 창고에 두었다(7:51). 그 후에 솔로몬은 예루살렘 성전 낙성식을 거행하면서, '성전을 통한 하나님의 용서와 회복'(8장)을 구하게 된다.

화자는 두로 왕 히람이 건축 자재를 대고 두로 왕에게 밀 2만 석과 기름 20석을 매년 그 대가로 지불하기로 행한 그와 같은 솔로몬과 히람 왕 사이의 '불평등한' 건축 조약을 하나님이 주신 지혜의 결과인 '평화'라고 비꼬는 것처럼 보인다(5:12). 야웨께서 그에게 약속하셨던 대로, 솔로몬에게 지혜를 주셨고, 히람과 솔로몬 사이에 평화로운 관계가 지속되었고, 두 사람이 조약을 체결하였다. 이러한 솔로몬의 히람 왕과의 불공평한 관계는 나중에 솔로몬이 히람에게서 받은 금 120달란트 등의 대대적인 건축 공사의 대가로 갈릴리 땅 20성읍을 히람에게 주었으나, 히람이 그 땅을 만족스러워하지 않았다는 대목에서 잘 나타난다. 이것은 다윗과는 달리, 솔로몬이 히람과의 불평등한 조약에 따라 (솔로몬에게 불리한) 과도한 공사 대금을 지불한 것처럼 보이며, 게다가 약속의 땅의 일부를 히람에게 주는 잘못을 범한 어리

석은 행동으로 볼 수 있다.[7]

솔로몬이 두 집 곧 야웨의 전과 왕궁을 이십 년 만에 건축했다. 그가 갈릴리 땅의 20성읍을 히람에게 주었으니 이는 두로 왕 히람이 솔로몬이 원하는 대로 그에게 백향목과 잣나무와 금을 제공했기 때문이다. 히람이 두로에서 와서 솔로몬이 자기에게 준 성읍들을 보고 만족하지 못해 불평했다. "형제여, 그대가 내게 준 이 성읍들이 겨우 이러한 것들이오?" 그리고는 그가 그 땅을 가불 땅(즉 '쓸모없는 땅')이라고 불렀다. 그 이름이 오늘날까지 통용되었다. (이전에) 히람이 금 120달란트를 왕에게 보냈다(9:10-14).

이처럼 솔로몬의 성전 건축 프로젝트는 신학적으로, 경제적으로, 그리고 정치적으로 문제를 안고 있었다. 신학적 혼란(성전관)과 경제 문제(히람에게 준 성전 건축의 대가)는 이미 논의했고 여러 가지 건축을 위한 세금의 부과와 과도한 노역은 나중에 통일왕국의 분열을 초래했던 반역의 토대가 되었다(왕상 12:1-19, cf. 5:13-18). 또한 솔로몬의 성전 건축과 관련된 문제점들은 성전 건축을 시작할 때와 성전 건축을 마치고 난 후에 등장한, 야웨의 신탁들에서도 잘 나타난다. 아래에서 보듯이, 신탁의 구조와 그 내용이 상당히 유사하다.

---

7. 히람의 솔로몬 성전 건축 등에 나타난 불평등한 관계는 Walsh(1996:98-99, 121-22)를 보라.

첫 번째 환상(6:11-13)	두 번째 환상(9:1-9)
11절: (도입)	1-2절: (도입)
12a절: 성전의 건축	3절: 성전의 건축
12b절: 언약에 대한 충성	4-5절: 충성과 그 보상
12c-13절: 충성의 갱신	6-9절: 불순종과 그에 대한 처벌

솔로몬에게 임한 야웨의 말씀들은 다음의 대조와 같이, 솔로몬의 성전 건축과는 무관하게, 이전에 맺은 다윗의 언약의 무조건적인 영원성(사무엘서)이 "다윗 왕조가 하나님의 율례를 행하고 모든 계명을 지킨다"는 조건적 영원성으로 전환됐고 이스라엘 백성 가운데 거해 그들을 버리지 않을 것이라는 말씀을 하신다(6:11-13, cf. 9:3-9).

6:11-13	9:3-9
"네가 이제 이 전을 건축하니, 네가 만일 내 법도를 따르며 내 율례를 행하며 나의 모든 계명을 지켜 그대로 행하면 내가 네 아비 다윗에게 한 말을 네게 확실히 이룰 것이다. 또한 내가 이스라엘 백성과 함께 그들 가운데서 함께하고 내 백성 이스라엘을 결코 버리지 않을 것이다".	…네가 네 아버지 다윗이 행함 같이 마음을 온전히 하고 바르게 하여 내 앞에서 행하며 내가 네게 명령한 대로 온갖 일에 순종하여 내 법도와 율례를 지키면, 내가 네 아버지 다윗에게 "이스라엘의 왕위에 오를 사람이 네게서 끊어지지 아니하리라"고 말한 대로 네 이스라엘의 왕위를 영원히 견고하게 할 것이지만, 너희나 너희의 자손이 아주 돌아서서 나를 따르지 아니하며 내가 너희 앞에 둔 나의 계명과 법도를 지키지 아니하고 가서 다른 신을 섬겨 그것을 경배하면, 내가 이스라엘을 내가 그들에게 준 땅에서 끊어 버릴 것이며, 내 이름을 위하여 내가 거룩하게 구별한 이 성전이라도 내 앞에서 던져버릴 것이며…

예루살렘 성전봉헌식에서 솔로몬이 행한 연설들과 일곱 개의 기도들(8:22-61)

성전 봉헌식에서 행한 솔로몬의 말들은 다음과 같이 분석될 수 있다 (솔로몬의 기도에 대한 공시적 통시적 연구는 Talstra [1993]를 참조하라).

A 도입의 짧은 기도(12-13절)

B 솔로몬이 백성에게 행한 축복 연설(14-21절)

A' 일곱 개의 기도(23-53절)

B' 솔로몬이 백성에게 행한 축복 연설(55-61절)

솔로몬의 연설(왕상 8:12-21)

솔로몬은 다윗 성 시온에서 예루살렘의 새 성전으로 언약궤를 옮긴 후에 그곳에서 수많은 제물을 하나님께 드린다(8:5, cf. 왕상 3:3, 15, 8:62ff.). 물론 솔로몬은 그 전에도 기브온 산당에서와 야웨의 언약궤 앞에서 수많은 예물로 제사를 지낸 바 있다. 이제 솔로몬 왕이 백성들 앞에서 연설한다.

"내가 내 백성 이스라엘을 이집트에서 인도하여 낸 날부터 내 이름을 둘 만한 집을 건축하기 위하여 이스라엘 모든 지파 가운데에서 아무 성읍도 택하지 아니하였으며, 다만 다윗을 택하여 내 백성 이스라엘을 다스리게 하였다"고 하셨다. 아버지 다윗이 이스라엘의 하나님 야웨의 이름을 위한 전을 건축할 마음이 있었지만, 야웨께서 내 아버지 다윗에게 말씀하셨다. "네가 내 이름을 위한 전을 건축할 마음이 있으니 이 마음이 네게 있는 것이 좋지만, 너는 그 전을 건축하지 못할 것이지만, 네 몸에서 낳을 네 아들[8] 그가 내 이름을 위한 전을 건축할 것이다"(8:16-19).

전술했듯이, 솔로몬은 대국민 연설 속에서 다윗이 원래 구상했던 야웨의 이름을 위한 성전 건축이 야웨의 기뻐하시는 바이지만, 그 세대에서 성취되지 못하고 그의 합법적인 승계자인 자신을 통해 야웨의 이름을 위한 성전 건축의 약속이 이루어진 것을 정당화시킨다. 그는 야웨께서 다윗만 선택해 자기 아들 솔로몬을 통해 성전을 출애굽에 세웠던 언약궤의 처소로 삼았다고 그 정당성을 주장한다(8:17-21).

솔로몬의 기도: "범죄하지 않는 사람은 없으니"(왕상 8:31-53)

솔로몬의 성전에서 행하는 기도의 강조('기도하는 집')가 이 시대보다는 바벨론 포로 이후 시대의 정황을 반영한다는 입장도 있다(Noth 1981:139). 즉 포로 이전까지 성전이 제사의 집(house of sacrifices)으로 사용되었으나, 포로 이후에 기도의 집이 되었다는 것이다. 그러나 이 같은 이분법은 부적절한 것이다. 그 이유는 다음과 같이 단순하다.

문맥상 이 기도는 예루살렘 성전을 건축하고 봉헌하며 제물을 드리는 상황 속에서 드려진 기도였다는 점이다. 그리고 대제사장이 아니라 솔로몬과 같은 왕이 성전에서 주도적으로 제사하고 분향하고 기도하는 것은 고대 근동에서 이미 일반적인 관행이었다는 점이다. 그럼에도 불구하고 솔로몬의 기도 문맥은 신전 건축을 감행한 왕권

8. 삼하 7:12에서는 "네 씨"로 되어 있다.

에 대한 신적 축복이나 후세대에게 행해야 할 추가적인 성전 유지 보수와 증축을 위한 경고적 훈계 요소를 강조하는 고대 근동의 경우와는 다르다. 엄격하게 분류하면, 솔로몬의 기도는 미래에 일어날지도 모르는 일들을 위한 사람들의 '기도를 위한 왕의 기도'로 보인다 (Savran 1987:157).

> 당신의 종과 당신의 백성 이스라엘이 이곳을 향하여 기도할 때, 그 간구를 들으시고 당신이 계신 곳 하늘에서 들으시고 용서해주소서(왕상 8:30)

또한 솔로몬의 기도의 신학적 의도와 통일성은 완벽한 교차대구 구조와 문학적인 기교들을 통해 더 강화된다. 즉 솔로몬이 성전에서 야웨께 행한 일곱 개의 기도(즉 7이라는 숫자의 상징적 완벽성: '성전', '듣다'라는 표현의 일곱 번 사용, 네 번의 '포로'라는 표현의 사용, 세 번의 '회복'이라는 단어 사용), 교차대구 구조[9], 문학 기교(포로와 회복 개념의 상관관계[46b/47a/47b/48절], '슈브' 동사의 사용[31-32, 33-34, 35-36, 37-40, 41-43, 44-45, 46-5절])[10], 그리고 일곱 개의 기도가 가정하는 위기 상황들의 완벽

---

9. Hurowitz(1992)에 따르면 솔로몬의 기도 단락은 다음과 같은 교차대구적 구조를 갖고 있다.

- A 백성들을 위한 솔로몬의 첫 번째 축복(14-21절)
  - B 다윗에 대한 하나님의 자비 행위들의 열거(23-24절)
    - C 왕을 위한 간구(25-29절)
    - C' 백성을 위한 일곱 개의 간구들(29-50절)
  - B' 이스라엘 전체에 대한 그의 자비에 대한 언급(51-53절)
- A' 백성들을 위한 솔로몬의 두 번째 축복(54-61절)

10. 이전에는 의심을 받았지만, 현재는 많은 학자들이 솔로몬의 일곱 개의 기도의 구조적 통일성을 지지한다(Gamper, Levenson, Hurowitz, Nelson, Eslinger, Knoppers 등).

성(!)을 고려해봐야 한다.

이제 솔로몬의 기도의 세부 내용을 살펴보자. 여기에는 발생한 문제 원인에 대한 언급은 없으며 죄를 지었을 때 기도해야 할 가상적인 사례들을 나열한다(Eslinger 1989:167).

1. 이웃에 대한 개인 범죄자를 위한 기도(31-32절)
2. 범죄로 인한 영토 상실을 포함한, 일시적인 군사적 패배를 위한 기도(33-34절)
3. 범죄로 인한 기근을 위한 기도(35-36절)
4. 원수들의 포위를 포함한 다양한 재난들을 위한 기도(37-40절)
5. 이방인들의 개별 기도(41-43절)
6. 원수들의 땅과 전쟁을 시작할 때의 기도(44-45절)
7. 범죄로 인한 원수들의 땅에 있는 포로들이 대적들로부터 자비를 얻게 해달라는 기도(46-54절).

이 기도는 예루살렘 성전이 죄를 지었을 때나, 전쟁시에나 심지어 이방인들도 기도할 수 있는 위대한 곳이 되게 해달라는 점도 포함한다. 이 기도의 극치는 "세상 만민이 주의 이름을 알고" 이스라엘 백성처럼 주를 경외하게 해달라는 요구에서 잘 나타난다(43절). 솔로몬은 성전을 국가적인 측면과 국제적인 측면에서도 예루살렘에 건축한 영적 센터로 만들 작정이었다. 즉 솔로몬의 기도는 야웨의 중요한 속성들(탁월성과 초월성), 그리고 기도의 중요성을 넘어서서 자신이 만든 성전을 이스라엘의 종교적으로 우월적인 혹은 독점적인 중심지로 만들려는 계획의 완성으로 여겨질 수 있다. 솔로몬의 기도 프로젝트에 따르면, 야웨의 저주와 재앙이 백성에게 임하더라도, 솔로몬이 건축한 성전에서(혹은 성전을 향해서) 행하는 회개와 간구를 통해 그것들이 해소될 수 있어야 했다. 여기서 성전을 통한 회개와 회복(솔로몬의 입장)과 야웨와의 직접적인 대면을 통한 회개와 회복은 강력하게 대조된다. 여기서 성전과 회개의 기도에 대한 기계적 메카니즘이 강조된다는 점을 간과하지 말아야 한다(Eslinger 1989:165). 그러므로 솔로몬이 성전에서 드리는 기도 형태는 모든 상황, 인종을 구분하지 않는 모든 기도이자, 성전 안이냐 밖이냐를 구분하지 않는 모든 위치(기도장소), 그리고 하나님이 응답하시는 모든 기도라는 가장 완벽한 상태였다. 그러한 가상적이고 다양한 기도 상황 속에서도 마지막으로 주목할만한 솔로몬의 기도 특징은 이스라엘 백성이 포로로 잡혀갔을 때 거기서 회개하고 성전을 향해 기도할 때 포로에서 고토(故土)로의 귀환이 아니라, 지배자의 긍휼만을 구하는 것으로 그친다는데 있다. 이것은 열왕기 저자가 처한 포로 상황을 반영하는 것일 수 있다(Savran 1987:157. 참조. McConville 1992과 강정주 2006:290-95의 더 자세한 논의).

일시적으로 패전한 후 성전에서 회개하고 기도한 경우(33-34절)	범죄의 징벌로 포로로 잡혀갔을 때 거기서 회개하고 성전을 향해 기도한 경우(46-50절)
당신의 백성 이스라엘이 당신께 범죄하여 적국 앞에 패하게 되므로	범죄치 아니하는 사람이 없사오니 그들이 주께 범죄함으로 당신께서 그들에게 진노하사 그들을 적국에게 넘기시매 적국이 그들을 사로잡아 원근을 막론하고 적국의 땅으로 끌어간 후에

당신께로 돌이켜 당신의 이름을 인정하고 이 성전에서 당신께 기도하며 간구하거든	그들이 사로잡혀 간 땅에서 스스로 깨닫고 그 사로잡은 자의 땅에서 돌이켜 당신께 "우리가 범죄하여 반역하며 악을 행했습니다"라고 간구하며 자기를 사로잡아 간 적국의 땅에서 온 마음과 온 뜻으로 당신께 돌아와서 당신께서 그들의 조상들에게 주신 땅 곧 당신께서 택하신 성읍과 내가 당신의 이름을 위하여 건축한 전 있는 쪽을 향하여 당신께 기도하거든
당신은 하늘에서 들으시고 당신의 백성 이스라엘의 죄를 사하시고 그들의 조상들에게 주신 땅으로 돌아오게 하옵소서.	당신은 계신 곳 하늘에서 그들의 기도와 간구를 들으시고 그들의 일을 돌아보시오며 당신께 범죄한 백성을 용서하시며 당신께 범한 그 모든 허물을 사하시고 그들을 사로잡아 간 자 앞에서 그들로 불쌍히 여김을 얻게 하사 그 사람들로 그들을 불쌍히 여하옵소서.

솔로몬의 성전 건축과 제사와 기도에 대한 하나님의 응답(왕상 9:1-9)

솔로몬에게 두 번째 현몽해 말씀하신 야웨의 응답도 이전에 솔로몬의 성전 건축에 관한 발언들과 기도(특별히 왕상 3, 8장)와 다윗언약(삼하 7장)과의 연장선상에서 이해되어야 한다. 성전 건축 이후에, 야웨께서 솔로몬에게 현몽하신 것은 솔로몬의 의도와 노력을 전적으로 인정하고 선하다고 여기셨던 것으로 볼 수 있지만, 앞서 논의했듯이, 좀 더 넓은 문맥이나 주제적 연속선상에서 살펴본다면, 솔로몬의 성전 건축과 기능에 대한 생각과 요구를 하나님이 전적으로 수용하셨다고 볼 수는 없다.

또한 열왕기상 8장과 9장 사이의 직접적인 연관성(인과관계)보다는 양자의 시기적인 간격을 주장하는 사람들은 9장의 야웨의 말씀이 솔로몬의 말년의 악행과 배교와 관련된 솔로몬과 그의 나라와 성전의 존재에 대한 저주의 위협이라고 생각한다. 그러나 성전과 왕궁 사이의 일이 솔로몬의 배교와 어떠한 관계가 있는지는 불명확하며 이 사건이 솔로몬의 노년이나 수많은 처첩들에 의한 솔로몬의 배교사건과 직접 연관된다는 증거도 없으며, 솔로몬 내러티브의 구조적 특성을 고려해 볼 때(솔로몬의 궁전건축에 대한 언급이 성전 건축에 대한 언급 중간에 등장한다[7:1-12]), 결국 야웨의 두 번째 현몽 사건은 솔로몬 왕정의 신적 (조건적) 인증의 최종 단계를 의미하는 것이지만, 솔로몬의 '영원한' 제국 계획의 신적 제한이 단지 솔로몬의 말년의 배교로 인한 것으로 볼 수는 없다.

하나님의 응답

솔로몬이 예루살렘 성전 봉헌식 때 행한 기도들에 대한 하나님의 응답은 다음과 같이 세 가지 정도로 분류할 수 있다.

① 기도에 대한 하늘에서의 응답(야웨의 이름이 전(殿)에 영원히 거하실 것이 약속된다)	야웨의 태도는 다윗에게 주어졌던 약속과 동일하고 변함이 없다. 물론 야웨께서 이스라엘 중에 계신다는 신학적 이해가 중요한 것이긴 하지만(구약에서는 야웨의 '영광'과 '이름'신학으로 표현된다), 솔로몬 성전에서의 임재는 야웨의 이름으로 제한된다는 점이 재확인된다. 그러한 점에서는 솔로몬을 통해 다시 시도된 다윗의 구상은 또 다시 거부된다.
② 영원한 왕조에 대한 조건적인 승인	다윗언약의 징계수준은 솔로몬에게 있어 강화되어 하나님의 약속으로 주어졌던 땅과 그 이름이 거하는 성전 파괴의 위협으로 제시된다. 이러한 우상숭배에 대한 경고와 조건적 약속으로의 전환의 가능성은 나중에 다시 한번 강조된다(11:9-13). 다윗에게 주어졌던 평안의 약속은 더 이상 언급되지 않지만 율법과 규례 준수와 복종의 필요성이 다시금 강조된다(비교. 3:14, 6:12).

③ 백성과 성전의 포로됨의 위협	솔로몬의 구상 중의 하나였던 성전이 이방인들의 자발적인 경외적 참배와 기도처로 활용될 것에 대한 소망은 야웨의 응답중에서 이스라엘의 유배와 성전의 폐허 중에 지나가는 이방인들의 놀람(조롱?)과 탄식의 가능성과 대조된다.

열왕기상 9장에 나타난 야웨의 응답은 솔로몬이 바라던 바가 아니라, 솔로몬 왕조와 그의 성전에 대한 '조건적인' 영원성의 승인이다. 왕조에 대한 영원성만 보장되었던 이전의 약속과는 달리 성전에 대한 야웨의 이름의 영원한 임재가 조건적으로 약속되었다. 즉 야웨는 솔로몬의 요구(8:13)에 대한 응답으로서 "성전을 거룩하게 구별하여 내 이름을 영원히 그곳에 두며 내 눈길과 내 마음이 항상 거기에 있을 것"이라는 '영원한' 약속을 하시지만, 그것은 야웨의 율법을 지킨다는 조건에서만 가능한 것이다. 이제 솔로몬에게 행해진 야웨의 약속은 다윗의 것보다도 더 제한적인 상태가 된다. 그러나 이제 왕은 종교 제의를 통제할 수 있으며 백성들의 신심을 살 수 있는 종교적인 건물을 건축했다.

솔로몬은 야웨께서 다윗에게 약속하셨던바 '영원한 왕조'의 약속이 자신에게 이루어질 것을 성전 건축을 통해 확인하고자 했다. 그러나 신명기 4, 28장의 저주 조항들을 비교해 볼 때, 땅에 대한 저주는 왕(권), 이스라엘 그리고 성전에 대한 저주의 가능성으로 확대된다. 기도 속에서 솔로몬은 심지어 이스라엘 백성이 포로가 되더라도 야웨는 솔로몬 자신이 세운 성전을 매개체로 삼아 그들에게 그리고 심지어 이방인들에게도 하나님의 은총을 입을 수 있도록 해달라고 기원한다.

그러나 야웨는 이러한 솔로몬의 요구 혹은 간청을 이스라엘 백성과 심지어 성전도 버려질 것에 대한 경고로 솔로몬에게 반응하신다.

야웨께서 다윗과 그의 왕조를 사울과 같이 버리지는 않으실 것이라던 약속은 이제 자신이 이스라엘 백성과 예루살렘 성전마저도 버리실 것을 말씀하심으로 조건화 혹은 무효화된다(왕상 6:12-14; 비교. 렘 7:1-15). "내가 이스라엘을 내가 준 땅에서 끊어 버릴 것이고, 내 이름을 위해 내가 거룩하게 구별한 이 전이라도 내 앞에서 던져 버릴 것이다."[11] 이러한 왕조의 조건적 영원성은 비(非)다윗 계열의 왕들에게도 주어졌던 것이기 때문에, 다윗 계열 왕조에 대한 특혜로만 볼 수는 없다. 앞서 언급한 대로 '조건적인' 영속성은 사울(삼상 13:13)과 다윗에게도 주어진 것이기 때문이다. 게다가 이와 유사한 왕조의 약속은 아히야 선지자를 통해 북왕국 여로보암에게도 제시된바 있다(왕상 11:37-38[12], cf. 14:7-14, 왕하 9:9). 이러한 관찰을 통해 다윗의 아들 솔로몬에 대한 하나님의 '조건적' 약속을 이해해야 한다. 이것은 다윗에 대한 하나님의 약속의 신실성 덕분('등불'[왕상 11:36, 15:4, 왕하 8:19])에

11. 비교. 신 29:23. 이와 유사한 개념들은 신 4:26-29; 28:25, 36-37, 41, 그리고 63-68에서도 언급되었다.

12. "그러나 내가 택한 내 종 다윗이 내 명령과 내 법도를 지켰으므로 내가 그를 위하여 솔로몬의 생전에는 온 나라를 그의 손에서 빼앗지 아니하고 주관하게 하려니와 [35]내가 그의 아들의 손에서 나라를 빼앗아 그 열 지파를 네게 줄 것이요 [36]그의 아들에게는 내가 한 지파를 주어서 내가 거기에 내 이름을 두고자 하여 택한 성읍 예루살렘에서 내 종 다윗이 항상 내 앞에 등불을 가지고 있게 하리라 [37]내가 너를 취하리니 너는 네 마음에 원하는 대로 다스려 이스라엘 위에 왕이 되되 [38]네가 내가 명령한 모든 일에 순종하고 내 길로 행하며 내 눈에 합당한 일을 하며 내 종 다윗이 행함 같이 내 율례와 명령을 지키면 내가 너와 함께 있어 내가 다윗을 위하여 세운 것 같이 너를 위하여 견고한 가문을 세우고 이스라엘을 네게 주리라 [39]내가 이로 말미암아 영원히 다윗의 자손을 괴롭게 하지는 않을 것이다."

가능했던 것이다.

이처럼 다윗과 솔로몬이 추구했던 '무조건적인' 영원한 왕조와 성전 건축 시도들은 그 방법론상의 모순점이 내포하듯이 실패로 끝나 버렸다. 비록 왕조와 성전 건축에 대한 하나님의 약속 성취를 위한 왕들의 다양한 노력들이 승인되는 것처럼 보였지만, 하나님은 다윗과 솔로몬의 피의 숙청과 국제 맹약과 교역을 통한 시도를 결국 승인하지 않으셨다. 하나님은 인간이 만든 집에 가두어질 수도 없고 인간의 노력으로 강제될 수 없다. 야웨의 평화와 번영은 과정과 방법론을 무시한 채 행해지는 전쟁과 인간의 수고로 얻어질 수 있는 것이 아니다. 마찬가지로 그 약속을 이루려면 하나님의 뜻을 엄격하게 분별할 필요가 있다. 그 결과로 수단과 과정이 정당화되고 죄악과 탐욕이 은닉되는 현실 속에서 하나님의 눈은 항상 성공하는 자와 권력자에게 향하고 있으며 그들의 죄악과 악행을 살피시는 분이라는 점도 교훈거리로 주어진다.

그 어떤 것이든지 절대 권력화 된 종교는 성속 이원론을 통해 기독교와 하나님을 (교회를 포함한) 종교적 상징물들 속에 고립 고착화시키고 더 나아가 예배의식을 세분화하며 계량화하고 절대화함으로써 신앙 공동체에 내재하는 성령과 진리와 자유의 숨통을 조이고 지속적으로 옥죌 수 있다는 점을 항상 기억하게 해 준다.

솔로몬 통치 기간의 무역

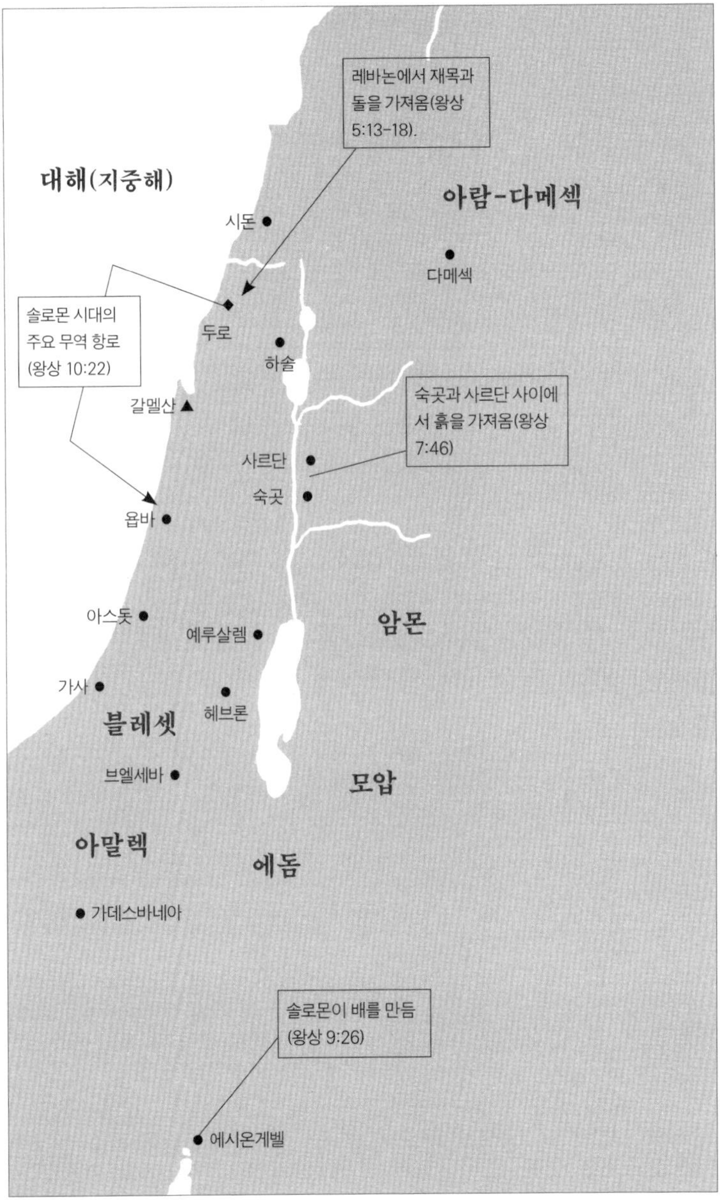
레바논에서 재목과 돌을 가져옴(왕상 5:13-18).
대해(지중해)
아람-다메섹
시돈
다메섹
솔로몬 시대의 주요 무역 항로 (왕상 10:22)
두로
하솔
갈멜산
숙곳과 사르단 사이에서 흙을 가져옴(왕상 7:46)
사르단
숙곳
욥바
아스돗
예루살렘
암몬
가사
헤브론
블레셋
브엘세바
모압
아말렉
에돔
가데스바네아
솔로몬이 배를 만듬 (왕상 9:26)
에시온게벨

3장

왕들에 대한 청문회, 개최되다

북이스라엘과 남유다의 왕들

지금까지 고대 이스라엘 왕정의 기원에서 극성기까지의 역사를 살펴보았다. 이제부터 이스라엘과 유다 역사상 국가적, 영적인 국면에서의 내리막길을 재촉하는 여러 가지 사건들을 다룰 것이다. 즉, 북이스라엘과 남유다의 제왕들에 대한 평가[1], 엘리야와 엘리사 선지자들의 활약, 히스기야와 요시아의 제의 개혁들, 그리고 나머지 왕들의 행적들이다. 엄밀하게 말하자면, 유다와 이스라엘 왕국에는 각각 20명의 왕들이 존재했다. 다음의 이스라엘과 유다 왕조의 연대기는 하워드의 것을 따랐다(Howard 1993:187).

1. 이 단락의 더 자세한 논의는 Hoffmann(1980)과 Lowery(1991:62ff.)를 참조하라.

이스라엘 왕조	유다 왕조
1. 여로보암 1세(주전 930-909년)	1. 르호보암(주전 930-913년)
2. 나답(주전 909-908년)	2. 아비얌(주전 913-910년)
3. 바아사(주전 908-886년)	
4. 엘라(주전 886-885년)	
5. 시므리(주전 885년)	3. 아사(주전 910-869년)
6. (디브니) (주전 885-880년)	
7. 오므리(주전 885-874년)	
8. 아합(주전 874-853년)	4. 여호사밧(주전 872-848년)
9. 아하시야(주전 853-852년)	5. 여호람(요람, 주전 853-841년)
10. 여호람(요람, 주전 852-841년)	6. 아하시야(주전 841년)
11. 예후(주전 841-814년)	7. 아달랴(주전 841-835년)
12. 여호아하스(주전 814-798년)	8. 요아스(여호아스, 주전 835-796년)
13. 여호아스(요아스, 주전 798-782년)	9. 아마샤(주전 792-740년)
14. 여로보암 2세(주전 793-753년)	10. 아사랴(주전 792-740년)
15. 스가랴(주전 753년)	
16. 살룸(주전 752년)	
17. 므나헴(주전 752-742년)	
18. 브가히야(주전 742-740년)	11. 요담(주전 750-732년)
19. 베가(주전 752-732년)	12. 아하스(주전 735-715년)
20. 호세아(주전 732-723/722년)	13. 히스기야(주전 729-686년)
	14. 므낫세(주전 697-642년)
	15. 아몬(주전 642-640년)
	16. 요시야(주전 640-609년)
	17. 여호아하스(주전 609년)
	18. 여호야김(주전 609-598년)
	19. 여호야긴(주전 598-597년)
	20. 시드기야(주전 597-586년)

그러나 그와 같은 수적 일치에도 불구하고, 북이스라엘 왕국은 남 유다 왕국보다도 더 불안정한 정치 체계를 유지한다는 점에서 남 유다보다 135년 더 짧은 기간만 존재했다. 이러한 북왕국의 불안정과

왕들의 단명과 쿠데타의 연속은 그들의 우상숭배와 정치적 암살과 쿠데타의 반복을 통해 신학적으로 잘 설명된다. 즉 일곱 명의 이스라엘 왕들은 암살되었고 그 암살자들이 그 뒤를 이었다(나답, 엘라, 요람, 스가랴, 살룸, 베가히야, 베가). 심지어 다섯 번째 왕인 시므리는 7일 천하로 마쳤다! 유다의 경우 다윗 왕조가 다행히 단 한 번의 단절도 없이 끝까지 지속될 수 있었지만, 이스라엘의 경우 오므리(네 명)와 예후(다섯 명) 왕조가 가장 오래 유지된 왕조들이라고 볼 수 있다.

열왕기는 길고 지루하기까지 한 솔로몬과 르호보암 이야기를 지나 이후 분열왕국의 왕들의 이야기는 엘리야-엘리사 이야기에 이르기까지 빨라지고, 그리고 그후에 히스기야-요시아 이야기에 이르기까지 빨라지며 나머지 왕들에 대한 언급도 속도가 빨라진다(참고. Walsh 1996:206). 그 대신에 다음과 같은 전형적인 평가 공식을 제공한다. 그러한 공식들은 규칙적인 공식의 뼈대를 가지고 있다(Nelson 1981:29-42; Walsh 1996:206ff.).

분류	내용
즉위 공식	대조 역사 연표(호세아까지) 즉위 연령(유다의 경우) 통치 기간 수도 왕의 어머니 이름(유다의 경우) 신학적 평가
사망 공식	소스의 인용 죽음과 매장 승계에 대한 고지

또한 북이스라엘과 남유다 왕들에 대한 문학 패턴은 다음 도표에서 잘 나타나듯이, 세부적인 면에서 양자 간 약간의 차이는 있다.

	북이스라엘의 경우	남유다의 경우
즉위 공식	유다왕 PN의 X년에, PN의 아들 PN이 디르사/사마리아에서 모든 이스라엘을 다스리기 시작해 X년을 다스렸다. 그는 야웨가 보시기에 악한 일을 행했다.	PN[왕의 아비]의 아들, PN는 이스라엘왕 PN의 X년에 유다를 통치하기 시작했다. PN은 그가 통치하기 시작할 때 X살이었고 예루살렘에서 X년 통치했다. 그의 모친의 이름은 PN으로, PN의 딸이었다. PN은 야웨 보시기에 선/악했다.
사망 공식	이제 PN의 나머지 행적과 그가 행한 모든 것은 이스라엘 역대지략에 기록되지 아니했는가? 그리고 PN는 그의 열조와 함께 잠이 들었고 디르사/사마리아에 묻혔으니, PN(그의 아들)은 그의 자리에서 통치했다.	이제 PN의 나머지 행적과 그가 행한 모든 것은 유다 역대지략에 기록되지 아니했는가? PN은 그의 열조와 함께 잠이 들었고 그의 조상 다윗의 도시에 그의 열조와 함께 매장되었고 그의 아들 PN이 그의 자리에서 통치했다.

이와 같이 이스라엘과 유다 왕국의 열왕들에 대한 도입에는 동일한 혹은 유사한 몇 가지 기준들에 의한 평가가 있다(즉, ① 왕이 하나님[야웨]이 보시기에 선을 행했는가, 아니면 악을 행했는가?, ② 왕이 다윗의 행위를 따랐는가[2], 왕의 (선악간의) 아비[혹은 특정한 왕의 행위들]의 길을 따랐는가?, 그리고 ③ 왕의 산당에 대한 태도는 어떠한가?). 비록 이것이 각각의 왕들의 생애 전반에 대한 평가처럼 보이지만, 왕들에 대한 도입부의 평가 이후에 언급되는 활동 사항과 비교해 면밀한 분석을 해보면 각 왕의 도입적 평가와 불일치하는 것처럼 보인다. 오히려 그것들은 각 왕들의

2. "다윗"은 솔로몬이후의 유다 왕들에게 이중적 기능 역할을 수행한다. 하나는 이후 왕들이 따라야 할 행위의 기준으로(긍정적인 경우-아사, 히스기야, 요시야, 부정적인 경우-아마샤, 아하스), 또 다른 하나는 왕들의 악행에 반하는 야웨의 은총의 근거로 사용된다(Walsh 1996:155-6).

초기 활동 혹은 전반적인 신앙적 윤리적 태도에 대한 언급으로 보이며, 그들의 생애의 세부 활동들에 대한 정밀한 평가처럼 보이지는 않는다. 이 항목들의 기능을 한번 고려해 본다.

① 항목, 즉 하나님의 입장(혹은 저자의 역사관)에서의 선악의 판단 문제는 어렵지 않게 이해될 수 있으나, ② 항목, 즉 다윗의 행위냐 자기 아비의 길을 따랐느냐의 문제는 논의가 필요하다. 위에서 논의했지만, 다윗의 행위에 대한 평가는 상대적인 것이었고, 이후에 하나님과 화자와 백성의 평가를 받았던 여러 왕들의 공생애가 항상 선하고 의로웠다고 평가될 수는 없을 것이다. 그러나 사울과 달리 다윗은 야웨의 은총과 약속을 받을만한 즉, 하나님의 명령을 지키고 우상숭배를 하지 않은 '선한' 왕으로 나타나며, 후대의 다윗 왕조에 대한 평가 기준으로 사용된 것이다. 또한 그의 행위에 대한 언급은 이스라엘 왕들이나 일부 유다 왕들에게서 사용되는 부정적인 의미를 내포하는 "아비 PN의 행위대로"라는 표현과 대조적으로 이해되어야 할 것이다. 마지막으로 ③ 항목, 즉 여러 왕들의 산당에 대한 태도와 관련해서도 어느 정도의 부연 설명이 필요하다. 일부 학자들이 주장하듯이, 화자가 백성들이 예루살렘 성전 외에 지방 성소들에서 예배하는 것을 금지하지 않았고 허용했던 모든 왕들을 정죄했다는 주장('예배 중앙화')은 오해 여지가 있다. 오히려 성소 중앙화의 경향은 성전 건축 후에 솔로몬의 기도에서 이미 명확하게 드러나는 것이며 일부 유다왕들의 제의 개혁사건들에서 잘 드러나듯이 예루살렘 성전을 포함한 전국의 모든 성소에서 행해진 비야웨적 예배를 허용한 왕들이 화자의 정죄를 받았다고 보는 것이 더 정확하다('예배 정화').

또한 다음 도표들은 독자들의 이해를 돕기 위해 캠블과 오브라이언(2000:478-85)이 분석한 이스라엘과 유다 왕들에 대한 평가 공식들을 근거로 몇 개의 도표들로 필자가 조금 단순하게 정리한 것이다. 캠블과 오브라이언의 분석에 따르면 열왕기에는 총 다섯 개의 패턴들이 등장한다. 이러한 패턴의 집단화는 열왕기 저자가 참조한 원사료의 평가를 반영하는 것일 수도 있다.

1) 심판 공식: A패턴 – 북왕조의 예후에서 호세아 왕까지

여기에 등장하는 모든 북왕조 왕들은 악한 왕들에 속하지만, 몇 가지 특이 사항이 있다. 하나님의 심판의 뜻을 수행했으나, "야웨의 눈에 악하다"라는 평가가 없이 다른 왕들과 동일했던 나머지 공식을 부여받았던 예후와, 그 표현은 존재했으나 "느밧의 아들 여로보암의 죄를 떠나지 않았다"는 표현이 없는 호세아의 경우다.

왕명	야웨의 평가	구체적인 죄들	상태
예후 (왕하 10:29)		이스라엘을 죄짓게 만들었던 느밧의 아들 여로보암의 죄들에서	떠나지 않았다
여호아하스 (왕하 13:2)	야웨의 눈에 악한	이스라엘을 죄짓게 만들었던 느밧의 아들 여로보암의 죄들에서	떠나지 않았다.
여호아스 (왕하 13:11)	야웨의 눈에 악한	이스라엘을 죄짓게 만들었던 느밧의 아들 여로보암의 죄들에서	떠나지 않았다.
여로보암 (왕하 14:24	야웨의 눈에 악한	이스라엘을 죄짓게 만들었던 느밧의 아들 여로보암의 죄들에서	떠나지 않았다.

스가랴 (왕하 15:9)	야웨의 눈에 악한	이스라엘을 죄짓게 만들었던 느밧의 아들 여로보암의 죄들에서	떠나지 않았다.
므나헴 (왕하 15:18)	야웨의 눈에 악한	이스라엘을 죄짓게 만들었던 느밧의 아들 여로보암의 죄들에서	떠나지 않았다.
베가야 (왕하 15:24)	야웨의 눈에 악한	이스라엘을 죄짓게 만들었던 느밧의 아들 여로보암의 죄들에서	떠나지 않았다.
베가 (왕하 15:28)	야웨의 눈에 악한	이스라엘을 죄짓게 만들었던 느밧의 아들 여로보암의 죄들에서	떠나지 않았다.
호세아 (왕하 17:2)	야웨의 눈에 악한	×	×

2) 심판공식: B패턴 – 남왕조의 르호보암에서 히스기야 왕까지

남왕조의 왕들에 대한 평가도 크게 세 가지 항목이 제시된다. 아사, 요아스, 아마샤, 아사랴, 요담, 히스기야가 "야웨의 눈에 옳은 것을 행했다"고 말하지만, 산당까지 제거한 것은 히스기야뿐이었고 기타 왕들은 세 가지 항목 모두 악을 행한, 부적합한 왕들로 여겨진다

왕명	야웨의 평가	구체적인 범죄	조상과의 관계
르호보암(왕상 14:22a, 23a)	야웨의 눈에 악을 행했고	산당들, 기둥들과 아세라들을 건축했다.	
아비얌 (왕상 15:3a)			그의 부친이 행한 모든 죄를 행했다.
아사(왕상 15:11-12a, 14a)	야웨의 눈에 옳은 것을 행했다	남성 창기를 제거했으나, 산당은 제거하지 않았다.	그의 조상 다윗이 행했던 것처럼

여호사밧(왕상 22:43a, 44)		산당을 제거하지 않았으므로 백성들이 여전히 산당에서 제사를 지냈다.	그의 부친의 모든 길로 행했으나
여호람 (왕하 8:18)	야웨의 눈에 악을 행했다.	이스라엘 왕들의 길로 행했다.	아합의 집처럼 아합의 딸이 그의 아내였기 때문에
아하시야 (왕하 8:27)	야웨의 눈에 악을 행했다.	아합의 집의 길로 행했다.	아합의 집처럼 그가 아합의 집의 사위였기 때문에
요아스 (왕하 12:3-4)	야웨의 눈에 옳은 것을 행했다.	산당을 제거하지 않았으므로 백성들이 여전히 산당에서 제사를 지냈다.	여호야다 제사장이 가르쳤기 때문에
아마샤 (왕하 14:3-4)	야웨의 눈에 옳은 것을 행했다.	산당을 제거하지 않았으므로 백성들이 여전히 산당에서 제사를 지냈다.	다윗과 같지는 않았다. 요아스가 행한 모든 것
아사랴 (왕하 15:3-4)	야웨의 눈에 옳은 것을 행했다.	산당을 제거하지 않았으므로 백성들이 여전히 산당에서 제사를 지냈다.	다윗과 같지는 않았다. 아마샤의 모든 행위를 따라
요담(왕하 15:34-35a)	야웨의 눈에 옳은 것을 행했다.	산당을 제거하지 않았으므로 백성들이 여전히 산당에서 제사를 지냈다.	부친 웃사의 모든 행위를 따라
아하스(왕하 16:2b-3a)	야웨의 눈에 옳은 것을 행하지 않았다		다윗과는 달리 이스라엘 왕들의 길을 행했다
히스기야(왕하 18:3-5)	야웨의 눈에 옳은 것을 행했다. 야웨를 신뢰했고 그와 같은 왕은 전무후무했다.	산당과 기둥과 아세라를 제거했고 모세가 만들었던 놋뱀을 제거했다.	다윗의 모든 행위를 따라

3) 심판공식: B/C패턴 – 남왕조의 므낫세에서 요시야까지

유다 왕조의 후반기의 특징은 히스기야의 신앙과 제의 개혁의 열심이 두 대(아들과 손자)를 건너 증손자 요시아에게서 다시 등장한다는 점이며 히스기야에 대한 평가와 요시아에 대한 평가는 유사하다.

왕명	야웨의 평가	구체적인 죄악	조상과의 관계
므낫세(왕하 21:2–6)	야웨의 눈에 악을 행했다. 야웨의 진노를 일으킬 정도로 야웨의 눈에 많은 악을 행했다.	산당들을 재건(히스기야가 파괴한) 바알제단, 아세라의 재건, 야웨의 전에 제단을 쌓아 별들을 섬겼다.	야웨가 쫓아낸 열방의 가증한 행위를 따라
아몬(왕하 21:20–22)	야웨의 눈에 악을 행했다. 야웨의 진노를 일으킬 정도로 야웨의 눈에 많은 악을 행했다.	야웨의 길로 행하지 않았다.	므낫세의 모든 행위를 따라 부친의 모든 행위대로 행했고 부친의 행위대로 우상들을 섬겼고 조상들의 하나님을 버렸고
요시야(왕하 22:2; 23:5)	야웨의 눈에 옳은 것을 행했다.	좌로나 우로나 치우치지 않았던, 야웨께 전심으로 돌아섰던, 모세의 모든 토라를 따랐던 전무후무한 왕	조상 다윗의 행위대로 행했고

4) 심판공식: C패턴 – 북왕조의 여로보암에서 요람 왕까지

바알의 기둥들을 제거한 요람을 제외한 나머지 왕들은 악한 왕들로 평가받지만, 아주 일부만 우상 제작과 관련이 있고 나머지 왕들의 구체적인 종교적 악행에 대한 언급은 없다.

왕명		야웨의 평가	구체적인 죄	조상과의 관계
여로보암(왕상 14:15-16)		야웨의 분노를 일으켰다. 이스라엘을 버리실 것이다.	그들이 만든 아세라로	자기도 범하고 이스라엘도 범하게 만들었던 여로보암의 죄들로 인해
나답	왕상 15:26	야웨의 눈에서 악을 행했다.		부친의 길과 이스라엘도 범하게 만들었던 그의 죄의 길로 행했다.
	왕상 15:30	야웨의 분노를 일으켰다.		자기도 범하고 이스라엘도 범하게 만들었던 여로보암의 죄들로 인해
바아사 (왕상 15:34)		야웨의 눈에서 악을 행했다.		여로보암의 길과 이스라엘이 범하게 만들었던 그의 죄 가운데 행했다.
엘라 (왕상 16:13)		야웨의 분노를 일으켰다.		바아사의 죄들과, 자기도 범하고 이스라엘도 죄를 짓게 했던 엘라의 죄들로
시므리 (왕상 16:19)		야웨의 눈에 악을 행했다.		자신의 죄로 자기의 죄와 이스라엘을 범죄와 하게 만들었던 여로보암의 길로 행하며
오므리 (왕상 16:25-26)		야웨의 눈에 악을 행했다. 이전의 모든 자들보다도 더 악을 행했다. 야웨의 진노를 초래했다.	우상들로 인해	여로보암의 길과 그가 이스라엘로 범하게 만들었던 그의 죄로 행했다.
아합 (왕상 16:30-33)		야웨의 눈에 악을 행했다. 야웨의 진노를 계속해서 초래했다.	우상들로 인해	그 이전의 사람들보다도 더 큰 그것을 자신에게 가볍게 여기고 여로보암의 길로 행했다.
아하시야 (왕상 22:53-54)		야웨의 눈에 악을 행했다.	그는 행했다.	자기 부친의 길로, 모친의 길로 이스라엘을 죄짓게 만들었던 여로보암의 길로
요람 (왕하 3:2-3)		야웨의 눈에 악을 행했다.	바알의 기둥들을 없앴으나,	부친과 모친과는 달리 이스라엘을 죄짓게 했던 여로보암의 죄들에서는 떠나지 않았다.

5) 심판공식: D패턴 – 요시야 이후의 네 명의 유다 왕들

유다 마지막 네 명의 왕들은 야웨의 눈에 악을 행했으며 다윗과 제의 개혁적인 왕들과 히스기야와 요시아를 제외한 다른 조상들의 행위를 따랐다고 묘사된다. 여기에서는 구체적인 잘못에 대한 언급은 없다.

왕명	야웨의 평가	조상과의 관계
므낫세 (왕하 21:2-6)	야웨의 눈에 악을 행했다. 야웨의 진노를 일으킬 정도로 야웨의 눈에 많은 악을 행했다.	야웨가 쫓아낸 열방의 가증한 행위를 따라
아몬 (왕하 21:20-22)	야웨의 눈에 악을 행했다. 야웨의 진노를 일으킬 정도로 야웨의 눈에 많은 악을 행했다.	므낫세의 모든 행위를 따라 부친의 모든 행위대로 행했고 부친의 행위대로 우상들을 섬겼고 조상들의 하나님을 버렸고
요시야 (왕하 22:2; 23:5)	야웨의 눈에 옳은 것을 행했다.	조상 다윗의 행위대로 행했고

일반적으로는 이스라엘과 유다의 왕들을 선한 왕 혹은 악한 왕들로 이분하는 경향이 있었으나, 열왕기 자체가 선악의 '절대적인' 흑백 구도로 이스라엘과 유다의 왕정을 선악간에 평가하지 않기 때문에, 이스라엘과 유다 왕정 역사를 '제의 개혁적'인 왕과 '제의 개악적인' 왕들로 구분해 볼 필요가 있다. 어쨌든 이스라엘 왕국의 20명의 왕들은 '선한 왕'이라는 평가를 받지 못하는 불명예에 처해진다. 이스라엘 왕국에서 가장 제의 개혁적이라고 불릴 수 있는 예후도 그 시조인 여로보암의 죄에서 벗어날 수는 없었다. 이것이 이스라엘의 신정 정치에 나타난 인간 리더십에게 존재하는 치명적인 오류인가?

이스라엘 왕국과는 달리, 유다 왕국에는 여덟 명의 제의 개혁적인 왕들이 존재했다(아사, 여호사밧, 요아스, 아마샤, 아사랴, 요담, 히스기야, 요시야). 전술했듯이, 이 모든 왕들의 평가에는 그들이 우상숭배와 관련된 산당[3] 제거 여부에 대한 언급이 중요하다. 유다 왕국의 첫 여섯 왕들은 야웨의 눈에 정직하게 행했다고 평가받지만, 가나안 이교 관행들의 상징(특별히 비[非]야웨적 산당)을 유다 땅에서 제거하는데 등한히 했다는 비판을 받았고[4] 오직 두 왕들(히스기야와 요시야)만이 야웨의 눈에 정직하게 행하고 다윗의 행위를 따랐고 이교 관행들을 제거했다는 이유로 화자의 '극찬'을 받았다. 그러나 히스기야와 요시야도 유다의 멸망의 운명을 되돌려 놓지 못한 것으로 묘사된다. 그러한 측면에서 보면, 그 두명의 의로운 왕들도 절대적인 가치로서의 평가받았던 것은 아니었다. 게다가 유다 왕조 초기의 악한 두 왕들의 경우 다윗을 위한 '영원한 등불'과의 언급 속에서 그들에 대한 나쁜 평가가 나타난다(아비얌[왕상 15:4], 여호람[왕하 8:19]). 이러한 선악 간의 유다 왕들에 대한 평가를 볼 때, 화자는 궁극적으로 다윗에 대한 (조건적인) 약속과 일부 후손들의 선행과 탁월성을 강조한다기보다는 이스라엘과 유다 왕조에 불완전하고 악한 면이 너무 많아서 소수 왕들의 개혁이나 선한 의도 자체도 한사람의 생애 속에서 혹은 후대의 사람

3. 구약에 등장하는 산당에 대한 가장 최근의 포괄적인 연구는 LaRocca-Pitts(2001)를 보라.

4. 산당제거의 논의는 Barrick(1974)을 참조하라. 이에 대한 구체적인 언급은 다음과 같다: 요아스(왕하 12:2-3), 아마샤(14:3), 아사랴(15:3), 아사(15:11), 요담(15:34), 여호사밧(22:43). 게다가 아달랴 이후의 왕들은 "야웨의 눈에 정직하게 행했으나, 다윗과 같지는 않았다"(왕하 14:3)고 평가되기까지 한다. 그들은 다윗의 행위가 아니라 "자신의 부친의 행위"를 따랐다고 평가된다.

들에 의해 무효화되거나 오히려 악화되는 경향이 있음을 말한다. 그러므로 화자는 사울과 다윗에 대한 이중 잣대의 경우처럼 이스라엘 왕국과는 달리 하나님의 은총으로 유다 왕국이 그 명맥을 유지할 수 있었다는 점을 말해준다.

이러한 모순적인 패턴화는 저자의 역사 서술과 신학적 해석 사이의 균형 감각을 보여준다. 즉 이전에 기록된 역사 자료에 근거해 그 역사적 근거를 확보한 저자는 비록 이스라엘 왕국이 남과 북으로 나누어졌지만, 이스라엘의 왕들의 전체 역사를 일목요연하게 개괄하면서 역사 속에 나타난 하나님의 뜻과 신학적 교훈을 쉽게 파악할 수 있게 해준다. 이와 같이, 화자의 상호 병치적인 이스라엘과 유다 왕조에 대한 서술과 그들에 대한 전형적인 평가[5]는 각 왕에 대한 선악 간의 평가를 극명히 대조시켜 독자들에게 윤리적 결단을 내리도록 촉구하는 것이 아니라, 상대적으로 이스라엘과 유다 왕조에 대한 공통의 운명의 수레바퀴가 필연적으로 파멸과 심판으로 굴러간다는 점을 잘 드러내고 있는 것처럼 보인다(이와 유사한 기법은 사사기에서도 사용되었다). 이러한 내러티브상의 '대조와 불완전'이라는 규칙성은 열왕기 나름대로의 해석과 가독성을 위한 정형화를 초래한다. 특별히 대부분의 왕들의 내러티브에 나타난 등극 공식과 종결 공식은 각각의 내러티브의 경계를 설정하며 각 왕에 대한 명시적 평가의 정보를 제공한다. 물론 이러한 정보는 비록 어렵기는 하지만 열왕기 자체의 틀 속

---

5. 즉 이스라엘 왕들과 유다 왕들 가운데 선한 왕들과 악한 왕들이 대조되며 선한 왕에게서의 선한 행동들과 악한 행동들이 대조되는, 즉 좌우로 흔들어대는 시계추 현상을 주목할 필요가 있다(Hoffmann 1980). 이러한 현상은 김지찬(1999:412f.)의 도표를 통해 잘 확인될 수 있다.

에서 그에 익숙한 독자들에게 그러한 정보들이 표면적인 언급을 뒤집는 역설적인 표현인가, 아니면 문자적인 이해를 갖게 하는 솔직한 정보인가의 여부를 판단하게 만든다.

제의 개악적인 왕들과 제의 개혁적인 왕들

앞에서 왕들에 대한 개괄적인 평가들은 언급했지만, 이제는 솔로몬 사후 분열된 북이스라엘과 남유다의 왕들을 소위 제의 개악적인 왕들과 제의 개혁하는 왕들로 구분해 그들의 행위에 대한 세부적인 언급과 그에 따른 평가를 살펴보자.

"당신이 이 백성의 종이 되면…"

솔로몬 사후의 분열왕국의 존재는 '솔로몬의 우상숭배 죄에 대한 신적 보응'으로 묘사되지만(11장), 그 실제적인 분열의 원인과 과정은 열왕기상 12장에서 언급된다. 즉 이스라엘 백성들은 솔로몬의 아들 르호보암에게 무거운 부역과 세금의 경감을 요청했다(12:7). 솔로몬의 사후에도 이스라엘(북쪽 지파들)은 여전히 르호보암에게 아버지의 부당함을 인정하고 백성들의 요구를 받아들인다면, 통일왕국은 유지될 수 있음을 암시한다.

르호보암은 백성들의 요구와는 다른 길을 택한다. 일반적으로 '신진 세력들'은 개혁적이고 노년층들은 수구적인 것이 상식이나, 여기서는 정반대로 나타난다. 이미 솔로몬 치하에 살았던 (아마도 이들은 더 이상 르호보암을 섬기지 않는) 노인들은 파격적으로 젊은 왕에게 백성의 종

노릇을 할 것을 자문하지만, 오히려 기존의 경험과 지혜가 미숙한 젊은이들(이들은 노인들과는 달리 르호보암을 섬기는 자들이다)은 돌직구처럼 과격한 전제주의의 실행을 새 왕에게 조언한다(참조. Walsh 1996:168-69). 이와 같은 노인들의 조언은 이스라엘, 예수 시대, 그리고 오늘날에도 적용 가능하다.

> 전하께서 만일 이 백성의 종이 되어 그들을 섬기고 선한 말들로 대답하여 말씀하시면, 그들이 영원히 전하의 종이 될 것입니다(왕상 12:7).

여기서 언급된 개념 즉 '고귀한 자의 섬김'(noble servitude)은 고대 헬라 철학자들과 로마 가이사의 정치 철학에서도 발견된다. 물론 이와 같은 개념은 구약에서도 발견된다. 즉 현재의 표현뿐만 아니라, 구약에서도 발견된다. 예, 사무엘상 12:2(이제 왕이 너희 앞에서 행한다)은 사울이 왕으로 이스라엘 백성을 섬기는 것을 의미한다(Weinfeld 1983:76f.). 이것은 왕이 백성들에게 겸손하게 선의를 베풀면 백성들도 왕에게 겸손하게 선의를 베풀 것이라는 말이다. 이와 유사한 표현이 신명기 17:23(그의 마음이 그의 형제 위에 교만하지 아니하고)에도 등장한다. 물론 이 표현은 무거운 세금으로 야기된 반역의 문맥에서 행해진 조언의 내용이었다. 백성들의 동의가 우선해야 한다. 세금은 왕의 것이 아닌 백성의 재산에서 나오는 것이다. 과도한 세금과 폭정으로 인해 망한 국가가 많지 않은가?(Weinfeld 1983) 여기서 그에 대한 또 한 가지의 예를 발견하게 된다. 왕이 부가한 백성의 노역과 과도한 세금이 이스라엘이라는 하나님 나라를 분열시켰다! 이스라엘 백성이 버린 다윗의 집은 회복될 수 없기 때문에, 북이스라엘 백성의 다윗의 집으로의 귀환은 이제 더 이상 불가능해 보인다. 그럼에도 여로보암은 자기 백성의 다윗의 집으로의 회복을 두려워한다. 이러한 '근거 없는' 두려움은 야웨를 잘 섬기기보다는, 여로보암에게 반(反)유다, 반다윗, 반야웨 신앙의 정책을 급조하게 만든다. 언뜻 보기엔 그의 노력은 이전의 체계와 유사한 제의 개혁처럼 보이지만, 결국 그와는 반대의 결과를 초래한다. 여로보암이 창안한 벧엘과 단의 제단들과 황금송아지에 대한 하나님의 진노와 거부는 하나님이 보내신 선지자를 중심으로 명시적으로 드러난다(13장).

여로보암에 대한 하나님의 진노는 유사한 범죄를 저지른 르호보암에게도 나타났다. 즉, 하나님의 즉각적인 진노는 애굽의 왕 시삭의 군대가 예루살렘 성전을 침탈한 사건으로 나타난다(왕상 14:22-26). 이렇게 해서 야웨의 진노와 징벌의 공평함이 예시된다. 이러한 침탈은 유다 왕조 말의 이방인 왕들에 의한 성전 침탈을 예견케 한다. 이런 식으로 솔로몬의 이스라엘 통일왕국은 분열된다. 그러나 이러한 분열은 남유다가, 이전에 서로 앙숙이었던, 다윗 가문이 속한 유다 지파와 사울 가문이 속한 베냐민 지파(당시에는 이미 유다 지파에 흡수된 후였다)로 구성되었다는 점에서 역설적이다.

압살롬의 손녀인 마아가의 아들 아비얌 왕(왕상 15:1-8)과 그의 아들 아사 왕에 대한 언급(15:9-24)에서 특이한 표현법을 발견할 수 있다. 화자는 아비얌의 악행을 언급하면서 "헷 사람 우리아의 일 외에는"[6] 정직하게 모든 일을 행했다고 다윗을 평가한다. 이것은 이후의 왕들을 평가하는 데 사용되며 일종의 복종 패러다임의 역할을 수행한다. 아사가 모든 개혁을 모두 행했으나, "산당은 없애지 않았다"고 묘사한다(15:5, 14). 이것은 일종의 과장법으로 다윗과 아사의 행동이 '한 가지 오류' 외에는 아무것도 흠잡을 만한 일을 하지 않았다는 의미는 아니다. 오히려 이러한 표현은 다윗과 아사의 '대표적인' 실책을 강조하려는 것이다. 다윗과 아사의 생애를 알고 있는 독자들은 이러한 표현이 무슨 의미인지 이미 잘 알고 있었을 것이다. 이와 같이 아버지와 아들이 신앙적으로 극단적으로 대조가 되는 경우가 여러번 나타난다. 북이스라엘로부터 군사적 위기에 처한 아사 왕은 성전과 왕궁의 곳간에서 보화를 벤하닷에게 보내어 이스라엘을 공격하도록 요청해 이스라엘 왕 바아사가 유다 공격을 중지하게 만든다. 아사 왕은 늙어 발에 심각한 병이 걸리게 된다. 고대 근동 지역에서 이 질병은 신의 진노의 표시로 여겨졌고 아사의 질병도 이와 같은 경우가 아닌가 한다. 악한 르호보암 왕조는 바아사에 의해 척결되나 그들과 동일한 전철을 밟는 바아사 왕조도 마찬가지의 운명을 맞이한다.

바아사 왕조를 제거한 시므리의 쿠데타는 전쟁터의 군사들이 반반으로 나누어 시므리 대신에 디브니와 오므리를 각각 왕으로 옹립한다. 이러한 추대는 이스라엘 내에 한동안 두 명의 군주가 옹립되는 혼란을 초래했고 결국 오므리가 이 문제를 수습한다. 오므리의 아들 아합은 아버지의 이스라엘 재흥 정책을 이어 이방 종교의 수입과 그

6. 70인역B, L과 맛소라 사본에는 이 표현이 있지만, 대부분의 70인역에는 없어 비평학자들(예, De Vries)은 이 표현이 후대에 첨가된 것이라고 주장한다.

것의 보호에 힘을 쏟게 된다. 이렇게 화자는 이스라엘과 유다 왕정의 타락 이야기를 왕조별로 병치한다.

대부분의 유다 왕들은 르호보암의 죄를 답습하고, 대부분의 이스라엘 왕들[7]은 여로보암의 죄를 답습하는 현상을 보여준다(물론 이스라엘의 아합 가문과 유다의 일부 왕들은 '아합의 죄'를 따랐다). 여로보암의 죄(12:28-33)는 하나님을 대신한 금송아지 제작 및 단과 벧엘에 새로 세운 제단들에서 비(非)레위 지파로 제사장을 삼았고 율법이 규정하지 않은 다른 축제들을 제정했던 것이다. 물론 이러한 악한 왕의 전형[8]은 죄악의 상징성 혹은 심각성을 말해줄 뿐 개개인의 죄악의 경중을 의미하지 않는다(이것은 유다 왕조 말의 므낫세의 죄에 대한 언급도 그러한 정형화에 적용된다). 사실 가장 악한 왕을 꼽는다면 그것은 이스라엘의 아합 왕일 수도 있다. 그의 악행은 유다 왕 여호람, 아하시야, 므낫세의 행위를 평가할 때도 아합의 예와 비교될 정도로 사악한 것일 수 있

---

7. 여로보암 1세, 엘라, 디브니, 살룸, 호세아의 경우만 제외하고 여로보암 왕은 다른 모든 이스라엘 왕의 부정 평가의 근거로 묘사되었다.

8. Evans(1983)는 나람-신(Narahm-Sin) 왕의 경우의 유비를 따라 여로보암 왕을 성경상의 "악한 왕의 전형"(unheilsherrscher) 으로 본다. Evans (1983:110-112)는 그러한 패러다임 현상이 고대 아카드 왕조 이후에 비롯되었다고 제안하며 Evans(1983:118ff.)는 이러한 평가가 후대의 신명기주의자들의 제안이라기보다는 북왕국의 세 왕조들에 대한 선지자의 정죄의 진정성을 강조하는 것이라고 주장한다(왕상 14:1-18, 16:4, 21:24). 필자는 이러한 주장을 동의한다. 그러나 그러한 전형이 고대 근동에서는 미래 통치자들을 지칭하는 데 사용되었음에도 불구하고(pp. 106-7), 성경에서 요시아 왕의 개혁의 정당화에 사용되었다는 Evans(pp. 122-23)은 받아들이기 어렵다. 결국, 이와 같은 윤색은 다윗 왕조의 영광을 격하시키며 소위 신명기주의적 선지자적 편집(DtrP)의 목표와 상반되는 결과를 초래할 것이기 때문이다. 그러므로 필자는 므낫세를 희생양으로 삼은 이유가 요시아 시대 편집자가 요시아의 제의 개혁을 정당화시키려고 했다거나 바벨론 포로 시대 편집자가 요시아의 개혁에도 불구하고 피할 수 없었던 유다 왕국의 종말의 필연성을 정당화시키려는 정치선전 작업의 일환으로 그렇게 했다는 입장에 동의하지 않는다.

다. 그러나 정치적으로나 경제적으로 볼 때 솔로몬과 같은, 혹은 히스기야와 요시야 왕과 같은 부흥기를 이룬 것은 오므리-아합 왕조 때였고 고고학적으로 입증된 바이다. 그러나 열왕기 저자의 관점에서 본다면, 신앙적으로 패역하고 사악한 부흥과 성장은 역사 서술의 고려 대상이 될 수 없었다. 유다 왕조의 평가 기준은 '다윗의 길을 걸었는가?'에 있었고 야웨가 다윗과의 언약에 대한 향수로 인해 지속된다는 점이 종종 상기되고 있다(15:4). 이러한 반역의 역사는 또한 이스라엘과 유다 사이의 지속적인 갈등과 반목의 역사로도 극명하게 묘사된다.

제의 개악적인 왕들

위에서도 언급했듯이, 이 범주에 속하는 왕들은 이스라엘 왕들이 대부분이었고 많은 유다 왕들도 포함되어 있다.

1) 이스라엘의 제의 개악적인 왕들

솔로몬 사후에 분열 이스라엘 왕국의 창설자 여로보암 1세는 금송아지 제작 죄를 범했고, 그의 아들 나답은 여로보암의 죄를 따랐다. 실로 사람 아히야의 말처럼 이들의 죄로 인해 바아사가 여로보암 왕조를 제거하고 등극했으나, 그도 역시 여로보암의 죄를 따랐기 때문에 야웨의 눈에 악을 행했고 그 행위가 야웨의 진노를 격동시켰다. 바아사의 아들 엘라는 바아사와 자신의 죄(여로보암의 죄?)로 인해 이스라엘이 범죄하게 만들었고, 선지자 예후를 통해 하신 말씀처럼 그 가문이 시므리를 통해 멸족을 당한다. 시므리는 즉위 7일 만에 오므리의 등극과 포위됨을 보고 자살한다. 화자는 그를 여로보암의 죄를 따라 이스라엘을 범죄케 했다고 평가한다. 그후에 일부 사람들은 디브니를 옹위하고 나머지는 오므리를 계속해서 추종했다. 새로운 왕조를 연 오므리도 여로보암의 죄를 추종한 것으로 비판받는다.

엘리야-엘리사 시대 이후의 이스라엘 왕들의 평가는 다음과 같다. 아합은 자신의 부왕 오므리와 같이 여로보암의 죄를 따랐기 때문에 야웨의 진노를 촉발했다. 아합의 아들 아하시야도 야웨의 눈에 악을 행했고 부모의 길을 따랐으며 여로보암의 길을 행했고 바알을 섬기므로 야웨의 진노를 초래했다(왕상 22:52-53). 그 뒤를 이은 여호람은 야웨의 눈에 악을 행했으나, 부모의 죄를 버리고 바알의 주상은 제거했다. 이러한 점에서 여호람은 불완전한 개혁의 왕의 범주에 들어갈 수도 있으나, 그는 악한 자로 여겨지며, 범죄의 길을 떠나지 않았다(왕하 3:2-3). 엘리야의 생도들 중의 한 사람이 은밀하게 님시의 손자 여호사밧의 아들 예후에게 기름을 부어 왕을 삼는다. 그의 주문 사항은 아합의 집이 여로보암과 바아사의 가문처럼 멸문지화를 당하는 것이었다. 예후는 요람을 활로 살해했고 결국 유다왕 아하시야는 병으로 죽었다. 그후에 예후는 이세벨과 아합의 아들들과 유다 왕 아하시야의 형제들과, 아합과 바알의 추종자들도 죽였다.

예후 왕조의 여호아하스는 야웨의 눈에 악을 행했고 이스라엘이 악을 행하도록 만들었으며, 여로보암의 죄를 따랐다고 평가된다. 그의 아들 요아스도 그의 부왕 여호아하스와 동일한 범죄를 행한 자로 묘사된다. 여로보암 2세는 선조들처럼 악을 행했으나(여로보암의 죄),

야웨의 긍휼을 입어 실지를 회복하는 일도 있었다. 스가랴도 선조들의 죄(여로보암의 죄)를 답습했고 그로 인해 야베스의 아들 살룸에 의해 살해됐다. 살룸도 가디의 아들 므나헴에 의해 살해된다. 므나헴도 여로보암의 죄에서 벗어나지 못했고, 그의 아들 브가히야도 여로보암의 죄를 따랐으며 르말랴의 아들 베가에 의해 살해됐다. 베가도 다른 악한 왕들처럼 여로보암의 죄에 머물러 있었다. 그는 엘라의 아들 호세아에게 살해됐다. 이스라엘 왕조의 마지막 왕 호세아는 야웨의 눈에 악했으나, 이선 왕들만큼 악하지는 않았다는 평가를 받는다.

2) 유다의 제의 개악적 왕들

솔로몬 사후에 아사(3대)와 여호사밧(4대)을 제외한 르호보암(1대, 원주민들의 가증한 일들, 산당, 우상, 그리고 아세라 목상건립), 아비얌(2대, 르호보암의 죄), 여호람(5대), 아하사야(6대)로 이르는 유다 왕들은 악한 왕으로 여겨졌다. 화자는 아합 가문과 아합처럼 행하는 유다 왕들에 대한 하나님의 심판도 자세한 언급을 했다. 아합의 악한 영향력은 유다에도 미친다. 혈연 관계로 맺어진 여호람과 아하시야뿐만 아니라, 후대의 므낫세까지도 아합 왕의 악행을 본받는 자(21:3, 13)로 평가된다.

아합의 딸과 결혼한 유다 왕 여호람(혹은 요람, 왕하 8:16-24)은 아합의 마지막 행동들을 흉내낸다(왕상 22장). 이러한 배역의 징조들은 주변 봉신 국가들의 지속적인 반역으로 보상된다. 자신의 부왕 여호람의 경우처럼, 아하시야는 "아합의 집의 길로 행해 아합의 집처럼 야웨 보시기에 악을 행하였으니, 그가 아합의 집의 사위가 되었다." 이처럼 여호람과 아하시야도 '제2의 아합'으로 묘사된다. 유다의 여왕 아달랴

(cf. 대하 22:10-23:15)의 아들 아하시야의 요아스 외에 모든 아합 집안은 이스라엘 왕 예후(10:12-14)와 아달랴의 진노의 칼 아래 모두 죽었다. 아달랴는 제2의 이세벨로 묘사된다. 잘못하면 다윗의 씨가 멸절될 뻔 했다. 요아스의 아들 아마샤는 야웨의 눈에 정직하게 행했으나 다윗과 같지 않았고, 요아스처럼 행했으나 산당을 제거하지는 않았다. 그럼에도 그는 정의를 집행하는 데 있어 모세의 율법을 따르려고 노력했고, 하지만 반역자들에 의해 살해되고 그를 이어서 아사랴가 등극한다.

그동안 일련의 (유다 말기의) 제의 개혁적인 왕들, 특히 히스기야-요시야 왕들을 지나치게 차별적으로 이해하려는 경향이 종종 있었다. 이러한 평가의 문제점은 나중에 히스기야와 요시야 왕에 대한 언급과 평가에서 살펴볼 것이다.

제의 개혁적인 왕들

1) 이스라엘의 제의 개혁적인 왕들

제의 개혁적인 왕의 반열에 이스라엘 왕 예후(cf. Gugler 1996)도 포함될 수 있는 점에서 먼저 이스라엘 왕 예후의 활동을 살펴보자.

예후 내러티브(왕하 9:1-10:36)의 구조(Cohn 2000:65-66).

A 예후가 왕으로 기름 부음을 받다(9:1-15)

B 예후가 이스르엘 밖에서 여호람 왕을 죽이다(9:16-26)

C 예후가 벳하간에서 아하시야 왕을 죽이다(9:27-29)

D 예후가 이스르엘에서 이세벨을 죽게 만들다(9:30-37)

B′ 예후가 이스르엘에서 아합의 집을 학살하다(10:1-11)

C′ 예후가 벧-에겟(Beth-eked)에서 아하시야 왕의 친척들을 학살하다(10:12-14)

D′ 예후가 바알 숭배자들을 죽이고 사마리아의 바알의 전을 파괴하다(10:15-28)

A′ 예후의 통치의 요약(10:29-36)

예후의 제의 개혁 임무는 엘리사의 생도들 중 하나가 예후에게 기름을 부었던 왕의 위임식에 행한 발언에서 극적으로 요약될 수 있다(cf. 왕상 21:19-26).

> 내가 네게 기름을 부어 야웨의 백성, 즉 이스라엘의 왕으로 삼노라. 너는 네 주 아합의 집을 치라. 내가 나의 종 선지자들의 피와 야웨의 종들의 피를 이세벨에게 갚을 것이다. 아합의 온 집이 멸망할 것이다. 이스라엘 중에 종이나 자유자나 아합에게 속한 모든 남자는 내가 다 멸할 것이며 아히야의 아들 바아사의 집처럼 할 것이다. 이스르엘 지방에서 들개들이 이세벨을 먹을 것이다. 누구도 그를 장사하지 못할 것이다.

예후는 아합의 가문을 공격해 바알 숭배자들을 제거했지만, 벧엘과 단의 금송아지 숭배를 제거하지 못했으며 그의 자손들(여호아하스, 요아스, 여로보암2세, 스가랴)도 여로보암의 죄를 답습했다. 아마도 예후가 야웨 종교의 순수성의 회복보다는 자신의 쿠데타를 합리화시키고 자신의 잠재적인 정적들을 제거할 목적으로 제의 개혁을 수행했기 때문에(9:26, 36, 10:10) 궁극적으로 '선한' 왕으로는 분류되지 못한 것 같다(Savran 1987:153).

2) 유다의 제의 개혁적 왕들

유다의 개혁적인 왕들은 이스라엘의 경우보다는 상대적으로 많았다. (1) 아사(3대, 왕상 15:9-24)는 다윗과 같이 '야웨의 눈에' 정직하게 행해 남색자들을 제거하고 조상이 만든 우상을 제거하고 아세라 상을 없앴다. 산당은 제거하지 않았지만, 그는 일평생 야웨 앞에서 온전했다는 평가를 받는다. 그는 노년에 발병(足病)을 앓았는데 그 병은 야웨의 징벌의 표시로 여겨졌음도 고려해봐야 할 점이다.

(2) 아사의 아들 여호사밧(왕상 22:41-50)은 "자기 부친 아사의 모든 길로 행해 배교하지 않았고 야웨가 보시기에 정직히 행했다." 이 두 사람의 공통요소는 신앙적으로 정직하고 의로워서 야웨의 뜻을 따랐지만, 비야웨적 산당을 없애지 않았다는 것이다.

(3) 유다 여왕 아달랴의 통치 7년에 여호야다 제사장(요아스를 살린 고모 여호사브앗의 남편, 대하 22:11)은 일부 장군들과 함께 야웨의 전에서 언약을 세우고 맹세해 아달랴를 폐위시키고 요아스를 옹립시킨다(cf. Dutcher-Walls 1996). "면류관을 씌우며 율법 책을 주고 기름을 부어 왕으로 삼았다"라고 묘사된 요아스의 즉위 과정은 흥미롭다(11:12). 여호야다는 왕과 백성이 야웨와 언약을 맺고 바알 신앙을 제거했으며, 요아스는 여호야다 제사장이 살아 있는 동안 야웨의 눈에

정직하게 행했으나, 산당은 제거하지 못했다. 그러나 그는 야웨의 전을 거룩하게 하고 개축했다. 그러나 아람 왕 하사엘이 예루살렘을 위협하자, 그는 궁전과 성전의 모든 보화들을 그에게 주고 군사적 위협을 모면했다. 결국 그는 자신의 신복들에게 살해되고 그의 아들 아마샤가 뒤를 이었다.

(4) 아마샤는 부친의 행위대로 야웨의 눈에 정직하게 행했으나, 산당을 제거하지 않았고 그로 인해 악성 피부병에 걸려 그의 아들 요담이 내신 통치하게 되었다. 요담도 자기 아버지처럼 야웨의 눈에 정직하게 행했으나, 산당은 제거하지 않았다는 평가를 받는다.

나머지 유다 말년의 제의 개혁적 왕들인 히스기야(5)와 요시아(6)의 활동은 이후에 살펴볼 것이다.

4장

엘리야와 엘리사 행전[1]

ǂ

야웨 vs. '바알 신앙과 아람 제국'

엘리야와 엘리사의 행적을 살펴보면, 열왕기가 말하는 선지자들의 행적과 역할에 자연스럽게 관심을 갖게 된다. 선지자들은 '선지자들(즉 느비임)'이라는 표현 외에 일반적으로 '하나님의 종들'(왕하 9:7, 17:13, 23, 21:10, 24:2), '하나님의 사람들', '선지자들의 아들들'로도 불렸다. 열왕기에서 선지자라는 표현(54회 등장)은 야웨의 선지자들뿐만 아니라, 12명의 다른 개인들과 집단들(바알과 아세라 선지자들)에게도 사용되었다. 열왕기에서의 선지자의 역할은 ① 최근에 발설된 하나님의 말씀들뿐만 아니라, 오래전의 말씀들이 이제 온전히 이루어졌고 야웨께서 말씀하신 이후의 일들도 동일하게 성취될 것을, ② 모세의 후계자인 선지자들이 심판과 회개의 메시지를 지속적으로 이스라엘

1. 더 자세한 분석은 Coote(1992)와 Kissling(1996)를 보라.

과 유다에게 전달했다는 점을, 그리고 ③ 이러한 기능들의 신학적인 중요성을 당대와 후대에 입증하는 역할을 수행했다는 점을 강조하는 것이다. 또한 선지자들이 열왕의 시대에 더 활동적일 수 있었던 것은 아마도 솔로몬 왕[2] 이후에 야웨의 직접 계시보다는 선지자들을 통해서만 하나님의 뜻이 계시되었으며 역사를 주도했기 때문이었던 것 같다(Walsh 1993:369).

이스라엘 왕정 시대에 선지자들이 능동적인 역할을 수행했던 이유는 다음과 같은 당대의 선지자들의 세 가지 독특한 기능 때문인 것 같다(Howard 1993:188-92). 즉 ① 궁중 선지자들. 이것이 고대 근동의 보편적인 현상이었듯이 이스라엘과 유다의 선지자들도 (국가의 운명과 국가사의 집행에 관련된) 일종의 궁중에 고용된 카운슬러의 기능을 수행했을 것이다. ② 선지자 집단. 당시에 선지자들이 독특하게 집단을 이루어 살면서 활동을 했고 이러한 집단화는 일종의 길드(guild)로서, 혹은 수도원과 같은 역할을 했을 것이라는 주장과 선지자를 중심으로 한 평신도 지지자들을 의미했을 것이라는 주장도 있다. ③ 기록(혹은 문서)선지자들. 열왕기에서 나타나는 '예언과 성취'는 기록 선지자들에게 선지자들의 신탁의 집대성과 문서화를 통해 그러한 말씀들이 후대에 전수될 수 있는 토대를 마련했다.

2. 솔로몬과의 직접적인 대면은 3:14, 6:12, 9:4, 11:1에서 나타난다.

엘리야와 엘리사 내러티브(왕상 16:21-왕하 12:21)

열왕기에서 솔로몬 내러티브가 11장 정도의 분량을 차지하는 데 반해, 엘리야-엘리사 내러티브(왕상 17-19, 21장)가 3분의 1 정도의 분량을 차지한다는 점은 그것이 열왕기에서 갖는 중요성을 반증한다.

엘리야-엘리사 내러티브의 서론은 오므리 왕조의 탄생을 포함한다(21-34절). 물론 엘리야와 엘리사의 사역들 사이에 여러 공통점들도 존재하지만(cf. Coote[1996], Kissling[1996]), 화자는 마치 모세와 여호수아처럼 스승과 제자로(cf. Walsh 1996:284ff.), 바알 신앙과 아합 가문과의 대결의 시작과 완성(혹은 예언-성취)[3]을 제시해 엘리야와 엘리사 내러티브를 함께 읽도록 해준다.[4] 그와 함께 다음의 도표는 두 내러티브의 연관성을 잘 보여준다(Walsh 1996:281f., Cohn 2000:92).

엘리야	엘리사
왕상 17:2-6 엘리야가 와디에서 물을 마시다.	3:9-20 이스라엘이 와디에서 물을 마시다.
17:8-16 엘리야가 과부를 위해 기름과 곡식을 증식시키다.	4:1-7 엘리사가 과부를 위해 기름을 증식시키다.
17:17-24 엘리야가 소년을 소생시키다.	4:8-37 엘리사가 소년을 소생시키다.
18:20-39 기근과 참 하나님; 기적이 회개를 촉진하다.	5:1-27 피부병과 참 하나님, 기적이 회개를 촉진하다.
19:1-3 엘리야에 대한 추적; 추적자의 맹세	6:8-14, 31-32 엘리사에 대한 추적; 추적자의 맹세
21:1-29 거짓 증인이 왕의 명령을 따라 한 남자의 땅의 소유권을 부인하다.	8:1-6 참된 증인이 왕의 명령에 따라 한 여자의 땅의 소유권을 보상받다.
왕하 1:1-18 엘리야가 죽기 직전인 왕에게 신탁을 보내다.	8:7-15 엘리사가 죽기 직전인 왕에게 신탁을 보내다.

3. 이에 대한 자세한 논의는 Walsh(1993:204-205)를 보라.

4. Walsh(1993:371-2)의 엘리야-엘리사 내러티브의 교차대조적 구조를 참조하라.

엘리야의 활약(왕상 17-19장; 왕하 1-2장)[5]

가장 종교적으로 어둡고 절망적이었던 이스라엘의 오므리 왕조의 아합 왕 때에 등장한 하나님의 선지자 엘리야는 바알 신앙과 오므리 왕조와의 전투를 벌인다는 점에서 중요한 역할을 수행했다. 엘리야는 '길거리의 선지자'라고 불릴 만큼 지리적 이동이 잦은 선지자였으며 기적과 격렬한 갈등의 사역을 주도했다는 면에서 카리스마적인 선지자라고 볼 수 있다. 열왕기상 17-19장으로 이루어진 엘리야 내러티브는 문학 구조상 갈멜 산의 전투를 중심으로 17, 19(21)장의 상호대칭적 구조를 가진다(Walsh 1996:283-4).

A 요단 계곡에 있는 엘리야(17:2-7)

B 이스라엘의 바깥, 북쪽 지방에 있는 엘리야(17:8-24)

C 야웨의 말씀: 이스라엘로 돌아가는 엘리야(18:1)

D 아합과 엘리야가 길에서 만나다(18:2-20)

E 갈멜 산 위의 엘리야(18:21-45)

D' 아합과 엘리야가 이스라엘로 가는 길에서 만나다(18:46)

C' 이세벨의 말: 이스라엘에서 도망하는 엘리야(19:1-3)

B' 이스라엘의 바깥, 남쪽 지방에 있는 엘리야(19:4-18)

A' 요단 계곡에 있는 엘리야(19:19-21)

5. 엘리야 내러티브의 구조분석은 Todd(1992)를 보라.

이스라엘 오므리 왕조의 두 번째 왕 아합은 22년간 이스라엘에서 악행을 일삼았다. 그는 시돈 왕 엣-바알의 딸 이세벨을 아내로 삼아 바알 숭배와 바알 제단을 쌓아 이스라엘의 하나님 야웨의 진노를 촉발시켰다. 심지어는 당시에 벧엘 사람 히엘이 여리고를 재건축하려고 시도했으나, 재앙이 그의 집안에 임함으로 재건축이 중단되는 지경에 이른다(왕상 16:34). 이처럼 야웨의 말씀은 심지어 수백 년 전에 여호수아를 통해 말씀하신 바(수 6:26)도 잊지 않고 성취하시는 분이다(16:34).

엘리야의 시대에 하나님은 세상의 기근을 선포케 하시니, 이스라엘에는 비는 커녕 이슬 한 방울도 내리지 않았다(17:1).[6] 길르앗에 살다가 기근을 선포한 후에 요단 강 앞 그릿 시냇가로 도피한 엘리야는 까마귀를 통해 아침과 저녁에 떡과 고기를 공급받았다. 그러나 그가 물을 마시던 시내도 마르자, 이스라엘에서 활동하던 엘리야는 이스라엘을 횡단해 지중해에 있는 시돈(이세벨의 고향이자 바알 신앙의 중심지)으로 옮겨가, 거기서 만난 한 가난한 이방인 과부에게 자비를 요청하고 그녀가 응답하자, 하나님의 은총이 그녀에게 임한다. 여기서 흥미로운 점은 하나님의 땅 이스라엘에는 바알 숭배가 만연했고 하나님의 기근이 선포됐으나 바알의 풍요 기적도 없었으며 바알 종교의 본고장 사르밧에서도 하나님의 기근이 있었으나 그곳에서도 바알의 풍요 기적은 없었고, 야웨의 은총의 역사는 임하고 있었다. 바알 대신

6. 이 표현의 효과는 Walsh(1993:227)을 보라.

에 임한 하나님의 은총은 다음과 같은 일련의 행위들로 입증된다. 즉, 엘리야('엘리야'[엘리야후]라는 말 자체가 '나의 하나님은 야웨다'라는 의미다.)가 사르밧 과부에게 자신과 그녀의 가족들을 위해 곡식과 올리브 기름으로 만든 음식을 요청하고 온 동네의 기름병을 모두 모아서 올리브 기름이 하나님의 은총의 회복의 상징인 비가 다시 내릴 때까지 끊어지지 않게 만드는 기적을 행해 사르밧 과부의 가난을 해결해 주고 과부의 죽은 아들을 살린다. 이러한 사건들은 서로 밀접하게 연결되어 있고 기근과 굶주림과 죽음과 양식과 풍요와 생명을 대조시킨다.

특이하게도 사르밧 과부가 한 말 "나와 내 아들을 위하여 음식을 만들어 먹고 그 후에는 죽을 것입니다"라는 말이 이들이 기적적으로 음식을 구하게 된 후에 그녀의 아들이 병들어 죽게 된 것과 구조적으로 상응한다. 이 단락은 다음과 같은 구조로 구성되어 있다. 즉 야웨의 명령→엘리야의 순종→엘리야의 명령→과부의 순종→과부의 요구→엘리야의 순종→엘리야의 요청→야웨의 들으심. 심지어 바알의 땅 거주민들이 야웨를 두려워하게 한 것과 이방인의 땅에서 임하는 기적을 통해 야웨의 말씀의 진실성은 다시 한번 확증된다(Kissling 1996:113ff.).

하나님의 기적은 바알의 땅에만 머물러 있지 않는다. 하나님은 이스라엘에서 바알을 섬기는 아합의 집에 바알을 섬기지 않고 야웨를 매우 경외하는 '오바댜'라는 왕궁 책임자(즉 제2인자)를 남겨두셨다. 야웨의 선지자들을 죽였던 이세벨과는 반대로, 그는 야웨의 선지자 일백명을 살렸다. 그는 직책상으로는 아합 왕의 종이었지만, 이름과 신앙으로서는 야웨의 종이었다. 기근 가운데 아합과 오바댜는 물의 근원을 찾으려고 돌아다녔다. 엘리야를 만난 오바댜의 절망(18:9ff.)은 나중에 엘리야의 절망과 연관된다(19장). 여기에서 키워드는 "보라, 엘리야가 여기 있다(힌네 엘리야후)"이다(18:8, 11, 14).[7] 이 말은 문맥상 오바댜가 아합에게 엘리야가 숨어 있는 장소를 고발하는 것처럼 보이지만, 또 다른 의미에서 바알 신앙의 소유자인 아합 왕 앞에서 '내 하나님은 야웨'라는 신앙고백일 수 있다. 따라서 이것은 오바댜의 목숨을 위협할 수 있는 행동이다.

엘리야가 아합에게 바알과 아세라 선지자들을 불러 자신과 함께 각각 황소 한 마리씩 제단에 올려놓고 누구의 신이 하늘에서 누구의 제단 위에 불을 내릴 수 있게 하는가의 시험을 해보자고 요청하자, 아합은 쉽게 응답한다. '하나'뿐인 하나님의 사람 엘리야는 바알 선지자 450인과의 투쟁에서 이겼지만, 이상하게도 아세라 선지자들에 대한 언급은 없다. 바알 선지자들과의 투쟁 중에서 그가 세운 제단(이스라엘 12지파를 상징하는 12개의 돌로 구성)은 이스라엘 전체의 야웨 신앙의 부흥을 상징한다. 그는 생명과 기적의 야웨의 부르심을 받은 자로 사망과 잠과 불능(impotence)의 바알 선지자들과 대결했다. 그런데 생명과 부활의 신이 바알 아니었던가! 바알 선지자들이 아침부터 제단 앞에서 신의 이름을 불렀으며 몸에서 피를 흘리며 저녁 소제물을 드릴 때까지 그 이름을 불러 외쳤으나 그들의 신 바알은 응답도 없고 듣지도 못하는 것으로 판명난다. 여기에서 엘리야의 조롱은 극치에 이른다.

---

7. cf. 7, 10절, 19:9, 13("야웨께서 계시지 않는다"[19:11, 12]).

> 큰 소리로 부르라. 그가 신이니, 묵상하는지, 혹은 잠시 외출을 했는지, 여행 중인지, 혹은 잠에 빠져 깨워야 하는지…(왕상 18:27).

기근 중에 폭풍과 우레의 신인 바알은 침묵했고 그제서야 엘리야는 갈멜 산에 야웨의 단을 수축하고 제단과 제물들 위에 물을 세 번 부어 그 주위가 물로 흥건하게 만들었다. 엘리야는 야웨께서 제단에 불을 내려 제물을 태우심으로 '야웨가 이스라엘 가운데서 하나님이 되심'과 '자신이 야웨의 종'이라는 점과 '자신이 야웨의 말씀대로 행하고 있다'는 것을 백성이 알게 해달라고 간구했다. 이로서 바알이 아니라, 하나님만이 유일하게 이스라엘의 요구에 응답하시는 분이시라는 점이 증명되었다. 그러한 점에서 히브리어 "응답하다"(아나)라는 표현이 본문의 핵심어이다. 즉 "불로 응답하는 신"(24절), "백성의 응답"(24절), "바알의 무응답"(26, 29절), "불로서 응답하시는 야웨"(37절). 마찬가지로 엘리야는 야웨의 불로 인해 "당신이 그들의 마음들을 돌이키시는 것"(18:37)을 백성들이 확인할 수 있도록 해달라고 기도했다. 구약, 특별히 선지서에서 '백성들의 영적인 상태(회개)나 지위의 전환(귀환)'을 의미할 때, 히브리어 슈브가 주로 사용되었지만, 여기서는 희귀하게 사용되는 히브리어 사바브의 히필형이 사용되었다. 여기서 야웨가 살아 계시고 역사하시는 분이라는 점뿐만 아니라, 야곱의 12아들들의 마음을 '돌이키시는 분'이라는 점이 명백하게 드러난다. '야곱의 12지파의 마음을 돌이키시는' 야웨가 열왕기의 명확한 신학 메시지로 볼 수 있다. 게다가 야웨의 살아계심과 그를 섬겨야 한다는 것이 본 단락의 중심 메시지처럼 보인다(왕상 17:1, 18:15, 왕하 3:14, 5:16). 하나님의 기적은 사람들로 하여금 야웨를 알게 하는 것이다(20:13, 28).

여기까지만 보면 엘리야의 사역은 열왕기상 18:46(즉 바알 선지자들과 기근을 종결시킨 일)에서 쉽게 끝날 것 같지만, 여전히 엘리야의 일은 종결되지 않는다. 이상하게도 아합과 바알 선지자들과 이스라엘 백성 앞에서 기적적인 승리를 얻을 정도로 담대하던 엘리야는 자신을 죽이겠다던 이세벨의 말 앞에서 무기력해진다.[8] 말로 행하는 이세벨의 위협은 한마디로 '허풍'에 가깝다. 야웨의 바알에 대한 승리는 이미 입증된 바있다. 게다가 이세벨은 군대가 아니라 엘리야에게 사자를 보낼 뿐이다. 결국 심리적 공황에 빠진 엘리야는 이세벨과 야웨를 피해 브엘세바 광야로 줄행랑을 친다.

광야에서 죽기를 결심하는 엘리야의 탄식의 절규는 마치 요나의 탄식과 기도를 듣는 듯하다. 이와 유사하게 모세(민 11:15), 예레미야(렘 20:14-18), 욥(욥 3장)도 좌절과 낙망 속에서 유사한 절규를 내뱉었다. 그러나 이전에 까마귀가 그를 먹여 살렸듯이, 하나님의 천사가 그를 살리고 브엘세바 광야를 떠나 사십주야를 가서 호렙 산에서 이르러 그곳 동굴에서 신현을 경험했다. 이러한 경험들은 엘리야를 제2의 모세로 묘사하는 듯 하다. 오바댜가 살렸던 선지자가 100명이며 엘리야가 죽인 바알 선지자가 450인이었으나(아합의 선지자들도 400명이었다[22:6]), 야웨가 준비하신 자들은 7천 명의 신실한 자들이었다(아합의 군대도 7,000명이다[20:15]). 그러나 이제 그에게 맡겨졌던 중요한 사명은 종결되는 것처럼 보인다.

---

8. Kissling(1996:96)은 아합과 이세벨과 관련해 엘리야의 자기확신의 결여문제를 깊게 다루었다.

엘리야에게 주어진 새로운 소명은 기름부음을 통해 인접 국가(아람 왕 하사엘)와 이스라엘 왕조(예후)와 선지자직(엘리사)을 위임해 하나님의 일을 마무리하는 것이다. 물론 엘리야는 야웨의 마지막 명령(엘리야가 엘리사에게 기름부음을 하는 것)을 완수하지 못하고 엘리사에게 잠시 자신의 외투(선지자직의 상징)를 주었을 뿐이다(19:19-21). 결국 하나님의 명령은 엘리사를 통해 완결된다.

엘리사 시대[9]

엘리사가 소명을 받은 후에 벤 하닷(다메섹 왕)은 사마리아를 공격한다(20장). 그의 두 차례의 공격(20:1-21, 22-34)은 이스라엘에 하나님이 함께하심으로서 실패로 끝난다. 그러나 아합은 실지(失地)를 돌려받는 조건으로 두 번째의 아람과의 전쟁 중에 사로잡은 벤 하닷을 조약 체결 후에 돌려보낸다. 여기서 우리는 나중에 히스기야가 범한 실수의 전형을 발견할 수 있다. 마찬가지로 아합의 회개로 당대에 임하기로 되어 있었던 재앙이 아합의 대에서 그 다음대로 유예된 것(21:27-29)도 요시아의 경우(왕하 22:18-20)를 떠올리게 해준다(Kissling 1996:139). 돌려보낸 일에 대해 한 선지자는 35-43절에서 나타난 선지자들 간의 이상한 행동(이것은 왕상 13:11-32를 상기시키며 아합과 르호보암의 죄와 연관시키는 역할을 한다[Walsh 1996:314-15])을 통해 아합에게 하나님의 의도를 드러낸다. "야웨가 멸하기로 작정한 자를 놓아주었으

9. 엘리사 내러티브의 구조분석은 Bergen(1999)를 보라.

니, 당신이 그 대신 죽어야 하고 당신의 백성은 그의 백성 대신에 죽어야 한다"(20:42). 이 문제는 엘리사가 나중에 벤하닷을 제거함으로 성취된다. 이러한 저주는 아합의 근심거리로 남았으나, 그는 나봇의 포도원을 탐낸다.[10]

아합의 탐욕은 분깃은 양도할 수 없다는 말(cf. 레 25:23, 민 27:1-11, 36:7)에도 제어되지 못했다. 결국 아합은 이세벨의 계교로 나봇을 제거한 후에 그 포도원을 취할 수 있었다. 흥미롭게도 아합은 금식을 통해 결심을 강화하고 이세벨이 자기 개인 욕심을 성취하기 위해 살인(거짓증인과 거짓된 신앙적 열심[즉 금식])을 수행하게 만들어서 나봇의 포도원을 취할 수 있었다. 그는 '아합의 원수' 엘리야의 저주의 말을 듣고 자신의 죄를 회개하고 금식해 재앙이 후대에 임하도록 유예를 받기도 했다(21:27-29). 그러나 이것은 결국 아합의 회개를 강조한다기보다는, 이랬다 저랬다 하는 아합의 비일관된 행위가 강조될 뿐이다. 즉 아합은 엘리야의 말도 잘 듣고(예, 18:19, 41, 44) 이세벨의 말도 잘 듣는 사람으로 묘사된다. 이것은 다윗의 경우처럼 왕의 회개에 대한 야웨의 즉각적인 반응은 심판의 유예가 죄의 책임까지도 말소시키는 것은 아니라는 단적인 예를 보여준다. 어쨌거나 열왕기상 20장에서 아합은 긍정적으로(1-34절)도 부정적으로(35-43절)도 묘사된다.

엘리야의 활동은 다른 무명의 선지자들이 이스라엘 왕조에 행한 사역을 통해 이어지기도 한다. 3년의 평화 후에 유다 왕 여호사밧과 이스라엘 왕 아합은 아람의 길르앗 라몬을 공격하기로 작정하고 전쟁

---

10. 70인역에서는 21, 20, 22장의 순서로 전개하며 나봇 이야기가 가장 먼저 등장한다.

여부를 묻는 야웨의 신탁을 구하니, 항상 아합에게 좋은 말을 하지 않던 미가야 선지자만 빼놓고 모든 400명의 선지자들이 두 왕에게 승전 신탁을 말했다. 궁정에 초청된 시드기야 선지자의 승전 신탁과는 달리 승리를 말하는 미가야의 신탁이 의심스러워 진실을 말해달라는 재촉에 "온 이스라엘이 목자 없는 양 같이 산에 흩어졌는데 야웨의 말씀이 이 무리에게 주인이 없으니 각각 평안히 자기의 집으로 돌아갈 것이니라"는 미가야의 신탁에 진노해 그를 감옥에 가두었다. 아합은 변복한 채 전투에 임하지만, 전쟁 중에 한 병사가 '우연히' 쏜 화살에 맞고 격렬한 전투 중에 치료도 받지 못하고 과다출혈로 전사한다(22:34). 이전의 엘리야의 아합에 대한 예언은 아합의 죽음과 매장과 그에 행한 "아합의 피묻은 병거를 씻는 일"로 성취되었다(21:19).

엘리야의 마지막 사역들(왕하 1장)

이스라엘 왕 아하시야가 2층 난간에서 떨어져 병들었을 때 에그론의 신 바알세붑[11]에게 자신의 병이 나을 것인가를 물으러 신하들을 보낸다. 그러나 이러한 시도는 도중에 만난 엘리야의 말로 중단된다.

> 야웨의 말씀이 '이스라엘에 하나님이 없어서 네가 에그론의 신 바알세붑에게 물으려고 보내느냐? 그러므로 네가 올라간 침대에서 내려오지 못할 것이다. 네가 반드시 죽을 것이다'하셨다.(3, 6, 16절)

---

11. 원래는 바알세붑은 "바알 왕"의 의미지만, 여기서는 "파리대왕"이라는 말장난으로 사용되었다.

열왕기에서 죽어가는 왕과 선지자의 대면은 네 차례 등장한다(여로보암과 아히야[왕상 14:1-18], 벤-하닷과 엘리사[왕하 8:7-15], 히스기야와 이사야[20:1-11]). 마찬가지로 이러한 엘리야와 이스라엘 왕 아하시야(가 보낸 신하들)와의 대면은 이전에 엘리야가 갈멜산에서 행한 바알 선지자들과의 대결과 유사하다. "이스라엘에 신이 없는 것도 아닌데, 어째서 이방신 바알세붑에게 문의하는가?" 엘리야는 아하시야가 침대에서 "내려오지 못할 것"이라고 예언하나, 아하시야의 신하들은 산에 올라가 있는 털북숭이(바알 세아르)[12] 엘리야에게 '내려오기'를 계속 요청한다. 엘리야는 산에서 내려가기를 거부하고 "내가 하나님의 사람(즉 선지자)이면, 불이 하늘에서 내려와서 너와 네 오십인을 불사를 것이다"(10, 12, 14절)라고 반복적으로 선언하고 아하시야의 부하들이 계속적으로 불태워진다. 결국 아하사야가 죽고 여호람이 왕을 이었다.

두 차례 행해진 수사학적 물음과 대답(3-4절과 6절, 그리고 16절)과 아울러서, 왕의 사자들과 엘리야 사이에서 행해진 반복적인 요구와 선언, 그리고 죽음의 묘사(9-10, 11-12, 13-14절)는 불신앙의 소유자들에게 정해진 하나님의 심판의 준엄함과 아하시야 왕의 완악함, 그리고 하나님의 선지자 엘리야의 자신감을 잘 보여준다.

그후에 엘리야는 회오리 바람과 함께 하늘로 승천한다. 그전에 그는 알려지지 않은 이유[13]로 해서 엘리사와 함께 길갈과 벧엘과 여리고와 요단 강으로 간다. 엘리사는 엘리야에게 마지막으로 "당신의 영

---

12. 이 표현은 "털의 대왕"이라는 의미로, 이전의 바알세붑을 연상시킨다.
13. 혹자는 이것이 엘리야가 엘리사에 대한 최종시험을 위해, 혹은 그에 대한 '승계를 주저함으로' 정처없이 돌아다닌다고 본다(Kissling 1996:146).

감이 갑절이나 내게 있게 하소서"라고 요청한다. 불수레와 불말들이 두 사람 사이를 갈라놓고 엘리야가 회오리 바람을 타고 하늘로 승천하는 것을 목도한 엘리사는 엘리야의 겉옷을 취하고 요청한 대로 요단 강물을 갈라서 엘리야의 영(의 역사)의 갑절[14]을 받은 것을 확인한다. 이것은 나중에 엘리사가 행한 기적이 엘리야보다 수적으로 두 배 이상이 된다는 점에서도 확인할 수 있다. 엘리야가 다섯 가지의 기적을 일으켰다면, 엘리사는 12개의 기적을 수행했다(① 요단강을 건넘, ② 물을 고침, ③ 저주, ④ 기름, ⑤ 아들을 줌, ⑥ 아들을 살림, ⑦ 독을 제거함, ⑧ 빵의 기적, ⑨ 나아만의 치유, ⑩ 피부병을 옮김, ⑪ 쇠도끼가 뜸, ⑫ 아람 군사를 물리침). 그후에 엘리사는 다시 요단, 여리고, 벧엘, 갈멜 산을 거쳐서 결국 사마리아로 돌아간다.

엘리사의 활약(왕하 2장-13:21, cf. Lofé 1988)[15]

엘리사는 엘리야의 이야기 중에 갑자기 등장한다(왕상 19:19-21). 그는 24마리의 소(12겨리)로 밭을 가는 부자 청년 엘리사와 만나게 된다. 마치 제자들을 부르신 예수처럼, 엘리야는 겉옷을 그 앞에 던지는 행위로 엘리사를 부른다(이 옷은 나중에 엘리야의 옷과 관련된다). 엘리사가 부모에게 먼저 작별인사를 하려했을 때, 엘리야는 "다시 돌아가라. 내가 네게 어떻게 행했느냐?"라는 모호한 말로 대답한다(왕상 19:20). 이것은 나중에 나아만의 마지막 요구에 대한 엘리사의 대답과 유사하

---

14. 이에 대한 두 가지 해석은 Bergen(1999:62-63)를 보라(비교. 장자의 분깃, 신 21:17).
15. 엘리사 이야기의 부정적 기능(일종의 풍자)에 대한 강조는 Bergen(1999)을 보라.

다(왕하 5:19). 이 말은 너무나 모호해서 긍정적인 대답이기도 하고 부정적인 대답이기도 하다. 결국 이것은 사실상 엘리야의 공적 은퇴였기 때문에, 이후에는 엘리사가 정식으로 취임할 때까지, 익명의 선지자들과 미가야 선지자가 은퇴한 엘리야 및 아직 공무를 시작하지 못한 엘리사를 대신해 아합 가문에 대한 경고와 예언 사역을 수행한다. 아합의 아들 아하시야 왕이 병에 걸렸을 때, 엘리야는 그가 질병으로 죽을 것을 예언하고 그것이 성취된 후(왕하 1장), 후계자 엘리사를 뒤로 하고 승천한다(2:1-18). 엘리사의 후계자직은 개인적으로(왕하 2:14) 그리고 공적으로(3:11) 확증된다.

열왕기하 1장은 '이스라엘에 하나님이 계신다'는 점을 강조한다. 엘리야가 아합 가문과의 영적 투쟁과 개인적인 문제들, 그리고 군사적 위기에 대처하는 선지자 사역을 주로 행했다면, 엘리사의 이야기는 엘리야의 예언이 어떻게 엘리사의 시대에 성취되었는가를 세부적으로 묘사한다. 특이한 것은 엘리사의 활동에서 야웨의 말씀이 전혀 직접 인용되지 않고 대리자들을 통해서만 나타난다는 것이다. 엘리사가 제2의 엘리야의 역할을 수행했다는 것은 잘 알려진 사실이다. 그러나 엘리사뿐만 아니라, 예후와 여호야다도 바알 종교와 아합의 집을 멸망시키는 일종의 제2의 엘리야의 역할을 수행했다.

엘리야 내러티브처럼 엘리사 내러티브도 여러 기적들과 사건들로 구성되어 있는데, 이것은 그 이야기들이 연대기적 배열보다는 주제 배열로 주로 구성되었음을 말해준다. 엘리사는 이스라엘 안팎의 개인들과 그들의 '생존'에 관한 기적들(여리고의 물, 곰들의 등장, 과부의 기름, 수넴 여인, 국, 보리떡과 채소헌물, 도끼, 수넴 여인의 소유)과 이스라엘 내외의 국가적 존망(모압과의 전쟁, 아람 군대의 사마리아 포위)을 다루게 될 다양한 선지자 활동들을 행한다.

열왕기하 2장에서 엘리사가 여리고의 한 성읍의 물이 좋지 않아 그곳의 열매들이 익기 전에 낙과하는 문제를 새 그릇에 소금을 담아 던져서 고쳤던 기적이 먼저 언급된다. 그후에 벧엘로 올라가던 엘리사가 벧엘로 올라가던 길에 자신을 조롱하던 청년들을 저주했고 그 저주가 즉각적으로 응했던 사건("수풀에서 암곰 둘이 나와서 청년들 중의 사십이 명을 찢었더라")이 발생한다. 이 부분은 구약에서 가장 곤혹스런 구절들 가운데 하나로 여겨진다. 이것은 열왕기하 1장의 사건처럼 사람들의 '사소한' 행동에 대한 선지자의 '과도한'(Kissling 1996:165f.) 혹은 사람들을 죽게 만드는 '비윤리적인' 행동(Cohn 2000:17)으로 여겨지기도 했다. 그렇다면 엘리사가 자신을 조롱하는 수많은 젊은이들을 저주했던 일을 어떻게 이해해야 하는가? 일반적으로는 엘리사가 야웨의 이름으로 그들을 저주했던 것(24절)에 근거해 우상숭배의 장소로 변했던 벧엘에서 온 젊은이들의 엘리사 선지자에 대한 조롱은 야웨 하나님에 대한 조롱 혹은 하나님의 대리자에 대한 조롱이었기 때문에 엘리사의 저주가 문제 없는 것이며(Wiseman 1993:198) 이와 같은 선지자에 대한 경멸의 행위에 즉각적인 보응이 따른다는 점은 이상하지 않을 수 있다(Provan 1995:175; 참조. 왕상 13:1-4; 왕하 1:2-17).[16]

산 위에 있던 머리가 덥수룩한 엘리야는 '내려오라'는 요청을 받았고 그러한 요구를 했던 왕의 신하들은 위로부터 내려오는 불심판

16. 이에 대한 내러티브 전략의 논의는 Bergen(1999:68-72)를 보라.

을 받았고 머리카락이 없는[17] 엘리사는 '산으로 올라가라'는 조롱을 받았고 조롱한 자들은 즉각적으로 숲속으로부터 저주를 받았다. 이와 유사하게 야웨께서 엘리사의 "머리 위로 (엘리야를) 데리고 가실 것"(2:3)과 엘리사에게 "대머리야, 너는 올라가라"(2:23)는 조롱도 머리와 이동이라는 개념적으로 연관된다. 마찬가지로 젊은이들의 '어리석은' 조롱은 2:3의 선지자들의 생도들의 '어리석은' 질문과 대조된다.

엘리사의 기름병 기적(왕하 4:1-7[18], 왕상 17:6-16)과 죽은 아이를 살리는 일(왕하 4:8-37)은 이전에 행해진 엘리야의 유사한 기적들을 상기시킨다(왕상 17:17-24). 특히 '생명'(네페쉬)이라는 용어의 반복 사용(6회)은 과부의 아들의 생명과 특히 연관된다는 것을 강조한다.

당시 이스라엘 전쟁의 주대상은 외부적으로 모압과 아람 족속이었으며, 내부적으로 바알숭배자들이었다. 아합의 아들 여호람이 이스라엘 왕이 된다. 그는 전반적으로 악했으나, 바알의 기둥들을 제거하는 선행을 행했다. 모압 족속이 여호람 시대에 이스라엘에게 반역했다. 여호람이 유다 왕 여호사밧에게 연합작전으로 모압의 반역을 진압하자고 요청한다. 유다, 이스라엘, 에돔 연합군은 모압을 징벌하러 에돔 광야로 이르는 길을 따라 7일을 진군했으나, 군사와 가축이 마실 물이 없어 고생하다가 이에 대한 야웨의 의도를 묻는다. 이에 엘리사는 전승을 약속한다. 물 부족의 해소는 연합군의 갈증을 해소할 뿐만 아니라, 모압 군대가 볼 때, 해에 비친 물이 연합군의 자멸의 증

---

17. 이것이 탈모증을 의미하는지, 아니면 중세 가톨릭 수사들처럼 정수리를 밀었던 선지자의 표식인지는 명확치 않다.

18. 세부적인 분석은 Fokkelman(1999:9-19)를 보라.

거인 '피'로 보이자 연합군을 약탈하러 내려오던 그들은 연합군의 공격으로 패배당한다. 이와 같은 어려움에 처한 모압 왕은 맏아들을 번제로 드렸다. 이러한 인신 제사는 이스라엘을 크게 진노케 하는 것이었고 결국 연합군은 고국으로 되돌아가게 되었다(3:27, cf. Whitley 1952).

엘리사 이야기(왕하 4:1-8:6)는 다음과 같은 배열 구조를 취한 것처럼 보인다(참조. 각 단락의 세부 구조는 Cohn 2000:25-95).

A	B	C	B′	A′
엘리사의 기적 기근 수넴 여인 게하시의 역할 엘리사의 사역	아람 왕과 나아만 엘리사의 기적 악성 피부병 게하시에게 임한 재앙(악성 피부병)	엘리사의 기적 도끼를 찾는 사건 (선지자의 거처가 좁음)	아람 왕 엘리사의 기적 전쟁과 재앙 악성 피부병 장관에게 임한 재앙(죽음)	엘리사 기근 수넴 여인 게하시의 역할 엘리사의 사역
4:1-44	5:1-27	6:1-7	6:8-7:20	8:1-15

A. 첫 번째 에피소드(4:1-44)

여기에서는 네 가지 기적들이 나타난다. 이것은 기적을 통해 오는 네 가지 생명의 선물들에 대한 언급이며 하나님(의 선지자)의 동행으로 그 상황이 절망에서 희망과 기쁨과 만족으로의 전환을 보여준다. 선지자의 생도들 중 한 사람의 아내가 가난으로 인해 곤궁에 처하게 되자, 그녀는 엘리사에게 해결을 요청했다. 엘리사는 그릇에 기름이 넘쳐나게 하는 기적을 행했다(4장). 엘리야가 시돈의 사르밧 과부에게 행했던 기적들처럼 엘리사는 수넴 여인의 요구에 올리브 기름을 포함해 잉태하는 기적과 그 아들이 죽자 그를 다시 소생케 하는 기적까지도 행했다.

엘리사가 길갈에 이르니 흉년으로 먹을 것이 없었다. 엘리사가 선지자의 제자들에게 국을 끓이게 했으나, 한 사람이 먹지 못할 채소를 집어넣는 바람에 솥에 '독'이 퍼지게 되었다. 그러자 엘리사가 곡식 가루를 뿌려 제독했다. 또 어느 날 바알 살리사 지역(길갈 근처 에브라임의 한 지역)에서 온 사람이 작은 양의 첫 열매를 엘리사에게 주자, 사람들은 그 양이 너무 적어 사람들이 다 먹을 수 없다고 말했다. 그러나 엘리사가 기적을 일으켜 모든 사람이 먹고도 남았던 일이 언급된다.

B. 두 번째 에피소드(5:1-27)

아람 에피소드의 시작은 아람의 군대장관 나아만이 엘리사에게 치료받는 이야기(5장)로 시작한다. 이미 야웨는 나아만을 통해 아람을 군사적으로 구원하셨다(5:1). 나아만은 피부병을 앓는 전사였다. 고통 중에 있던 나아만은 이스라엘과 아람의 전쟁 중에 포로로 잡혔던 한 계집종을 통해 이스라엘에 위대한 선지자가 있다는 소식을 듣게 되었다.

화자는 이러한 상황이 얼마나 역설적인가를 아람과 이스라엘과의 적대 관계에 대한 설명으로 극대화시킨다. 그러나 아람 왕은 이스라엘 왕에게 직접 선물과 함께 나아만의 피부병을 낫게 해달라는 요청을 한다. 나아만은 아람의 국력과 자신의 위세를 드러낸다. 왕이 당황하고 있는 동안에 엘리사는 왕에게 전갈을 보내 나아만을 자신에게 오게 한다. 그러나 엘리사는 나아만을 대면하지도 않은 채, 요단강에서 일곱 번 몸을 씻을 것을 요구한다. 이에 진노한 나아만을 그의 종들이 만류해 엘리사의 말을 듣도록 한다. 진리는 나아만의 남녀 종들의 조언에서 항상 나온다! 병이 나은 나아만은 그제서야 겸손해지고 야웨만이 천하의 유일한 참 신인 것을 고백한다.

엘리사는 나아만의 병 고침에 사례하려고 했던 나아만의 선물을 거절하고 아람으로 돌아가는 나아만을 배웅하지만, 재물을 탐낸 엘리사의 종 게하시는 귀국길에 있던 나아만에게 가서 거짓으로 선물을 받아낸다. 그 결과로 게하시는 나아만의 선물뿐만 아니라, 나아만의 피부병도 얻게 된다. 이 이야기의 교훈은 '야웨가 온 세상의 치유자이심을 인정하는 것'과 '이스라엘에 하나님의 사람(선지자)가 존재한다'는 점이다(8절). 이처럼 아람과의 적대적 언급들 사이에 등장하는 하나님의 치유와 이방인의 신앙 고백은 다른 이방 땅에서의 기적과 치유 사건과 마찬가지로 이방 나라들이 하나님의 손아래 있다는 것을 보여준다.

C. 세 번째 에피소드(6:1-7)

거처가 비좁아지자 한 선지자의 생도가 요단 강가에 집을 지으려고 도끼질을 하다가 요단강에 도끼를 빠뜨리자, 엘리사가 그것을 건져주는 사건이 전개된 후에, 아람 에피소드는 아람 군대와의 전투 장면으로 전환된다. 물에 뜬 도끼 사건은 일종의 샌드위치 기법으로 사용되었다. 선지자 생도들의 거처가 비좁아 새로 집을 세우는 사건과 이스라엘이 패배하지 않는 것은 주제적으로 서로 연관된다.

B' 네 번째 에피소드(6:8-7:20)

아람 왕이 이스라엘을 공격하려고 은밀하게 모의를 하지만, 그럴 때마다 엘리사는 그 내용을 알아차리고 이스라엘 왕에게 연락해 적절하게 방비하게 한다. 아람 왕은 하나님의 사람이 자신의 전술전략을 파악하고 있다는 정보를 듣자 도단에 있는 엘리사를 제거하려 군사를 보냈으나, 여기서 발견된 엘리사를 보호하고 있는 불말과 불병거는 엘리야가 승천했을 때 그것들의 등장을 상기케 한다. 그러나 그들은 오히려 하나님의 기적을 통해 사마리아로 인도된다. 이스라엘 왕이 그에게 이들을 공격할 것을 물어보자, 엘리사는 이들에게 '편의'를 제공하고 돌려보내도록 조언한다. 이 사건은 나아만 사건을 상기시킨다.

나중에 아람 왕이 사마리아 성을 포위하자, 성내에는 심각한 기근이 발생해 인육을 먹는 일이 발생한다. 이러한 위급한 상황 속에서 하나님은 아람 군대를 혼잡케 하여 스스로 퇴각하게 만들었다. 사마리아 성문 밖에 레위기의 규례대로 격리 수용되어 있었던 네 명의 피부병자들이 이 사실을 발견한다. 이들은 사마리아 사람들뿐만 아니라, 이들을 공격하러 와서 포위하고 있었던 아람군대에게도 외면당하던 그런 존재들이었다. 어느 날 네 명의 환자들은 배고픔에 못이겨 자포자기 심정으로 대적들의 진영으로 갔는데, 그들이 그곳에서 처음으로 발견한 것은 "텅 빈 아람 진영"뿐이었다(5b절). 여기서 화자는 이야기를 멈추고(5, 8절), 그 사이에 급작스런 장면 전환 기법으로 아람 군대에게 행하신 기적에 대한 설명을 삽입한다. 하나님은 사마리아를 위해 아람 군대와 홀로 싸우고 계셨다.

A' 다섯 번째 에피소드(8:1-6)

엘리사는 이전의 수넴 여인에게 다시 갔다(8:1). 그는 그녀에게 7년간 기근이 그곳에 임할 것을 예고하고 다른 곳에 피해 있을 것을 미리 말해준다. 기근이 지난 후에 고향으로 돌아온 후 수넴 여인은 자신의 원래 토지를 왕에게 요구하고, 그때 왕과 함께 있던 게하시가 이전의 사정들을 말해 수넴 여인의 소유와 소출을 돌려받을 수 있게 했다. 여기서 게하시와 이스라엘의 왕은 상당히 긍정적으로 묘사된다.

엘리사의 은퇴(8:7-13:21): 나머지 예언들의 성취

본 단락부터는 엘리사가 하나님의 기적의 사람보다는 정치 혁명의 선동자로 등장해, 엘리야를 통해 아합 가문에 행해진 저주가 어떻게 성취되는가를 설명해 준다. 우선은 아람 왕 하사엘과, 이스라엘 왕 예후를 세우는 것이었다. 이것은 원래 엘리야가 마지막으로 받았던 임무였다(왕상 19:15-18).

먼저 하사엘을 세운 일을 살펴보자. 어느 날 엘리사가 다메섹에 갔을 때, 아람 왕 벤하닷이 병을 앓게 되었다. 아람 왕은 신하 하사엘에게 하나님의 사람을 면담해 병이 나을 수 있을 것인가를 묻도록 한다(이스라엘 왕 아하시야는 아픈 중에 하나님의 사람 엘리야를 무시하고 바알을 찾았지만, 아람왕 벤-하닷은 병중에 이스라엘 선지자를 찾는다). 엘리사는 하사엘에게 진실(벤하닷이 죽을 것)을 말하고 왕을 속이도록 한다. 하사엘은 왕에게 살아날 것이라는 거짓말을 하고 다음날 왕을 살해하고 왕위에 오르게 된다.

이제 예후를 세운 일을 살펴보자. 엘리사는 이스라엘의 국정에도 깊숙이 간여한다. 엘리사의 명령을 받아 엘리사의 생도들 중의 하나가 엘리야처럼 은밀히 예후를 이스라엘의 왕으로 기름을 부은다. 예후는 바알 신전뿐만 아니라, 바알 숭배와 관련된 자들을 제거하라는 신탁을 철저하게 수행했지만, 벧엘과 단의 금송아지(여로보암의 죄)를 제거하지는 못했다. 예후는 이전의 예언대로, 요람 왕, 아하시야, 이세벨, 아합의 아들들, 그리고 바알의 숭배자들을 연속적으로 살해해 엘리야 선지자의 예언을 성취시킨다.

엘리사의 죽음

예후에게 생도를 보낸 이후로 열왕기에 등장하지 않았던 엘리사는 자신의 임종 장면에서 재등장한다(13:14-21). 요아스는 악한 왕으로 평가되지만, 다른 왕들과는 달리 엘리사를 존중한다. 요아스가 "나의 아버지, 나의 아버지, 이스라엘의 병거와 마병이시여!"(13:14)라고 부른다. 이는 엘리사가 엘리야가 세상을 떠날 때 외쳤던 말과 유사하다(2:12). 화자는 이것을 통해 엘리야와 엘리사가 이스라엘의 군사적, 영적 수호자였다는 점을 상기시켜준다. 또한 이것은 엘리사의 사역의 종결의 때가 다 되었다는 것을 암시해 준다. 엘리사는 요아스 스스로가 이스라엘의 미래를 결정하게 해준다. 엘리사는 나중에 요아스가 화살로 세 번 땅을 치는 바람에 아람을 이겼지만 완전히 승리하지는 못할 것을 안타까워한다(13:19, 25). 엘리사의 선지자적 영향력은 사무엘의 사후에서도 중요한 영향을 끼쳤던 것처럼 심지어 엘리사의 사후에도 그의 무덤에 닿은 시체가 다시 살아나는 기적으로 나타난다.

엘리사 내러티브의 끝(12:17-18)은 이스라엘과 아람의 전쟁을 다시 한번 언급한다. 이는 예후 내러티브의 시작과 상응하며 이후의 여호아하스와 아람과의 관계를 예견하는 등, 엘리사의 내러티브를 정리하고 다른 장면으로 전환하기 위한 요약의 역할을 수행한다. 아람 왕 하사엘의 이스라엘에 대한 학대에도 불구하고, 이스라엘이 생존할 수 있었던 것은 이스라엘 왕의 의나 백성의 의가 아니라, 하나님이 아브라함과 이삭과 야곱과 맺으신 언약 때문에, 이스라엘의 왕조의 생명까지도 연장하고 계셨다는데 있었다(22-23절). 결과적으로 이스라엘의 역사는 요아스가 결정한 대로 이루어진다. 이후의 왕들에 대한 평가는 간단하나, 아마샤와 아하스의 경우는 상대적으로 길게 서술된다(앞 단락을 참조하라). 사무엘을 필두로 엘리야와 엘리사 말고도 분열왕국 시대 전체에서 한번 혹은 드물게 등장한 이름있는 선지자와 무명의 선지자들에게서도 공통적으로 주도적인 역할을 발견할 수 있다(참조. Bergen 1999:169-74).

엘리야와 엘리사

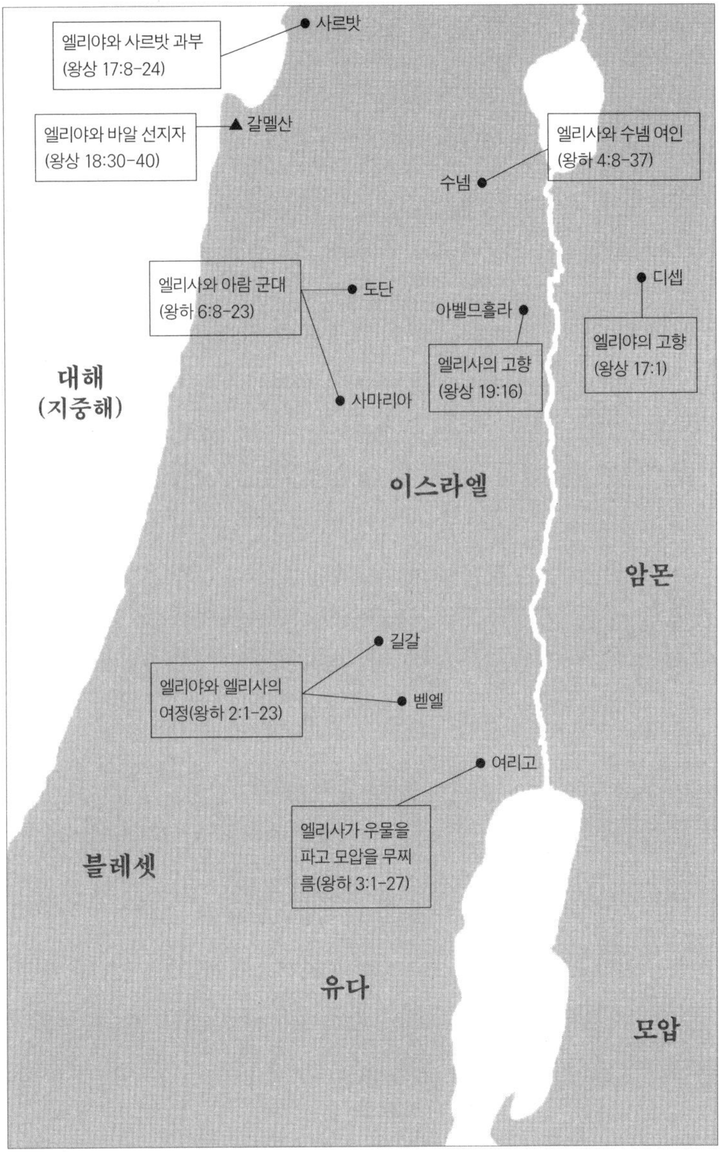

사르밧
엘리야와 사르밧 과부 (왕상 17:8-24)
갈멜산
엘리야와 바알 선지자 (왕상 18:30-40)
엘리사와 수넴 여인 (왕하 4:8-37)
수넴
엘리사와 아람 군대 (왕하 6:8-23)
도단
아벨므홀라
엘리사의 고향 (왕상 19:16)
디셉
엘리야의 고향 (왕상 17:1)
대해 (지중해)
사마리아
이스라엘
암몬
길갈
엘리야와 엘리사의 여정(왕하 2:1-23)
벧엘
여리고
엘리사가 우물을 파고 모압을 무찌름(왕하 3:1-27)
블레셋
유다
모압

이스라엘 패망에서의 선지자의 역할(왕하 17장)

이러한 선지자들의 선포와 활동과 예후의 개혁의 노력에도 불구하고, 이스라엘에 대한 야웨의 인내는 종결되어야 했다. 결국 하나님의 최종적인 심판이 이스라엘에게 임한다. 이스라엘의 마지막 왕 호세아는 이전 왕들보다 '더 악하지는 않았다'는 것이 화자의 평가다. 이것은 역설적이다. 호세아왕이 대외적으로 앗수르와의 관계를 무시하고 이집트와의 관계를 회복하려고 하자, 앗수르는 이스라엘의 수도 사마리아를 마침내 함락시키고, 혼합 이주 정책(cf. Cogan 1974)에 따라서 사마리아와 이스라엘 거민들을 타국에 포로로 보내고 타국의 포로민들을 혼합해 이스라엘 지역에 거주하게 한다. 그 이후에 포로로 잡혔던 이스라엘 제사장을 통해 이스라엘 땅에 다시 야웨 신앙을 가르칠 기회가 주어진다(27-28절).

구조

이 단락은 북이스라엘 왕국의 종말(1-6절), 이스라엘 역사의 신학적 요약(7-23절), 포로 이후에 사마리아 왕국에 임한 일들(24-34a절), 그리고 이스라엘 역사상 그들에게 임한 재앙의 평가(34b-41절)로 구분되기도 하지만, 베킹(Becking 1997:281)은 열왕기하 17:7-23에 다음과 같은 중앙 집중적인 구조를 주장한다. 이 구조는 원래 20절까지로 되어 있었지만, 필자가 23절까지 확장했다.

A (7절) 도입: 하나님의 은총과 대비되는 백성의 죄

B (8-12절) 백성에 대한 책망들

C (13절) 선지자들을 통한 경고

B' (14-17절) 추가적인 책망들

A (18-23절) 하나님의 은총이 진노와 심판으로 변한다

열왕기하 17:6, 23-24에서 발견되는 여로보암의 죄로 인해 이스라엘 왕국이 앗수르에게 패망해 유배되었다는 사실에 대한 유사한 표현의 반복은 일종의 반복적인 재개(*wiederaufnahme*)[19]로 담화의 흐름을 이어주는 역할을 수행한다. 구조적으로 볼 때, 이스라엘 패망사의 시작과 끝을 동일하게 반복하고 있다(특히 21-23절).

호세아 왕은 야웨께서 보시기에 악했다. 이전의 이스라엘 왕들만큼 악하지는 않았으나 북이스라엘의 마지막 왕이 되는 오명을 받게 되었다. 북이스라엘 멸망의 외부 요인은 앗수르의 침공이었다. 호세아를 공격하러 올라온 앗수르의 살만에셀 왕에게 항복하고 조공을 바쳤으나 나중에 앗수르 왕은 호세아가 이집트의 소(So) 왕에게 사절들을 보내어 반역을 기도하고 매년의 조공을 중단한 것을 알아내고 호세아를 붙잡아 감옥에 가두었다. 그후에 앗수르의 왕이 사마리아를 다시 3년간 포위했다. 호세아 제9년에 앗수르 왕은 사마리아를 점령했고 이스라엘 사람들을 포로로 잡아서 앗수르 제국 내의 할라와 고산 강가에 있는 하볼과 메대의 여러 성읍들로 이주시켰다.

---

19. 이러한 기교에 대한 논의는 Levinson(1997:142-50)과 Kuhl(1952)을 보라.

화자는 이스라엘 패망 원인을 언급하면서(17:7-23) 사사기의 순환적 역사 인식(삿 2:12-19)에서 진일보해 출애굽 이후부터 지속되었던 불순종(우상숭배)의 역사 및 이스라엘에게 토라(언약)로 돌아가고 회개하라는 메시지를 전한 선지자의 파송과 그에 대한 불순종을 언급한다(cf. 삼상 12장). 물론 열왕기는 사사기의 사사 파송을 선지자 파송으로 교체했다. 그러나 이스라엘은 선지자들의 경고에 적절한 반응을 보이지 못하고 더욱 다양한 형태의 우상숭배를 수행해 타락의 길로 나아갔다. 여기서 화자는 비록 왕들이 백성들을 배교로 이끌었던 것이 사실이지만, 모든 이스라엘의 죄가 앗수르 제국의 포로의 원인이었음을 강조한다. 이들은 하나님으로부터 완전히 버림을 받았다(그의 얼굴 앞으로부터"X3 [18, 20, 23절]). 이러한 일반적인 죄악에 대한 언급과 세부 목록은 이스라엘 패망 이유와 야웨의 심판의 정당성을 제시해준다. 여기에서 선지자들의 역할은 이스라엘의 회개 요청과 그들의 죄악의 폭로에 관한 것과 '예언과 성취'라는 측면에서 행해진다. 이스라엘과 유다도 동일한 운명을 겪었다는 점을 미리 언급한다(19절). 이스라엘의 죄악과 패망에서 교훈을 얻지 못한 "유다도 하나님 야웨의 명령을 준수하지 않았고 이스라엘 사람이 세운 율례를 행했기 때문에 야웨께서 이스라엘의 온 족속을 버리고 괴롭게 하셨고 노략군의 손에 붙이셨고 심지어 그의 앞에서 쫓아내셨다"(19-20절).

이스라엘 왕국 멸망, 그 이후

마지막 단락은 앗수르가 행한 사마리아 지역으로 이주시킨 타지역

피정복민들에게 야웨 종교를 도입한 일에 관한 언급(24-33절)과 저자의 최종적인 평가(34-41절)를 제공한다. 후반부의 역설은 앗수르의 포로민에 대한 재배치 프로그램을 통해 이주해 온 이민족들(바벨론과 구다와 아와와 하맛과 스발와임의 사람들)에게 이스라엘의 신앙을 앗수르에게 포로로 잡힌 제사장을 통해 교육하게 되었다는 것이다. 즉 원거주민들이 야웨를 부적절하게 섬겼기 때문에 재앙이 임하고 추방되었던 것처럼 새 거주민들도 야웨를 경외치 않아서 "사자[獅子]를 통해" 징벌받았다(cf. 왕상 13:24-32, 20:35-36). 이들은 부랴부랴 앗수르 왕에게 포로로 잡혀갔던 야웨의 제사장을 사마리아, 즉 북이스라엘 왕국의 멸망 종교 중심지였던 벧엘에서 파송해 자신들을 가르치도록 요청했고 그를 통해 야웨 종교를 다시 교육하게 되었지만, 새 이주민들 사이에서 야웨 종교와 이방종교가 혼합되어 성행한다(바벨론 사람들은 숙곳브놋을 만들고, 구다 사람들은 네르갈을 만들고, 하맛 사람들은 아시마를 만들었다. 아와 사람들은 닙하스와 다르닥을 만들었으며, 스발와임 사람들은 자기들의 신인 아드람멜렉과 아남멜렉에게 그들의 자녀를 불살라 바치기도 했다.).

귀환한 제사장이 야웨 신앙을 이방인들에게 끊임없이 가르쳤다는 것은 일말의 희망 메시지일 수는 있지만(McConville 1989), 이방인들의 혼합 종교적 배경 속에서 '야웨만'의 신앙 교육에 대한 역설(力說)은 비참하고 초라하게 들릴 뿐이다. 이처럼 북이스라엘 왕정의 멸망과 그 이후의 비참한 상황은 화자의 논리 전개상 역설(力說)의 역설(逆說) 속에서 잔존한다. 나아가 앗수르의 북이스라엘 징벌과 포로민 이주 정책에 따른 인위적인 혼합 종교적 현실은 유다 왕국과 그 포로 상황에 다가올 현실을 예상케 해준다. 이러한 부정적인 그리고 지속적인 난관은 유다의 종말에 대한 상황 묘사의 유사성을 발견하게 한다. 아마도 이러한 분위기는 열왕기 저자가 겪고 있는 암울한 바벨론 포로 시대 정황을 반영하는 것 같다.

이러한 반역과 은총의, 이스라엘과 유다의 병치된 역사에는 결국 이스라엘의 호세아 왕에게서 종결되며 야웨께서 다윗을 위해 남겨두신 유다 왕조만 남게 된다. 나중에 살펴볼 유다의 경우와 유사하게 일찍이 하나님의 버림을 받은 것 같았던 북이스라엘에는 엘리야와 엘리사와 같은 전무후무한 위대한 선지자들이 나라의 가장 암울했던 시기에 존재했고 활약했다. 이러한 위대한 선지자들의 존재는 나중에 유다의 전무후무한 왕들, 즉 히스기야 왕과 요시야 왕의 개혁 정책과 그 한계와 상응한다. 그렇다면 열왕기 저자는 이 네 명의 위대한 사람들을 통해 우리에게 무엇을 말하려고 했을까?

디글랏 빌레셋의 정복

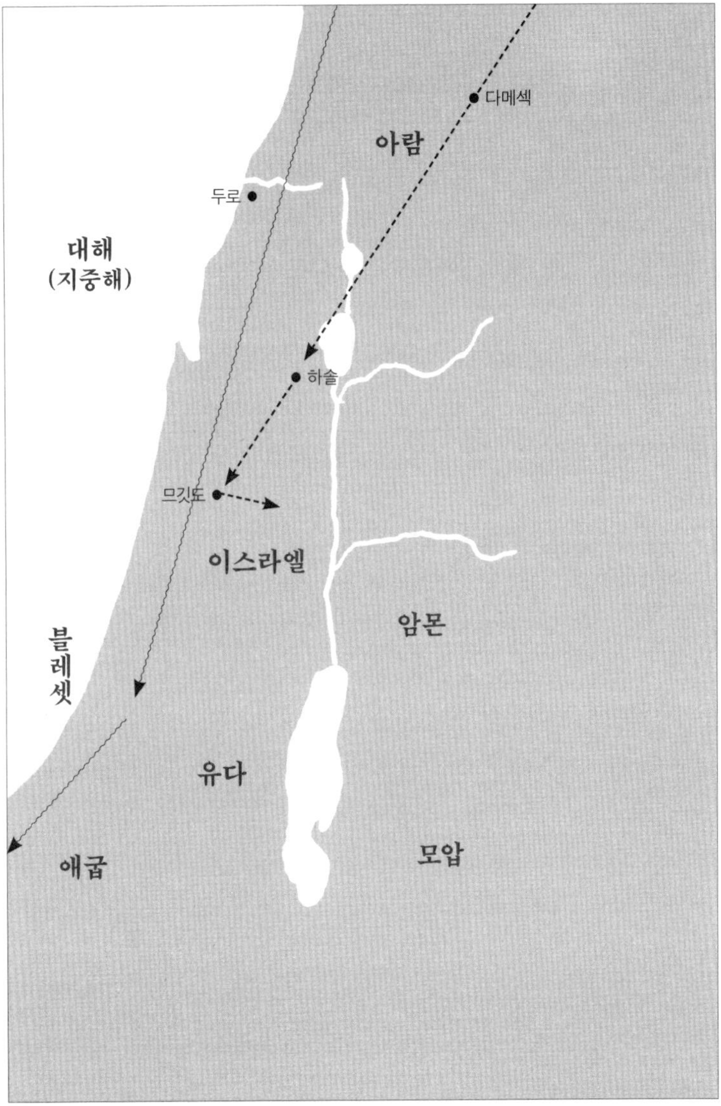

디글랏 빌레셋의 진행 경로

5장

머피의 법칙: 의인은 항상 잘못된다!

히스기야와 요시야

이전에 언급했듯이, 이제는 유다 왕정사에서 나타난 보기 드문 '악한' 왕들(아하스와 므낫세)과 보기 드문 '의로운' 왕들(즉 히스기야와 요시야)에 관한 내러티브들을 개괄하고자 한다(왕하 18:1-23:30). 특별히 우리는 이미 언급한 히브리 왕조의 흥망성쇠에서 악한 왕들과 선한 왕들의 기능과 역할과 연관지어 아하스와 히스기야, 므낫세와 요시야 왕의 내러티브를 살펴보고자 한다.

유다 말년의 개혁적, 반개혁적 왕들에 대한 고찰

유다 왕조 말기의 왕들에 대한 평가는 '야웨의 눈'에 따른 기준과 다윗의 길을 따르는가의 기준과 몇 명의 선례적인 악한 왕들의 기준을 통한 평가를 제시한다는 측면에서 이전의 왕들에 대한 평가와 유사하다.[1] 수많은 악한 왕들의 빈번한 출현과 몇 명의 선한 왕들의 비참한 말로의 '병치'라는 유다 왕조사의 기술 패턴은 우리에게 매우 심각한 신학 메시지를 전해주려는 것처럼 보인다.[2] 이러한 추구는, 왕들에 대한 서론적 평가가 보여주듯이, 유다 왕조 말의 의로운 두 왕들의 행적은 이들의 '철저한' 개혁(혹은 회개)조차도 하나님의 '돌이키지 않으심'이 선뜻 이해되지 않는 구석이 있다는 고백에서 시작된다.

히스기야 왕에 대한 평가	요시야 왕에 대한 평가
히스기야가 그의 조상 다윗의 모든 행위와 같이 야웨께서 보시기에 정직하게 행했다.	요시야가 야웨께서 보시기에 정직하게 행하되, 그의 조상 다윗의 모든 길로 행하고 좌로나 우로나 치우쳐 행하지 않았다.

미국의 크로스-넬슨과 독일 괴팅겐 학파들 등은 이 문제를 신학적 혹은 시대적 차이에 따른 열왕기의 편집사적 해석의 관점에서 해결하려는 노력을 했다. 즉 크로스 학파는 열왕기에서의 요시야에 대한 낙관론과 요시야에 대한 비관론, 그리고 그에 따르는 므낫세의 역할 묘사를 시대적, 신학적 차이에 근거한 편집사적으로 설명하며 (Dtr¹, Dtr²) 괴팅겐 학파는 그것들을 기본적인 역사층, 율법층, 선지자층 등으로 나눈다(DtrG, DtrN, DtrP). 그러나 이러한 분석 방법론은 본문 자체의 독특성이나 경향들을 일관되게 분석하는 유익을 주지만,

1. 히스기야의 선한 통치(18-20장), 므낫세의 악한 통치(21:1-18), 아몬의 악한 통치(21:19-26), 요시야의 선한 통치(22:1-23:30), 여호아하스의 악한 통치(23:31-33), 여호야김의 악한 통치(23:24-24:7), 여호야긴의 악한 통치(24:8-24:16), 시드기야의 악한 통치(24:17-25:7).

2. Nelson(1981:12)은 이러한 구조가 "심판의 불가피성을 잘 드러낸다"고 주장한다.

그러한 구별 자체가 지나치게 자의적일 뿐만 아니라 본문 자체의 의도와 신학을 파악하는 데 어려움을 준다. 오히려 필자는 최근 몇 가지 조화로운 해석들을 선호한다. 그전에 다음과 같은 문맥적 신학적 고려를 살펴보자.

① 포로 이전 역사서에 회개에 따르는 상황의 전환이 나타나기도 하지만(von Rad 1966:213f.), 그와는 반대로 회개와 상황 전환 사이에 직접적인 상관 관계가 존재하지 않던 경우들도 발견된다(성주진 1989:210ff.). 세부적으로 ㉮ 회개는 상황을 심각하게 변화시키지 않는 경우와, ㉯ 심판에 따르는 상황은 여하 한의 중재적 회개 등과 무관하게 호전되는 경우가 있다. 게다가 필자가 볼 때, 개혁과 불길한 결과의 병치(요아스[12:17-18], 히스기야[20:12-19])가 열왕기에서는 오히려 더 자연스럽다. 게다가 '히스기야-므낫세-요시야'라는 일련의 중요한 왕들의 개혁과 반개혁을 오가는 시계추 현상은 유다 왕조의 '불길한 종말'을 지적해준다(Hoffmann 1980:154-55).

② 열왕기의 회개 신학상의 일관성도 발견된다. 솔로몬의 기도에서는, 포로민들의 회개의 가능성은 발견되지만, 이곳의 경우처럼 하나님의 심판 철회와 같은 중대한 전환이 나타나지 않는다. 오직 솔로몬의 기도에서는 포로민들의 회개가 해방이나 귀국이 아닌, 포로지에서 지배자들에게 호의를 얻게 될 수도 있다는 현상 유지 가능성(*status quo*)을 말해줄 뿐이다(왕상 8:49-50). 여기서 화자는 신적 진노의 취소나 용서라는 국면 전환이 아닌, 의로운 왕의 당대에 임할 수도 있었던 하나님의 진노가 후대로 연기되는 것으로 만족할 수밖에 없었다는 점을 설명한다.

아하스의 실정과 반역(16:1-20, 대하 28:1-27, 사 7장 이하)

히스기야 직전의 왕 아하스는 자기 조상들과는 달리 다윗과 같지 않고 야웨의 눈에 정직하게 행하지 않았으며, 이방인들의 관습을 따라 자식을 제물로 바쳤으며, 산당들에서 제사를 지내고 분향했다. 게다가 아람 왕 르신과 이스라엘 왕 베가가 예루살렘을 포위하자, 앗수르 왕 디글랏 빌레셀에게 뇌물을 보내어 원군을 청하니, 그가 다메섹을 공격해 르신을 죽였다. 아하스는 그를 알현하러 갔다가 다메섹에 있는 제단을 보고 예루살렘 성전에 모사품을 세우고 제사를 지냈다.

히스기야의 개혁과 실패(18:1-20:20, 대하 29-32장, 사 36-39장)

아하스의 아들 히스기야는 25세(이스라엘 왕 호세아 3년)에 등극해 29년을 치리했다. 히스기야 내러티브는 히스기야의 신앙에 대한 평가 정보(히스기야가 그의 조상 다윗의 모든 행위와 같이 야웨께서 보시기에 정직하게 행했다)가 제공되며 히스기야가 행한 종교개혁들, 즉 산당들과 돌기둥과 아세라 목상을 제거하며 이스라엘 백성이 숭배했던 모세의 놋뱀(느후스단)[3]을 제거하는 등 우상 제거의 명령을 지켰다는 점을 언급한다.

히스기야의 종교개혁을 언급한 후에 이스라엘 왕국 패망(왕하 17장)이 다시 한번 언급된다. 이스라엘 왕국이 호세아 3년(히스기야 3년)에 앗수르 왕의 공격을 받기 시작해 3년 후에 함락되었다. 히스기야는 정치적으로 앗시리아 왕을 배척했고 군사적으로 블레셋에 승리를

---

3. 개역개정판은 "그것을 부수고 느후스단이라고 불렀다"로 번역해 새번역("그때까지 느후스단이라고 불렀던")과 다르다. 놋조각, 혹은 구리(느호셋)과 뱀(나하쉬)의 발음상 유사성에 대한 말장난처럼 보인다.

거두었다(18:7-8). 화자는 북이스라엘의 포로와 유배 과정을 설명하면서 그 이유가 하나님의 말씀을 듣지 않고 언약을 깨뜨렸으며 모세의 모든 명령을 순종하거나 실천하지 않았기 때문이라고 말한다. 이처럼 이스라엘이 멸망한 지, 5년 만에 앗수르 산헤립은 군대를 보내 라기스와 예루살렘을 포위했다. 그 이유는 히스기야가 앗수르 제국을 배척한 것에 대한 군사적 반응이긴 하지만, 그 배척 이유가 종교적인 것인지, 정치적인 이유인지 아니면 혼합적인지는 불분명하다.

히스기야에게 닥친 내외적 위기

연대기적으로는 히스기야의 질병(주전 704년경), 므로닥-발라단(재위 주전 722-710, 704-703년)이 파송한 바벨론 사절단(주전 703년)의 영접, 그리고 산헤립 군대의 공격과 기적적인 구원(주전 701년)이 원래 순서다. 이와 같이 화자가 연대기적인 순서를 바꾼 것은 히스기야의 생명 연장과 그에 따르는 문제점들이 나중에 바벨론에 의한 유다 왕국 멸망 사건으로 자연스럽게 연결되는 것을 고려한 것 같다.[4]

---

4. 이사야서에 나타난 이 사건이 열왕기와의 순서상 차이점들은 각각의 문맥상 저작의도의 차이에서 비롯된 것이다. 즉 이사야서의 경우 ① 15년의 생명연장 및 앗수르 군대를 몰아내고 예루살렘을 보호하실 것에 대한 예언(38:4-6); ② 히스기야의 생명연장의 징조인 일영표가 물러나는 기적에 대한 언급(38:7-8); ③ 히스기야의 노래(38:9-20); ④ 이사야의 치유와 히스기야의 징조(38:21-22)의 순서로 언급되는 데 반해, 열왕기하의 경우 ① 15년의 생명연장과 앗수르 군대를 몰아내고 예루살렘을 보호하실 것에 대한 예언(20:5-6); ④ 이사야의 치유와 히스기야의 징조(20:7-8); ② 히스기야의 생명연장의 징조인 일영표가 물러나는 기적에 대한 언급(20:9-11). 그래서 열왕기에는 히스기야의 노래가 없고 일영표와 징조의 순서는 이사야서와 열왕기에서 역전된 순서를 보여준다. 이사야서의 히스기야 내러티브의 자세한 논의는 성기문(2008)을 참조하라.

산헤립의 유다 침공

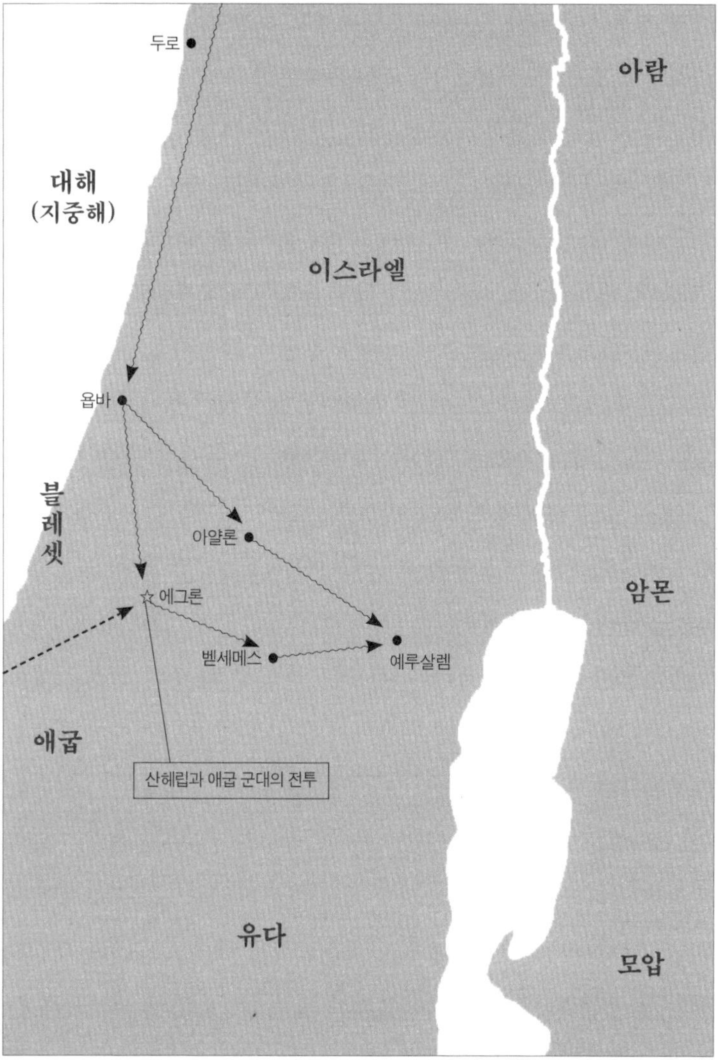

산헤립의 침입 경로(에그론 전투)

산헤립의 경로

애굽의 경로

히스기야의 종교개혁 단락의 처음과 끝에 나타난 "다윗처럼 정직하게 행했다"(18:3)와 "야웨와 연합하였고 계명을 준수하였으며 형통하였다"(5-7b절)라는 긍정적이고 낙관적인 묘사에 이어 앗수르에 의한 이스라엘의 멸망과 포로에 대한 언급(18:7-8)은 히스기야 내러티브 본론에서 묘사되는 히스기야와 유다의 위기 상황으로의 전환점 역할을 한다. 즉 초기에 나타나는 그의 정직함과 형통함은 후속하는 '불길한' 사건들의 묘사를 통해 서로 균형을 이룬다. 이전 태도와는 다르게, 재위 14년에 앗수르 산헤립 왕이 올라와서, 요새화된 유다의 모든 성읍을 공격해 일부를 점령했던 군사적인 위기 상황 속에서 히스기야는 우선적으로 야웨를 의지하거나 그 뜻을 묻기보다는(왕상 15:18) 앗수르 왕에게 잘못을 인정하고 그의 요구를 들어주겠다면서 성전 창고에 있던 국고의 재화를 털어서 해결하려고 했다("은 삼백 달란트와 금 삼십 달란트, 성전 문과 기둥의 금", cf. 18:15-16).[5] 그러나 라기스에 있었던 앗수르 왕은 다르단과 랍사리스와 랍사게를 예루살렘으로 보냈고 특정한 장소에서 히스기야의 신하들을 만나 그들에게 무조건 항복을 요구했다.

랍사게는 그들에게 "적절한 전술과 군사력이 부족한 히스기야가 앗수르 군대를 이길 수 없으며 이집트 바로를 신뢰하는 것도 잘못이며 히스기야의 하나님이 오히려 자신들에게 유다의 심판을 명령하셨다"고 선언했다(18:19-25). 계속해서 랍사게는 유다와 예루살렘 사람들을 조롱하며 "히스기야를 믿지 말고 앗수르와 평화조약을 맺으

5. 이러한 행동은 이미 다른 왕들에게서 선례를 찾아볼 수 있다.

면 유다는 평화롭게 살 것이며 그들을 '새로운 가나안 땅'으로 인도할 것"이라고 말했다(18:27-35). 이 말을 들었던 대신들처럼 히스기야 왕도 진노해 겉옷을 찢고 베옷을 입고 성전으로 들어가 기도했고 이사야에게도 "참 하나님을 모욕하는 자들로부터 자신들을 구원받게 해 달라"고 하나님께 기도를 부탁했다. 또 다시 앗수르 왕은 히스기야에게 "야웨를 포함한 그 어떤 신도 앗수르로부터 그들을 구원할 수 없다"고 위협했다(19:10-13). 이에 대해 이사야는 히스기야의 기도에 대한 응답으로 앗수르를 두려워할 필요가 없다는 야웨의 신탁을 전한다. 즉, 앗수르 왕이 '포로로 끌려가듯이' 유다에서 퇴거 당할 것이며 하나님은 이 말씀의 확실성을 보장해주는 증거로 '2년에 걸친 수고 없는 추수와 3년째의 정상적인 추수, 예루살렘에서 환난을 피한 유다의 생존자들의 등장, 그리고 예루살렘 도성의 보호와 불가침성'도 말씀하셨다(19:29-34). 이처럼 히스기야에게 위로와 승리의 말씀을 전하신 그날 밤에 하나님은 산헤립에 대한 예언의 성취를 시작하셨고 앗수르 군대는 하나님의 천사에게 참패를 당했고 산헤립은 귀국 후 암살당했다(19:36-37).

히스기야가 중병에 걸렸을 때 그가 회복 불가능하리란 이사야의 신탁에 반응하는 "자신의 진실성과 온전한 마음으로 행한 순종과 하나님 보시기에 선하게 행한 일들을 기억해 달라"는 즉각적인 눈물의 기도를 하나님께서 응답하셨다. 하나님은 이사야를 통해 '다윗을 위하여' 히스기야의 환부를 낫게 하시고 그의 생명을 15년간 연장시키시고 예루살렘을 구원하실 것을 약속하셨고 그가 택한 해 그림자가 10도 물러나는 것으로 그 약속의 증거를 삼으신다(19:34//20:6).

그때에 히스기야의 완쾌 소식을 듣고 바벨론 발라단의 아들 므로닥-발라단 왕이 히스기야에게 사절단을 친서와 축하 예물과 함께 보냈다. 히스기야는 그들을 환영했고 자기 보물 창고와 무기고의 모든 것, 즉 자기 궁궐과 나라의 모든 귀중품들을 그들에게 보여주었다 (18:15-16). 이사야를 통해 이러한 히스기야의 행동에 대한 유다 왕조의 미래의 비극적인 종말(보물의 탈취와 포로와 계승자의 단절) 신탁을 받았을 때 히스기야는 '경건한' 왕이 확정적인 불행한 미래를 수용하고 방치하지만 자기 평생에 평화와 안정이 계속된다면, 그것만으로도 다행이라고 말했다. 히스기야의 마지막은 자기에게 임할 평화로운 현실을 수용하는 그의 자기중심적이고 무책임한 태도를 취하는 역설을 보여준다.

이처럼 히스기야 치세에 국가적 혹은 개인적 위기 때에 일어난, 혹은 반응한 히스기야의 두 사건들은 다음과 같이 몇 가지 요소들로 병행한다(특별히 '왕의 곳간을 내어주는 것'과 '왕의 곳간을 보여주는 사건'). 이러한 과정 상의 묘사는 히스기야의 태도(행동)의 모호성이 보여주듯이 히스기야의 제의 개혁이 하스기야와 국가의 안위를 구하는데 완전하지 못했다는 점을 보여준다(전쟁 → 예언 → 질병 → 예언 → 전쟁 → 예언). 다양한 위기들 가운데 확인할 수 있는 히스기야의 모순적인 삶의 국면들을 요약하면 다음과 같다.

	첫 번째 위기	두 번째 위기
원인(들)	하나님과 이집트를 신뢰하고 앗수르를 섬기지 않았기 때문에 앗수르 군대가 라기스와 예루살렘을 포위한다(산헤립, 히스기야 14년)	히스기야의 질병에 대한 이사야의 절망적 선언으로 시작된다. 히스기야가 야웨께 집적 기도한다.
첫 번째 반응	히스기야가 야웨의 전과 궁전 곳간의 보화를 중한 벌금으로 내는 것으로 앗수르와의 타협을 요청한다. 그러나 앗수르 군대는 애굽과 야웨를 의지하지 말 것을 조롱한다. 심지어 그들은 야웨의 뜻에 따라 정복 전쟁을 벌인다고 주장한다.	하나님이 히스기야의 생명을 15년 연장시키신다. 부로닥발라단 바벨론 왕의 사절들이 위문차 왔을 때, 왕궁 등의 모든 곳간을 보여준다. 이러한 행동에 대한 이사야의 불길한 예언이 히스기야에게 주어진다.
두 번째 반응	왕과 고관들의 회개, 이사야를 통한 기도, 히스기야의 직접적인 기도를 통해 예루살렘의 불가침성의 확답과 앗수르 왕의 피살에 대한 예언인 하나님의 응답을 받는다.	당대에는 '샬롬과 진리'가 있으나 미래에 바벨론에 의한 약탈과 포로됨이 있을 것이라는 이사야의 예언에 대해 당대에 있을 '샬롬과 진리'에 대한 히스기야의 이기적인 만족을 언급한다.

므낫세의 실정과 반역(21:1-18, 대하 33:1-20)

히스기야의 아들 므낫세는 12세 때 등극해 55년을 치리했다(참조. van Keulen[1996:61ff.]와 Kelly[2002:131-146]). 므낫세의 55년의 치리 연한에 대한 이견들이 있다. 일부 사람들(예, Wiseman 1993:10)은 므낫세가 히스기야의 말년에 태어난 것처럼 생각한다. 그 관점은 히스기야의 생명 연장 자체가 결과적으로 유다 왕정사에서 악영향을 끼친 것으로 이해한다. 혹은 므낫세의 초기 10년의 치세를 히스기야가 섭정한 것으로 여기기도 한다(Hobbs 1985:304). 그 어떠한 견해를 따르더라도, 므낫세의 악행에 대한 히스기야의 영향력의 유무는 쉽게 이해하기가 어렵다.

구조

이 교차대구적 구조는 스멜리크(Smelik 1992:133)의 분석을 필자가 추가적으로 수정한 것이다.

A 즉위 공식(1절)

B 므낫세의 범죄의 목록(2-8절),

C 므낫세의 유혹의 결과(9절)

B' 므낫세의 범죄의 복독(10-16절)

A' 부고 공식(17-18절)

므낫세에 대한 평가는 그가 '이방 사람들의 가증한 일'을 본받아서 '아합'처럼 일월 성신과 바알과 아세라를 섬기고 사술과 신접 행위와 박수무당을 신임하며 우상을 제작할 뿐 아니라, 사법 제도를 바르게 세우지 않고 부패(무죄한 자의 피흘림"[6])케 하여 (여로보암처럼) 백성을 타락시켰다는 것이다(왕하 8:18, 27, 21:1-8). 이는 (특별히 신명기의) 야웨의 명령을 따르지 않고 적극적으로 거부하는 일이었다. 심지어 그는 야웨의 전에서 야웨와 다른 신들을 함께 섬겼다. 아합과의 연관성은 자기 아들을 불 가운데로 지나가게 했다(레 18:21, 신 12:31, 18:9, 10, 시 106:37, 38)는 점에서도 찾을 수 있다(왕하 16:2-3, 21:6).

므낫세의 죄는 야웨가 미워하는 죄악의 전시장으로 이스라엘의 죄보다 더 심한 것이었으며, 이에 대한 하나님의 징벌(포로)이 두 차례

---

6. "피 흘림"은 이사야 선지자의 순교(요세푸스)를 지칭한다기보다 당시 사법제도의 부패를 의미한다.

예고된다(cf. 8, 14절). 므낫세의 이교 정책은 아마도 앗수르에 대한 유화 정책의 일환으로 행해졌을 수도 있다. 아마도 이러한 종교 정책이 자발적인 것처럼 보이는 이유는 앗수르의 종교 정책 자체가 혼합 종교 정책을 사용하지 않았기 때문이다. 열왕기하 23:26-27과 24:3-4에서의 므낫세의 악한 통치에 대한 반복적인 언급은 열왕기하의 마지막 구절에서 유다 왕국의 악행과 야웨의 심판의 필연성이 점층적으로 강조된다는 점을 보여준다. 마찬가지로 므낫세의 악행은 결과적으로 야웨의 "모든 명령과 나의 종 모세가 명한 모든 토라"를 지키지 못해 "조상에게 준 땅에서 떠나 떠돌게" 된다는 경고를 받는다(21:8).

요시야의 개혁과 실패(21:1-23:30, 대하 34:1-36:1)

므낫세의 손자이자 살해당한 왕 아몬의 아들 요시야는 8세에 등극해 31년을 통치했다.[7] 그는 '야웨의 관점으로' 정직했고 다윗의 길에서 정도를 걸었다고 묘사된다(22:2). 사실 이러한 격찬을 받은 왕은 유다 왕조사에서 히스기야 정도 밖에는 없었다. 그러나 히스기야의 경우처럼 요시야의 개혁은 미완성이며 불완전할 뿐만 아니라 심지어 요시야 왕가의 멸망을 예시해준다. 본 내러티브는 요시야가 행한 완전한 '언약 갱신'이 아니라 여로보암 때 한 선지자가 여로보암과 벧엘에게 말한 예언의 성취를 그 중심축으로 삼는다(contra 김지찬 1999:425f.).

---

7. 이 부분은 Eynikel(1996:313ff.)와 Sweeney(2001)도 참조하라.

구조

A 즉위 공식과 긍정적 평가(22:1-2)

B 제18년에 시작한 종교개혁: 저주 항목의 발견과 언약 갱신(22:3-23:3)

C 왕들이 행한 모든 우상숭배를 제거함(부연 설명, 23:5-16b)

X 하나님의 사람이 전한 바대로 이루어짐(23:16c-18)

C' 왕들이 행한 모든 우상숭배를 제거함(요약, 23:19-20)

B' 제18년에 완성된 종교개혁: 유월절 준수와 율법의 실천(23:21-24)

A' 긍정-부정적(부연된) 평가와 부고 공식(23:25-30)

요시야 왕의 개혁은 다음과 같은 여러 가지 면에서 불길함을 드러낸다.

① 요시야가 명령한 성전 개축 작업 중에 우연히 발견된 토라 두루마리(cf. Speyer 1970)는 이스라엘이 언약을 지킬 때 임할 언약적 축복이 아니라, 위반할 때에 임할 언약적 저주들(특별히 신명기의 저주규정들)이었다. 이 부분에서 첫째로는 요시아가 발견한 책이 신명기였는가의 여부, 둘째로는 과연 역사적으로 요시아가 율법서를 발견했겠는가의 여부에 대한 논란이 있다. 그러나 본 문맥은 요시야가 어떻게 야웨께 다시 한번 헌신하게 된 동기를 설명하려는 것이지, 율법책의 기원을 설명하려는 것이 아니다(contra Lohfink 1963:261-288, 461-498). 그러므로 일부 학자들의 주장과는 반대로, 필자는 열왕기의 저작 의도가 율법과 다윗의 길에 대한 상당한 관심과 반복적 언급에도 불구하고

(이 표현이 다윗의 솔로몬에 대한 마지막 유언[왕상 2:1-4]이나 성전봉헌시에 행했던 솔로몬의 고백과 하나님의 반응[왕상 8-9장]에서도 등장한다), 그 중간에 야웨의 율법에 대한 언급이 거의 나타나지 않고 있다가(나봇의 포도원[분깃에 대한 말씀] 등) 유다 왕조의 마지막에 가서야 비로소 경건한 왕들이 우연히 율법책을 발견하고 제의 개혁을 수행했다는 점과, 그러한 열심과 노력에도 불구하고 유다 왕조가 결국 멸망할 수밖에 없었다는 점의 역설을 극명하게 보여주려는 것이었다고 생각한다.

② 성전 수리 중에 발견된 야웨의 저주 규정들의 말씀을 확인코자 요시야 왕이 문의했던 훌다 여선지자에게서 유다에 임할 재앙(22:16-19a절)과 요시야에 대한 면제("평화롭게 묘실로 들어갈 것이며 재앙을 보지 못한다", 22:20)에 관한 신탁만을 듣는다. 전반적으로 훌다의 예언 자체는 요시야의 행적에 대한 불완전성을 반영해준다. 게다가 훌다가 요시야에게 말한 "평화롭게 너의 묘실로" 들어간다는 약속은 나중에 이집트와의 전쟁 중에 므깃도에서 전사한 그의 시신을 "예루살렘으로 옮겨져 매장하였다"(23:30)는 유사한 묘사와 명백하게 역설적으로 상응한다.

③ 언약 갱신, 역대 왕들의 우상숭배 척결, 그리고 유월절 준수로 이르는 요시야 개혁의 동기는 여전히 불분명하며 요시야의 개혁의 성공 여부(유다의 운명에 영향을 끼치지 못한 이유)에 대한 본문 상의 명시가 없다. 우리 본문에는, 요시야의 언약 갱신과 제의의 포괄적 개혁이 언급됨에도 불구하고, 야웨의 진노를 초래했던 므낫세의 우상숭배를 제거할 수 있다거나 그렇게 함으로써 하나님의 진노가 철회될 수 있으리란 '암시'는 전혀 없다.

④ 훌다 여선지자의 예언은 히스기야가 받았던 신탁처럼 요시야의 생명 보존에 관한 약속일 뿐이며, 요시야 내러티브의 끝부분은 희망에 대한 희미한 예견보다는 불행한 국가 운명을 확증해줄 뿐이다. 그러한 측면에서 본다면, 기껏해야 요시야의 제의 개혁은 신의 진노(ira Dei)를 한시적으로 연기시켰을 뿐이라고 보아야 할 것이다. 이러한 일시적인 유예의 패턴은 이전의 여러 왕들(특별히 히스기야)에게서도 관찰되었다. 최악의 경우 요시야의 제의 개혁은 불완전했거나 결국 실패했거나, 혹은 일시적인 성공으로까지 묘사될 수 있다.

⑤ 요시야의 개혁은 사회 불의의 말소보다는 제의 개혁과 유월절의 준수에만 머물고 만다(cf. 23:24-25). 제의적 개혁, 특히 요시아가 아세라 상과 제단들을 무덤과 와디에 뿌렸던 행위는 마치 모세가 아론의 황금 송아지에게 행한 것과 유사하다(신 9:21; 왕하 23:6, 12, cf. 출 32:20). 제의 단일화(Kulteinheit)라기보다는 예배 정화(Kultreinheit)에 집중된 요시야의 종교개혁은 신명기의 제단 명령에 대한 철저한 준수에 근거한 것이었으며, 요시야는 유다 내의 모든 비야웨적 요소들과 이전 왕들이 도입한 모든 우상숭배의 제거에 최선을 다했다(Cairns 1992:22).

신명기의 명령	요시야의 행동(cf. 왕하23:24)
제단, 주상, 아세라와 새긴 형상들을 파괴하라 (신 7:5, 12:3 [cf. 16:21])	23:4,6,7,14
일월 성신에게 예배하지 말 것(17:3)	23:4,5
비 야웨적 산당과 다른 이교 성소들을 파괴하라(12:2)	23:13

태양과 달을 예배하지 말 것(17:3)	23:5,11
성전 창기의 금지(23:17)	23:7
몰렉 예배의 금지(12:31, 18:10)	23:10
이방신들과 여신들을 예배하지 말 것(12:29-30)	23:13
초혼 행위를 금지함(18:11)	23:24
단일한 지역에서 유월절을 지킴(16:1-8)	23:21-23
언약 위반자에 대한 하나님의 저주 (27:15-16, 28:15-68, 29:20-28, 30:17-18)	22:11-13, 17

게다가 이러한 일련의 개혁은 이미 여로보암 시대에 벧엘의 익명의 선지자의 예언으로 예고되었던 바였다(왕상 13장). 물론 이러한 노력은 '야웨 보시기에' 탁월한 것으로 여겨지지만, 요시야의 개혁의 배경에는 다윗의 정치-군사적 이상의 회복과 국제적 종속 관계의 해소도 있었던 것 같다. 여기에서 요시야 왕의 급서(急逝)의 원인을 찾기 때문이다(더 자세한 부분은 대하 34-35장을 보라).

⑥ 요시야 내러티브의 마지막 평가는 등극 공식의 경우처럼 긍정적 평가와 더불어 부정적인 면을 포함한다.

요시야와 백성의 회개(25절)	온 맘과 정신과 힘으로 모세의 모든 토라를 따라서 야웨께로 돌아갔다(회개).
야웨가 돌이키지 않으심(26절)	그러나 야웨는 므낫세의 모든 자신의 큰 진노의 격렬함을 돌이키지 않았다.

우리가 여기서 주목해야 할 부분은 요시야와 백성의 회개에도 불

구하고(25절) 하나님은 돌이키지 않으셨다는 것이다(26절). 므낫세의 죄로 인한 야웨의 격노는 이스라엘의 경우처럼 유다에게도 재앙이 임할 것인데, 이번 경우에는 유다 왕조와 백성뿐만 아니라 성전도 폐기처분시킬 것이다(cf. 왕상 9:6-7). 이러한 불길함은 요시야가 이집트와의 전쟁 중에 므깃도에서 전사함으로서 강화된다.

⑦ 마찬가지로 '의로운 왕' 요시야에 대한 재평가의 필요성은 그 자체에서 발견된다. 즉, 화자는 "(율법으로부터) 좌로나 우로나 치우치지 않았다"(왕하 22:2c[신 17:20에서 차용됨, cf. 5:32, 수 1:7)라는 신명기적 용어를 통해 요시야의 업적을 평가하는 역설을 제시한다. 즉 이 표현에 따르면, 야웨의 율법을 준수한 자는 당사자와 후손에 대한 번영과 축복의 약속을 받지만, 요시야의 경우처럼 불행과 사망과 멸망의 결과는 그와는 상반된다. 저자는 이러한 상반된 결과를 통해 요시야의 업적에 대한 역설적 평가를 내린다.

제의 개혁 왕들의 실패의 의미

극단적으로 대조적인 두 명의 왕들 므낫세(심지어 히스기야와 므낫세)와 요시야 왕에 대한 명확한 평가는 현재의 해석자들에게뿐만 아니라, 과거의 포로민들에게 중요한 이슈였을 것이다. 기존의 편집사적 이해들은 히스기야와 요시야 개혁의 완벽성을 말하는 본문의 선언과 업적에 대한 묘사를 그들의 비극적인 결과와 망국의 현실과 대조시키고 그것들을 시대에 따른 이념 차이의 결과라고 보는 것이다. 그러나 그러한 이해들은 본문상의 화술(narration)에 내포되어 있는 다양한 수사학 기교와 기능을 심각하게 고려하지 않은 결과로도 볼 수 있다.

현재까지 마치 많은 사람들이 본문에서 사울을 희생시켜 다윗을 구하듯이 많은 학자들이 므낫세를 신앙적으로 희생시켜 요시야를 구출하는 방식으로 읽으려고 노력해왔다. 즉 그들에 따르면, 완벽한 요시야의 개혁에도 불구하고 유다가 멸망하게 된 이유를 찾던 열왕기 저자(들)이 므낫세의 극악무도성 때문이라는 '허구적 창작'을 통해 그들이 직면한 신학적 난관을 해결하려 했다는 것이다. 그러나 이러한 '이데올로기적' 조작은 이들의 원의도와는 정반대로 바벨론 포로민들에게 오히려 또 다른 부작용들을 초래할 수도 있었을 것이다. 즉 ① 포로민들이 하나님의 심판의 주원인을 정치지도자들(혹은 므낫세 개인)에게 전가해 백성 개개인의 죄 인식과 회개의 책임을 약화시킬 가능성이 있으며(contra Wolff), ② 동일한 계열(다윗)의 왕들에 대한 비난을 통해 다윗 왕조 자체에 행해진 심각한 비난 때문에 다윗 왕조의 재흥에 대한 기대감을 격감시킬 가능성도 있을 것이다(contra von Rad). 이러한 문제점들을 인식한 채 이뤄지는 관련 본문에 대한 진지한 연구는 오히려 개혁적인 왕들의 불완전성을 강조하게 만든다.

이스라엘과 유다의 선한 왕들의 실패에도 불구하고, 그들의 의로운 행동들에 대한 평가는 무가치하지 않다. 우리는 그들의 일반적인 탁월성과 역설적 불완전성을 함께 고려해야 한다. 다른 선한 왕들의 노력을 포함해 요시야의 개혁이 포로로 이어질 정도로 하나님의 진노를 막거나 하나님의 용서를 얻어낼 정도는 아니었지만, 포로민들(열왕기의 실제 독자)에게 새출발을 할 수 있는 동기 부여를 했다고 볼 수 있다.[8] 이스라엘 역사 속에 지속적으로 선지자를 통해 율법의 엄격 준수와 회개 요청이 있었기 때문에, 포로민들에게도 이러한 요청들이 회피된다고 볼 수는 없다(cf. Hoffmann 1980:270). 물론 포로민들에 대한 개혁과 회개의 요구는 하나님의 용서와 이스라엘 회복의 절대적인 전제 조건이 될 수는 없었으나 그 요구 자체가 불필요했다거나 하나님이 그것을 기뻐하지 않으신다고 볼 수는 없다. 오히려 약속의 땅에서 의존했던 모든 요소들이 상실된 이국땅에서 포로민들은 하나님의 은총에 의존할 수밖에 없었다. 마지막으로 이러한 역사 상의 소용돌이들은 '종종 자신의 심판을 경감시켰던 오래 참으시는 하나님의 손을 통해 최종 심판이 임한다'는 것을 암시한다(Long 1984:32). 하나님은 여러 가지 이유들로 이스라엘에게 오래 참으실 뿐만 아니라, 그들의 기도에 응답하시고 회개를 받으시며 구원하시기도 하시는 분이라는 점을 명백히 하신다. 또한 하나님 자신이 역사의 주관자로서 심기도 하고 뽑기도 하며 악인들을 심판하시는 분이심도 드러내신다.

8. *Contra* Nelson(1987:260)은 이 부분에서의 교훈이 "보상받을 희망이 없더라도 하나님의 율법에 순종하고 신앙을 지켜라"라고 주장한다

6장

두 왕국 이야기

절망 속에 남은 희망은?

이제 우리의 모든 논의를 마치면서 마지막 관심사는 열왕기의 피날레가 이스라엘과 유다의 멸망에서 그치지 않고 여호야긴의 복권에 대한 언급(에윌므로닥 즉위년 12월 27일)에까지 이른다는 데 있다. 물론 고대 근동의 대부분의 내러티브들이 웅장한 시작보다는 상대적으로 빈약한 종결부를 갖고 있다는 롱(Long 1984:19)의 관찰도 잊지 말아야 한다.

그러나 한 이야기가 종결되는 방식도 그 내러티브 전체 해석에 중요하다는 프레타임(Fretheim 1996:53)의 주장처럼, 우리가 열왕기 저자의 마지막 한마디 말에도 주의를 기울여야 할 필요는 있다. 이 부분에 어느 정도의 비중을 두느냐는 해석자의 개인적인 선호의 문제일 수도 있으나, 극단적인 무관심뿐만 아니라, 지나친 관심과 과도한 의미 부여는 오히려 열왕기를 제대로 해석하는 데 저해 요소가 될 수도 있다는 점을 밝혀둔다.

여기서 우리는 일단 개괄적으로 요시야 사후에서 예루살렘의 멸망과 유다 총독 그달리야의 죽음까지의 긴박했던 역사를 살펴보고 열왕기의 종결부에 대한 신학적 의미를 살펴보기로 하겠다.

요시야 이후에 유다 왕국은 어떻게 멸망하게 되었는가?[1]

유다 왕국의 멸망은 하나님을 전적으로 신뢰하지 않은 채 이집트와 바벨론이라는 양대국 사이에서의 힘겨운 정치적 줄다리기의 결과라고 볼 수 있다. 이집트의 바로 느고(주전 610-595)는 므깃도 전투에서 만난 요시야를 살해하고 요시야의 아들들(여호아하스와 장자 엘리야김)을 차례로 왕으로 세운다.

이러한 왕들은 자신들의 악행으로 인해 야웨의 인정을 받을 수 없었고 유다 왕국의 운명은 멸망과 포로라는 내리막길로 치닫는 듯 보였다(23:32, 24:9, 19-20). 그 사이에 이집트의 약화로 바벨론이 국제적 패권을 장악한 여파는 여호야김과 그의 후계자 여호야긴에게서도 발견된다. 예루살렘을 함락시킨 바벨론의 느부갓네살은 여호야긴 등을 포로로 잡아가고 그 대신에 요시야의 또 다른 아들 맛다니야(시드기야)를 왕을 삼는다.

1. 유다 왕국의 멸망사에 대한 총체적 윤곽은 관련된 열왕기, 역대기, 그리고 예레미야서(주석)를 참조해야 한다.

	3개월간 통치	11년간 통치
이집트의 지배	요시야의 둘째 아들 여호아하스(이 사람은 이집트에 의해 여호야김으로 대체되어 이집트로 포로로 잡혀간다)	요시야의 큰아들 여호야김(본명은 엘리야김인데 바로가 그의 이름을 바꾸었다)
바벨론의 지배	여호야긴(이 사람은 바벨론에 의해 시드기야로 대체되어 바벨론으로 포로로 잡혀갔다가 나중에 복권된다)	요시야의 또 다른 아들 시드기야(본명은 맛다니야인데 느부갓네살이 그의 이름을 바꾸었다. 나중에 아들들이 죽고 눈을 뽑힌 채 바벨론으로 포로로 잡혀간다)

이와 같이 유다 왕국이 이집트와 바벨론 같은 고대 근동의 열방들에게 조종당하는 아주 짧은 기간에 '다윗의 아들' 즉 요시야의 아들들이 다스린 왕들의 목록은 쿠데타로 인해 유사한 결과를 맞이한 북이스라엘 왕들의 목록을 상기시킨다.

여호아하스는 이집트로 끌려가 죽고 여호야긴과 시드기야는 1, 2차로 나뉘어 바벨론으로 압송된다. 이들은 모두 야웨를 배반했으며 국제적 맹주들(이집트와 바벨론)을 배반했기 때문에, 그와 같은 비참한 지경에 이르게 되었다. 시드기야의 경우 그의 아들들이 살해되고 자기 두 눈이 뽑히는 참변을 당한 상태로 바벨론으로 끌려갔다. 이것은 시드기야가 예전에 삼손처럼 모욕을 당하고 무기력해졌다는 것을 의미한다. 여호야긴과 마찬가지로 시드기야도 바벨론 포로로 잡혀갔으나, 바벨론 왕이 시드기야가 아닌 여호야긴만을 복권시킨 이유는, 혹자가 주장하듯이 시드기야가 백성들에게서 정식 왕으로서 인정받지 못했기 때문이라기보다는, 그가 이미 맹인이 되었고 그의 아들들이 살해되었기 때문이거나 그가 여호야긴이 복권될 당시 이미 사망했기 때문이 아닌가 한다. 아무튼, 유다의 왕들은 므낫세의 죄와 각각의 마지막 왕들의 죄악(특별히 시드기야)으로 인해 결국 "야웨의 앞에서" 쫓겨나게 된다(24:20). 바벨론 왕 느부갓네살이 유다를 포로로 사로잡아 "본토를 떠나게" 했다(25:21).

열왕기의 화자는 솔로몬의 성전 중심성을 야웨 중심성과 극명하게 대조한다. 하늘에 계신 하나님은 성전에서 드리는 기도를 들으실 것이나, 야웨는 불순종하는 백성들을 자신의 앞에서, 즉 야웨의 땅에서 몰아내실 것이다. 솔로몬에게 임한 야웨의 신현(왕상 9:1-9)에서 언급된 백성의 포로됨과 솔로몬 성전 훼파 위협은 요시야 사후에 유다 왕국의 해체를 통해 성취된다. "내가 이스라엘을 내가 준 땅에서 끊어버릴 것이며, 내 이름을 위해 내가 거룩하게 구별한 이 전이라도 내 앞에서 던져 버릴 것이다"(왕상 9:7). 결국 솔로몬 사후의 역사를 통해, '원근 각처의, 유대인이나 이방인이 개인적인 문제나 국가적 문제, 개인의 죄나 자연적 재해 혹은 전쟁이라도 성전에 오거나 향해서 회개하고 간구하기만 하면, 해결되는 장소로 만들려는' 솔로몬의 성전 프로젝트('성전에서의 간구★는 반드시 성취된다')는 점차적으로 비현실적인 것이 되었다.

바벨론의 유다와 예루살렘 1, 2차 침공을 통해 유다 왕국 해체는 가속화된다. 유다 왕국을 지탱하고 있었던 정치 지도자들(왕과 귀인들)과 재물들과 성전의 재물들과 기술자들이 바벨론 포로로 끌려가게 되었으며 왕궁과 성전과 예루살렘 주거 지역과 성벽이 파괴되었으며 예루살렘 거민들과 군인들 등이 포로가 되었다. 게다가 대제사장 스라야와 부(副)대제사장 스바냐와 성전 문지기 등 60명도 하맛 땅 립

나로 끌려가서 살해된다.

그달리야 총독의 임명과 여호야긴 왕의 복권

무정부와 혼란 상태가 되어버린 유다와 예루살렘에 바벨론 왕 느부갓네살은 사반의 손자 아히감의 아들 그달리야를 총독으로 임명한다(25:22-26, cf. 렘 40-41장). 총독 그달리야는 유다의 유민(遺民)들에게 '바벨론에게 항복하고 순종할 것'을 명한다. 총독 그달리야는 암몬 왕 바알리스의 사주를 받은, 이스마엘과 그의 무리들을 만났을 때, '너희는 갈대아인들을 두려워 말고 이 땅에 거해 바벨론 왕을 섬기라. 그리하면 너희가 평안하리라'고 권면했다. 그러나 그달리야 총독은 얼마 후 왕족 엘리사마의 손자 느다니야의 아들 이스마엘과 추종자들에 의해 살해되고 그들은 예레미야를 데리고 바벨론의 보복을 피해 이집트로 피신했다.

유다왕국 해체 이후의 이러한 정치적 갈등은 친(親)이집트 당파와 친(親)바벨론 당파 간에 빚어진 것이라서 그달리야나 예레미야의 포로민들에 대한 권유는 이해하기 어려웠을 수도 있다. 그러나 이러한 맹세는 바벨론과 이집트땅에 거하는 포로민들에게는 적용되었던 것 같다. 그달리야의 세 가지 맹세들은 언뜻 보기에 서로 상충되는 듯 보인다. 모든 피정복민들과 피정복국가에서는 정복민들의 군대가 억압과 착취 수단으로 인해 피정복민들의 공포와 타도의 대상이었고 그것을 통해 평화가 올 수 있다고 믿었으나, 그달리야는 '두려움 없이 바벨론 왕을 섬기면 평화가 임할 것'이라는 이해하기 어려운 맹세를 전달했다. 그러나, 그것은 유일한 '희망'처럼 보인다.

이처럼 이스라엘과 유다 역사 책의 마무리가 그달리야 총독의 임명으로 한번 더 지연되더니, 또 다시 한 가지 사건을 더 기다리게 만든다. 즉 '유다 왕' 여호야긴이 포로된 지 37년 만에 석방되어 복권되는 사건으로 완전히 종결된다(25:27-30, 렘 52:31-34). 정치사적으로 볼 때, 그 의미는 상대적으로 파악하기가 쉽다. 성경 내외의 정보를 종합해보면, 바벨론 왕 에빌-므로닥(혹은 에윌-마르둑)[2]은 즉위하던 해(즉 주전 560년 3월 12일)에 자신의 선정의 과시 차원에서 '유다의 왕' 여호야긴을 복권시키고 자신의 식탁에서 먹을 수 있게 하는 호의를 베풀었다. 이러한 호의는 아마도 자신의 즉위식을 축하하기 위한 목적이었을 수도 있다. 또한 바벨론 왕이 마음에서 우러나오는 선의를 베풀었다고 보기 어려운 점은 실제로 에빌-므로닥도 악한 왕이라는 평판을 얻고 있었다는 점을 그 이유로 찾아볼 수 있다. 그는 2년간(주전 562-560년경) 왕위에 있었고 네르갈-사르-우수르에 의해 피살되었다.

이러한 행위는 함께 포로로 잡혀온 시드기야(바벨론 왕이 직접 세운 왕)를 대신해서 여호야긴(이집트 왕이 세운 여호야김의 아들)이 바벨론에서 공식적으로 인정된 유다 왕이 되었으며, 봉신-왕(vassal-king)으로 임명되었다는 것을 의미한다. 물론 이러한 사실도 역설적이다. 물론 바벨론 왕들(혹은 이집트)이 기존 봉신 왕을 제거하고 새로 세우는 일이 흔하게 일어났다는 점도 염두에 두어야 한다.

---

2. 여기서도 단어상의 역설이 나타난다. 에빌-므로닥이 바벨론어로 "마르둑의 사람(man of Marduk)"이라는 의미지만, 히브리어로 "마르둑의 어리석음(foolishness of Marduk)"을 의미한다.

이러한 '정치적' 선행의 예는 페르시아 고레스 왕에게서도 찾아볼 수 있다. 비록 그것이 하나님의 인도하심 속에서 행해진 것이지만, 고레스 왕은 고대 제국들의 왕들의 선례를 따라 정치적 선의로 그동안 제국 내에 포로로 잡혀있던 고대 근동의 여러 나라들로부터의 지역 혹은 국가 신들의 조상(彫像)들과 기물들을 포로민들과 함께 귀국시키는 정책(들)을 집행했다. 이것은 당시까지 통용되었던 역대 제국들의 전통적인 포로 정책의 철회를 의미한다. 즉 (1) 나중에 있을지도 모를 정치-군사적 반역의 가능성을 줄이기 위한 볼모와 (2) 제국내의 고급인력의 수급 및 변방 지역의 개척 등의 다양한 목적 하에서 각각의 정복 지역의 거민들이 제국 내의 다른 지역들로 집단 이주 되었으며, 패전국들의 신상들이 피정복 지역 신들의 패배의 상징과 반역 방지와 전승 기념물로 승전국의 수도에 위치한 중요한 신전에 보내졌던 국제 통치 정책이 페르시아 제국에 이르러 변경되었음을 의미한다.

열왕기의 최종 메시지

이러한 열왕기의 마지막 사건(여호야긴의 '사면복권') 혹은 열왕기 전체가 포로민들에게 주는 메시지가 무엇이었는가에 대해서는 일치된 의견들이 없다. 주로 다음과 같은 의견들이 학자들 사이에 있으며, 그것들을 간략하게 평가해보고자 한다(참조. 강정주 2006:26-66, 279-89).

① 절대적인 절망의 최종적인 묘사

이미 오래 전에 노트(1981:79f., 83, 89)는 이전의 제왕들과 선지자들의 모든 노력들이 '완전한 파괴를 통해 무가치한 것으로 입증'되었다고 주장했다. 노트에 따르면, 원신명기에 서론(신 1-4장)을 첨가해 자신의 역사 저작의 개론을 삼고 이스라엘의 흥망성쇠를 일관되게 서술하기로 마음먹은 신명기주의자는 여호야긴의 사면복권을 아무런 감정이나 '의미 부여' 없이 그저 담담히 서술하는 것으로 자기 역사가 본분을 마무리했던 것이다. 저자의 목적들 중의 하나가 이스라엘 민족과 다윗 왕조의 멸망을 강조하려는 것이었음은 확실하다. 이와 같은 노트의 결론들을 따라서, 넬슨(1981:123)은 이 사건을 소위 포로 시대 편집자들의 삽입으로 여기고 열왕기의 종결부에서의 다윗 계열의 회복에 대한 희망이 존재하지 않는다고 주장한다(왕하 25:27ff). 그러나 노트의 '절대적인 절망'의 가설은 오래가지 못하고 후대의 학자들은 정도와 내용의 차이는 있지만, 열왕기 결론에서 희망의 메시지를 찾는다. 그렇다면, 과연 어떠한 그리고 어느 정도의 희망이 존재했을까?

② 다윗 왕조의 회복

여호야긴의 복권에 대한 언급이 다윗 왕조에 대한 일말의 희망, 혹은 나아가서 (역사적 귀환을 통한) 유다 왕국의 구체적 재흥에 관한 희망을 의미하는지, 아니면, 폰라트처럼 영원한 왕조에 대한 약속(예, 삼하 7:7-17)과 관련된 메시아적 희망을 의미하는지에 대한 이견들도 있다. 그러나 사무엘서와 열왕기 내에서 발견되는 다윗 왕조의 '영원성'을 언급하는 몇 개의 간단한 구절들(왕상 11:36, 15:4, 왕하 8:19)만으로는 '열왕기의 저자가 갖고 있었던' 다윗 왕조에 대한 희망의 내용을 단정할 수 없다. 이 구절들은 열왕기의 전체적인 문맥 속에서 이해되어야 한다. 결국 현재의 발화 시점에서 그것이 어떠한 의미였든지 간에, 이것이 열왕기에서 유사한 왕조적 희망을 발견하게 한다는 강력한 증거는 되지 못한다. 게다가, 악한 왕에 대한 무조건적인 축복(회복)의 예가 있는가? 여호야긴도 악한 왕이라고 묘사되었다(24:12). 물론 사면 행위가 피(彼)시혜자에게는 유익한 일이겠지만, 이러한 행위의 원인이나 결과에 대한 언급이 없다는 점은 그 진의를 민족적 희망의 메시지(혹은 전조)로 확대 확증하기는 어렵다. 본문에서의 유일한 증거는 여호야긴이 여전히 '유다 왕'으로 불린다는 점이지만, 이것이 역사적 다윗 왕조의 회복에 관한 중요한 증거가 될 수는 없다. 오히려 많은 사람들은 열왕기 전반에서, 심지어 사무엘서의 나단 신탁(다윗 언약)에서 정황적 증거를 찾으려고 노력한다. 그러나 필자가 전술했듯이, 나단을 통해 제시된 영원한 다윗 왕조에 대한 무조건적인 약속(삼하 7장)은 솔로몬의 성전 건축과 하나님의 응답(왕상 8-9장)을 통해 조건적 약속으로 약화되었다. 약속의 조건화에도 불구하고, 이스라엘과 유다의 국가적 존망은 비록 성전 재건과 우상 파괴를 통한 야웨 신앙의 회복을 잣대 삼아 평가되긴 했지만, 그러나, 열왕기 자체는 다윗 자손의 신실성이나 백성들의 회개보다는 하나님의 다윗에 대한 약속과 인내에 의존하는 경향을 보였다. 또한 이스라엘의 멸망이나 유다와 예루살렘의 함락이라는 하나님의 지엄하신 저주가 실현된 후에도, 야웨의 법도와 율례를 다시 지키면 왕조에 대한 약속이 회복되리라는 보장은 없는 것이다. 이미 히스기야와 요시야 왕의 경우와 므낫세나 요시야 후대의 왕들에게서 잘 나타나듯이, 이러한 하나님의 인내와 약속에 대한 존중은 이미 포로 이전에 소진되었던 것 같다(contra

김지찬 1999:449).

또한 선지서에 나타난 새 다윗의 도래와 야웨의 직접적인 통치에 대한 이중적 예언은 열왕기에서 재확인되고 심화되었던 것으로 여길 수는 없는 것이다. 열왕기에서는 메시아적 해석이나 종말론적 심화의 증거가 보이지 않는다. 이러한 이유 때문에 필자는 역사적 다윗과 메시아적-종말론적 다윗을 구별하고자 한다(선지자들의 회복의 비전 속에 포함된 부활한 다윗은 역사적인 국면과 종말론적인 국면 모두를 포함한다). 종말론적 메시아 이해는 열왕기의 짧은 구절 속에서가 아니라, 선지서의 메시아적 다윗 예언 속에서 충분히 발견되어야 할 것이다. 마지막으로, 중요한 증거는 다른 곳에서 발견된다. 이 부분은 많은 학자들이 간과한 부분인데, 다윗 왕조의 마지막 왕의 복권(왕하 25:27-30)은 사울 왕조의 마지막 왕족인 므비보셋의 최후(환대)묘사(삼하 9:10-13)와 상응한다(Miscall 1986:162). 이러한 상응점을 고려해 볼 때, 아마도 열왕기 저자는 사무엘서에서 언급된 므비보셋의 복권 사건과 여호야긴의 경우를 암묵적으로 대조시키는 것처럼 보인다. 결과적으로 이것은 투옥되었던 여호야긴의 개인적인 행운을 의미할 수도 있으나, 이러한 복권은 미래에 아무런 영향을 미치지 못할 뿐이라는 점을 암시하는 것으로 보아야 한다.

③ 포로민을 향한 회개의 요청

이제 볼프(Wolff 1961, 1982)와 같은 사람들이 말하는 열왕기의 저자가 포로민들에게 회복의 전제조건으로 회개를 요구하고 있었다는 주장을 살펴보자. 이들은 여호야긴의 복권에서 희망 메시지를 찾지 않는다. 이들의 백성의 회개 가능성에서 이스라엘의 희망을 찾는다. 열왕기는 야웨의 선지자의 소명을 회개를 전파하고 하나님의 율법대로 살도록 설교하는 것으로 규정하고 있으나(왕하 17장), 실제적인 선지자들의 사역은 거짓 신앙과의 대결과 야웨 신탁의 전달이 핵심적인 사역으로 묘사되며, 실제로 회개의 메시지를 전파한 야웨의 선지자들의 활동은 잘 나타나고 있지 않는다. 게다가 열왕기의 마지막 시대적 상황에 따르면, 아직도 포로민들이 회개와 간구를 하지 않았으며, 그로 인해 정복민에게 아직 긍휼을 얻지 못하고 있다는 점에서 그렇게 간구했던 솔로몬의 기도(왕상 8:46-50)는 아직 그 효용성이 확인되지 못한 상태로 남아 있는 것처럼 보인다. 즉 기존 상태에서의 호전과 원래 상태로의 회복(혹은 복귀)은 전혀 다른 개념이다(McConville 1992, 1993). 포로 시대의 저자가 귀국을 준비하려고 청중에게 회개를 촉구할 목적으로 회개 메시지를 고안해냈다는 볼프의 유명한 논증(1961, 1982)은 이미 위에서 논의한 이유들로 인해 약화될 수 있었다(솔로몬의 기도에 관한 논의를 참조하라). 오히려 회개와 회복의 전형은 포로 이후의 저작인 역대기에서 많은 경우가 발견된다. 그러나 역대기는 여호야긴의 석방의 문제는 다루지 않고 오히려 예레미야의 예언의 응답으로 고레스를 통해 회복된다고 설명한다.

④ 기존의 주장들을 종합하려는 경향들

폰라트와 볼프 이후에는 일부 학자들이 이전의 주장들(심지어 노트의 견해)을 융합시키려는 태도를 취하는 편이다(즉 다윗에 대한 약속과 백성에게 회개 촉구). 애크로이드(Ackroyd 1968:78ff.)는 그러한 두 개념들이 상충하지 않는다고 본다. 게다가 프리드만(1981:43)은 마지막 왕의 석방 사건의 언급에 이스라엘의 귀환과 관대한 회복이라는 희망찬 약속들과 더불어 진노와 징벌 모두를 언급하는 가장 비참한 이야기들을 묘사하려는 이중적인 특별한 목적이 있었다고까지 말한다. 브루그만(1968)은 다윗 왕조와 백성들을 향한 하나님의 선한 말씀(good words)에 그 희망을 찾는다. 추가로 그라노프스키(Granowski 1992:186-7)는 이 부분이 절망과 희망 모두를 준다는 측면에서 기존 주장들을 종합하기도 한다. 그러나 내가 볼 때, 열왕기의 마지막에서 기존 주제들과 관련된 격려적이고 희망적인 언급(예, 언약/약속의 신적인 기억, 용서와 중보 기도의 가능성 등)이 전혀 다루어지지 않고 있다는 점에서, 열왕기의 결론을 보는 종합적 입장을 가진 학자들의 주장은 여전히 불만족스럽다.

⑤ 하나님의 은총만으로

필자가 볼 때, 저자는 심각한 회개조차도 야웨를 진노에서 돌이켜 이스라엘의 원상태를 회복시킬 수 있도록 할 수 없었다는 점을 간접적으로 선언하고 있다(cf. Long 1991:283). 오히려 저자는 백성의 회개나 회복이 전적으로 야웨의 선취권(initiative)에 달려있다고 주장한다. 이러한 증거를 여호야긴의 복권에서도 찾는다. 여호야긴은 본디 악한 왕으로 평가를 받았으며 바벨론 포로의 형벌을 당했지만 자신의 공로와는 상관없이 바벨론 왕의 은총을 받는다.

이러한 측면에서 맥컨빌(1989:45)은 다윗 왕조에 대한 약속, 성전, 토라, 그리고 하나님의 선지자들이라는 다양한 요소들이 결국 포로 이전에 백성들의 마음뿐만 아니라 결과적으로 하나님의 마음을 돌이킬 수 없었다는 것이 열왕기의 결론이라고 본다. 즉, 므낫세의 죄악의 끈질긴(die hard) 영향력에 대한 반복적인 언급과 탁월한 요시야의 노력을 통한 회복 불능성의 결과는 유다를 위한 구원이 왕이나 토라나, 솔로몬 성전이나 인간의 회개를 통해서라도 '야웨께서 마음을 바꾸사 그들을 고토(故土)로 귀환케 하실 것'을 보증할 수 있으리란 기대의 가능성을 제거하는 효과를 갖는다. 그러나 모든 왕들과 백성이 그러한 재앙에 대한 책임이 있긴 해도 그들은 생존할 수 있었다(Hobbs 1985:xxxiv). 이것이 무슨 원인과 이유 때문인가? 게다가 (솔로몬의 기도와 열왕기의 결론에 따른다면) 어째서 열왕기의 저자의 희망은 모호하며 포로 상황의 호전에만 머물고 있는가?[3] 성주진(Seong 1989:223)이 행한 소위 신명기주의적 역사(DH)상의 회개와 회복과의 관계성에 대한 연구 결과들이 보여주듯이, '왕들/개인들의 회개가 항상 자기 자신들의, 혹은 백성의 죄에 대해 선언된 보복의 심판을 취소시키는 것은 아니지만, 선언된 보복이 진행되는 동안 어느 정도 경감되거나 회복되는 경우도 종종 있다'는 점을 고려해봐야 할 것이다. '야웨의 진노가 멈추었는가, 아니면 역전되고 있는가?'라는 질문은 여호야긴의 복권을 통해서는 명확하게 알 수는 없다. 열왕기의 본문은 이러한 상황 속에서 하나님의 은총을 구할 수밖에 없다는 점을 명확히 한다.

3. 장일선(1998:886-887)은 그것이 "고국으로의 귀환"까지도 고려하고 있다고 말함으로써 McConville(1992)의 주장을 오해하고 있다.

결론

절망의 시대에 얻을 수 있는 교훈

지금까지 이스라엘 왕정기의 전체를 다루는 사무엘서와 열왕기를 나름대로의 관점과 방법론을 갖고 그 속에 묘사된 하나님의 섭리와 이스라엘의 통치를 간략하게 살펴볼 수 있었다. 온 우주 삼라만상의 통치자이신 하나님은 이스라엘 역사 속에서, 그리고 국내외 다양한 권력 구조 내에서 자신의 뜻대로 역사하고 섭리하셨다. 그러한 면에서 이스라엘 신정 정치 하에서 인간 대리자들의 역할은 필수 불가결한 것이었다.

구약 인간 왕권의 이상

신명기에 따르면, 하나님은 다양한 하나님의 계시의 대리인들과 통치 제도들을 규정하셨지만, 인간 왕권을 비판적으로 조망하지 않으셨다. 물론 인간 왕권은 야웨의 신정 정치의 유일한 대안이 아니었으며 이스라엘의 다양한 리더십들, 즉 사법, 종교, 정치 등의 다양한 제도들을 통한 권력 분배 프로그램들 중의 하나였다. 신명기의 제왕 규정은 당시 고대 근동의 경우와 비교할 때 상당히 비신화화와 권력의 상대화와 나름 민주적 선출을 강제한다. 사무엘서와 열왕기는 이스라엘 12지파와 하위 그룹들의 지도자들과 사사들의 시대를 넘어 신명기가 말한 약속의 땅 가나안에 정착한 후 이스라엘 왕정이 필요한 상황에서 발휘되어야 할 이스라엘 나름의 권력 분할 프로그램("네가 네 하나님 여호와께서 네게 주시는 땅에 이르러 그 땅을 차지하고 거주할 때 만일 우리도 우리 주위의 모든 민족들 같이 우리 위에 왕을 세워야겠다는 생각이 나거든")이 실제로 어떻게 사용되었고 어떻게 어그러졌는가를 구체적으로 설명해주는 책이었다.

이처럼 하나님은 이스라엘 왕권의 시작부터 마지막 때까지 '열방과 같은 왕'에 대한 이스라엘의 요구를 거절하시지만 그것을 수정하시며 수용하시는 전략을 취하셨다. 이것은 예루살렘 성전에 대한 다윗과 솔로몬의 요구에 대해서도 유사한 전략을 취하셨던 것이다. 그러한 점에서 많은 사람들이 그렇듯이, 인간 왕권(심지어 예루살렘 성전)에 지나친 혐오나 적대감을 가질 필요가 없으며, 혈통적으로 세움을 받는 부족장과 제사장직이나 특정하게 개인적으로 하나님의 세움을 받은 사사직과 선지자직이나 하나님이 지정하시고 구성원들이 검증하고 언약을 체결해 세우는 인간 왕정 제도보다 더 완벽하고 더 거룩하다고 여길 필요는 없다(contra Knoppers 2001:397). 또 다른 방식으로 주로 사용되었듯이, 사울은 악하고 다윗은 선하다거나 북왕조는 악하고 남왕조는 선하다거나 히스기야와 요시아는 선하고 다른 왕들은 악하다는 식의 이분법적 해석도 불완전하다는 점을 확인할 수 있었다. 마찬가지로 이스라엘의 인간 왕권은 고대 근동에서처럼 신적인 존재 혹은 신의 의도를 따르는 무오류의 인간 대리자라거나 그와는 반대로 신의 뜻을 거스르는 인간 리더십으로만 볼 수 없으며 하나님의 역사 속에 하나님과 동행하고 순종해야 하는 존재로 묘사된다. 그러한 점에서 이스라엘 역사 속에서 인간 왕권은 단 한 가지 호불호로 선악 간에 규정하기 어려운 존재였다. 초기와 분열 왕조인 유다 왕들이 다윗의 후손이라는 점에서 세습 왕정을 지속했다. 물론 초기와 분열 왕조 시대 이스라엘에서 하나님이 직접 왕을 선택하시고 선지자 등 대리자들을 통해 그들에게 기름 부으셨던 적도 있었다. 이처럼 하나님은 이스라엘 역사속에서 왕들을 포함해 다양한 계층의 장로들과 재판관들을 세우셨고 구약시대의 종교, 정치지도자들 사이의 견제와 조화를 도모하셨다는 점에서 구약에서 원시 민주주의의 틀을 발견할 수 있었다. 이러한 필자의 균형잡힌 평가는 이스라엘의 인간 왕정을 비하하지도 이상화하지도 않는 것이다.

이스라엘 인간 왕권의 현실

하나님이 인간 정권을 세우시고 허무신다는 한나의 기도의 메시지는 모든 이스라엘과 유다 왕조사에서 지속적으로 발견되고 확인된다. 역사속 사건들의 주무대는 전쟁터, 길거리, 왕궁, 성전으로 오고갔다. 하나님은 여러 사건들 속에서 중재하셨고 그들에게 직간접적으로 말씀하시고 경고하셨고 죽이기도 하셨다.

이스라엘과 유다 역사를 돌이켜볼 때 화자는 '인생'이란 예나 지금이나 항상 누군가와 그의 무언가를 무의식적으로 본받기 마련이라는 점을 강조한다. 하나 선하고 아름다운 것보다는 악하고 더러운 것을 '본받는다'는 것이 문제다! 하나님의 대리자들과 인간 왕들의 역사 속에서, 그 혼돈과 갈등 속에서 사무엘과 엘리, 사무엘과 사울, 사울과 다윗, 다윗과 솔로몬, 솔로몬과 분열왕조의 여러 왕들이 등장한다.

피는 물보다 진하다고 하지만, 특별히 북이스라엘 왕조에는 혈통을 넘어 왕좌라는 권력을 통해 우상숭배와 반역과 살인이라는 중대한 죄악이 유전되는 것 같다! '이 왕은 여로보암, 혹은 아합을 닮았네.' 북왕조는 사람들이 왕들을 세웠고 사람들과 갈등을 빚었고 죽음으로 폐위당하는 식의 잦은 쿠데타로 왕조가 교체되는 방식이 이어졌다. 다윗의 혈통이 이어졌던 유다의 경우는 더 문제였다. 다윗의 선함은 격세유전의 법칙에도 못 미치고 다윗의 악함은 끈질기게 유전되지 않았던가! 르호보암은 다윗의 손자였다. 한 왕조를 세우고 또 한 사람은 다른 왕조를 세운다. 한 사람은 성전을 더럽히고 허물고 또 한 사람은 성전을 정화하고 세운다.

이스라엘에는 하나님이 이스라엘 가운에 계신다는 것을 보여주었던 회개와 개혁을 외치던 엘리야 엘리사 및 무명의 선지자들이 있었고 유다에는 예루살렘 성전과 산당 예배와 관련해 회개와 개혁을 수행하던 왕들도 지속적으로 등장한다. 그러나 왕조사 속에서 회복 가능성과 기회는 소진되는 것! 이러한 틈바구니 속에 야웨는 역사를 지휘하며 뜻대로 이끌어가신다. 이렇게 돌고 도는 비극사의 수레 바퀴는 어느 한 시점에서 종결되어야 했고 계절과 공기와 물의 무한 순환처럼 한없이 이어질 것 같은 세상 역사는 종착역으로 향해 결국 단절되어야 했다.

우리를 위한 교훈

우리가 왕정 치하에 살고 있는 것도 아니고 나라가 망했거나 포로 치하에 있지 않는 상태에서도 우리의 교훈거리로 삼아야 할 것들은 무엇일까? 신학적인 측면에서 그 보편성과 신학적 특징을 먼저 고려해야 할 것이다.

모든 시대에 인간 리더십이 필요했듯이 이스라엘 왕조 시대에도 다양한 지도자들이 필요했으며 당시의 왕들은 하나님과 사람들이 세웠다는 점이 중요하다. 신명기 17장이 그 원칙을 제공하고 사무엘서와 열왕기가 입증하는 인간의 지도력은 공정과 정의로 행할 필요가 있다. 비록 우리가 사는 사회가 다원화된 사회이며 참여적 시민 및 생활 민주주의 시대라는 극명한 차이점이 존재하는 것은 사실이지만, 그때부터 지금까지 우리에게 필요한 인간 리더십의 존재 의의는 억압과 착취, 그리고 왜곡과 정당성의 문제가 아니라, 이웃과 나라에 대한 희생과 봉사 그리고 정의와 공의의 구현이라는, 축소되거나 폐지될 수 없는 성경 상의 절대적 요청에 대한 시의적절하고 총체적인 응답에 있다. 이스라엘 왕정의 역사는 빈부귀천 간에 공평과 중재와 배려와 협치뿐만 아니라 지역과 부족 간에도 적용되어야 했음을 보여준다. 이스라엘 역사의 고질적인 지역 간의 분열은 야곱의 자식들의 싸움에서 시작되었다. 창세기에서 시작한 아들들의 경쟁과 갈등은 사사 시대에 심화되었고 사울과 다윗의 갈등을 봉합한 듯 보이던 다윗-솔로몬 통일 왕국 시대를 유지하지 못하고 결국 분열 왕국으로 결국 앗수르와 바벨론에 의한 패망의 단초를 제공했다. 그러한 점에서 이스라엘 왕조의 빈부귀천과 지역 차별의 문제를 해결해야 할 원칙의 인식과 이해는 유사한 상황에 처해 있는 일반 사회와 교회라는 두 개의 조직 내에서도 갈등을 다루고 평화를 이루는 방식으로 하나님이 원하시는 건전한 리더십을 세우고 구현하도록 하는 신적 소명이 필요하며, 이것은 이 세상에서 공평과 정의를 실현해야 하는 하나님 나라를 건설하는 총체적 복음 전파와 실현의 일부로 여겨져야 할 것이다. 그러한 점에서 성경 리더십의 이념은 우리를 통해 구체적인 실천의 기회와 자리로 옮겨질 것이다.

구약시대 하나님 나라(통치)와 인간 왕정 역사는 그러한 '실패'를 통해서도 우리에게 생생한 교훈을 준다. 이것은 과거에 대한 바른 인식을 말하는 역사의식을 망각하지 말아야 한다는 것이다. 이스라엘과 유다의 패망 역사는 결국 돌이킬 수 없음에 아쉬움과 탄식과 절망으로 끝날 수밖에 없지만, 인간들의 죄악과 불의 가운데서도 역사를 이끌어 가시는, 하나님의 은총의 섭리를 인정하면서도 그들의 실패한 시도와 노력과 열심의 불완전함을 반면 교사로 사용할 수 있다. 우리가 읽은 역사서는 비극적인 결말을 알기에 비관적이고 장르상 기도와 찬양은 간절하고 낙관적이며 예언과 묵시는 아직 미완결의 미래를 다루기 때문에 불확실하다. 그러한 점에서 우리의 역사 의식은 비관과 낙관을 넘어서는 다면적일 수 있으며 그러한 점에서 사무엘서와 열왕기는 지금 우리가 읽기에 시의적절한 책들이다.

참고문헌

강정주(2006)『솔로몬과 열왕기 이해』서울: CLC.

김영호(1993) "암나귀도 왕이 될 수 있을까: 사울의 흥망성쇠 2/사무엘상 8-12장."『그 말씀』12월호: 203-211.

김지찬(1999)『요단강에서 바벨론 물가까지: 구약 역사서의 문예적-신학적 서론』서울: 생명의 말씀사.

김지찬(1996) "구약사의 지평에서 바라본 성령의 사역."『성경과 신학』20: 47-93.

성기문(2009)『모세의 고별설교』서울: 솔로몬.

성기문(2008) "4. 히스기야 내러티브(사 36~39장)의 구조와 기능." pp. 63-68, 405-431 in『이사야1 : 어떻게 설교할 것인가』편집부 편. 서울: 두란노.

성기문(2003) "구약성경은 한국 정치에 긍정적인 기여를 할 수 있나?"『한국개혁신학』13: 28-57.

성기문(2003b) "솔로몬의 일천번제, 무엇이 문제인가?"『기독교사상』2000년 5월호: 168-175.

성기문(2002) "매장(埋葬)과 화장(火葬)을 중심으로 살펴본 장례문화-기독교계의 화장에 대한 논란을 중심으로-." pp. 230-239 in『2002년도 생활개혁실천운동 종합보고서』서울: 생활개혁실천협의회.

성기문(2000) "모세율법규정에 나타난 십일조 신학."『기독교사상』2000년 12월호: 250-266.

성주진(1998) "설교자를 위한 사무엘서 주해와 적용: 삼상 8:1-22."『그말씀』3월호: 150-158.

알렌, 레슬리(2001)『시편(하) 101-150편』손석태 역. WBC, 서울: 솔로몬.

엄원식(2000) "다윗의 전기에 대한 분석적 비판: 전투적 메시아니즘을 중심으로."『구약논단』 9: 109-135.

장일선(1998) 『다윗 왕가의 역사 이야기: 신명기 역사서 연구』 서울: 대한기독교서회.

크레이기, 피터(2000) 『시편(상): 1-50편』 손석태 역. 서울: 솔로몬.

테이트, 마빈(2002) 『시편(중)』 손석태 역. 서울: 솔로몬.

Ackerman, J. S. (1991) "Who Can Stand before YHWH, This Holy God? A Reading of 1 Samuel 1-15." *Prooftexts* 11: 1-24.

Ackroyd, P. R. (1968) *Exile and Restoration: Study of Hebrew Thought of the Sixth Century B.C.* London: SCM.

Alter, R. (1999) *The David Story*. New York: Norton & Company.

Amit, Y. (1994) "'Am I Not More Devoted to You Than Ten Sons?' (1 Samuel 1.8): Male and Female Interpretations." pp. 68-76 in *Feminist Companion to Samuel and Kings*. Edited by A. Brenner. Sheffield: Sheffield Academic Press.

Anderson, A. A. (1989) *2 Samuel*. WBC. Waco: Word.

Arnold, P. M. (1990) *Gibeah: The Search for a Biblical City*. JSOTSS 79. Sheffield: Sheffield Academic Press.

Bailey, R. C. (1990) *David in Love and War: The Pursuit of Power in 2 Samuel 10-12*. JSOTSS 75. Sheffield: Sheffield Academic Press.

Bar-Efrat, S. (1989) *Narrative Art in the Bible*. JSOTSS 70. Sheffield: Almond.

Barrick, W. B. (1974) "On the "Removal of the High Places" in 1-2 Kings." *Bib* 55: 257-59.

Becking, B. (1997) "From Apostasy to Destruction: a Josianic View on the Fall of Samaria." pp. 279-297 in *Deuteronomy and Deuteronomic Literature*. Edited by M. Vervenne & J. Lust. Leuven: Leuven University: .

Ben-Barak, Z. (1981) "Meribaal and the System of Land Grants in Ancient Israel." *Bib* 62: 73-91.

Bergen, W. J. (1999) *Elisha and the End of Prophetism*. JSOTSS 286. Sheffield: Sheffield Academic Press.

Bierling, N. (1992) *Giving Goliath His Due: New Archaeological Light on the Philistines*. Grand Rapids: Baker.

Boecker, H. J. (1981) *Law and the Administration of Justice in the Old Testament and Near East*. Trans. J. Moiser. London: SPCK.

Brettler, M. Z. (1991) "The Structure of 1 Kings 1-11." *JSOT* 49 (1991): 87-97.

Brettler, M. Z. (1989) *God is King: Understanding an Israelite Metaphor*. JSOTSS 76. Sheffield: Sheffield Academic Press.

Brueggemann, W. (1990) *First and Second Samuel.* Louisville: John Knox.

Brueggemann, W. (1990a) "1 Samuel 1: A Sense of a Beginning." *ZAW* 102/1: 33-48.

Brueggemann, W. (1988) "2 Samuel 21-24: An Appendix of Deconstruction?" *CBQ* 50: 389-397.

Brueggemann, W. (1968) "The Kerygma of the Deuteronomistic Historian." *Int* 22: 387-402.

Cairns, I. (1992) *Word and Presence: A Commentary on the Book of Deuteronomy.* Grand Rapids: Eerdmans.

Campbell, A. F. & O'Brien, M. A. (2000) *Unfolding the Deuteronomistic History: Origins*, Upgrades, Present Text. Minneapolis: Fortress.

Campbell, A. F. (1997) "Structure Analysis and the Art of Exegesis (1 Samuel 16:14-18:30)." pp. 76-103 in *Problems in Biblical Theology: Essays in Honor of R. Knierim*. Edited by H. T. C. Sun and K. L. Eades. Grand Rapids: Eerdmans.

Carlson, R. A. (1964) *David, the Chosen King*. Stockholm: Almqvist & Wiksell.

Childs, B. (1985) *Old Testament Theology in a Canonical Context*. Philadelphia: Fortress.

Childs, B. (1979) *Introduction to the Old Testament as Scripture*. London: SCM.

Christensen, D. L. (2001) *Deuteronomy 1:1-21:9*. WBC. Nashville: Thomas Nelson.

Clements, R. E. (1974) "The Deuteronomistic Interpretation of the Founding the Monarchy in I Sam. VIII." *VT* 24/4: 398-410.

Cogan, M. (1974) *Imperialism and Religion: Assyria, Judah and Israel in the Eighth and Seventh Century B.C.E.* SBLMS 19. Missoula: Scholars.

Cohen, A. (1997) "David and the Gibeonites (2 Samuel 21:1-14)." 미출간 박사논문. Jewish Theological Seminary of America.

Cohn, R. L. (2000) *2 Kings*. BOSHNP. Collegeville: The Liturgical.

Cohn, R. L.(1985) "Literary Technique in the Jeroboam Narrative." *ZAW* 97: 23-35.

Conroy, C. (1978) *Absalom Absalom! Narrative and Language in 2 Sam 13-20*. Rome: Biblical Institute Press.

Coote, R. B. (ed.) (1992) *Elijah and Elisha in Socio-literary Perspective*. Atlanta:

Scholars.

Craig, Jr., K. M. (1993) "The Character(ization) of God in 2 Samuel 7:1-17." *Semeia* 63: 159-176.

Cross, F. M. & D. N. Freedman, (1953) "A Royal Song of Thanksgiving: II Samuel 22 = Psalm 18." *JBL* 42: 15-21.

De Jonge, M. (1989) "Jesus, Son of David and Son of God." pp. 95-104 in *Intertextuality in Biblical Writings*. Edited by Sipke Draisma. Kampen: Uitgeversmaatschappij: J. H. Kok.

De Vaux, R. (1967) "Le lieu que Yahvé a choisi pour y établir son nom." pp. 219-28 in *Das Ferne und nahe Wort: Festschrift Leonhard Rost zur Vollendung seines 70. Lebensjahres am 30. November 1966 gewidmet*. Edited by Fritz Maass. Berlin: Töpelmann.

De Vries, S. J. (1985) *1 Kings*. WBC. Waco: Word.

De Ward, E. F. (1972) "Morning Customs in 1, 2 Samuel." *JJS* 23: 1-27.

Del Olmo Lete, G. (1984) "David's Farewell Oracle (2 Samuel xxiii 1-7): A Literary Analysis." *VT* 34: 435-436.

Dutcher-Walls, P. (1996) *Narrative Art, Political Rhetoric: The Case of Athaliah and Joash*. JSOTSS 209. Sheffield: Sheffield Academic Press.

Edelman, D. V. (1991) *King Saul in the Historiography of Judah*. JSOTSS 121. Sheffield: Sheffield Academic Press.

Eschelbach, M. A. (1999) "Has Joab Foiled David? A Literary Study of the Importance of Joab's Character in Relation to David." 미출간 박사논문. Westminster Theological Seminary.

Eslinger, L. (1994) *House of God or House of David: The Rhetoric of 2 Samuel 7*. JSOTSS 164. Sheffield: Sheffield Academic Press.

Eslinger, L. (1989) *Into the hands of the living God*. Sheffield: Almond.

Eslinger, L. (1985) *Kingship of God in Crisis: A Close Reading of 1 Samuel 1-12*. Sheffield: Almond.

Eslinger, L. (1983) "Viewpoints and Point of View in 1 Samuel 8-12." *JSOT* 26: 61-76.

Evans, C. D. (1983) "Naram-Sin and Jeroboam: the Archytypal *Unheilsherrscher* in *Mesopotamia and Biblical Historiography*." pp. 114-24 in *Scripture in Context II: More Essays on the Comparative Method*. Edited by W. W. Hallo, J. C. Moyer and L. G. Perdue. Winona Lake: Eisenbrauns.

Eynikel, E. (1996) *The Reform of King Josiah and the Composition of the Deuteronomistic History.* OTS xxxiii. Leiden: Brill.

Falk, Z. W. (2001) *Hebrew Law in Biblical Times: An Introduction*. Winona Lake: Eisenbrauns.

Finkelstein, I. (1989) "The Emergence of the Monarchy in Israel the Environmental and Socio-Economic Aspects." *JSOT* 44: 43-74.

Fokkelman, J. P. (1999) *Reading Biblical Narrative: An Introductory Guide.* Translated by I. Smit. Louisville: Westminster/John Knox.

Fokkelman, J. P. (1981-93) *Narrative Art and Poetry in the Books of Samuel: A Full Interpretation Based on Stylistic and Structural Analysis: vols. 1-4.* Assen: van Gorcum.

Fretheim, T. E. (1996) *The Pentateuch: Interpreting Biblical Texts.* Nashville: Abingdon.

Friedman, R. E. (1981) *The Exile and Biblical Narrative: The Formation of the Deuteronomistic and Priestly Works.* HSM 22. Chico: Scholars.

Frisch, A. (1991) "Structure and Its Significance: The Narrative of Solomon's Reign (1 Kings 1-12.24)." *JSOT* 51:3-14.

Gakuru, G. (2000) *An Inner-Biblical Exegetical Study of the Davidic Covenant and the Dynastic Oracle*. Lewiston: Mellen.

Garsiel, M. (1993) "The Story of David and Bathsheba: A different Approach." *CBQ* 55: 244-262.

Garsiel, M. (1990) *The First Book of Samuel: A Literary Study of Comparative Structures, Analogies and Parallels.* Jerusalem: Rubin Mass.

Gelander, S. (1991) *David and His God.* Jerusalem Biblical Studies 5. Jerusalem: Simor.

Gelston, A. (1972) "A Note on II Samuel 710." *ZAW* 84/1: 92-94.

George, M. K. (2002) "Fluid Stability in Second Samuel 7." *CBQ* 64 (2002): 17-36.

Gerbrandt, G. E. (1986) *Kingship according to the Deuteronomistic History.* Atlanta: Scholars.

Glück, J. J. (1965) "Merab or Michal." *ZAW* 77/1: 72-81.

Gordon, R. P. (1988) *I and II Samuel: a Commentary.* Grand Rapids: Zondervan.

Gordon, R. P. (1980) "David's Rise and Saul's Demise: Narrative Analogy in I Samuel

24-26." *TynB* 31:37-67.

Goulder, M. (1990) *The Prayers of David (Psalms 51-72): Studies in the Psalter, II.* JSOTSS 102. Sheffield: Sheffield Academic Press.

Granowski, J. J. (1992) "Jehoiachin at the King's Table: A Reading of the Ending of the Second Book of Kings." pp. 173-188 in *Reading Between Texts: Intertexuality and the Hebrew Bible.* Edited by D. N. Fewell. Louisville: Westminster/John Knox.

Grottanell, C. (1999) *Kings and Prophets: Monarchic Powers, Inspired Leadership and Sacred Text in Biblical Narrative.* Oxford: Oxford University.

Gugler, W. (1996) *Jehu und Seine Revolution: Voraussetzungen,* Verlauf, Folgen. Kampen: Kok Pharos.

Gunn, D. M. (1989) *The Story of King David: Genre and Interpretation.* JSOTSS 6. Sheffield: JSOT.

Gunn, D. M. (1989a) *The Fate of King Saul: An Interpretation of a Biblical Story.* JSOTSS 14. Sheffield: JSOT.

Gunn, D. M. (1974) "Narrative Patterns and Oral Tradition in Judges and Samuel." *VT* 24/3: 286-317.

Halpern, B. (2001) *David's Secret Demons : Messiah, Murderer, Traitor, King.* Grand Rapids: Eerdmans.

Halpern, B. (1981) *The Constitution of the Monarchy in Israel.* HSM 25. Chico: Scholars.

Handy, L. K. (ed.) (1997) *The Age of Solomon: Scholarship at the Turn of the Millennium.* Studies in the History and Culture of the Ancient Near East xi. Leiden: Brill.

Harrelson, W. (1979) "Creative Spirit in the Old Testament: A Study of the Last Words of David (2 Sam 23:1-7)." pp. 127-133 in *Sin, Salvation and the Spirit.* Edited by D. Durken. Collegeville: Liturgical.

Hauser, A. J. & R. Gregory (1990) *From Carmel to Horeb: Elijah in Crisis.* JSOTSS 85. Sheffield: Almond.

Hertzberg, H. W. (1964) *I and II Samuel.* OTL. Translated by S. Bowden. London: SCM.

Hobbs, T. R. (1985) *2 Kings.* WBC. Waco: Word.

Hoffmann, H.-D. (1980) *Reform und Reformen: Untersuchungen zu einem Grundthema der deuteronomistischen Geschichtsschreibung.* AThANT 66. Zürich: Theologischer.

Howard, D. M. (1993) *An Introduction to Old Testament Historical Books.* Chicago: Moody.

Humphreys, W. L. (1978) "The Tragedy of King Saul: A Study of the Structure of 1 Samuel 9-31." *JSOT* 6: 18-27.

Hurowitz, H. (1992) *I Have Built You an Exalted House: Temple Building in the Bible in Light of Mesopotamian and Northwest Semitic Writings.* JSOTSS 115. Sheffield: Sheffield Academic Press.

Ishida, T. (1977) *The Royal Dynasties in Ancient Israel.* BZAW 142. Berlin: de Gruyter.

Jobling, D. (1998) *1 Samuel.* BOSHNP. Collegeville: Liturgical.

Jones, G. H. (1990) *The Nathan Narratives.* JSOTSS 80. Sheffield: JSOT Press.

Kaiser, W. C. (1995) *The Messiah in the Old Testament*. Grand Rapids: Zondervan.

Kelly, B. (2002) "Manasseh in the Books of Kings and Chronicles (2 Kings 21:1-18; 2 Chron 33:1-20)." pp. 131-146 in *Windows into Old Testament History: Evidence, Argument, and the Crisis of "Biblical Israel."* Edited by V. P. Long, D. W. Baker, G. J. Wenham. Grand Rapids: Eerdmans.

Keys, G. (1996) *The Wages of Sin: A Reappraisal of the "Succession Narrative."* JSOTSS 221. Sheffield: Sheffield Academic Press.

Kissling, P. J. (1996) *Reliable Characters in the Primary History: Profiles of Moses, Joshua, Elijah and Elisha.* JSOTSS 224. Sheffield: Sheffield Academic Press.

Klein, R. W. (1983)= 클레인, 랄프 W. (2004) *1 Samuel*. WBC. Waco: Word. =『사무엘상』 WBC. 김경열 역. 서울: 솔로몬.

Klement, H. H. (2000) *II Samuel 21-24. Context, Structure and Meaning in the Samuel Conclusion.* Frankfurt am Main: Peter Lang.

Knoppers, G. N. (2001) "Rethinking the Relationship between Deuteronomy and the Deuteronomistic History: The Case of Kings." CBQ 63/3: 393-415.

Knoppers, G. N. (1996) "The Deuteronomist and the Deuteronomistic Law of the King." *ZAW* 108: 329-346.

Knoppers, G. N. (1994) *Two Nations under God: the Deuteronomistic History of*

Solomon and the Dual Monarchies. Vol. 2: The Reign of Jeroboam, the Fall of Israel, and the Reign of Josiah. Alanta: Scholars.

Knoppers, G. N. (1993) *Two Nations under God: the Deuteronomistic History of Solomon and the Dual Monarchies. Vol. 1: The Reign of Solomon and the Rise of Jeroboam.* Atlanta: Scholars.

Kuhl, C. (1952) " 'Die Wiederaufnahme'- ein literarkritisches Prinzip?" *ZAW* 64: 1-11.

Langlamet, F. (1970) "Les Récits de l'Institution de la Royauté (I Sam. VII-XII)." *RB* 77/2: 161-200.

LaRocca-Pitts, E. C. (2001) *"Of Wood and Stone": The Significance of Israelite Cultic Items in the Bible and Its Early Interpreters.* HSM 61. Winona Lake: Eisenbrauns.

Lasine, S. (2001) *Knowing Kings: Knowledge, Power, and Narcissism in the Hebrew Bible.* Atlanta: Society of Biblical Literature.

Levenson, J. D. (1979) "The Davidic Covenant and its Modern Interpreters." *CBQ* 41: 205-219.

Lindblom, J. (1962) "Lot-Casting in the Old Testament." *VT* 12/2: 164-178.

Lofé, A. (1988) *The Prophetical Stories: The Narratives about the Prophets in the Hebrew Bible: Their Literary Types and History.* Jerusalem: Magnes.

Lohfink, Norbert. (1963) "Die Bundesurkunde des Königs Josias (Eine Frage an Die Deuteronomiumsforschung)." *Biblica* 44/3-4: 261–288, 461-498.

Long, V. P. (1994) *The Art of Biblical History.* Grand Rapids: Zondervan.

Long, V. P. (1993) "First and Second Samuel." pp. 165-181 in *A Complete Literary Guide to the Bible.* Edited by L. Ryken and T. Longman III. Grand Rapids: Zondervan.

Long, B. O. (1991) *2 Kings.* FOTL X. Grand Rapids: Eerdmans.

Long, B. O. (1984) *1 Kings with an Introduction to Historical Literature.* FOTL IX. Grand Rapids: Eerdmans.

Long, V. P. (1989) *The Reign and Rejection of King Saul: A Case for Literary and Theological Coherence.* SBL 118. Atlanta: Scholars.

Lowe, G. D. (1997) "David in the Spirit: A Theological and Literary Reading of 1 Samuel 24 and 26." 미출간 박사논문. Westminster Theological Seminary.

Lowery, R. H. (1991) *The Reforming Kings: Cult and Society in First Temple Judah.*

JSOTSS 120. Sheffield: Sheffield Academic Press.

Maeijer, F. (1989) *Elisha as a Second Elijah.* Apeldoorn: Excerpta ex Dissertatione ad Doctoratum in Pontificio Instituto Biblico.

Maly, E. H. (1960) "The Jotham Fable – Anti-Monarchical?" *CBQ* 22: 299-305.

Mays, J. L. (1986) "The David of the Psalms." *Int* 15/2: 143-155.

McCarter, P. K. (1984) *II Samuel.* AB. New York: Doubleday.

McCarter, P. K. (1980) *I Samuel.* AB. New York: Doubleday.

McCarthy, D. J. (1965) "II Samuel 7 and the Structure of the Deuteronomic History." *JBL* 84: 131-138.

McConville G. J. & J. G. Millar, (1994) *Time and Place in Deuteronomy.* JSOTSS. Sheffield: Sheffield Academic Press.

McConville, G. J. (1998) "King and Messiah in Deuteronomy and the Deuteronomistic History." pp. 169-194 in *King and Messiah in Israel and the Ancient Near East: Proceedings of the Oxford Old Testament Seminar.* Edited by John Day. JSOTSS 270. Sheffield: Sheffield Academic Press.

McConville, G. J. (1993) *Grace in the End: A Study in Deuteronomic Theology.* Grand Rapids: Zondervan.

McConville, J. G. (1992) "I Kings VIII 46-53 and the Deuteronomic Hope." *VT* 42: 67-79.

McConville, J. G. (1989) "Narrative and Meaning in the Book of Kings." *Bib* 70/1: 31-34

McConville, J. G. (1984) *Law and Theology in Deuteronomy.* JSOTSS 33. Sheffield: JSOT.

McConville, G. J. (1979) "God's ‚Name' and God's ‚Glory'." *TynB* 30: 150-163.

McKenzie, S. L.(2000) "The Trouble with Kingship." pp. 286-314 in *Israel Constructs its History: Deuteronomistic Historiography in Recent Research.* Edited by A. de Pury, T. Römer & J.-D. Macchi. JSOTSS 306. Sheffield: Shefffield Academic Press.

Mendelsohn, I. (1956) "Samuel's Denunciation of Kingship in the Light of the Akkadian Documents from Ugarit." *BASOR* 143: 17-22.

Miscall, P. (1986) *1 Samuel: A Literary Reading.* Bloomington: Indiana University.

Miscall, P. (1983) *The Workings of Old Testament Narrative.* Philadelphia: Fortress.

Mitchell, Eric Alan (2007) *A Literary Examination of the Function of Satire in the Mispat Hammelek of I Samuel 8.* Lewiston: Edwin Mellen.

Nelson, R. D. (1988) "The Anatomy of the Book of Kings." *JSOT* 40: 39-48.

Nelson, R. D. (1981) *The Double Redaction of the Deuteronomistic History.* JSOTSS 18. Sheffield: JSOT.

Nicholson, S. (2002) *Three Faces of Saul: An Intertextual Approach to Biblical Tragedy.* JSOTSS 339: Sheffield: Sheffield Academic Press.

Niehaus, J. J. (1992) "The Central Sanctuary: Where and When." *TynBul* 43: 3-30.

Noth, M. (1981) *Deuteronomistic History.* JSOTSS 15. Sheffield: JSOT.

O'Brien, M. A. (1989) *The Deuteronomistic History Hypothesis: a Reassessment.* Freiburg: Universitätsverlag.

Parker, K. I. (1988) "Repetition as a Structuring Device in 1 Kings 1-11." *JSOT* 42: 19-27.

Payne, D. F. (1982) *I and II Samuel.* Philadelphia: Westminster.

Perdue, Leo G. (1984) "'Is there Anyone Left of the House of Saul?' Ambiguity and the Characterization of David in the Succession Narrative." *JSOT* 30: 67-84.

Petersen, D. L. (1986) "Portraits of David: Canonical and Otherwise." *Int* 41/2: 130-142.

Pitkanen, P. (2004) *Central Sanctuary and Centralization of Worship in Ancient Israel: From The Settlement To The Building Of Solomons Temple.* Piscataway: Gorgias.

Polzin, R. (1993) *David and the Deuteronomist: A Literary Study of the Deuteronomic History: Part Three: 2 Samuel.* Bloomington: Indiana University Press.

Polzin, R. (1989) *Samuel and the Deuteronomist: A Literary Study of the Deuteronomic History: Part Two: 1 Samuel.* Bloomington: Indiana University Press.

Porten, B. (1967) "The Structure and Theme of the Solomon Narrative (1 Kings 3-11)." *HUCA* 38: 93-128.

Preston, T. R. (1982) "The Heroism of Saul: Patterns of Meaning in the Narrative of the Early Kingship." *JSOT* 24: 27-46.

Priest, J. E. (1980) *Governmental and Judicial Ethics in the Bible and Rabbinic Literature.* New York: Ktav Publishing House.

Provan, I. W. (1995) *1 and 2 Kings.* NIBC. Peabody: Hendrickson Publishers.

Reinhartz, A. (1993) "Anonymity and Character in the Books of Samuel." *Semeia* 63: 117-141.

Richter, S. L. (2001) "The Deuteronomistic History and the Place of the Name." 미출간 박사논문. Harvard University.

Robertson, O. P. (1984) *The Christ of the Covenant.* Grand Rapids: Baker.

Rosenberg, J. (1987) "1 and 2 Samuel." pp. 122-145 in *The Literary Guide to the Bible.* Edited by R. Alter & F. Kermode. Cambridge: Harvard University.

Rosenberg, J. (1986) *King and Kin: Political Allegory in the Hebrew Bible.* Bloomington: Indiana University.

Satterthwaite, P. E. (1995) "David in the Books of Samuel: A Messianic Hope?" pp. 41-65 in *The Lord's Anointed: Interpretation of Old Testament Messianic Texts.* Edited by P. E. Satterthwaite, R. S. Hess, and G. J. Wenham. Carlisle: Paternoster.

Savran, G. (1987) "1 and 2 Kings." pp. 146-164 in *The Literary Guide to the Bible.* Edited by R. Alter & F. Kermode. Cambridge: Harvard University: .

Schley, D. G. (1993) "Joab and David: Ties of Blood and Power." pp. 90-105 in *History and Interpretation.* Edited by M. P. Graham, W. P. Brown, & J. K. Kuan. JSOTSS 173. Sheffield: Sheffield Academic Press, 1993.

Schley, D. G. (1989) *Shiloh: A Biblical City in Tradition and History.* JSOTSS 63. Sheffield: JSOT.

Schniedewind, W. M. (1999) *Society and the Promise to David: The Reception History of 2 Samuel 7:1-17.* Oxford: Oxford University Press.

Seong, J. J. (1989) "Retribution and Repentance in the Former Prophets: A Literary Study." 미출간 박사논문. Sheffield: Sheffield University.

Seow, C. L. (1989) *Myth, Drama, and the Politics of David's Dance.* HSM 46. Atlanta: Scholars.

Shepherd, Tom (1993) *Markan Sandwich Stories: Narration, Definition, and Function.* Berrien Springs: Andrews University Press.

Smelik, K. A. D. (1992) *Converting the Past: Studies in Ancient Israelite and Moabite Historiography.* OTS XXVIII. Leiden: Brill.

Speyer, W. (1970) *Bücherfunde in der Glaubenswerbung der Antike. Mit einem Ausblick auf Mittelalter und Neu Zeit.* Göttingen: Vandenhoeck & Ruprecht.

Sternberg, M. (1985) *The Poetics of biblical Narrative: Ideological Literature and the Drama of Reading.* Bloomington: Indiana University.

Sweeney, M. A. (2001) *King Josiah of Judah: the Lost Messiah of Israel.* Oxford: Oxford University.

Talmon, S. (1986) *King, Cult and Calendar in Ancient Israel: Collected Studies.* Jerusalem: Magnes.

Talstra, E. (1993) *Solomon's Prayer: Synchrony and Diachrony in the Composition of 1 Kings 8, 14-61.* Kampen: Kok Pharos.

Tate, W. R. (1994) *Reading Mark from the Outside: Eco and Iser Leave Their Marks.* San Francisco: International Scholars Publications.

Todd, J. A. (1992) "The Pre-Deuteronomistic Elijah Cycle." pp. 1-35 in *Elijah and Elisha in Sociological Perspective*. Edited by R. B. Coote. Atlanta: Scholars.

van Keulen, P. S. F. (1996) *Manasseh Through the Eyes of the Deuteronomists: The Manasseh Account (2 Kings 21:1-18) and the Final Chapters of the Deuteronomistic History.* OTS xxxviii. Leiden: Brill.

Vannoy, J. R. (1976) *Covenant Renewal at Gilgal: A Study of I Samuel 11:14-12:25.* Cherry Hill: Mack.

Veijola, T. (1990) *David: Gesammelte Studien zu den Davidüberlieferungen des Alten Testaments.* Göttingen: Vandenhoeck & Ruprecht.

Veijola, T. (1983) "Davidverheißung und Staatvertrag: Beobachtungen zum Einfluß altorientalischer Staatverträge auf die biblische Sprache am Beispiel von Psalm 89." *ZAW* 95: 9-31.

Von Rad, G. (1966) *The Problem of the Hexateuch and Other Essays.* Translated by E. W. Trueman. New York: McGraw-Hill.

Walsh, J. T. (1996) *1 Kings*. BOSHNP. Collegeville: Liturgical.

Watts, J. W. (1992) *Psalm and Story: Inset Hymns in Hebrew Narrative.* JSOTSS 139. Sheffield: JSOT.

Weinfeld, M. (1983) *Deuteronomy and the Deuteronomic School.* Oxford: Clarendon.

Weinfeld, M. (1982) "The King as the Servant of the People: The Source of the Idea." *JJS* 33:189-194.

Weinfeld, M. (1972) "Elder." *Encyclopaedia Judaica* vol. 6 Di-Fo. pp. 578-580. Jerusalem: Keter Publishing House.

Weitzman, S. (1997) *Song and Story in Biblical Narrative: The History of a Literary Convention in Ancient Israel.* Bloomington & Indianapolis: Indiana University Press.

Wenham, G. J. (1971) "Deuteronomy and the Central Sanctuary." *TynBul* 22 (1971): 103-18.

Whitley, C. F. (1952) "The Deuteronomic Presentation of the House of Omri." *VT* 2: 137-152.

Willis, J. T. (1973) "The Song of Hannah and Psalm 113." *CBQ* 35: 142-143.

Wiseman, D. J. (1993) *1 and 2 Kings: An Introduction and Commentary.* TCOT. Downers Grove, Illinois: IVP.

Wolf, C. U. (1947) "Traces of Primitive Democracy in Ancient Israel." *Journal of Near Eastern Studies* 6: 98-108.

Wolff, H. W. (1961) "Das Kerygma des deuteronomistischen Geschichtswerks." *ZAW* 72: 171-81. 이 아티클은 "The Kerygma of the Deuteronomic Historical Work." pp. 83-100 in *The Vitality of Old Testament Traditions.* Edited by W. Brueggemann & H. W. Wolff. Atlanta: John Knox [2판], 1982; "V. 신명기적 역사서의 메시지." pp. 149-179 in 『구약성서 중심사상』 W. 브루그만, H. W. 볼프 편. 문희석 역. 서울: 대한기독교출판사, 1988로 번역되었다.

Younger, K. L. (1990) "Figurative Aspect and the Contextual Method in the Evaluation of the Solomonic Empire (1 Kings 1-11)." pp. 157-176 in *The Bible in Three Dimension.* Edited by D. J. A. Clines, S. E. Fowl, and S. E. Porter. *JSOTSS* 87. Sheffield: Sheffield Academic Press.

인터넷 링크

https://www.newsnjoy.or.kr/news/articleView.html?idxno=192937

https://www.newsnjoy.or.kr/news/articleView.html?idxno=193006

사무엘서, 열왕기: 내러티브 읽기

초판 1쇄 2003년 6월 5일
개정판 1쇄 2022년 11월 25일

지은이 성기문
펴낸이 신은철
펴낸곳 좋은씨앗
출판등록 제4-385호(1999. 12. 21)
주소 서울시 서초구 바우뫼로 156, 402호
영업부 TEL (02)2057-3041 FAX (02)2057-3042
대표메일 good-seed21@hanmail.net
페이스북 www.facebook.com/goodseedbook

ISBN 978-89-5874-377-4 03230